REFORMAR NÃO É CONSTRUIR

A reabilitação de edifícios verticais – novas
formas de morar em São Paulo no século XXI

Dados Internacionais de Catalogação na Publicação (CIP)
(Jeane Passos Santana – CRB 8ª/6189)

Devecchi, Alejandra Maria
　　Reformar não é construir : a reabilitação de edifícios verticais – novas formas de morar em São Paulo no século XXI / Alejandra Maria Devecchi. – São Paulo: Editora Senac São Paulo, 2014.

　　Bibliografia.
　　ISBN 978-85-396-0451-7

　　1. Habitação – São Paulo (Cidade)　2. Edifícios : Reforma　3. Edifícios : Reabilitação habitacional　4. Renovação urbana　I. Título.

14-184s　　　　　　　　　　　　　　　　　　　　　　CDD-711.4

Índice para catálogo sistemático:

　　1. Habitação : Edifícios : Reabilitação habitacional　711.4

Alejandra Maria Devecchi

REFORMAR NÃO É CONSTRUIR

A reabilitação de edifícios verticais – novas formas de morar em São Paulo no século XXI

Editora Senac São Paulo – São Paulo – 2014

Administração Regional do Senac no Estado de São Paulo
Presidente do Conselho Regional: Abram Szajman
Diretor do Departamento Regional: Luiz Francisco de A. Salgado
Superintendente Universitário e de Desenvolvimento: Luiz Carlos Dourado

Editora Senac São Paulo
Conselho Editorial: Luiz Francisco de A. Salgado
　　　　　　　　　　Luiz Carlos Dourado
　　　　　　　　　　Darcio Sayad Maia
　　　　　　　　　　Lucila Mara Sbrana Sciotti
　　　　　　　　　　Jeane Passos Santana

Gerente/Publisher: Jeane Passos Santana (jpassos@sp.senac.br)
Coordenação Editorial:　Márcia Cavalheiro Rodrigues de Almeida (mcavalhe@sp.senac.br)
　　　　　　　　　　　　Thaís Carvalho Lisboa (thais.clisboa@sp.senac.br)
Comercial: Marcelo Nogueira da Silva (marcelo.nsilva@sp.senac.br)
Administrativo: Luís Américo Tousi Botelho (luis.tbotelho@sp.senac.br)

Edição de Texto: Luiz Guasco
Preparação de Texto: Cristina Marques
Revisão de Texto: ASA – Assessoria e Comunicação, Heloisa Hernandez (coord.)
Projeto Gráfico: Flávio Santana
Editoração Eletrônica: Fabiana Fernandes, Flávio Santana
Capa: Fabiana Fernandes
Impressão e Acabamento: Intergraf Indústria Gráfica Eireli

Todos os direitos desta edição reservados à
Editora Senac São Paulo
Rua Rui Barbosa, 377 – 1º andar – Bela Vista – CEP 01326-010
Caixa Postal 1120 – CEP 01032-970 – São Paulo – SP
Tel. (11) 2187-4450 – Fax (11) 2187-4486
E-mail: editora@sp.senac.br
Home page: http://www.editorasenacsp.com.br

© Editora Senac São Paulo, 2014

Sumário

Nota do Editor **7**

Agradecimentos **9**

Introdução **11**

Políticas de requalificação urbana **19**
    Requalificação ou regeneração urbanas **21**
    Políticas de compactação urbana **36**

Estratégias brasileiras de requalificação urbana **51**
    A concessão urbanística e o Projeto Nova Luz **56**
    A experiência do Porto Maravilha **70**

Origens da verticalização em São Paulo **81**
    Verticalização e inovação tecnológica **122**
    Características construtivas: fundações, estruturas, instalações, etc. **127**

Reciclagem e verticalização **145**
    São Paulo: formas de reciclagem de edifícios verticais **147**
    Método de diagnóstico rápido: proposta **163**

Metodologias para a tomada de decisão: reformar, reciclar, adequar ou demolir **167**
Tecnologias de reforma para a reciclagem de edifícios verticais **169**
Resumindo para continuar **187**

O futuro da reciclagem de edifícios altos **195**
Por um desenho de suportes **195**
Reformar não é construir **240**
Novas formas de morar na cidade compacta **244**

Considerações finais **269**

Apêndice A – Quadro de referência teórico **285**

Apêndice B – Fichas dos edifícios inventariados **289**

Bibliografia **327**
Sites consultados **332**
Bibliografia de apoio **333**

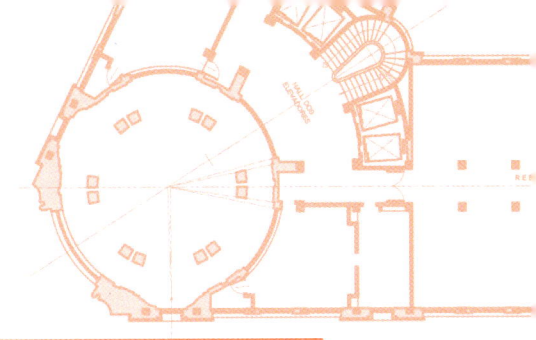

Nota do Editor

O CENTRO DA CIDADE DE SÃO PAULO é a região do município que concentra maior número de postos de emprego, mobilizando um grande contingente de profissionais das mais diferentes áreas que todos os dias se deslocam, cada vez mais demorada e onerosamente, de seus locais de residência a seus respectivos postos de trabalho.

Esse problema de mobilidade poderia ser minimizado mediante a implementação de uma política de reabilitação do centro que regrasse de maneira mais adequada a destinação de imóveis atualmente ocupados por atividades comerciais e que visasse ao incremento do número de residentes na região, hoje inferior ao de centros urbanos semelhantes na Europa, Japão e Estados Unidos.

Além de discutir ideias que hoje estruturam o conceito de grandes cidades, *Reformar não é construir* destaca a existência de grande quantidade de prédios desocupados no centro de São Paulo que poderiam ser convertidos em moradias por meio de reformas pontuais, de baixo custo quando confrontadas ao orçamento de construções inteiramente novas.

Publicado pelo Senac São Paulo, este livro se destina principalmente a estudantes e profissionais de engenharia, arquitetura e gestão pública, interessando, também, a empresários que se inclinem a um tipo de reforma de imóveis que certamente se tornará uma tendência na cidade.

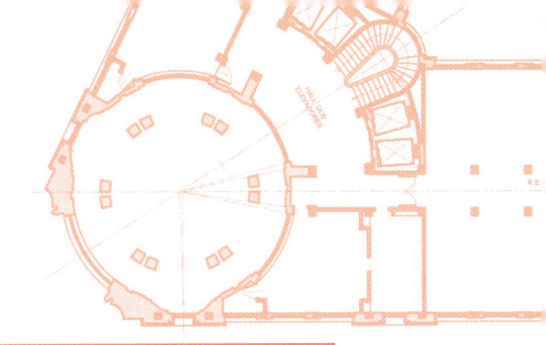

Agradecimentos

MEU ESPECIAL AGRADECIMENTO A

Marta Guedes Mazza, pela colaboração na execução das fotos.
Rafaella Basile, pela ajuda nas imagens do Capítulo 1.

Mayumi Hyrie e Nathalia Pantolfi, pela construção das fichas dos edifícios.
A meu pai, pela colaboração na pesquisa das revistas.

Introdução

Percorrendo a área central da cidade de São Paulo, surpreende a existência de numerosos edifícios verticais totalmente vazios. São construções geralmente empreendidas na primeira metade do século XX, com mais de cinco pavimentos, usando da vanguarda tecnológica existente na época – que, por diversas razões, foram desativadas por seus proprietários, sendo, assim, um patrimônio construído, formado por algumas centenas de edifícios à espera de um mercado que não se viabiliza.

Ora, numa cidade onde não há mais área para expansão urbana e o déficit habitacional supera o milhão de unidades, pensar em utilizar esses edifícios ociosos para criar habitações parece uma ideia sensata, principalmente quando sua reforma pode ancorar um processo de reabilitação da área central da cidade.

Tal pensamento levou-nos a estudar edifícios verticais, nessa condição, da cidade de São Paulo, construídos nos distritos Sé e República no período entre 1912 e 1942, tendo como objetivo contribuir para desmistificar a ideia, corrente no meio empresarial brasileiro, de que produzir habitações reformando edifícios verticais obsoletos é um processo economicamente inviável, sem mercado e com barreiras legais intransponíveis.

A exígua experiência acerca do assunto existente no país mostra, sem dúvida, algumas inadequações. A principal delas parece ser utilizar técnicas de reforma pouco específicas para o objeto de intervenção, perpetuando formas consagradas para construções novas, resultando em empreendimentos de custo elevado e de pouca qualidade espacial.

Aqui, entende-se que a formulação de uma política de reforma de edifícios altos constitui uma oportunidade única não só de mobilização de recursos materiais subutilizados, mas também de reestruturação produtiva da indústria da construção civil. Um dos grandes desafios dessa política é a maneira de empreender a adaptação desses edifícios à função habitacional, principalmente no que concerne à tecnologia de construção civil, pois métodos hoje vigentes de construção mostram-se inadequados para tanto, principalmente pelas características das obras de reforma:

- impossibilidade de montar o canteiro de obras da forma tradicional, com uso de grandes áreas para estocagem de materiais;
- dificuldades nos processos tradicionais de gerenciamento dos resíduos sólidos gerados na obra, pela falta de espaço dentro do lote e dentro do edifício;
- necessidade de redução de impactos estruturais gerados pela necessidade de execução de furos em lajes para a passagem de novas tubulações;
- necessidade de intervenções secas, para evitar comprometer os acabamentos que deverão permanecer;
- necessidade de intervenções leves, para não alterar a estática estrutural;
- predomínio de sobreposições, "enxertos" e anexos, já que se trata de uma obra dentro de um suporte pronto.

A ideia de fazer este livro é resultado de uma reflexão iniciada a partir do interesse despertado em mim pela arquitetura de Buenos Aires nos anos 1970, cidade emoldurada por edifícios construídos nos primeiros anos do século XX, muito parecidos com os palacetes da avenida São João, na capital paulista. Essa reflexão ganha novos contornos em época posterior, na Europa, nos anos 1990, ao observar, na Holanda e na Inglaterra, as instigantes obras de reforma do estoque habitacional pós-guerra, industrialmente viabilizadas para comercializar a vasta disponibilidade estatal de unidades habitacionais. Finalmente, após a experiência adquirida a partir de trabalhos de consultoria realizados para o Procentro e para a Companhia de Desenvolvimento Habitacional e Urbano (CDHU), nos primeiros quatro anos do início desta década (2000-2004), e ao formular alguns métodos de seleção de imóveis, estabelecendo indicadores arquitetônicos para avaliar sua adequação ao uso habitacional, tal curiosidade se transforma em vontade de conhecimento científico.

Este trabalho está estruturado em cinco capítulos. No inicial, "Políticas de requalificação urbana", analiso o contexto de surgimento das políticas de reabilitação de áreas centrais, destacando-se aí como novos enfoques para a questão urbana, a ideologia neoliberal e a visão ambientalista, ambas pautadas pela melhor utilização de recursos já investidos na cidade. Tais políticas são vistas à luz de diferentes vertentes da sociologia urbana, para possibilitar a compreensão da complexidade do processo. Além disso, é estudado o fenômeno de desadensamento populacional que a cidade de São Paulo sofreu nas últimas décadas, como faceta importante no processo de requalificação de áreas centrais. Destacam-se as características desse processo, que associa perda de população e adensamento construtivo. Em seguida, aponta-se a oportunidade existente, em tal contexto, para compactar a cidade, formulando as bases de uma política de reforma baseada na transformação de uso do estoque construído existente.

O segundo capítulo é uma reflexão sobre as experiências recentes de requalificação urbana. São analisados o projeto Nova Luz em São Paulo e a experiência do Porto Maravilha. São destacadas as principais características, assim como são evidenciados instrumentos urbanísticos inovadores que facilitam a sua implementação.

Já o capítulo seguinte, "Origens da verticalização em São Paulo", busca investigar como ocorreu o processo de verticalização na cidade de São Paulo. Num primeiro momento, são reconhecidos os promotores e os mentores desse processo, assim como suas formas paradigmáticas. O período analisado tem início em 1912 – data do surgimento do primeiro edifício vertical – e vai até a promulgação da Lei do Inquilinato, em 1942. Considerando que tal lei inicialmente foi interpretada como parte de um período de exceção, sendo confirmada só após o final da Segunda Guerra Mundial, o recorte temporal inicia-se em 1912 e estende-se até 1945, ano em que esta começou a produzir efeitos no mercado. O recorte escolhido caracteriza um período cheio de particularidades na produção imobiliária verticalizada, tanto nos aspectos morfológicos do produto imobiliário resultante como em sua destinação e gestão, apresentando:

- predomínio da produção de edifícios para uso comercial e de serviços;
- localização concentrada na primeira zona,[1] denominação usada pelo Código de Obras Arthur Saboya, aprovado por lei de 19 de novembro de 1929;
- propriedade concentrada em um único dono;
- registro imobiliário em uma só matrícula;
- comercialização por meio de contratos de aluguel temporários.

Tais características – associadas às significativas transformações ocorridas nos últimos 25 anos na organização do espaço do setor terciário – definem um conjunto de imóveis vistos hoje como produtos de difícil comercialização, constituindo-se como um desafio para a consolidação de uma política de reabilitação da área central e sendo de fundamental importância conhecê-los.

O entendimento sistêmico do estoque construído nos distritos Sé e República é apresentado no capítulo "Reciclagem e verticalização". Com isso, ao identificar alguns elementos determinantes das edificações, é possível decidir quanto à sua adequação, ou não, ao novo programa espacial. Aqui há um duplo objetivo. Em um primeiro momento, pretende-se verificar a eficiência – como processo de produção de habitações – das políticas de reabilitação de edifícios verticalizados empreendidas na cidade de São Paulo. A meta é formular um elenco de indicadores – arquitetônicos, de custo e de critérios de projeto – capazes de aferir as possibilidades de reforma e adequação do objeto de intervenção. Em um segundo momento, a partir da análise

---

[1] Esta zona coincide, aproximadamente, com o recorte espacial estabelecido para o projeto de pesquisa.

da experiência internacional, arrolam-se, então, tecnologias de reforma.

Como tal prática urbanística ainda é incipiente por aqui, têm-se apresentado soluções arquitetônicas variadas, que utilizam técnicas de reforma pouco específicas quanto ao objeto de intervenção. Assim, a reabilitação de edifícios na área central da cidade de São Paulo tem perpetuado formas de intervenção consagradas para construções novas, sem levar em consideração as características do objeto, especialmente em aspectos estruturais, de instalações, vedações e aberturas, e as formas de circulação, com resultados de custo elevado e pouca qualidade espacial.

Chegamos, assim, ao foco do que se defende aqui: a reforma de edifícios exige a formulação de um conhecimento específico para tal finalidade, utilizando tecnologia adequada a uma obra em que metade dos componentes deve ser recuperada e não há espaço para cimento, água, cal e areia. Nesse contexto, acredita-se ser necessária a formulação de uma política de bases tecnológicas para a criação de novos componentes, materiais e equipamentos.

A experiência internacional mostra uma grande adaptação da indústria da construção a essas novas demandas. Países como Holanda e Inglaterra – onde aproximadamente 70% da produção imobiliária estão pautados na reabilitação de edifícios para habitação – apresentam soluções menos invasivas e mais justapostas, adequadas às necessidades de grande parte das edificações.

Assim, por suas características, a reforma seria uma intervenção restrita à criação de espaços para suporte de futuras habitações, deixando a decisão sobre o espaço a ser produzido para uma segunda fase: segundo Kendhall,[2] trata-se de criar caixas de suporte, providas de zonas de serviço do tipo *plug-and-use*. Tal entendimento do habitar exige uma segmentação da indústria da construção civil, deixando para a ala tradicional o mercado de produção de suportes e criando um novo setor devotado aos denominados sistemas de recheio ou *infill-systems*, produzidos industrialmente, comprados por catálogo e abrangendo, basicamente, divisórias desmontáveis e sistemas elétricos e hidráulicos sob forma de *kits* de fácil acesso e reparo.

---

[2] Ver site www.openbuilding.com.

Assim, o objetivo principal desse capítulo é entender a viabilidade dessa ideia, analisando a experiência internacional, usando como marco de referência teórico o conceito de *Open Building* e o método *support-infill*,³ desenhado por Habrakem (Habrakem *et al.*, 1979) e sistematizado por Kendall (Kendall & Teicher, 2000). E, além disso, identificar métodos de construção civil adequados ao processo de reforma, compreendendo as novas necessidades espaciais da habitação deste século.

Já em "O futuro da reciclagem de edifícios altos", apresento uma classificação tipológica do universo analisado, mostrando a existência de duas tipologias predominantes. Destaco, também, a importância de analisar a capacidade da indústria nacional de produzir sistemas de recheio (ou desconectáveis). Algumas tecnologias alternativas, como o uso de tubulações com diâmetros menores, associadas a dispositivos de trituração e pressão, podem ajudar a minimizar a necessidade de furos na estrutura existente. O uso de peças de catálogo para os itens dos componentes de recheio, especialmente os chamados desconectáveis, pode contribuir para a redução dos tempos de reforma e, consequentemente, a redução de seus custos.

Também reitero que formular uma política de reforma de edifícios altos constitui uma oportunidade única de reestruturação produtiva da indústria da construção civil, pela inadequação dos métodos construtivos ora vigentes, para lidar com as características, já citadas, da obra de reforma.

Acredito que a definição de uma estratégia adequada para o processo de reforma consiste em dividir a intervenção, segundo o modelo *support-infill*, em duas esferas diversas, que respondem a lógicas diferentes. Considerando o aspecto ciclo de vida, temos – para o que chamamos de suporte (estrutura) – uma vida média de mais de 200 anos. Para serem transformadas em suportes, as edificações devem ser identificadas por algumas regras básicas, que possam ser traduzidas em relações universais, de fácil identificação. Por exemplo, haveria, para ser adequado à reconversão, algum elo entre um edifício e sua forma? E entre ele e seu uso? Os edifícios de algum período seriam mais adequados para intervenção?

---

[3] Modelo apresentado por Habraken, na Holanda, em 1965.

Haveria algum indicador determinante para a execução da intervenção? Quais as dimensões mínimas de um ambiente para que seja capaz de receber funções como sala, cozinha, quarto, transformando-se num espaço de suporte universal? Para responder a tais perguntas, o roteiro do capítulo final segue abordando questões como o desenho de tais suportes, mostrando que reformar não é construir. E que a época atual, como qualquer outra, exige suas próprias formas de habitação e cidades compactas.

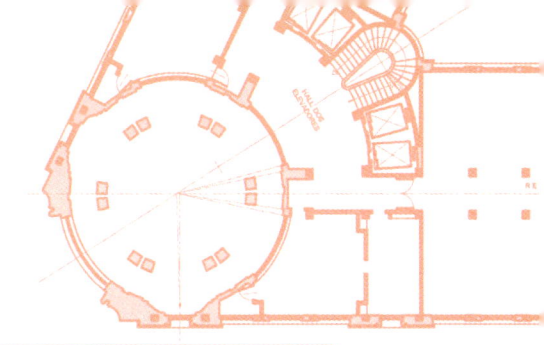

Políticas de requalificação urbana

PARA O BRASIL, O INÍCIO DO SÉCULO XXI tem sido um período de grandes desafios. Após ter superado o impacto causado por uma década de adaptação ao modelo neoliberal de desenvolvimento, o país ressurge, assumindo um novo perfil. Na Região Metropolitana de São Paulo, tal reestruturação vem desencadeando manifestações particulares não só socioeconômicas mas também espaciais.

Paralelamente à queda da produção e ao parcial esvaziamento do parque industrial, a região consolida-se como centro do setor terciário nacional, que, na metrópole, vem crescendo principalmente nas atividades mais modernas – destaca-se, por exemplo, a presença dos bancos, alocando as sedes das mais importantes empresas de serviços de apoio à produção. Essa expansão do setor de serviços – tanto em renda quanto em número de empregos – vem acompanhada de transformações estruturais, seja no espectro de produtos oferecidos, seja na forma de sua produção. Atenção especial merece ser dada a tais transformações, porque são responsáveis pelo novo espaço que o setor vem organizando na metrópole de São Paulo e determinam algumas das causas do abandono e da obsolescência das estruturas urbanas das áreas centrais.

Essa reestruturação econômica, inicialmente imposta por meio das negociações da dívida externa do país com os organismos da economia internacional, representa a adoção de uma agenda caracterizada por estratégias liberais, como a redução da interferência estatal em subsídios às exportações, a abolição de medidas protecionistas, a redução do déficit público, a desvalorização da moeda, as privatizações das empresas estatais e a abertura do mercado às importações. Associada às mudanças, verifica-se a necessidade de alterar as formas da organização do trabalho, fomentando uma flexibilização nas condições de produção industrial. Além disso, surgem novas necessidades espaciais, provocando o abandono de muitos edifícios de escritórios.

Essas transformações são pautadas também pela internacionalização dos mercados e pela introdução maciça da informática, modificando as relações de trabalho. No setor terciário, muitos empregados deixam de ter vínculo empregatício e passam a ser prestadores de serviços, dando, assim, origem a uma demanda por produtos imobiliários adequados a esse novo perfil, com localização estratégica, capaz de aproveitar os benefícios da aglomeração de serviços semelhantes e complementares aos oferecidos por esses prestadores. Assim, no setor terciário, a crescente tendência à especialização funcional é associada territorialmente à capacidade desse setor de introduzir uma constante substituição ou adaptação de suas estruturas físicas, recriando localizações.

Além disso, a partir dos anos 1980, a redefinição de uma geografia da produção econômica mundial, amplamente conhecida como globalização, cria uma realidade complexa. Novas formas de produção, mais flexíveis e automatizadas, determinam necessidades espaciais diferentes, causando o abandono de estruturas industriais, como fábricas, docas, silos e portos. A entrada dos países em desenvolvimento no mercado internacional – que com preços mais competitivos conseguem produzir os mesmos bens – desbanca muitas empresas, obrigando-as a abandonar seus espaços originais. Desse modo, torna-se obsoleta a paisagem da cidade moderna industrial, surgindo, no coração dessas cidades, uma proliferação de espaços subutilizados.

Paralelamente à queda da produção industrial e ao esvaziamento de seu parque, há aumento e sofisticação das atividades do setor terciário.[1] As principais cidades mundiais consolidam-se como centros desse setor, abrigando as sedes das empresas mais importantes de serviços de produção. Além disso, ocorre um processo de terceirização, e são entregues, para terceiros, serviços de preparação e distribuição de refeições, de conservação de ambientes, de transporte de funcionários, de engenharia, de médicos, de jurídicos e de digitação e processamento de dados. Atividades que eram executadas no interior das empresas passam a ser desenvolvidas por empresas independentes ou prestadoras de serviço. Também se verifica o crescimento dos serviços de produção e financeiros. Conforme dados de Infante Araújo (1992), na cidade de São Paulo, os serviços de apoio à produção, somados aos serviços financeiros, foram os que apresentaram maior crescimento nas décadas de oitenta e noventa. Em 1950, o setor de serviços no Brasil era responsável por 49,8% do PIB; já em 1990, representava 56,6%. Consolidado o setor, são criadas novas localizações para seu assentamento.

Com a expansão do setor terciário da economia, as cidades ganham importância econômica e passam a competir internacionalmente como centros de decisão, produção e consumo, e sua inserção internacional em uma rede de liderança e organização da produção e consumo global demanda enorme quantia de recursos para adequar suas infraestruturas econômicas, criando, no território, ilhas privilegiadas, que se aproveitam dos locais urbanos mais tradicionais (principalmente na Europa) ou, nos países subdesenvolvidos, daqueles próximos às áreas residenciais das classes mais abastadas.

Requalificação ou regeneração urbanas

Nesse contexto de reinserção econômica das áreas urbanas, aparecem as políticas de requalificação urbana, que podem ser entendidas como novas estratégias de desenvolvimento urbano. Tais políticas têm como escopo a reversão de processos de esvaziamento e degradação urbanas, prevendo a má-

---

[1] Tais atividades têm como característica comum a imaterialidade e a simultaneidade entre fornecimento do serviço e consumo. São inerentes a centros urbanos e pressupõem processos necessários de aglomeração, para aumentar a produtividade dos investimentos feitos no setor, configurando as chamadas economias de aglomeração.

xima utilização e potencialização de recursos ociosos, podendo, inclusive, ter diferentes abordagens, ao combinarem a readequação urbana edilícia com estratégias socioeconômicas. São políticas facilitadoras, para mobilizar recursos já investidos na cidade, fomentadas, nos últimos vinte anos, pelos agentes financiadores externos. Além disso, estão associadas a um *constructo* ideológico, que vincula a globalização da economia ao renascimento das principais metrópoles mundiais. São abertas, também, novas frentes de expansão do capital imobiliário, alavancadas, muitas vezes, por capitais internacionais que veem, nesses locais, possibilidades de capturar investimentos ocultos.[2] Desse modo, verifica-se um processo generalizado de remercantilização de paisagens e territórios, antes inviáveis ao consumo das elites.

O termo requalificação urbana vem do inglês *urban regeneration*,[3] aglutinando todas as iniciativas que têm por objetivo alcançar a melhoria econômica, social, física e ambiental de uma determinada localização urbana sujeita a mudanças e abandono. Segundo Phil Jones e James Evans, sua origem remonta aos anos 1980, quando o governo conservador inglês decide reduzir os investimentos em reformas e melhorias dos *council housing estates*, os conjuntos habitacionais das prefeituras (Jones & Evans, 2008, p. 190). Ainda nessa época, incentiva-se a compra das unidades habitacionais pertencentes ao governo e, naturalmente, são privilegiados os conjuntos mais bem mantidos e localizados. Para os conjuntos mais degradados, muda-se a forma dos investimentos, facilitando projetos de renovação urbana e englobando bairros inteiros.

Rebecca Fearnley destaca, no caso, que os projetos bem-sucedidos acarretam uma diminuição na incidência

---

[2] Neil Smith entende esse fenômeno como um processo econômico consequente às relações de flutuação entre os investimentos de capital e a produção do espaço urbano. O abandono econômico da cidade, em favor de áreas cada vez mais periféricas, causa uma redução no preço da terra urbana. Quando a diferença é suficientemente ampla (*rent gap*), promotores imobiliários percebem o lucro potencial, a ser obtido a partir de reinvestimento nos imóveis das áreas centrais, produzindo um novo produto imobiliário, que acaba expulsando as populações originais (Smith, 1987, pp. 462-465).

[3] O termo não é muito utilizado em português, mas foi mantido pela conotação eugênica, como ressaltado no artigo de Neil Smith (2006).

de crimes, o que influencia sua denominação como projetos regenerativos (Fearnley, 2000, pp. 567-583). Tal associação – da renovação urbana à diminuição da criminalidade – cria uma nova denominação para esse tipo de política de desenvolvimento urbano. Surgem, assim, as denominadas políticas de regeneração urbana.

Em sua obra já citada, Phil Jones e James Evans destacam o surgimento de novos arranjos institucionais, criados para facilitar investimentos privados em áreas urbanas degradadas e denominados, na época, como *quangos* ou organizações não governamentais quase autônomas. Já na época de Margaret Thatcher, destacam-se as *Urban Development Corporations* (UDCs), assumindo a liderança na captação dos recursos nacionais de desenvolvimento urbano. Também há estímulo para a criação de *housing associations* (associação de moradores) como novo agente privado que pode pleitear recursos[4] ou candidatar-se para o programa de transferência de propriedade dos *council housing estates* (Jones & Evans, 2008, p. 13).[5]

O movimento, inicialmente associado à renovação e à privatização dos conjuntos habitacionais estatais, transforma-se em política urbana, originando reformulação ministerial, em 1997, pelo partido trabalhista. O Ministério de Meio Ambiente desempenha papel fundamental na formulação de políticas de desenvolvimento urbano, criando um grupo de trabalho denominado *Urban Task Force*, liderado pelo arquiteto Richard Rogers, com objetivo principal de analisar as causas do declínio urbano, definindo novas diretrizes para as políticas de requalificação urbana (Rogers, 1997). Em 1999, é publicado o documento *Towards an Urban Renaissance* (Urban Task Force, 1999), estabelecendo uma diretriz central para a política de desenvolvimento urbano baseada nos seguintes princípios:

- compactação das cidades, com aumento das densidades demográficas, em que 60% da produção ha-

---

[4] Trata-se da privatização de todos os ativos envolvidos em políticas sociais: saúde, educação, habitação. Neste último, estimula-se que os moradores locatários formem *housing associations* e possam candidatar-se à compra.

[5] É importante entender que, no pós-guerra europeu, as habitações sociais construídas pelo governo são para alugar. São esses os conjuntos habitacionais denominados *concil housing estates*. No final dos anos 1970, a manutenção de tais conjuntos torna-se inviável, incentivando-se sua venda.

bitacional deve acontecer em áreas de *brownfields* e *greyfields*;[6]
- utilização das áreas abandonadas dentro da cidade;
- utilização de edifícios abandonados, fomentando o princípio do *living over the shop* (morar em cima de loja);
- redução de impostos nos processos de regeneração urbana, especificamente do ICMS incidente nos materiais;
- uso de bom desenho urbano;
- estímulo ao pedestrianismo e ao transporte público, principalmente com o fomento da utilização das áreas do entorno das estações de transporte público;
- promoção de áreas de uso misto com desenvolvimento de novas áreas residenciais próximas aos locais de concentração de empregos.

Os já citados Phil Jones e James Evans (2008) destacam que, de início, as políticas de regeneração urbana estão focadas em investimentos maciços no ambiente construído, com intuito de resgatar a imagem da cidade para as novas gerações. É importante compreender que esse movimento se insere num contexto em que, inicialmente, as cidades são vistas como locais decadentes, com falta de emprego e presença de criminalidade.

Entretanto, verifica-se, nos últimos anos, uma mudança de enfoque, principalmente na Inglaterra e na Holanda, locais onde as políticas de desenvolvimento urbano e produção habitacional estão associadas à recuperação de *brownfields* e *greyfields* com a finalidade de compactação da cidade. Hoje, o termo regeneração urbana engloba todas as ações de reconstrução, restauração, reabilitação, renovação, revitalização, recuperação e reconversão. Aqui, o termo foi escolhido por ser o mais utilizado na bibliografia anglo-saxônica e por desvendar algumas características inerentes a esse tipo de política urbana.

Publicações acerca desse assunto são recentes, como os da *British Urban Regeneration Association*, apresentando estudos de caso referentes às diferentes experiências europeias (Roberts &

---

[6] Na literatura americana, utiliza-se *greyfield* para identificar grandes empreendimentos (de atacado e varejo, em geral localizados em regiões urbanas centrais) que estão abandonados. Na Europa, passou a ser utilizado também para designar edifícios obsoletos. Já *brownfields* indica terrenos industriais inutilizados, que podem ou não estar contaminados, ou que tenham sido corrigidos.

Sykes, 2000). Ao analisar a literatura existente, porém, identificam-se algumas variáveis que estão aglutinadas na Figura 1. Essas variáveis podem ser associadas a diferentes perspectivas teóricas[7] que elucidam o assunto, a saber:

- abordagem neorricardiana;[8]
- teóricos do impacto da revolução tecnológica;
- teóricos da escola de regulação;[9]
- abordagem neomarxista;[10]
- teóricos do desenvolvimento sustentável.[11]

A abordagem neorricardiana entende as relações socioespaciais como resultado das necessidades da produção

---

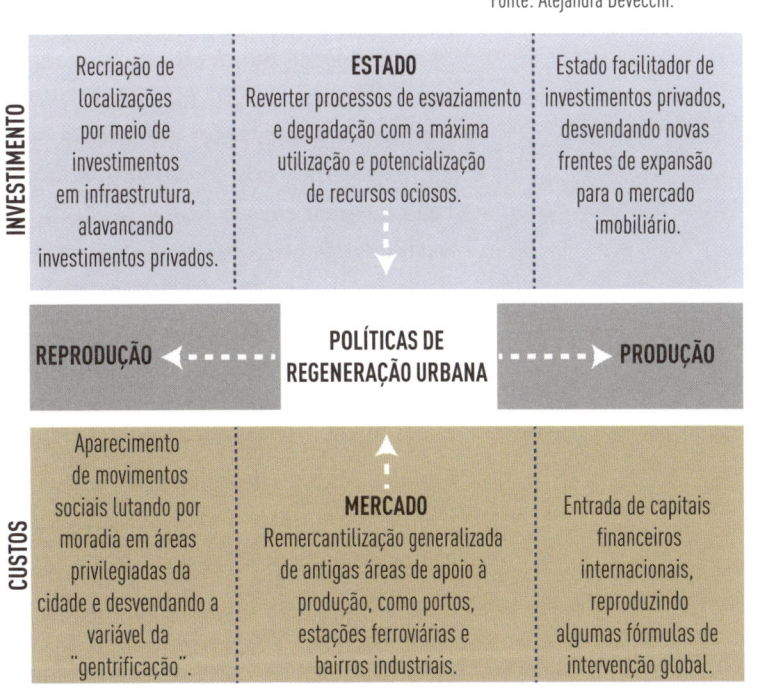

[7] Para contextualizar esta análise, ver, no "Apêndice A", o Quadro de referência teórico.

[8] Deriva da teoria clássica da localização, que reifica as relações socioeconômico-políticas, enfatizando o papel do consumidor em termos de demanda. Principais questões: custos de transportes, salários e de produção.

[9] Discutem a evolução dos paradigmas de economia política por meio da análise de dois conceitos: modo de regulação e regime de acumulação.

[10] A escola neomarxista destaca que a forma urbana é explicada como produto da luta de classes. São formuladas teorias que relacionam os períodos de acumulação do capital e as formas de organização urbana: capital comercial→cidade mercantilista; capital industrial→cidade industrial; e capital monopolista→cidade corporativa.

[11] Trata-se de um paradigma de desenvolvimento pautado na existência de um equilíbrio entre equidade social, eficiência econômica e sustentabilidade ambiental.

Figura 1
Políticas de regeneração urbana.
Fonte: Alejandra Devecchi.

		ESTADO	
INVESTIMENTO	Recriação de localizações por meio de investimentos em infraestrutura, alavancando investimentos privados.	Reverter processos de esvaziamento e degradação com a máxima utilização e potencialização de recursos ociosos.	Estado facilitador de investimentos privados, desvendando novas frentes de expansão para o mercado imobiliário.
	REPRODUÇÃO ←	**POLÍTICAS DE REGENERAÇÃO URBANA**	→ **PRODUÇÃO**
CUSTOS	Aparecimento de movimentos sociais lutando por moradia em áreas privilegiadas da cidade e desvendando a variável da "gentrificação".	**MERCADO** Remercantilização generalizada de antigas áreas de apoio à produção, como portos, estações ferroviárias e bairros industriais.	Entrada de capitais financeiros internacionais, reproduzindo algumas fórmulas de intervenção global.

capitalista. Dentro dessa abordagem, destaca-se a teoria da produtividade urbana, com profundos reflexos na definição das políticas de regeneração urbana.

No início dos anos 1990, os economistas do Banco Mundial introduzem o conceito de produtividade urbana. Com o aumento da participação do setor terciário na economia, a produção econômica desloca-se das fábricas para as cidades, exigindo dos governantes locais novas políticas de desenvolvimento urbano. Michael Cohen destaca a importância das cidades e sua vinculação com o desenvolvimento macroeconômico (Cohen, 1990, pp. 49-59). Para ilustrar tal vinculação, ele afirma que, em São Paulo, nos anos 1980, comparado ao número de linhas telefônicas, havia o dobro do número de carros e, desse modo, os investimentos futuros deviam estar focados na melhoria das telecomunicações, e não na construção de avenidas (Cohen, 1992). Nesse enfoque, todos os investimentos a serem feitos na cidade devem ser avaliados de modo a analisar o impacto geral sobre a melhoria do desempenho econômico nacional.

Outros autores, como Peter Nientied (1993, pp. 5-15) e Solomon Benjamin (1993, pp. 25-30), associam tal agenda urbana com a ideologia imposta pelas políticas de ajuste estrutural da economia atreladas à renegociação da dívida externa dos países em desenvolvimento. Embora na agenda desse ajuste não houvesse diretrizes explícitas de política urbana, o Banco Mundial lança, no início dos anos 1990, um documento denominado *Urban Policy and Economic Development: an Agenda for the 1990s* (World Bank, 1992). Nele, as cidades são apontadas como motores do desenvolvimento nacional, sendo feito aos governantes um alerta sobre a necessidade de uma visão mais ampla das questões urbanas, visão essa não mais focada exclusivamente na provisão de habitação e infraestrutura. E, em cada renovação de empréstimos internacionais, essa agenda é imposta aos países em desenvolvimento. Vinculadas ao futuro padrão de investimentos, as agências de auxílio internacional definem uma série de condicionalidades. Uma de suas recomendações é a requalificação das áreas centrais antigas e industriais, por concentrarem recursos materiais subutilizados, que precisam ser mobilizados. Nesse contexto, surgem políticas de requalificação de áreas centrais que têm por principal objetivo reabilitar investimentos feitos no estoque construído e em infraestrutura urbana. Por outro lado, pretendem abrir possibilidades de novos investimentos, em um mercado imobiliário de conversão, reforma e reabilitação.

Outros elementos determinantes da nova agenda urbana tratam da revisão do papel do Estado, que aparece como facilitador dos investimentos na cidade, estimulando o surgimento de novas institucionalidades. Descentralização e participação, pilares do novo paradigma de gestão urbana, são tentativas de equilibrar a iniquidade existente nos países em desenvolvimento e garantir, para o Estado, legitimação no poder. Essa tendência incentiva a criação dessas novas institucionalidades, em uma tentativa de encontrar saídas alternativas para alocação de recursos fora do mercado. É a emergência do setor social, como contrapartida ao domínio das relações de mercado e à retirada do Estado. Organizações não governamentais e comunidades de base são alguns dos exemplos. Tais institucionalidades acabam perpetuando a segregação, no mercado, de certos setores da sociedade. Assim, formas artesanais de produção das condições necessárias para a reprodução da força de trabalho e, ainda, o trabalho voluntário e não mercantilizado acabam reduzindo esses custos de reprodução, gerando uma constante articulação entre formas de produção pré-capitalistas e capitalistas. No caso, cabe destacar: o que aparentemente é associado a novas formas institucionais de participação e tomada de decisões acaba gerando instâncias mediadoras de poder que, ao mesmo tempo que reduzem o confronto com um Estado evasivo, legitimam a segregação de certos setores da sociedade do consumo capitalista.

Outro aspecto de destaque na agenda da produtividade urbana é o surgimento da questão ambiental como discurso ideológico para veicular a crise econômica e a escassez de recursos. Nesse contexto, as agências internacionais iniciam a formulação de uma política pautada no funcionamento eficiente da cidade, onde as políticas de reabilitação de centros passam a ser uma recomendação constante. Nesses locais, são implementadas políticas habitacionais, culturais e de desenvolvimento econômico, pois eles concentram investimentos históricos em infraestrutura e em recursos materiais que devem ser mobilizados. Assim, surgem os programas de requalificação urbana das principais metrópoles latino-americanas, amparados por financiamentos internacionais: Puerto Madero, Centro Histórico de Quito, Centro de Santiago e Nova Luz entre outros.

Entre os teóricos do impacto da revolução tecnológica, destaca-se Manuel Castells. Entre eles, a principal hipótese é a de que o contexto histórico de transformação do modo de produção capitalista (em que a revolução tecnológica tem um papel fundamental) caracteriza a emergência de um novo paradigma de desenvolvimento: o modo de desenvolvimento informacional. Nele, a geração de riqueza, o exercício do poder e a criação de códigos culturais passam a depender da capacidade tecnológica das sociedades e dos indivíduos, sendo a tecnologia da informação o elemento principal dessa capacidade. Castells, em *The Informational City* (1989), afirma que a evolução espacial das cidades, hoje, é expressão da revolução tecnológica. Assim, surge a denominada cidade informacional, resultado do impacto direto, no espaço, das tecnologias de informação. A cidade informacional é, ao mesmo tempo, a cidade global, já que articula – em rede de tomada de decisão e centros de processamento de informações – as funções de direção da economia global associada a determinados padrões de consumo, estilos de vida e um exacerbado simbolismo formal. Tais atividades, dentro de cada cidade, apresentam uma concentração espacial e tendem a criar uma nova centralidade, que passa a ser associada a um padrão de vida internacional e exclusivo. As elites que trabalham em tais espaços tendem a estabelecer-se em localizações que retratam a história do lugar (Castells 1989, p. 401).

Na Europa – e em cidades americanas, como Nova York, Boston e São Francisco –, essas elites tendem a estar localizadas em áreas de reabilitação dos centros das cidades, enfatizando o fato básico de que, quando a dominação é claramente estabelecida, a elite não precisa ir para um exílio suburbano. Esses autores entendem as políticas de regeneração urbana como iniciativas de transformação de territórios urbanos com tradição histórica, adequando suas infraestruturas às inovações tecnológicas, permitindo que a elite da cidade informacional passe a apropriar-se das tradições locais, criando novas áreas residenciais das elites. Ao mesmo tempo, esse segmento social atrai investimentos públicos e privados, transformando tais centros em locais de turismo internacional. Vários exemplos internacionais podem ser destacados: Puerto Madero, Docklands, Rive Gauche, Kop Van Zuid, entre outros.

Os teóricos da escola de regulação analisam as políticas de requalificação urbana à luz das novas necessidades espaciais provocadas pela reestruturação produtiva da economia. Por meio do conceito de pós-fordismo, estudam as relações entre o regime de acumulação, as formas de organização do trabalho e as regras institucionais, chegando a definir rebatimentos espaciais. Destacam-se os estudos de Lipietz & Leborgne (1988) e Urry (1987), que identificam algumas manifestações espaciais resultantes da reorganização dos processos de trabalho.

Sem dúvida, a maior contribuição para esse assunto é dos teóricos neomarxistas, especialmente Neil Smith, com a formulação da teoria do *rent--gap* (2006, p. 11) e da *gentrificação*.[12]

As políticas de regeneração urbana são diretamente associadas à segregação, já que, sistematicamente, a substituição da população originalmente moradora é identificada como componente recorrente em qualquer iniciativa desse tipo. O fenômeno apresenta-se mais acirrado quando tais políticas estão associadas ao desenvolvimento habitacional por meio de empreendimentos privados, que geralmente têm como mercado as classes mais abastadas ou segmentos particulares da sociedade, como *gays*, estudantes ou aposentados. J. Allison destaca um processo denominado *studentification*, que ocorre em muitas áreas centrais inglesas. Tal fenômeno tem como impacto natural o deslocamento da população original, causado pela segmentação do comércio e serviços locais, assim como pelos hábitos estudantis (Allison, 2005, pp. 274-275). Já nos processos de gentrificação nas áreas centrais americanas, Castells aponta o papel protagonista do público *gay* masculino (Castells, 1983, p. 138

---

[12] No âmbito de intervenções urbanas que provocam valorização imobiliária, refere-se ao processo de expulsão de moradores tradicionais, que pertencem a classes sociais menos favorecidas.

e ss.). Entretanto, David Ley atribui à nova classe média um papel importante nesse último processo (Ley, 1994). Esse segmento (a nova classe média) é identificado por Richard Florida como classe criativa e está associado aos profissionais que utilizam processos criativos no desenvolvimento de seus trabalhos. Artistas, arquitetos, decoradores, profissionais das artes, professores e médicos fazem parte dessa classe criativa, que procura consumir os locais tradicionais das cidades, alocando suas residências em bairros onde possam ter acesso fácil a museus, galerias de arte, restaurantes, teatros, cinemas, cafés, etc. Ele acredita que essa classe promova crescimento econômico e que as políticas de regeneração urbana devam procurar atraí-la aos centros urbanos (Florida, 2002). Nos processos de regeneração urbana, Neil Smith, em *De volta à cidade: dos processos de gentrificação às políticas de revitalização dos centros urbanos* (2006), cita cinco variáveis determinantes:

- o novo papel do Estado como facilitador dos investimentos privados, que, a partir da formulação de parcerias público-privadas, abre oportunidades de remercantilização de setores da cidade, com o objetivo de garantir maior lucratividade a investimentos privados, bem como abrir novas frentes de expansão para o capital;
- a entrada de capitais financeiros internacionais na promoção do desenvolvimento urbano, enxergando nesses empreendimentos oportunidades seguras de grande rentabilidade, balizadas pelos governos locais;
- o aparecimento de movimentos sociais que deixam em evidência a necessidade de inclusão social na formulação de qualquer política de regeneração urbana, lutando por moradia em áreas privilegiadas da cidade e desvendando a variável da gentrificação;
- a recriação de localizações, imunes aos pré-conceitos relativos ao processo de estruturação urbana local, a partir do lançamento de complexos de uso misto agregando comércio, residências e serviços;
- a criação de complexos de gentrificação do consumo como âncoras dos processos de regeneração urbana, com a instalação de lojas de marcas mundialmente conhecidas, introduzindo localmente os

padrões de consumo de uma elite internacional.

Na análise do papel do Estado, é importante destacar, de início, que as políticas de regeneração são processos de remercantilização de setores da cidade, alavancados por ele, em sua função de apontar novas áreas de expansão do capital para o lançamento de novos produtos urbanos. D. Harvey reconhece esse movimento como empresariamento e identifica que seu impulso está associado ao processo de globalização da economia, em que as cidades competem internacionalmente para atrair investimentos para seus espaços urbanos (Harvey, 1996).

Sob forma de parceria público-privada, com a *flexibilização* dos instrumentos regulatórios do mercado imobiliário, o Estado facilita a entrada de investimentos privados, criando um bom clima de negócios. Muitos desses empreendimentos têm como objetivo recriar localizações que anteriormente serviam como locais de apoio para a produção industrial – complexos ferroviários, docas, grandes conjuntos habitacionais, centros históricos. Ademais, a entrada de capitais financeiros internacionais na promoção do desenvolvimento urbano provoca uma homogeneização internacional dos empreendimentos, com uma profusão de *waterfronts*, complexos multiuso, condomínios de alta renda, *resorts* e uma gentrificação generalizada. Fundos internacionais de pensão, companhias de seguros e bancos são algumas das origens desses capitais, que procuram pelo mundo a melhor equação de rentabilidade, reproduzindo não só o formato do investimento como suas características físicas.

Como processo de remercantilização de localizações, as políticas de regeneração utilizam valorizações imobiliárias excessivas, que não permitem sustentar, nos locais escolhidos, as populações originais. Assim, verifica-se uma generalização dos processos de gentrificação, com expulsão e segregação das populações residentes. Segundo Andrew Tallon (2010), uma série de processos socioeconômicos recentes facilita a segregação. A mudança nos padrões demográficos, com a proliferação de solteiros e casais sem filhos, cria novas demandas habitacionais associadas a pequenos espaços, inseridos em áreas urbanas bem servidas de infraestrutura.

Como estratégia central das políticas de regeneração urbana, a proliferação de complexos de uso misto utiliza à exaustão sua capacidade de recriar localizações. Em certos segmentos da cidade, isso vai assumir particularidades que rompem com a lógica de estruturação urbana original da cidade. Alocados em áreas com poucas vantagens locacionais, o capital consegue neutralizar segmentos com poucos atrativos. Tal fenômeno transcende à própria lógica da produção de espaço, atraindo investimentos públicos que vão criar um arsenal de vantagens locacionais já consagradas pelo mercado.

Na linha dos teóricos do *desenvolvimento sustentável*, destacam-se as discussões acerca da compactação urbana e da metodologia de análise do ciclo de vida. Desde o relatório Brutland, em 1987, os debates acerca da relação entre sustentabilidade e forma urbana têm sido significativos (Jenks *et al.*, 1996; Urban Task Force, 1999; Breheny, 1992; Haughton & Hunter, 1994). O uso e a ocupação do solo urbano devem espelhar também a transição para um novo modelo de desenvolvimento, com adoção de padrões eficientes de consumo do solo urbano, que permitam reduzir as necessidades de deslocamentos motorizados e com densidades demográficas passíveis de alocar a totalidade da população nas áreas dotadas de infraestrutura. Vários autores têm defendido essa política como o modelo adequado para a reformulação das cidades no século XXI e argumentado a seu favor. David Rudlin (1998), Richard Rogers (1997) e, entre os britânicos, Mike Jenks e colaboradores (1996) têm escrito artigos e livros sobre os benefícios da cidade compacta. O mais amplo suporte, porém, provém de sua utilização, como política, por vários governos europeus.

Segundo Michael Breheny (2001), um dos debates mais importantes sobre política habitacional desde a Segunda Guerra Mundial vem ocorrendo na Inglaterra. A política nacional recomenda que, a partir de 2008, 60% das novas edificações sejam produzidas em áreas de loteamentos já existentes ou a partir da reabilitação de edificações antigas. O argumento em favor dessa política está pautado nos seguintes fatores:

- diminuição do número de viagens motorizadas;

- facilitação de viagens a pé ou de bicicleta;
- uso eficiente do solo urbano;
- diminuição da emissão de gases de efeito estufa;
- acesso equitativo à infraestrututra urbana ;
- aproximação das áreas residenciais dos locais com concentração de empregos.

Dentro da racionalidade do desenvolvimento sustentável, outra construção teórica de destaque é a formulação do método de análise do ciclo de vida. Trata-se de uma metodologia de aferição das repercussões ambientais dos bens materiais existentes, que serve para orientar a tomada de decisão sobre reformar ou demolir. Associada a políticas de reabilitação urbana, é uma ferramenta muito utilizada. Desde o projeto, passando pela construção e chegando até seu desmantelamento, o edifício, tal como um organismo vivo, nasce e morre. Considerando o ciclo de vida de uma edificação, identificam-se, no processo envolvido, três etapas-chave, que apresentam duração variável, segundo o contexto socioeconômico:

- etapa de construção, que envolve os primeiros cinco anos;
- etapa de uso e manutenção, que envolve os primeiros cinquenta anos;
- etapa de desconstrução, que depende da decisão de renovação dos sistemas envolvidos na criação de um ambiente confortável e o suprimento dos serviços necessários.

O Intergovernamental Panel on Climate Change (IPCC) explicita que o setor da construção tem o maior potencial de redução das emissões dos gases de efeito estufa, e que este é relativamente independente do necessário custo de investimento por tonelada de CO_2. Tendo essa afirmação como base, o estoque construído presta serviços ambientais, que devem ser equacionados a partir de um entendimento holístico, considerando os custos de operação e manutenção da edificação e as possíveis economias a serem geradas por ações de reforma. Assim, considerar o edifício como uma estrutura prestadora de serviços ao longo de um período de tempo significa valorar a possibilidade de proceder a algumas modificações que alterem sua função nesse tempo, introduzindo melhorias por meio de reformas.

Analisando as estratégias de regeneração urbana, verifica-se que elas têm sido modificadas ao longo do século XX. Durante as décadas de 1940 e 1950, a ênfase recaiu nos processos conduzidos pelo Estado visando à melhoria de salubridade nas habitações, por meio da reconstrução e substituição de antigas estruturas urbanas por novas edificações. Segundo Peter Roberts (2000), verifica-se aí uma fragmentação nos aspectos sociais, econômicos e territoriais, havendo remoção de contingentes populacionais sem considerar a sua inserção socioeconômica no território.

Nos anos 1960, com o aumento da participação social, a tendência foi de maior integração entre as diferentes variáveis envolvidas no processo. Já nos anos 1970, surge o conceito de revitalização, introduzindo o empreendimento âncora como geratriz de um processo de renovação urbana. Com a reconsideração dos papéis do Estado e do mercado, as intervenções começam a ser gestadas por agências de desenvolvimento fundiário urbano, com ampla participação da iniciativa privada em grandes empreendimentos imobiliários que promovem a transformação do uso de setores urbanos (notadamente cais, áreas de ferrovia e áreas industriais).

Em paralelo, e como resposta a esse fenômeno, surge um novo enfoque de planejamento de áreas centrais mais compreensivo e incrementalista: são as denominadas políticas de reabilitação, cuja premissa é recuperar as atividades econômicas, com a manutenção da população. Geralmente essas políticas envolvem a recuperação de um perímetro urbano por meio de adaptações, às novas necessidades, das estruturas construídas, mas respeitando as características das populações usuárias assim como suas funções na sociedade. O exemplo da reabilitação da área da antiga estação de King's Cross, em Londres, define um exemplo desse tipo de intervenção. Em geral é criada uma agência de reabilitação que gerencia as demandas, os recursos e oferece ainda possibilidades de parcerias para diferentes atores. Na França, merece destaque a ação da Agence Nationale de l'Habitat (Anah) e do Centre Scientifique et Technique du Bâtiment (CSTB). O primeiro organismo – em que um dos trabalhos de destaque é a elaboração de fichas que normatizam soluções para reforma –

busca, por meio da definição de perímetros de reabilitação (OPAH – Opérations Programmées d'Amélioration de l'Habitat), gerenciar toda a reabilitação imobiliária via financiamento e agenciamento de uma política que tem como principal objetivo a melhoria da qualidade do *habitat,* mas mantendo a população em seus locais de moradia. Já o segundo é um órgão público, sob tutela do Ministério da Habitação, cujo objetivo principal é avaliar materiais e técnicas construtivas e pesquisá-los.

Ao considerarmos a experiência europeia, é possível destacar políticas de regeneração urbana empreendidas na Inglaterra, Holanda e França. Pode-se identificar aí cinco linhas de ação, duas focadas em estruturas urbanas e três em edificações, passíveis de ser combinadas entre si:

- *renovação* – envolve áreas antigas – entornos de estações de transportes públicos ou áreas industriais –, que, se contaminadas, passam por processos de remediação, possibilitando, assim, introduzir novas estruturas. Em geral, trata-se de uma mudança de uso e ocupação do solo, ao definir um perímetro de intervenção que sofre remoção da população moradora e usuária. Demolem-se estruturas obsoletas e constroem-se novas edificações, segundo novas demandas socioeconômicas e de localização. As intervenções feitas nos anos 1980 apresentam tais características, destacando-se os exemplos das Docklands, em Londres, e da área de Kop Van Zuid (Cabeça do Sul), em Roterdã.
- *reabilitação* – restabelece um perímetro urbano, por meio de adaptações das estruturas construídas às novas necessidades, respeitando as características das populações usuárias, bem como suas funções (King's Cross, Londres).
- *restauração* – recupera fisicamente espaços e construções, levando em conta os detalhes construtivos e as técnicas utilizadas;
- *retrofit* – moderniza edificações, atentando para a adequação da eficiência energética do edifício e utilizando, para isso, tecnologias de reúso de água, painéis de energia solar, isolamento térmico, etc.
- *reforma*: agrega tecnologias de readaptação de grandes estruturas edilícias, com reconversão de uso, utilizando insumos industrializados.

Políticas de compactação urbana

Em seu livro *Desenho urbano e custos de urbanização*, Juan Mascaró ressalta a importância de densidades demográficas próximas a 600 habitantes por hectare para sustentar sistemas de infraestrutura com custos acessíveis à maioria da população. Além disso, destaca locais, como Madrid e Buenos Aires, concentrando densidades demográficas próximas a 3 mil habitantes por hectare, que se caracterizam por intensa vida urbana, segurança nas ruas, mistura de classes e qualidade de vida (Mascaró, 1989, p. 158).

Em São Paulo, o debate sobre adensamento demográfico se inicia no começo do século XX como um processo de expansão de ideias internacionais associadas ao controle das aglomerações populacionais e, em paralelo, ao uso eficiente do solo. Victor da Silva Freire, inicialmente defensor da verticalização como melhor forma de aproveitamento econômico das áreas urbanas, discute as restrições urbanísticas à altura trazidas pelo Código Sanitário Estadual.[13] Fazendo crítica aos padrões estritamente sanitários vigentes na época, acredita ser incoerente não considerar, na definição de padrões de uso e ocupação, o rendimento econômico do solo urbano. Considera, ainda, a verticalização como uma forma urbana possível de adensamento e, consequente, de diminuição dos custos de produção. No *Boletim do Instituto de Engenharia* de 1918, discorre sobre o adensamento ideal de uma cidade e coloca, como parâmetro, a densidade da décima sétima circunscrição da cidade de Nova York, com 3.300 habitantes por hectare, num bairro onde a altura média das edificações é de seis pavimentos. No mesmo artigo, tal densidade é comparada à da oitava circunscrição de Paris, com 262 habitantes por hectare. Na época, São Paulo era uma cidade essencialmente horizontal, apresentando 272 habitantes por hectare (Freire, p. 241, 1918).

A partir da consideração de variáveis – porões habitáveis, pé-direito e cubações das edificações –, Freire analisa, ainda, o rendimento da edificação em altura, propondo que a legislação seja revista, incorporando padrões de leis estrangeiras, como a diminuição do pé-direito.

---

[13] Lei Estadual nº 10083-98.

Já Anhaia Mello, em fevereiro de 1929, introduz nesse debate a utilização do *zoning* como instrumento de planejamento urbano, em um artigo denominado "Urbanismo: regulamentação e expropriação", em que discute, inclusive, as vantagens do zoneamento, para o Estado, como forma de exercício do poder de polícia em favor do bem comum (Mello, 1929). Mas, em junho de 1932, no artigo "A economia da terra urbana", ele expõe uma nova visão sobre o fenômeno da aglomeração urbana, alertando para os problemas trazidos pelas altas densidades (Mello, 1932).

Em 1929, com a promulgação do Código de Obras Arthur Saboya, inicia-se um controle mais estrito da altura de edificações verticais, determinada pela largura das ruas. Ao mesmo tempo, é criada a Comissão de Estudos do Zoneamento que, durante a gestão do prefeito Anhaia Mello, elabora uma primeira proposta de zoneamento. Em 1934, é formada a Sociedade Amigos da Cidade, tendo ele como seu primeiro presidente. Nesse âmbito, inicia-se a discussão, com a elite paulista, a respeito das vantagens da verticalização, legitimando a ideologia do zoneamento e o controle urbano horizontal e vertical.

Como resposta aos empreendimentos com altas densidades demográficas que aparecem no perímetro central no período pós-guerra, consolida-se uma visão mais clara acerca da necessidade de controle de densidades demográficas. Segundo o artigo "Problemas de arquitetura urbana", publicado na revista *Habitat* em junho de 1956, nos anos 1950 foram construídos em São Paulo vários edifícios residenciais com densidades líquidas superiores a 5 mil habitantes por hectare, sendo citados o edifício Viadutos, com 360 apartamentos e densidade líquida de 10 mil habitantes por hectare, e o edifício Montreal, com 231 apartamentos e densidade líquida de 7 mil habitantes por hectare. Diante desses exemplos, o autor exalta uma proposição feita à Câmara Municipal de São Paulo: o projeto de lei que regula as densidades demográficas na cidade. Trata-se da Lei Municipal nº 5.261 ou Lei Anhaia, apresentada em 1957 pela Comissão do Plano da Cidade. Estabelece-se, então, um controle sobre a altura dos edifícios, fixando o coeficiente de aproveitamento do terreno em 4 (para uso residencial) e em 6 (para uso comercial), definindo uma densidade demográfica máxima de 600 habitantes por hectare, mediante a fixação de uma fração ideal mínima de terreno de 35 m² por unidade habitacional (Ghirardini, 1956, pp. 32-33).

Em setembro de 1955, a revista *Engenharia* apresenta o artigo "Normas sobre densidade urbana, sua aplicação em São Paulo, e elaboração de planta da cidade, com curvas isodensas", de Luis Carlos Berrini Junior, documentando a discussão técnica sobre a aprovação da Lei Anhaia. Com uma maciça oposição, pautada na inadequação de estabelecer uma densidade máxima por lote, a discussão inicia abordando o estabelecimento de densidades demográficas no processo de desenvolvimento urbano, defendendo a tese de que as densidades devem ser definidas por assentamento ou por conjunto de residências (Berrini Junior, 1955, pp. 3-6). A maior contribuição desse artigo, porém, é apresentar um mapeamento com densidades demográficas para toda a mancha urbana da cidade de São Paulo na época. A partir de uma análise desse levantamento, pode-se verificar que a densidade culminante é de 360 habitantes por hectare, no bairro da Bela Vista. Já os bairros Brás, Pari e Belenzinho apresentam densidades em torno dos 200 habitantes por hectare. O Jardim América, por sua vez, não ultrapassa os 100 habitantes por hectare, tendo os Jardins e o Pacaembu aproximadamente 50 habitantes por hectare. Na época, a área urbanizada servida de infraestrutura básica era de 400 km², tendo aproximadamente 220 km² com densidade de 100 habitantes por hectare, 140 km² com densidades de 50 habitantes por hectare e os restantes 40 km², densidades entre 150 e 200 habitantes por hectare.

Comparando as densidades levantadas em 1955 com as atuais, verifica-se que houve um marcante processo de dispersão populacional, associado a uma significativa verticalização de todos os distritos.

A Bela Vista continua sendo o distrito com maior densidade demográfica, apresentando 243 habitantes por hectare, seguido por Sapopemba, República, Cidade Ademar, Vila Jacuí, Vila Medeiros e Santa Cecília, todos com densidades próximas dos 200 habitantes por hectare.

Segundo dados do IBGE do censo de 2000, somente 55 km² apresentam densidades próximas a 200 habitantes por hectare, e 155 km² têm densidades em torno dos 150 habitantes por hectare. No restante da cidade, a densidade varia entre 5 e 149 habitantes por hectare, sendo a densidade média em torno de 100 habitantes por hectare.

Analisando a Tabela 1, que agrega os 11 distritos com maior concentração de área construída vertical, é possível verificar que a forma urbana vertical no município de São Paulo não está associada ao aumento de densidades demográficas.

Distritos como Jardim Paulista, Consolação, Itaim Bibi, Pinheiros e Moema, com predomínio de edificações verticais, exibem densidades demográficas inferiores a 150 habitantes por hectare. Tal constatação pode ser explicada, primeiro, pelo padrão de ocupação dos edifícios, onde a fração ideal de terrenos associada a cada unidade habitacional é similar àquela proporcionada pela ocupação anterior da cidade, pautada por renques de sobra-

Tabela 1
Densidade demográfica nos distritos com maior concentração de área construída vertical.*

Sigla	Distrito	Lançamentos 2000-2003	Área do distrito km²	Área construída vertical pela área urbanizada	Número de edificações verticais por km²	Área construída vertical	Densidade demográfica (hab./ha)
JDP	Jardim Paulista	22	26,0419	1,59	229,973659	41,406621	137,16
VAN	Vila Andrade	36	57,6702	0,68	39,783508	39,215736	71,50
PRI	Pari	1	151,1550	0,21	25,098725	31,742550	51,12
SCE	Santa Cecília	2	14,5681	1,26	254,153502	18,355806	182,51
MOE	Moema	34	19,6396	0,92	101,508810	18,068432	79,20
PIN	Pinheiros	11	23,5770	0,66	90,032279	15,560820	78,75
IBI	Itaim Bibi	20	12,1785	0,95	111,706680	11,569575	82,28
PRD	Perdizes	28	11,5673	0,89	126,415478	10,294897	167,94
VMN	Vila Mariana	14	7,05991	0,92	134,230291	6,495117	143,82
SAU	Saúde	24	13,2079	0,47	65,773256	6,207713	132,67
CON	Consolação	3	3,84403	1,54	262,748916	5,919806	147,36

* Em km².
Fonte: Seppe & Gomes (2008).

dinhos com aproximadamente 60 m² de terreno. Já a segunda explicação para isso pode estar ligada ao padrão de apartamentos produzidos com benfeitorias (quadras, piscinas, *playgrounds*), que fazem com que cada um deles tenha fração ideal de terreno superior aos 60 m² por unidade habitacional. Já a terceira justificativa expressa-se pela constante expulsão do uso residencial, em favor da produção de espaço terciário, que domina na cidade, concentrando 40% do total de área lançada no Cadastro Territorial e Predial, de Conservação e Limpeza (TPCL) de 2007. Além disso, ao verificar o coeficiente de aproveitamento, constata-se que varia de 0,21 a 1,59, o mesmo utilizado no padrão residencial de renque de sobradinhos.

Na Tabela 2, verifica-se surpreendentemente que os distritos com menor concentração de área vertical construída apresentam densidades demográficas muito similares a dos distritos com grande concentração. Um verdadeiro contrassenso.

É interessante destacar que a forma urbana produzida pelos bairros de renques de sobradinhos, com vilas no interior das quadras, criava adensamentos populacionais da ordem de 400 habitantes por hectare ou 200 habitantes por hectare de densidade bruta. A figura 2, um recorte territorial do bairro do Brás, ilustra o padrão de ocupação dessa tipologia – no caso, 83 sobrados por hectare.

Quando tais estruturas habitacionais são substiuídas pelo uso misto, sob forma de edifícios verticais, verifica-se que o número de unidades produzidas se mantém, pois utilizam-se frações ideais similares de terreno por unidade. As unidades, porém, apresentam outro padrão construtivo e consomem áreas maiores de superfície horizontal, criando um adensamento construtivo sem concentração populacional.

Com a Lei Anhaia, o empreendedor tende a otimizar a utilização dos terrenos, viabilizando o número total de unidades possíveis, definido pela fração ideal mínima e área máxima construída, o que resulta em apartamentos maiores. Tal restrição define um novo padrão de produção habitacional, com apartamentos médios de 140 m², elitizando a produção vertical de imóveis (Somekh, 1997). Assim, essa lei acaba consolidando o mesmo padrão de adensamento anterior proporcionado pelos renques de sobradinhos, mas com outra forma urbana: a vertical. O medo da concentração populacional é extirpado, e consagra-se um padrão de ocupação esparso e segregado.

Em 1972, com a promulgação da Lei de Zoneamento, acontece uma

Tabela 2
Densidade demográfica nos distritos com menor concentração de área construída vertical.*

Sigla	Distrito	Lançamentos 2000-2003	Área do distrito em km²	Área construída vertical pela área urbanizada	Número de edificações verticais por km²	Área construída vertical	Densidade demográfica (hab./ha)
MAR	Marsilac	0	209,38	0,00	0,000000	0,000000	0,42
PLH	Parelheiros	0	11,5469	0,00	0,026443	0,000000	6,70
ANH	Anhanguera	0	33,7717	0,00	0,029927	0,000000	11,54
PRS	Perus	0	6,33477	0,00	0,042405	0,000000	29,58
IGU	Iguatemi	0	11,0164	0,00	0,152106	0,000000	51,93
SRA	São Rafael	0	12,6456	0,00	0,152147	0,000000	94,76
JDA	Jardim Ângela	1	9,47595	0,00	0,163006	0,000000	65,72
JDH	Jardim Helena	0	6,19673	0,00	0,323486	0,000000	152,86
PQC	Parque do Carmo	5	2,72632	0,01	0,635680	0,027263	41,60
VCR	Vila Curuçá	1	9,48344	0,01	1,685940	0,094834	151,01
LAJ	Lajeado	4	10,0335	0,01	1,225580	0,100335	171,49
TRE	Tremembé	2	12,0319	0,01	0,242040	0,120319	29,09
JAG	Jaguara	1	6,62536	0,02	2,634187	0,132507	55,90
JAÇ	Jaçanã	1	4,64735	0,03	1,735101	0,139421	117,70
IPA	Itaim Paulista	2	14,7258	0,01	1,063547	0,147258	177,28
VJA	Vila Jacuí	2	7,43572	0,02	2,307051	0,148714	184,36
PDR	Pedreira	0	15,755	0,01	0,597479	0,157550	68,14
ERM	Ermelino Matarazzo	3	8,86769	0,02	2,031127	0,177354	122,80
SMI	São Miguel	0	9,7769	0,02	2,352669	0,195538	129,83

* Em km².
Fonte: Seppe & Gomes (2008).

Figura 2
Tipologia urbanística – vila.
Fonte: Sara Brasil (1930).

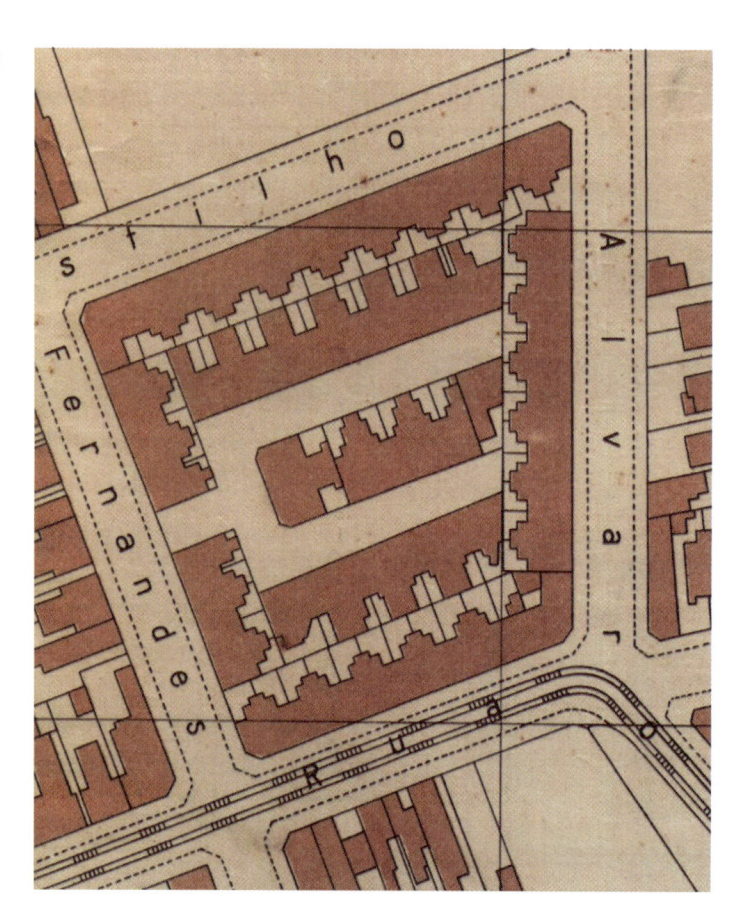

nova edição dos valores de coeficiente de aproveitamento dos terrenos, com números diferenciados entre 1 e 4. Na maior parte da cidade, é permitido construir somente até 2 vezes a área disponível, reeditando, com outra forma, a restrição ao adensamento demográfico. Hoje, sendo predominante o coeficiente de aproveitamento básico igual a 1, e estabelecido o coeficiente de aproveitamento máximo igual a 4, continua-se numa tendência desadensadora. É interessante destacar que o decreto de habitação de interesse social[14] ainda carrega o estigma do medo a adensamentos superiores a 500 habitantes por hectare, e restringe a 400 unidades o número máximo de unidades por condomínio habitacional, estipulando um mínimo de fração ideal de terreno por unidade, em torno dos 18 m^2 por habitação – ou densidade líquida de aproximadamente 600 habitantes por hectare.

Para muitos, adensamento demográfico tem conotação negativa, associado à saturação e à insalubridade. Bem planejado, porém, ele pode propiciar economia de terra, de infraestrutura e de energia. Segundo Mascaró (1989), a densidade demográfica tem profundas implicações sobre custo de urbanização, planejamento do espaço urbano, paisagem urbana, tráfego, sistema de transportes, meio ambiente, investimentos e políticas públicas urbanas. Um instrumento de incentivo à reutilização de setores da cidade onde existam construções subutilizadas e obsoletas é definir densidades demográficas mínimas por zona, que funcionem como elemento-chave para a renovação urbana. Considerando que os distritos centrais concentram parte importante das atividades e dos empregos da metrópole, muitos deslocamentos poderiam ser evitados se tal população morasse nas áreas centrais.

Analisando os dados de densidade de empregos por hectare, verifica-se que distritos como Sé e República apresentam densidades beirando os 700 empregos por hectare. Considerando que a infraestrutura instalada tem capacidade de suportar essas densidades

---

[14] Regulando a construção de habitação de interesse social na cidade de São Paulo. Ver Decreto nº 44.667, de 26-4-2004, que regulamenta as disposições da Lei nº 13.430 (de 13-9-2002, que institui o Plano Diretor Estratégico), relativas às Zonas Especiais de Interesse Social e aos respectivos Planos de Urbanização, e dispõe sobre normas específicas para a produção de Empreendimentos de Habitação de Interesse Social, Habitação de Interesse Social e Habitação do Mercado Popular.

durante o dia, elas poderiam funcionar como indicativas para a definição de densidades demográficas para a região.

As tentativas de dimensionar o acréscimo necessário ao atual estoque de domicílios, com vista a superar o déficit de habitações, têm resultado em números diversos, mas a principal questão refere-se à sua localização, central ou periférica. Tal discussão, quando inserida no perímetro do município de São Paulo, ganha maiores proporções pela escassez de terrenos aptos para novos desenvolvimentos habitacionais. Nesse sentido, uma política centrada na variável adensamento demográfico pode definir uma diretriz clara, podendo estar pautada nos seguintes componentes:

- aumento das densidades demográficas líquidas, partindo de, no mínimo, 300 habitantes por hectare;
- intensificação de usos nas áreas centrais;
- reaproveitamento de edifícios existentes, com acréscimo de área;
- reconversão de edifícios obsoletos.

Vários autores têm defendido essa política, e argumentado em seu favor, como sendo modelo adequado para a reformulação das cidades no século XXI. O mais amplo suporte, porém, tem vindo de sua utilização como política urbana por vários governos europeus. O argumento em favor dessa política está pautado nos seguintes fatores, já citados:

- diminuição do número de viagens motorizadas;
- facilitação das viagens a pé ou de bicicleta;
- uso eficiente do solo urbano;
- diminuição da emissão de gases de efeito estufa;
- acesso equitativo à infraestrututra urbana;
- diminuição do avanço da mancha urbana sobre as áreas prestadoras de serviços ambientais.

Tal debate recai sobre o papel do planejamento na formulação de políticas públicas, já que, em última instância, tratar da forma urbana das cidades significa tratar do modelo de desenvolvimento futuro. O retrato da discussão sobre forma urbana mostra um movimento pendular entre visões centrípetas ou centrífugas, compactantes ou dispersantes. As primeiras manifestações sobre teoria da forma urbana podem ser consideradas aquelas formuladas por Ebenezer Howard, Le Corbusier e Frank Lloyd Wright, que, sinteticamente, retrataram diferentes formas para equacionar a aglomeração urbana. O modelo cidade-jardim – pautado na casa isolada, em lote suburbano de 500 m² – trouxe pela primeira vez a possibilidade de reunir os benefícios da cidade com os do campo. Enquanto esse modelo apresenta densidades líquidas de aproximadamente 50 habitantes por hectare, Wright propõe uma densidade ainda inferior na Broadacre City, lançada em um artigo de 1932 (Wright, 1932), com aproximadamente 10 habitantes por hectare. No outro extremo, em suas experiências, Le Corbusier chega às *Unités d'habitation*,[15] com que propõe resolver o congestionamento da cidade por meio da concentração de até 3 mil habitantes por hectare.

No âmbito desses exemplos da urbanística internacional, é possível conferir outras formas urbanas com densidades demográficas que variam de 20 habitantes por hectare até 5 mil, como em Kowloon City, e questionar se haveria uma densidade urbana ideal. Certamente a questão depende do desempenho do investimento em infraestrutura necessário para equacionar o aglomerado de população. Analisando os dados do Quadro 1, verificam-se alguns exemplos interessantes, que aliam formas urbanas diferenciadas, com densidades líquidas superiores aos 300 habitantes por hectare, e propiciam constatada qualidade de vida.

Merece destaque ainda o bairro de Islington, em Londres, onde, com qualidade de vida, sobrados vitorianos – conjuntos habitacionais de até quatro andares e residências sobre as lojas – propiciam densidades demográficas de 185 unidades por hectare (ou 740 habitantes por hectare de densidade bruta).

Em seu livro *Desenho urbano e custos de urbanização,* Juan Luis Mascaró define que a densidade mínima para sustentar a infraestrutura urbana é de aproximadamente 300 habitantes por hectare (Mascaró, 1989). Nas áreas urbanas, a principal forma de atingir os benefícios vinculados aos da cidade compacta é o denominado processo de intensificação do uso do solo. Uma das principais questões é poder reconhecer o limite ambientalmente aceito. As estratégias inerentes ao processo de intensificação urbana podem abranger:

---

[15] As *Unités d'habitation* são estruturas habitacionais modulares, construídas no período posterior à Segunda Guerra Mundial, sob forma de lâminas de 100 m de extensão, com profundidade de 30 m e com 15 pavimentos, produzindo 337 apartamentos.

- reaproveitamento de edifícios existentes, com acréscimo de área;
- reconversão de edifícios obsoletos;
- enxertos urbanísticos (*infill urbanism*), com superposição de edificações de épocas diferentes;
- intensificação de uso.

A área central da cidade de São Paulo, com grande profusão de edifícios subutilizados, apresenta um grande potencial para a intensificação do uso do solo. Os distritos da Sé e da República – objetos deste estudo – são os que apresentam maior concentração em número de edifícios verticais por quilômetro quadrado, apresentando a maior densidade construída vertical do município, ao lado do distrito de Bela Vista. Analisando os coeficientes de aproveitamento por quadra fiscal, pode-se verificar que se encontram nesses distritos, também, as maiores concentrações de área construída, atingindo o coeficiente 43. Tais particularidades transformam a região em local apropriado para o adensamento populacional, por terem sido assim pensados, constituindo oportunidade para a intensificação de seu uso.

Na década de 1990, o centro perdeu 7% de sua população. Nos treze distritos centrais – entre eles, Barra Funda, Bela Vista, Belém, Bom Retiro, Brás, Cambuci, Pari e Sé –, ela declinou de 751.874 pessoas (1980), para 526.600 (2000) (IBGE, 2000). Como vários autores, entre eles Bonfim (2004) e Silva (2009), demonstram, nesses distritos existe, hoje, número significativo de imóveis totalmente vazios. Segundo dados do Censo Demográfico de 2000 (IBGE, 2000), os distritos Sé e República apresentam 13.641 unidades residências desocupadas. Helena Menna Barreto Silva, em pesquisa concluída em 2008 para o Lincoln Institute, aponta a existência de um universo de 158 edifícios verticais com os andares superiores totalmente vazios. Desse total, 68 estão totalmente vazios (incluindo o térreo). Tal número é confirmado por pesquisa de campo realizada em dezembro de 2008 para a produção deste trabalho. De um total de 354 imóveis, é constatado um universo de 175 imóveis manifestando algum tipo de subutilização. Aproximadamente 20% do universo pesquisado encontra-se totalmente desocupados (69 imóveis).

Os distritos Sé e República apresentam um total de 9.516.542 m² sob forma de edifícios verticais com mais de cinco andares, distribuídos em 1.740 edifícios. Desse total, 2.967.337 m² destinam-se ao uso residencial, e os restantes 6.746.158 m² constituem edifícios comerciais ou mistos, representando 74% do total. Desses 1.740 edifícios, 317 foram construídos até 1945, o nosso recorte temporal. Temos aproximadamente 2 milhões de m² va-

Quadro 1
Densidades demográficas no mundo.

Casos de análise	Unidades/ha	Pessoas/ha	Fonte
Casas isoladas em Hetfordshire	5	20	Urban initiave
Densidade média em Los Angeles	15	60	Newman & Kenworthy
Densidade média em Milton Keynes	17	68	Sherlock
Densidade média na Inglaterra 1981-91	22	88	Bibby & Shepperd
Densidade mínima para a provisão de ônibus	25	100	LGMB
Raymond Unwin 1912	30	120	Nothing gained but overcrowding
Densidade média em Londres	42	168	Newman and Kenworthy
Cidade Jardim 1968	45	180	Tomorrow: a real path to urban reform
Densidade minima para implantação de linha de bonde	60	240	LGMB Sustainable Settlements Guide
Baixas densidades previstas no plano de Londres de Abercrombie	62	247	Greater london Plan 1944
Densidade urbana sustentável	69	275	Friends of the earth
Casas vitorianas e eduardianas	80	320	Urban Iniatives
Médias densidades previstas no plano de Londres de Abercrombie	84	336	Greater london Plan 1944
Altas densidades previstas no plano de Londres de Abercrombie	124	494	Greater london Plan 1944
Densidade média em Islington em Londres	185	740	Milner Holland
Densidade na Cingapura planejada	250	1000	Scofham and Valle
Kowloon City	1250	50000	Scofham and Valle

Fonte: David Rudlin (1998).

gos, o que significa um potencial construído apto a viabilizar aproximadamente 20 mil unidades habitacionais. Se aplicarmos esses índices de vacância para o resto dos quatorze distritos com maior concentração de edifícios verticais, teremos uma ordem de grandeza do tamanho do mercado de reforma na cidade de São Paulo, que gira em torno de 28 milhões de m^2 – área suficiente para formulação de uma política de reforma.

O aumento da densidade demográfica tem profundas implicações sobre o custo de urbanização e o planejamento do espaço urbano. A definição de

Tabela 3
Dados sobre verticalização nos distritos com maior concentração de edifícios comerciais.*

Distrito	Área do distrito	Área construída/ área urbanizada	Edificações verticais/km^2	Área construída vertical	Densidade demográfica
Brás	3,63	0,40	65,84	1,45	71,88
Bom Retiro	4,19	0,36	75,43	1,51	66,50
Pinheiros	23,58	0,66	90,03	15,56	78,75
Moema	19,64	0,92	101,51	18,07	79,20
Itaim Bibi	12,18	0,95	111,71	11,57	82,28
Perdizes	11,57	0,89	126,42	10,29	167,94
Vila Mariana	7,06	0,92	134,23	6,50	143,82
Liberdade	3,64	0,87	144,93	3,17	167,23
Jardim Paulista	26,04	1,59	229,97	41,41	137,16
Santa Cecília	14,57	1,26	254,15	18,36	182,51
Consolação	3,84	1,54	262,75	5,92	147,36
Bela Vista	2,69	1,92	279,03	5,17	243,04
Sé	2,22	1,61	301,02	3,57	95,79
República	2,42	2,52	462,28	6,11	207,47
Total	137,27			147,87	

*Mensurações em km^2.
Fonte: Seppe, P. M. & Gomes. S. (2008).

densidades demográficas mínimas por distrito pode constituir instrumento de incentivo à reutilização de setores da cidade com grande existência de construções subutilizadas e obsoletas. Essa discussão, quando considerado o perímetro do município de São Paulo, ainda ganha maiores proporções pela

Tabela 4
Coeficientes de aproveitamento por quadra fiscal (Sé e República-2007).*

Quadra fiscal	Área parcelada	Área construída	CA	%	Área construída residencial	%	Área construída não residencial	TOTAL
QF03109800	379	4968	13,108179	100,00	4968,00	0,00	0	4968,00
QF00500800	640	8429	13,170313	0,00	0,00	100,00	8429	8429,00
QF00501000	2887	38479	13,328369	0,00	0,00	100,00	38479	38479,00
QF00104701	3891	52940	13,605757	10,05	5320,47	89,95	47619,53	52940,00
QF00104702	1703	23193	13,618908	10,04	2328,58	89,96	20864,4228	23193,00
QF00206100	1441	20093	13,943789	0,00	0,00	100,00	20093	20093,00
QF00500600	642	9125	14,213396	47,06	4294,23	52,94	4830,775	9125,00
QF00102800	4030	58133	14,425062	0,00	0,00	100,00	58133	58133,00
QF00607200	641	9291	14,494540	92,97	8637,84	7,03	653,1573	9291,00
QF00707300	2732	39718	14,538067	0,00	0,00	100,00	39718	39718,00
QF00600300	1399	20634	14,749107	22,80	4704,55	77,20	15929,448	20634,00
QF00500500	304	6225	20,476974	0,00	0,00	100,00	6225	6225,00
QF00107100	3738	79473	21,260835	0,00	0,00	100,00	79473	79473,00
QF00606100	768	22755	29,628906	11,74	2671,44	88,26	20083,563	22755,00
QF00606300	895	28244	31,557542	100,00	28244,00	0,00	0	28244,00
QF00107900	1179	43982	37,304495	0,00	0,00	100,00	43982	43982,00
QF00203400	711	28095	39,514768	88,88	24970,84	11,12	3124,164	28095,00
QF00107800	1083	47253	43,631579	0,00	0,00	100,00	47253	47253,00

*Mensurações em m².
Fonte: TPCL (2007).

escassez de terrenos aptos para novos desenvolvimentos habitacionais. Nesse sentido, uma política centrada na variável adensamento demográfico nas áreas consolidadas pode definir uma diretriz clara, estando pautada no reaproveitamento de edifícios existentes e na reconversão de edifícios obsoletos.

Estratégias brasileiras de requalificação urbana

Como vimos no capítulo anterior, os anos 1980, no Brasil, revelaram-se como ponto de partida de uma nova realidade. As características mais evidentes desse novo quadro são a crise econômica e suas repercussões nas esferas social e política. A internacionalização das relações econômicas e sociais cria uma nova divisão internacional do trabalho. Esse fenômeno traz consequências na organização urbana que terão reflexo nas políticas públicas décadas depois, criando instrumentos de mobilização de recursos com ampla participação da esfera privada.

Neste capítulo, analisaremos duas experiências inovadoras, oriundas desse contexto, que merecem nossa reflexão: Nova Luz e Porto Maravilha.

O desenvolvimento econômico dos anos 1970, que permite ao Brasil atingir o oitavo lugar no *ranking* das economias mundiais,[1] deixa como legado para as décadas seguintes endividamento e dependência às condicionalidades impostas pelos organismos financeiros internacionais. O que, na época, era uma inteligente saída, tomar empréstimos baratos viabilizados pelos recursos financeiros abundantes dos

---

[1] Para mais informações, ver Harris (1986).

países produtores de petróleo, transforma-se nos anos 1980 em um profundo beco de recessão e dependência econômica. No início dessa década, a necessidade de financiar o déficit público dos Estados Unidos eleva os juros internacionalmente, transformando a dívida externa brasileira na porta de entrada para a ingerência do FMI na política econômica. O país passa a ter de renegociar periodicamente o pagamento dos juros dessa dívida que, salvo pequenas oscilações, representa a perda de bilhões de dólares por parte do governo brasileiro. Cada renegociação implica a adoção de uma agenda econômica caracterizada pela redução da interferência estatal em subsídios às exportações, abolição de medidas protecionistas, redução do déficit público, desvalorização da moeda, etc. Em suma, o chamado ajuste estrutural da economia significa a total adesão, por parte do governo brasileiro, ao paradigma neoliberal.

Ao mesmo tempo, o país, então sob regime de ditadura militar (1964-1985), cria, por pressão de entidades civis, os alicerces para a consolidação da abertura política e posterior redemocratização: decretação da Lei nº 6683, de agosto de 1979, popularmente conhecida como Lei da Anistia, que absolve prisioneiros e perseguidos políticos da ditadura; extinção, em 1985, do bipartidarismo instaurado pelo regime militar; e promulgação, em outubro de 1988, da nova Constituição da República, elaborada pelo Congresso Nacional. Essas medidas tornam possível a reorganização de partidos políticos, sindicatos e entidades da sociedade civil. Finalmente, em 1989 as eleições diretas para presidente da República marcam o retorno ao pleno estado democrático de direito. Esse particular contexto histórico, que é similar em vários países da América Latina, designa ao Estado pós-ditadura militar a complexa atribuição de reconciliar capitalismo e democracia (Borón,1994, 1995).[2]

A ideologia neoliberal, como novo paradigma de desenvolvimento econômico, demanda dos seus representantes locais uma total adequação das relações capital/força de trabalho e suas interações com o Estado e o mercado. De-

---

[2] Para melhor conhecimento desse debate, ver também Frieden (1991) e Sola (1993).

termina o esgotamento do estágio de acumulação extensiva,³ que por muitos anos esteve associado à constante expansão da forma *mercadoria* e na incorporação de novos contingentes de assalariados, mantidos com baixos níveis de reprodução. Esse paradigma de acumulação é colocado em xeque com a abertura dos mercados (Déak, 1988). Tanto a lógica da produção quanto a da reprodução da força de trabalho são afetadas. O mesmo Estado, que tinha garantido a unificação do mercado para a generalização da forma mercadoria e a expansão do trabalho assalariado, encontra nos anos 1980 o questionamento de suas estratégias de acumulação e legitimação. Nesse contexto, produtividade e eficiência aparecem como os novos pilares para atingir uma economia competitiva, tendo repercussões nítidas na organização espacial.

Esse processo de reestruturação capitalista sintetiza o esgotamento de um paradigma urbano, que sustentou por quase quarenta anos a constante diminuição dos custos de reprodução da força de trabalho. A dicotomia miséria/opulência das aglomerações urbanas brasileiras perde legitimidade, deixando de ser alavanca para acumulação capitalista. Essa fórmula não é mais suficiente como vantagem comparativa nos parâmetros de competitividade do mercado internacional; pior ainda, torna-se empecilho. A passagem para um estágio de acumulação intensiva⁴ exige novos parâmetros de desempenho das aglomerações urbanas (Déak, 1988).

Sem dúvida, esses elementos são suficientes para reformular a agenda urbana nos anos 1990. A cidade como lócus de subsídio social cede lugar à cidade de desenvolvimento imobiliário, onde a negociação com o capital privado procura remercantilizar aqueles setores urbanos antes dominados pela ação do Estado (Mello, 1990). Por outro lado, a redefinição de uma geografia da produção econômica mundial exige uma constante transformação territorial, para poder adequar-se às inovações tecnológicas (Déak, 1987) e aos novos requisitos determinados pelas relações

---

³ Para uma melhor compreensão das estratégias envolvidas no estágio extensivo de acumulação capitalista, ver Déak (1991, 1988).

⁴ O estágio de acumulação intensiva é caracterizado pelo aumento da produtividade em função da especialização da mão de obra, do progresso tecnológico e de novas formas de organização do trabalho. Ver Déak (1991).

macroeconômicas. Surge uma complexa realidade que, ao mesmo tempo dispersando espacialmente a produção e o consumo, necessita de uma integração em sua organização global (Sassen, 1988). Esse fenômeno reavalia a importância econômica das cidades, que passam a competir internacionalmente, como centros de decisão, produção e consumo. Esses centros urbanos, por sua vez, passam a sofrer uma integração global, que supera as fronteiras nacionais, reestruturando suas ordens social, econômica e espacial.

A restruturação econômica da última década do século XX vem gerando manifestações urbanas particulares nas principais regiões metropolitanas do país, transformando Rio de Janeiro e São Paulo em centralidades terciárias nacionais. Juntamente com a consolidação do setor de serviços de produção dentro do terciário, são criadas novas localizações para seu assentamento. Esse processo tem repercussões significativas, transformando um setor com funções "acauteladoras" em um setor de ponta intimamente ligado aos setores produtivos da economia. Essas novas demandas do setor terciário alavancam projetos de requalificação urbana, permitindo a criação de distritos de negócios localizados em áreas de renovação urbana, como antigas docas, portos e entorno de estações de trem, reproduzindo modelos internacionais de produção e consumo do espaço urbano.

Conforme Lipietz & Leborgne (1988) e Urry (1987), podemos identificar uma série de variáveis de reestruturação econômica com fortes implicações nas estratégias de localização e no processo de estruturação urbana, as quais são apresentadas no Quadro 1.

Nesse contexto, há um significativo crescimento na necessidade de investimentos em infraestrutura associada à criação de novas formas de mobilização de recursos, trazendo consigo as associações entre o poder público e a iniciativa privada para a prestação dos denominados serviços públicos, assim como para investimentos em infraestrutura urbana.

Em 1995 é promulgada a Lei nº 8.987, que regulamenta o regime geral de concessão e permissão de serviços públicos previsto no artigo 175 da Constituição Federal, juntamente com a criação das respectivas agências reguladoras. Essa lei prevê a concessão

Quadro 1
Reestruturação econômica e impactos na estruturação urbana.

Variáveis na restruturação do setor terciário	Impactos nas estratégias de localização e na estruturação urbana
• Globalização da economia, grande mobilidade do capital, globalização da produção industrial em função das vantagens comparativas de cada local.	• Localizações globais capazes de atrair investimentos. Universalização da paisagem urbana, com a proliferação de shopping centers e do *franchising* de marcas internacionais no comércio varejista. • Surgimento das cidades globais (Sassen, 1988)
• Transição para o estágio de acumulação intensiva, suportada no aumento da produtividade do trabalho. Significa investimentos na inovação tecnológica, nos meios de produção e melhoria no nível de subsistência da força de trabalho.	• A consequência espacial é uma ampla dotação de infraestrutura que permite fluxos rápidos e um eficaz gerenciamento das variáveis que interferem na reprodução social. Em outros termos, implica um aumento das vantagens locacionais de certos segmentos da cidade. • Produção de localizações por meio da construção de grandes complexos com múltiplos usos, fora do circuito de valorização imobiliária da cidade (Ex.: complexo shopping Cidade Jardim).
• A reorganização do processo de trabalho traz implícito um novo paradigma industrial, mais adequado às demandas flutuantes e à necessidade de inovação nas ofertas. Seu fundamento é a revolução tecnológica, oferecendo uma maior flexibilidade entre o ciclo de vida do equipamento e o ciclo de vida do produto. A implantação de um equipamento flexível viabiliza séries curtas de produção diferenciada, visando a mercados menores e segmentados (Lipietz & Leborgne, 1988).	• Desintegração territorial ou neotaylorismo: constituída de concentração espacial das atividades de comando empresarial e financeiras, de preferência em áreas de requalificação urbana, e descentralização das atividades produtivas com menores custos locacionais ou de força de trabalho. • Integração territorial ou via californiana: constituída de sistemas produtivos, locais monossetoriais, uma quase integração vertical entre as firmas (relações estáveis entre fornecedores e clientes, terceirização e cooperação interfirmas) e existência de uma oferta local de qualificação profissional. • Áreas-sistema ou via saturniana: constituídas de formas de parceria entre firmas, sindicatos, universidades e administrações locais. É uma rede integrada territorialmente, multissetorial, de empresas especializadas e de empresas contratantes. Há uma difusão planejada do saber social, promovendo a educação e o engajamento profissional.
• Entrada de empresas multinacionais na provisão de serviços de auditoria empresarial, consultoria financeira, marketing e propaganda, com clientes no mundo inteiro.	• Cidades globais como sedes dos *headquarters* das empresas multinacionais.
• Intensificação do processo de terceirização, sendo entregues para terceiros serviços de preparação e distribuição de refeições, conservação de ambientes, transporte de funcionários, engenharia, serviços médicos, jurídicos, processamento de dados e digitação.	• Novas necessidades de espaços adequados para a prestação de serviços, com localizações estratégicas capazes de constituir economias de escala. Acontece uma desintegração territorial.
• Externalização de atividades que eram executadas no interior das empresas e que passam a ser desenvolvidas por empresas independentes, numa quase integração vertical (Lipietz & Leborgne, 1988).	• Dependendo das atividades, a necessidade de *interfaces* diretas e de profissionalismo implica uma concentração territorial em torno das grandes empresas contratantes.
• Mecanização dos processos de trabalho e absorção de novas tecnologias, principalmente informática e microeletrônica, elevando a produtividade do setor.	• A questão da localização assume uma nova importância e depende do grau de acesso às informações. Por outro lado, a difusão da informática permite uma homogeneização do espaço urbano.

da provisão de serviços públicos para a inciativa privada, tendo como forma de remuneração exclusiva a cobrança do serviço aos usuários. Essa forma de concessão tem aplicação na prestação de serviços, como os de telefonia, energia, água e esgoto e rodovias. Esse tipo de concessão é utilizado para aqueles serviços economicamente viáveis e autossustentáveis do ponto de vista financeiro por meio da cobrança de tarifas dos usuários.

Porém, existem muitas situações em que há demanda por aporte de recursos complementares aos arrecadados pela cobrança de tarifas. Serviços de saúde, educação, cultura ou mesmo intervenções urbanas, pouco atraentes para os agentes privados, exigem um novo formato. Nesse contexto, é promulagada a Lei nº 11.079, de 30 de dezembro de 2004, que instituiu normas gerais de licitação e contratação de parceria público-privada, definindo-a como contrato administrativo de concessão, na modalidade patrocinada ou administrativa. A concessão patrocinada exige uma contraprestação pecuniária pelo Estado ao particular como forma de minimização do risco financeiro do adiantamento do capital, garantindo um retorno ao investimento privado. O valor de contratação deve ser superior a R$ 20 milhões, com risco compartilhado. Já a concessão administrativa tem por objeto serviços públicos em que o Estado não quer ou não pode cobrar tarifas dos usuários e, ainda, nas atividades sociais e culturais.

Somente a partir de 2010 vemos um reflexo da aplicação de formas de parceria público-privada na política urbana, avançando além do instrumento das operações urbanas consorciadas, promulgado pelo Estatuto da Cidade de 2001. A seguir, faremos alguns comentários sobre duas experiências que merecem nossa reflexão: Nova Luz e Porto Maravilha.

A concessão urbanística e o Projeto Nova Luz

A concessão urbanística é um instrumento da política urbana que permite a transformação de uma área urbana a partir da formulação de um projeto específico, concedendo a um particular a obrigação de sua implementação num período de tempo estabelecido, podendo a remuneração do concessionário ser obtida a partir da exploração do espaço público ou privado. Desde a promulgação da Lei nº 14.917, de maio de 2009, que regula esse instrumento, muito se tem debatido. Entender a validade desse instrumento e as situações adequadas para sua implementação é tarefa importante.

A concessão urbanística é um contrato administrativo mediante o qual o município, sempre por meio de licitação, transfere a pessoas jurídicas a execução de obras de urbanização ou reurbanização de interesse público, obras estas a serem executadas por sua conta e risco. Outra particularidade é a possibilidade de aplicação do instrumento da desapropriação como forma alternativa de mobilização dos recursos fundiários, muitas vezes com situações entravadas por conta de condições complexas de espólio ou sucessão. É interessante destacar que esse instrumento guarda semelhança com o instrumento francês *concession d'aménagement* ou com aquele muito utilizado na Espanha, conhecido como *concesión urbana*.

Em maio de 2009, é promulagada a Lei nº 14.918, que autoriza o executivo a aplicar o instrumento da concessão urbanística no perímetro denominado Nova Luz. Esse perímetro, delimitado pelas avenidas São João, Duque de Caxias, Mauá, Casper Líbero e Ipiranga, agrega 45 quarteirões do antigo bairro de Santa Ifigênia. Trata-se de um dos bairros mais antigos da cidade, cuja origem remonta ao surgimento do parque da Luz e da estação da Luz, no final do século XIX. Atualmente esse bairro constitui uma localização desafiadora. Testemunha dos diferentes surtos urbanísticos da cidade de São Paulo, sua estruturação urbana hoje é determinada por cinco dinâmicas socioeconômicas concomitantes e antagônicas, a saber:

- a dinâmica socioeconômica associada a áreas de entorno de estações ferroviárias com grande circulação de pessoas, profusão de hotéis e usos que tiram partido dessa particularidade. Essa dinâmica, presente no entorno da estação ferroviária da Luz, seria ainda reforçada, mais adiante, pela chegada da rodoviária nos anos 1970. Esse binário de equipamentos regionais provoca um processo de desvalorização imobiliária, expulsando população moradora e atraindo um público flutuante associado às atividades existentes. Nos anos 1940, surge um núcleo de filmografia ligado às possibilidades trazidas pelo trem. Esse núcleo acaba atraindo empresas especializadas na comercialização de equipamentos de som e vídeo, consolidando um aglomerado comercial e de serviços especializados. Nos anos 1970, essa atividade ganha nova feição, passando a comercializar também eletrônicos. A ampliação do comércio do tipo de "economias de aglomeração" acaba perpetuando a dinâmica de deterioração como instrumento de desvalorização do setor residencial que, ao se fragilizar, permite o avanço da atividade comercial sobre os espaços antes ocupados pelo uso residencial ou de seu apoio;

- a dinâmica instituída pelos investimentos feitos no complexo da estação da Luz, com a integração da estação da CPTM e do Metrô, concentrando o maior investimento em transporte público da aglomeração paulistana, aumentando a acessibilidade ao local e atraindo um público diverso, proveniente dos diferentes setores da cidade;
- a dinâmica socioeconômica imposta pelas determinações do Plano Diretor estratégico, com a delimitação de um perímetro de ZEIS 3, consolidando a possibilidade de produção de habitação de interesse social na área central;
- a dinâmica imobiliária a ser criada pelo instrumento da concessão urbanística, que reforça os incentivos existentes para o uso residencial e para a restauração dos imóveis tombados, propiciados pela Operação Urbana Centro, sendo complementada pela Lei de Incentivos Seletivos; e
- a dinâmica instituída pelos investimentos feitos no complexo cultural da Luz com a criação de museus e teatros, atraindo um público variado para o centro da cidade.

Apesar dos muitos programas e projetos criados nos últimos trinta anos, ainda não foi possível reverter essa complexa dinâmica socioeconômica, o que torna necessária uma intervenção integradora. O instrumento da concessão urbanística é formulado como forma de abrir uma nova frente de expansão urbana nas áreas já dotadas de infraestrutura e permitir a mobilização de recursos fundiários entravados por meio da desapropriação.

A experiência internacional demonstra que essas situações somente são revertidas mediante a elaboração e a implementação de um projeto urbano com capacidade de recriar a localização, em empreendimento conduzido por parcerias público-privadas por um período específico de tempo. Vários exemplos desse tipo de iniciativa podem ser citados: Docklands, em Londres; Kop Van Zuid, em Roterdã e Puerto Madero, em Buenos Aires. Todas essas experiências têm em comum a propriedade pública da terra, representando uma vantagem no processo de mobilização de recursos. As experiências em que a terra não é pública requerem a criação de mecanismos que permitam a manutenção dos proprietários existentes sem impedir a transformação da área. Um dos recursos utilizados é a constituição de fundos imobiliários, transformando proprietários em acionistas, com a posterior incorporação imobiliária.

Para viabilizar o cumprimento da função social da cidade, o Plano Diretor apresenta uma série de instrumentos urbanísticos, que podem ser utilizados de acordo com a situação encontrada. A concessão urbanística é um deles. Na área estudada, o Plano Diretor aponta uma concentração de lotes grafados como de utilização compulsória: 20% do total identificado na subprefeitura da Sé estão localizados nessa região da cidade. Se a eles somarmos a grande quantidade de áreas de estacionamentos e de imóveis tombados, obteremos uma ordem de grandeza do comprometimento da área em relação ao cumprimento da função social da cidade. Outra feição de destaque a ser analisada é o predomínio de imóveis com registro imobiliário unificado ali localizados, o que denota concentração de propriedade.

Muitos argumentam que a área aqui estudada estaria cumprindo sua função social pelo fato de abrigar dois núcleos de economia de aglomeração: Santa Ifigênia e General Osório. Analisando os dados sobre número de estabelecimentos comerciais na área da Operação Urbana Centro, verifica-se que a Nova Luz é a que apresenta a maior concentração da cidade. Segundo dados da RAIS, são 722 estabelecimentos, com a geração de 3.465 empregos formais, concentrados principalmente nos dois núcleos citados acima. Entretanto, o fato é que esse tipo de comércio tira vantagem da localização degradada, por viabilizar a sua expansão sobre os setores residenciais degradados, conseguindo neutralizar os efeitos negativos do entorno, criando um processo perverso de valorização pontual daqueles espaços destinados ao uso comercial e impedindo que novos usos se instalem. Ao mesmo tempo, sendo um polo econômico de influência regional com demandas em ampla expansão, cria um processo urbano de constante incorporação de novas áreas originalmente destinadas a outros usos. Associado a esse fenômeno, há uma transformação de áreas residenciais em depósitos, de imóveis tombados em estacionamentos, além da demolição de edificações para instalação de novos estacionamentos, o que resulta na expulsão da população moradora e na conversão de um setor da cidade com vantagens locacionais incomparáveis em um mercado com escopo unificado.

As consequências desse processo são as piores possíveis e se manifestam pela perda constante de população, pelo distanciamento entre os locais de trabalho e os residenciais, pela valorização imobiliária desmedida das áreas comerciais e pela criação de polos geradores de tráfego sem controle ou mitigação dos seus impactos. A falsa ideia de que essas economias de aglomeração seriam benéficas para a cidade, tão amplamente discutida na mídia, funciona como mais um instrumento de segregação social, impedindo uma compactação da cidade que só seria possível com a intensificação do uso do solo nas áreas amplamente dotadas de infraestrutura, mistura de usos e de classes sociais. Desmistificar essa questão é importante, principalmente quando se verifica que os distritos centrais poderiam abrigar importantes contingentes populacionais, aproximando as áreas residenciais dos locais de trabalho.

O Projeto Nova Luz

O Projeto Nova Luz tem como diretriz inicial o aumento da densidade demográfica na região, motivo por que especifica para ela um patamar mínimo de 350 hab/ha, o que pode representar uma diminuição da necessidade de deslocamentos diários, aproximando a população de seu local de trabalho. A intenção é duplicar o atual número de habitantes, mantendo os moradores existentes e permitindo a entrada de novos, por meio da criação de um bairro multiclassista a partir da produção de habitação para diferentes segmentos de renda. Além disso, pretende-se também diversificar o tipo de empregos, criando espaço para alocar o setor de tecnologia, ao permitir a instalação de empresas que possam ser beneficiadas pela Lei de Incentivos Seletivos. O sucesso dessa iniciativa depende de um correto entendimento da função social de um setor da cidade que concentra os maiores investimentos em infraestrutura do município, tanto em equipamentos como em transportes, tornando-o atrativo para a sociedade em geral e constituindo um primeiro passo para a construção de uma cidade compacta, justa e ambientalmente sustentável.

Antes de definirmos a estratégia da concessão urbanística, é importante reconhecer o arcabouço jurídico fixado pelo Plano Diretor Estratégico, Plano Regional da subprefeitura da Sé e a Operação Urbana Centro. O Plano Diretor Estratégico regulamenta no município de São Paulo a dissociação entre o direito de propriedade e o direito de construir, estabelecendo três tipos de coeficientes de aproveitamento. O coeficiente de aproveitamento mínimo está relacionado à garantia de a propriedade cumprir a sua função social. O coeficiente de aproveitamento básico está relacionado à definição de um direito de construir básico para toda a cidade e geralmente é equivalente à área de cada terreno, expurgando as grandes diferenças de coeficiente de aproveitamento presentes na lei de zoneamento anterior. Já o coeficiente máximo é aquele permitido pela capacidade de suporte de um determinado território, considerando a sua localização e infraestrutura. Este último coeficiente de aproveitamento pode ser atingido por meio da transferência do direito de construir a ser feito pela municipalidade a partir do gerenciamento do estoque de potencial construtivo existente por subprefeitura.

É importante ressaltar que a transferência do direito de construir pode ser gratuita ou onerosa. No primeiro caso, a transferência acontece quando um mesmo proprietário possui imóvel tombado pelo patrimônio histórico e tem impedido seu direito de construir até o coeficiente de aproveitamento básico. Nesses casos, a dissociação permite à prefeitura auferir recursos provenientes da concessão onerosa do direito de construir e reinvestir na cidade na dotação de infraestrutura nas áreas mais carentes. É interessante destacar que, embora em muitos distritos da cidade esse estoque esteja zerado, no distrito da República o estoque de potencial construído para outorga onerosa ainda não foi utilizado. Em áreas de operação urbana, o coeficiente de aproveitamento é flexível, dependendo de seu propósito urbanístico. Os recursos provenientes da compra de direitos construtivos são direcionados a fundos específicos, sob gestão da prefeitura e da sociedade civil por meio de um conselho gestor, e somente podem ser usados para implementar os projetos contemplados pela legislação aplicável a cada Operação Urbana – OU.

No presente caso, o do Projeto Nova Luz, ele está enquadrado na Operação Urbana Centro. No ano de 1997, o primeiro dessa parceria público-privada, seu desempenho financeiro foi insignificante, se confrontado com o de áreas como a Faria Lima, que apresentou resultados financeiros quase cem vezes superiores (R$1,7 bilhão contra R$ 20 milhões). A ausência de interesse do mercado imobiliário pelos benefícios trazidos pela Operação Urbana Centro faz necessária a criação de novos instrumentos urbanísticos que permitam a requalificação da área central e revertam esse quadro. A concessão urbanística é uma ferramenta adequada, que permitirá ao mercado desenvolver um Plano Urbanístico Especial (PUE) de requalificação urbana, orientando a urbanização dos espaços públicos e a dotação de infraestrutura, tendo como contrapartida a possibilidade trazida pela concessão do poder de expropriação.

Em um primeiro momento, a estratégia da concessão urbanística depende da definição dos imóveis para expropriação. A principal questão refere-se a qual seja o conjunto mínimo de imóveis que viabilizem os investimentos urbanos em espaço público, habitação de interesse social e infraestrutura, elementos necessários para requalificar a Nova Luz.

Para a compreensão do potencial de mercado da área, são identificadas três categorias de imóveis:
- a preservar;
- a manter; e
- a renovar.

Essas categorias são resultantes da análise do cumprimento da função social desse território, associada às oportunidades imobiliárias passíveis de concessão. O Quadro 2 esclarece os critérios utilizados para amparar a tomada de decisão.

As origens da cidade estão fortemente ligadas ao surgimento do bairro de Santa Ifigênia, cujo estoque de edificações representa tipologias residenciais de diversos períodos históricos, indo dos primeiros sobrados na rua Barão do Triunfo, que datam da última década do século XIX, até os primeiros apartamentos da avenida São João, construídos no começo do século XX. A presença de todas essas tipologias arquitetônicas em um mesmo bairro cria grupos de grande interesse, que a concessão deverá tratar como valores centrais do processo de recriação da localização. No que tange à regulamentação, observamos diferentes níveis de preservação histórica: nacional, estadual e municipal, simultaneamente subjacentes ao mesmo sítio. Importante ressaltar que, por maior que seja o nível de regulamentação, a degradação é generalizada em toda a região, tendo sido alguns expoentes já demolidos. Nesse contexto, a definição da estratégia de preservação deve considerar a atual vulnerabilidade das edificações, construindo, de início, uma melhor compreensão do papel desse estoque de edificações na estratégia geral de concessão. Com a legislação de tombamento aplicada a quase 10% do total de edificações, atingindo quase 89 prédios com aproximadamente 109 mil m^2, podemos identificar alguns grupos importantes considerados ativos, de relevância no processo de regeneração da área. Esses edifícios são mandatórios e necessitam fazer parte da concessão urbanística. Esse é o primeiro passo a ser considerado na concepção de uma estratégia de concessão urbanística.

Os imóveis tombados constituem oportunidades imobiliárias por permitirem transferência do potencial construtivo não utilizado. Esse instrumento, presente na Operação Urbana Centro e reeditado no Plano Diretor Estratégico, permite ao proprietário restaurar o imóvel tombado vendendo seu potencial construtivo virtual. A Operação Urbana permite a transferência de potencial construtivo equivalente à diferença entre o potencial construtivo do lote e a área construída nele existente.

Para lotes com coeficiente de aproveitamento inferior ou igual a 7,5, será adotado, para esse cálculo, coeficiente de aproveitamento igual a 12. Trata-se de um conjunto de 73.767 m^2 de área

Quadro 2
Critérios de manutenção e renovação.

Manutenção ou renovação
Filtro A
Resposta SIM/NÃO às condições 1-3 estabelecidas abaixo para cada edifício.
Condições
1. Trata-se de um edifício tombado pelas diferentes esferas de patrimônio histórico?   2. O edifício apresenta coeficiente de aproveitamento compatível (igual ou superior) com as atuais leis de uso e ocupação do solo?   3. Embora o edifício apresente coeficiente de aproveitamento inferior, possui características arquitetônicas similares àquelas apresentadas pelos imóveis tombados?
Respostas
• Uma resposta negativa às três condições acima indica demolição.   • Uma resposta positiva à condição 1 indica a sua manutenção, devendo-se recorrer ao Filtro C.   • Uma resposta positiva às condições 2 ou 3 exige mais análise, devendo-se recorrer ao Filtro B.
Filtro B
Para cada edifício que apresentar resposta positiva às condições 2 ou 3 e resposta SIM/NÃO às condições 4-6 abaixo.
Condições
4. Trata-se de edifício residencial com mais de 20 U.H ou com 2.000 m²?   5. O estado de manutenção é considerado bom?   6. Apresenta elementos arquitetônicos de destaque (sacadas, tratamento de esquina)?
Respostas
• Uma resposta negativa às três condições acima indica demolição.   • Uma resposta positiva a qualquer das condições 4 a 6 exige mais análise, devendo-se recorrer ao Filtro C.
Filtro C
Para cada edifício que apresentar resposta positiva às condições 1, 4-6 e resposta SIM/NÃO às condições 7-10 abaixo. A estratégia do PUE deve ser clara e consistente para justificar outras eliminações.
Condições
7. O edifício compromete a estratégia do espaço público?   8. É incompatível com as diretrizes urbanísticas do PUE?   9. Restringe o futuro desenvolvimento da quadra?   10. Compromete o processo de desenvolvimento proposto, considerando aspectos de habitabilidade e segurança?
Respostas
• Uma resposta positiva a qualquer das condições 7 a 10 indica que o edifício deverá ser demolido.   • Uma resposta negativa a qualquer das quatro condições expostas acima indica que o edifício deverá ser mantido.

construída sobre uma área de lote de 29.580 m². O potencial construtivo virtual passível de transferência é de 281.193 m², número bem superior à necessidade de outorga onerosa, que gira em torno dos 100.000 m².

A possibilidade da transferência de potencial construtivo poderá viabilizar diferentes formas de mobilização do recurso imobiliário, sempre garantindo a recuperação dos imóveis tombados, definindo diversos horizontes de intervenção pautados na quantidade de recursos existentes nessa operação. É interessante apontar que, nesse caso, o concessionário terá a obrigação de restaurar todas as fachadas dos edifícios tombados, tendo direito de desapropriação, caso haja necessidade, para viabilizar a ação de recuperação.

O perímetro da Nova Luz agrega um conjunto de 45 quadras, que perfazem área de 356.417 m², com 1.211.328 m².

As oportunidades imobiliárias existentes na área englobam inicialmente os lotes com ocupação inferior àquela definida pelo coeficiente de aproveitamento básico incidente nas zonas 1 e 2, respectivamente, para zonas de centralidade polar a e b.

São essencialmente essas áreas, com coeficiente inferior ou igual ao básico, as que são incluídas na concessão urbanística para permitir o desenvolvimento de novas unidades residenciais e espaços para novas atividades. A estratégia de mobilização de recursos é a desapropriação, consolidando um banco de terrenos para incorporação imobiliária. Uma rápida análise nos permite afirmar que existem, em todas as quadras, imóveis com aproveitamento inferior àquele estabelecido como básico no Plano Diretor, podendo essas áreas ter melhor aproveitamento, garantindo o cumprimento pleno da função social desse setor estratégico da cidade.

Por outro lado, verifica-se um conjunto de imóveis com potencial de requalificação urbana, cuja intervenção, por meio da concessão urbanística, depende de alguns fatores:

- estado de manutenção;
- propriedade (diluída × concentrada);
- uso (residencial × não residencial);
- localização (proximidade a âncoras de espaço público); e
- morfologia adequada para *retrofit* (prédio de esquina ou H).

Trata-se de um estoque de aproximadamente 753.583 m² de área cons-

Mapa 1
Imóveis tombados.
Fonte: AD.

Mapa 2
Imóveis com coeficiente inferior ou igual ao básico, conforme zoneamento.
Fonte: AD.

truída com elevado potencial de reforma, principalmente pelas condições de ocupação muitas vezes irreproduzíveis sob as atuais leis de uso e ocupação do solo. Encontram-se ainda nesse grupo expoentes arquitetônicos como arranha-céus do mercado imobiliário das décadas de 1940 e 1950.

No que concerne aos instrumentos existentes de mobilização de recursos fundiários e imobiliários, são eles importantes por representarem formas de viabilizar a melhoria da área sem necessariamente exigir investimentos por parte do concessionário.

Conforme Helena Menna Barreto Silva, no documento "Tributos imobiliários e imóveis vazios no centro de São Paulo" (2008), produzido para o Lincoln Institute, esses instrumentos são de três naturezas: fiscal, urbanística e financeira. Dentre os instrumentos de natureza fiscal podemos citar a dação em pagamento para aqueles imóveis com dívidas de IPTU. Segundo este levantamento, existiam na área dezesseis edifícios completamente vazios, totalizando 47.400 m² de área construída, representando menos de 5% da área total construída. Esses edifícios coincidem com aqueles que acumulavam dívidas de IPTU.

Os imóveis pertencentes ao patrimônio da União são cinco, todos ocupados, com exceção daqueles situados na rua Vitória – que foram cedidos para movimentos por moradias populares, e do situado na avenida Ipiranga.

Dentre os instrumentos de mobilização de recursos de caráter urbanístico, merece destaque o consórcio imobiliário. O Estatuto da Cidade conceitua consórcio imobiliário como a forma de viabilização de planos de urbanização ou edificação por meio da qual o proprietário transfere ao poder público municipal seu imóvel e, após a realização das obras, recebe, como pagamento, unidades imobiliárias devidamente urbanizadas ou edificadas. Para garantir a maximização do uso do instituto da desapropriação, é fundamental identificar a que imóveis a aplicação desse instrumento se mostra mais adequada.

De maneira geral, os imóveis com matrícula imobiliária unificada parecem consistir nos mais adequados para a aplicação desse instrumento. Destacam-se por serem comercializados na forma de aluguel, o que transforma sua utilização, principalmente os residenciais, em

Mapa 3
Imóveis com dívidas de IPTU.
Fonte: AD.

instrumento adequado e pouco impactante do ponto de vista socioeconômico. Os imóveis com CA > 4 registrados em uma única matrícula constituem oportunidade para reforma por meio da sua mobilização pelo consórcio imobiliário. Os edifícios com essas características e com uso não residencial poderiam ser reciclados para o uso residencial por meio desse instrumento, sem significar gentrificação de população moradora. No primeiro ano da concessão, poderia ser feito um chamamento dos proprietários desses imóveis, verificando seu interesse em estabelecer uma parceria para viabilizar a reforma.

A experiência do Porto Maravilha

A intervenção urbana denominada Porto Maravilha envolve uma área de 150 ha localizada no antigo porto do Rio de Janeiro. Está localizada contígua ao centro da cidade e durante décadas permaneceu subutilizada. A seguir, apresentamos uma comparação de escala com outras intervenções urbanas.

Embora apresente a maior parte do seu território como área pública, até a promulgação da lei das parcerias público-privadas, em 2004, não havia arcabouço jurídico sufiente para mobilização desses recursos fundiários. Com a promulgação da Lei nº 11.079, de 30 de dezembro de 2004, que instituiu normas gerais de licitação e contratação de parceria público-privada, abre-se a possibilidade de criação de uma modelagem institucional e financeira inédita no Brasil, combinando os instrumentos tradicionais da política urbana com estratégias financeiras de securitização da outorga onerosa e com formas de parceria envolvendo diversos agentes públicos e privados.

Essa modelagem institucional e financeira combina cinco elementos, a saber:

- operação urbana consorciada como instrumento de mobilização de recursos;
- emissão de certificados de potencial construtivo adicional (CEPAC's) como forma de financiamento;
- empresa de economia mista para gestão da operação urbana;
- fundo de investimento imobiliário para fazer relação com mercado;
- requalificação urbana via concessão administrativa.

Mapa 4
Imóveis potenciais para consórcio imobiliário.
Fonte: AD.

REFORMAR NÃO É CONSTRUIR

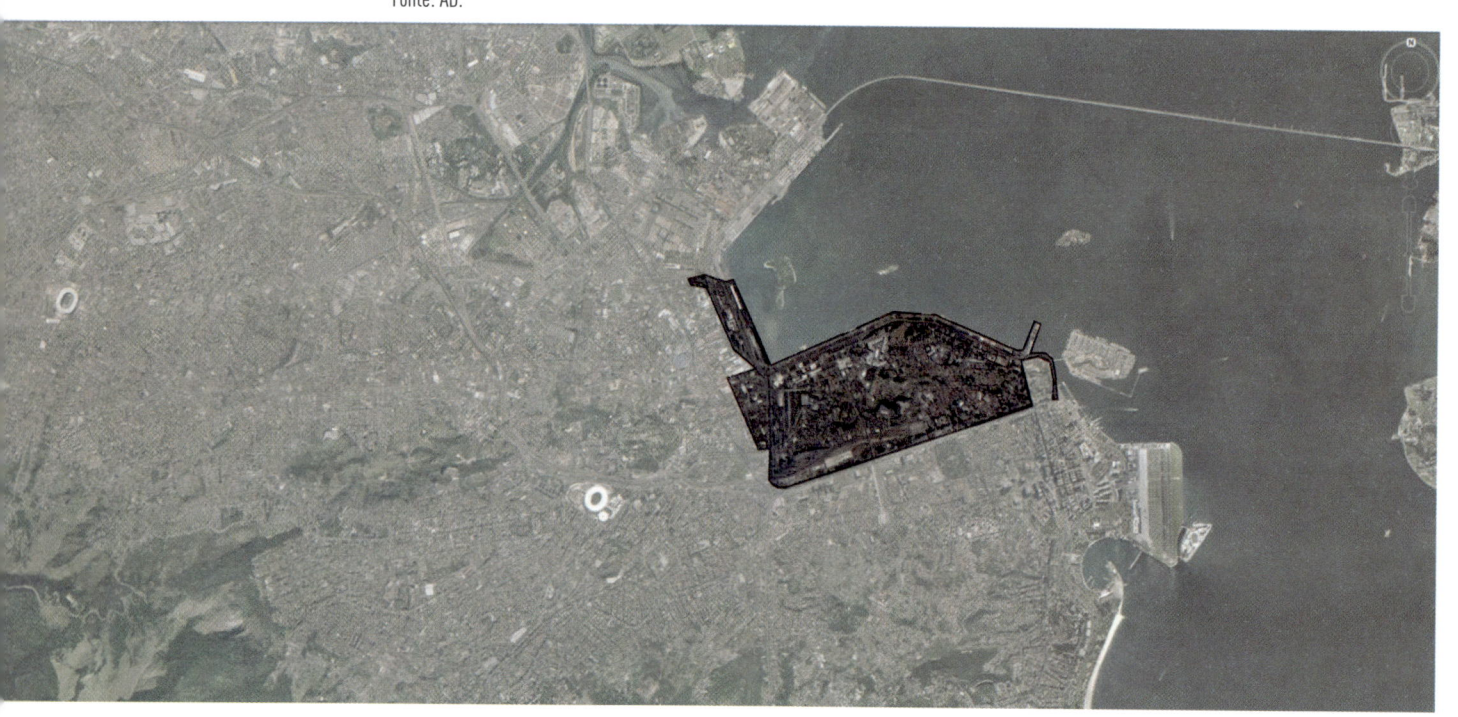

Figura 1a
Comparações de escala.
Porto Maravilha e Operação
Urbana.
Fonte: AD.

Figura 1b
Comparações de escala.
Porto Maravilha e Operação
Urbana Águas Espraiadas.
Fonte: AD.

REFORMAR NÃO É CONSTRUIR

Figura 1c
Comparações de escala.
Porto Maravilha e
Operação Urbana Faria Lima.
Fonte: AD.

Operação urbana consorciada como instrumento de mobilização de recursos

O projeto Porto Maravilha é inicialmente viabilizado por meio da revisão do Plano Diretor Estratégico da Cidade do Rio de Janeiro, que propõe a criação da Área de Especial Interesse Urbanístico da Região Portuária do Rio de Janeiro. A seguir, é promulgada a Lei Municipal nº 101/2009, com o objetivo de criar a Operação Urbana Consorciada, dentro de um perímetro delimitado pelas avenidas Presidente Vargas, Rodrigues Alves, Rio Branco e Francisco Bicalho, totalizando 500 ha. Essa lei autoriza o aumento do potencial construtivo com outorga onerosa, financiando o conjunto de obras previsto para o perímetro:
- construção de 4 km de túneis;
- reurbanização de 70 km de vias e 650.000 m² de calçadas;
- reconstrução de 700 km de redes de infraestrutura urbana (água, esgoto, drenagem);
- implantação de 17 km de ciclovias;
- plantio de 15 mil árvores;
- demolição do Elevado da Perimetral (4 km);
- construção de três novas estações de tratamento de esgoto.

A operação urbana consorciada é um instrumento de política urbana introduzido no ordenamento jurídico brasileiro pelo Estatuto da Cidade. É um instrumento facilitador de intervenção urbana em área de interesse urbanístico previamente definida no Plano Diretor. Caracteriza-se pela disposição à intervenção urbanística e à regulação do mercado imobiliário e resulta na execução de um plano urbanístico flexível, em que há concessão de benefícios e recebimento de contrapartidas, mediante concertação público-privada, e participação, em todo o processo, da sociedade civil. Os recursos financeiros, cobrados como contrapartida daqueles com interesse em participação na operação, devem ser investidos dentro do perímetro da operação urbana.

De acordo com o Estatuto da Cidade (artigo 33), a lei específica que aprovar a operação urbana consorciada deve discriminar, no mínimo:
- definição da área a ser atingida;
- programa básico de ocupação da área;
- programa de atendimento econômico e social para a população diretamente afetada pela operação;
- finalidades da operação;

- contrapartida a ser prestada pelos beneficiados;
- forma de controle da operação.

O Brasil possui, atualmente, apenas três operações urbanas consorciadas que utilizam o instrumento CEPAC como securitização do direito de construir. São elas:

- Faria Lima, com 650 mil CEPAC's emitidos;
- Água Espraiada, com 3,75 milhões de CEPAC's emitidos; e
- Operação Urbana Consorciada da Região do Porto do Rio de Janeiro, com 6.436.722 CEPAC's, sendo que as duas primeiras na capital de São Paulo e a última na cidade do Rio de Janeiro.

Emissão de CEPAC's como forma de financiamento

O Estatuto da Cidade define a dissociação entre o direito de propriedade e o direito de construir por meio da criação do instrumento da outorga onerosa do direito de construir. Como vimos anteriormente, são definidos os coeficientes de aproveitamento mínimo, básico e máximo. O coeficiente de aproveitamento mínimo é aquele estabelecido abaixo do qual a propriedade não estaria cumprindo sua função social. O coeficiente de aproveitamento básico é aquele que determina o exercício do direito de construir sem outorga onerosa. Já o coeficiente de aproveitamento máximo é definido pela capacidade de suporte da infraestrutura instalada num determinado território e o aumento de densidade demográfica desejado. O Plano Diretor deve fixar as áreas onde o direito de construir poderá ser exercido além do coeficiente básico. Por outro lado, podemos dizer que a outorga onerosa é um instrumento de captura da valorização imobiliária promovida pelos investimentos em infraestrutura.

No território das operações urbanas, a outorga onerosa pode ser comercializada na forma de papéis securitizados ou certificados de potencial construtivo adicional (CEPAC's). O CEPAC é um título mobiliário regulado pela Comissão de Valores Mobiliários (CVM). Trata-se de um instrumento de arrecadação voluntária dos municípios, destinado a financiar intervenções específicas no âmbito de operações urbanas consorciadas, que pode ser livremente comercializado no mercado. Os valores arrecadados pela negociação dos CE-

Tabela 1
CEPAC's e as operações urbanas no Brasil.

Operação urbana	Quantidade de CEPAC's	Preço de emissão	Valor arrecadado
Faria Lima	650.000	R$ 1.100,00	R$ 1,02 bi
Águas Espraiadas	3.750.000	R$ 300,00	R$ 740 mi
Porto Maravilha	6.436.722	R$ 545,00	R$ 3,5 bi

PAC's são integralmente revertidos em benefícios executados na própria região. Na medida em que as intervenções são viabilizadas pelos recursos obtidos com sua venda, a área objeto das intervenções gradualmente passa a se valorizar – ou, pelo menos, tende a se valorizar –, impactando diretamente no valor do CEPAC, uma vez que este guarda proporção com o valor de venda do metro quadrado construído. Tal potencial de valorização transforma esse título em uma alternativa interessante de investimento, capturando capitais no desenvolvimento urbano da cidade.

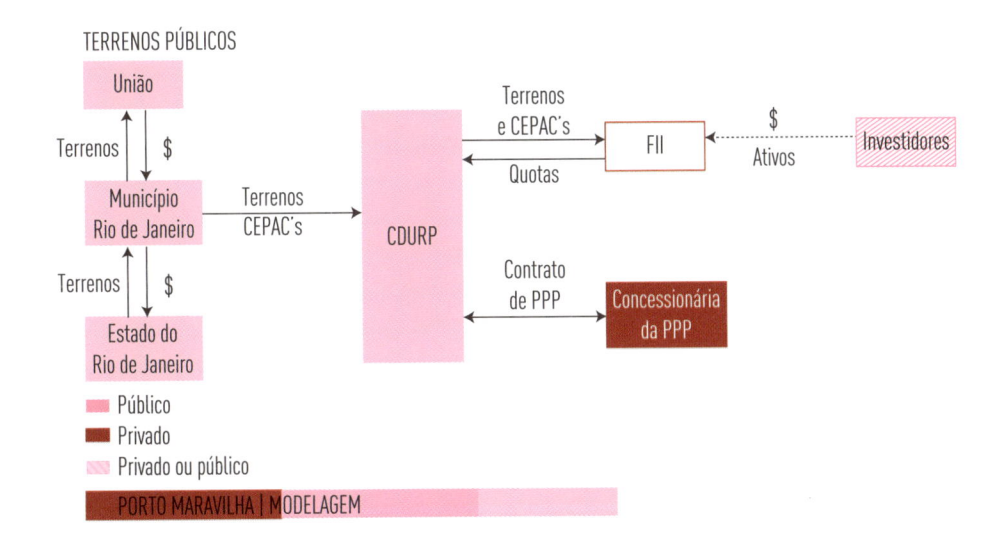

Figura 2
Modelo de capitalização.
Fonte: AD.

Criação de uma empresa de economia mista

Para coordenar o processo de implantação do Projeto Porto Maravilha, a Prefeitura do Rio de Janeiro criou, pela Lei Complementar nº 102, de 23 de novembro de 2009, a Companhia de Desenvolvimento Urbano da Região do Porto do Rio de Janeiro (CDURP). Trata-se de uma empresa de natureza mista, pública e privada, com a função de implementar e gerir a concessão de obras e serviços públicos na região. Essa companhia recebe, como ativos para a composição do seu capital, a maior parte da terra pública e o direito de construir na forma de 6.436.722 CEPAC's.

Criação de um fundo de investimento

Com o objetivo de financiar a Operação Consorciada da Região do Porto do Rio de Janeiro e atender às condições de contrato da parceria público-privada, é criado o Fundo de Investimento Imobiliário da Região do Porto. A CDURP constitui o Fundo da Região do Porto e aporta ao patrimônio do Fundo a totalidade de CEPAC's, assim

Figura 3
Conceito geral da operação urbana.
Fonte: AD.

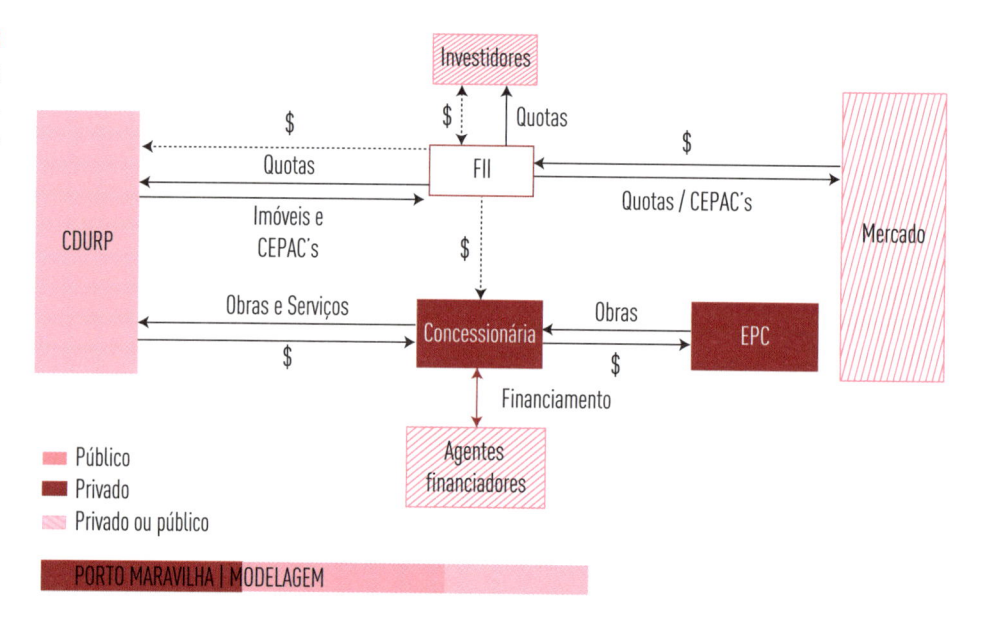

como terrenos da região do porto a serem adquiridos em regime de melhores esforços. Em paralelo, o Fundo de Garantia por Tempo de Serviço (FGTS) constitui o Fundo Porto Maravilha no intuito de participar do leilão de CEPAC's. O Fundo Porto Maravilha arremata a totalidade dos CEPAC's, no valor de R$ 3,5 bilhões de reais. Adicionalmente, passa a deter uma opção de compra dos terrenos pelo mesmo preço utilizado no aporte dos imóveis no Fundo RP, que realiza o pagamento das obras e serviços, estimado em R$ 7,6 bilhões de reais, na medida em que as obras forem sendo executadas.

Requalificação urbana via concessão administrativa

No final do ano de 2010, a prefeitura do Rio de Janeiro lança um edital para a contratação de uma parceria público-privada administrativa com o objetivo de requalificação da área denominada Porto Maravilha. O único consórcio a apresentar proposta é a Concessionária Porto Novo, uma sociedade anônima fechada formada pelas empresas Odebrecht, OAS e Carioca Engenharia. A Porto Novo deu início às suas atividades administrativas na região portuária na segunda quinzena de junho de 2011, e pelos próximos catorze anos fica incumbida dessa função.

Os projetos de requalificação urbana e o futuro da cidade

O uso e a ocupação do solo urbano devem também espelhar a transição para um novo modelo de desenvolvimento, com a adoção de padrões eficientes de consumo do solo urbano que permitam reduzir as necessidades de deslocamentos motorizados e com densidades passíveis de alocar a totalidade da população nas áreas dotadas de infraestrutura. Por outro lado, analisando a questão do ponto de vista do aumento da produtividade urbana, há necessidade de reduzir as deseconomias causadas pelos congestionamentos. Segundo dados de 2008 da Secretaria de Estado dos Transportes Metropolitanos, o trânsito da região metropolitana de São Paulo, por exemplo, gera um custo de R$ 4,1 bilhões por ano, o que significa aproximadamente 5% do PIB estadual. A constatação tem como base estudos da Fundação Instituto de Administração da Universidade de São Paulo (FIA-USP), do Instituto de Pesquisa Econômica Aplicada (IPEA) e da Federal Highway Administration (FHWA), que convertem em dinheiro o tempo gasto pelas pessoas nos seus deslocamentos (R$ 3,6 bilhões/ano), além do prejuízo causado pela poluição atmosférica (R$ 112 milhões/ano) e pelos acidentes de trânsito (R$ 312 milhões/ano). Iniciativas para reverter esse processo estão focadas em duas linhas: a primeira baseada na criação de restrições ao uso do transporte individual, com a cobrança de taxas pautadas no conceito "poluidor/pagador" (embora essa restrição ainda não esteja em vigor no Brasil); a segunda, calcada na intensificação do uso do solo nas áreas centrais da cidade.

As novas operações urbanas localizadas ao longo dos trilhos de trem, nas antigas áreas industriais da cidade de São Paulo, por exemplo, representam a expectativa de atrair aproximadamente 1,2 milhão de novos moradores, constituindo uma importante frente de expansão urbana. Por outro lado, podemos entender que o plano urbanístico específico para a Nova Luz, assim como a inciativa do Porto Maravilha, constituem iniciativas para consolidar um novo padrão de expansão urbana. Tendo como preceito básico a melhor utilização de um setor da cidade com amplas vantagens locacionais associadas à infraestrutura de transporte, esses planos definem um aumento da densidade demográfica. Esse aumento de densidade pode representar uma diminuição da necessidade de deslocamentos diários, aproximando a população do seu local de trabalho e criando novas formas de morar nas grandes metrópoles brasileiras.

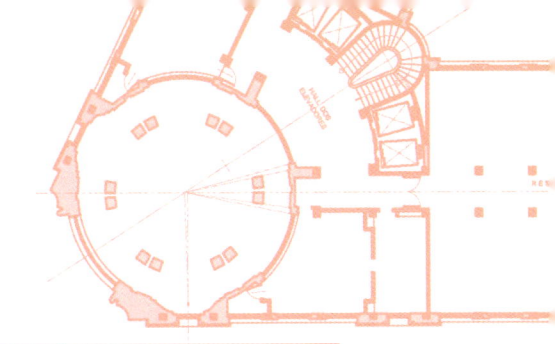

Origens da verticalização em São Paulo

O PROCESSO DE VERTICALIZAÇÃO está associado à possibilidade de multiplicação do solo urbano, trazida pelo uso do elevador e do concreto e ferro, e pela necessidade de otimizar o uso da terra urbana diante de sua constante valorização. Na cidade de São Paulo, o processo apresenta dois momentos distintos, sendo o primeiro deles caracterizado pela propriedade indivisa e marcado pela produção de edifícios voltados para o mercado de aluguel como estratégia de reserva de capital, em que os principais capitalistas da região investem no mercado imobiliário. O outro, que tem lugar após a lei do inquilinato, define-se pelo surgimento da figura do incorporador e do condomínio, produzindo edifícios com unidades para a venda.

Segundo Nadia Somekh (1997), em *A cidade vertical e o urbanismo modernizador*, o processo de verticalização em São Paulo inicia-se em 1920, com a promulgação da Lei nº 2.332, que estipula a regulamentação das alturas e o uso do elevador. O estímulo à verticalização prossegue até o ano de 1957.

Nosso objetivo é identificar as características técnicas e particularidades construtivas e, para esse fim, são analisados edifícios verticais construídos no período de 1900 a 1945,[1] considerando os usos re-

---
[1] Ver relação dos edifícios estudados no "Apêndice B".

sidencial, comercial e hotel. Selecionaram-se tais imóveis por suas tipologias representativas, no período analisado, de cada um dos usos. Para sua escolha, consultamos revistas da época, procedendo à analise das seguintes publicações: *Revista Acrópole*,[2] *Boletim do Instituto de Engenharia*,[3] *Revista Engenharia do Instituto de Engenharia*[4] e *Revista Politécnica*.[5]

Em tais edifícios, ao analisar-se o coeficiente de aproveitamento dos terrenos para o período, verifica-se que ele é máximo, com potenciais construtivos que chegam a atingir 33 vezes a área do terreno. Há predomínio de edifícios com coeficiente de aproveitamento superiores a 5, representando aproximadamente 80% do universo analisado. E aproximadamente 60% desse universo apresenta coeficiente de aproveitamento que varia entre 5 a 10 vezes a área do terreno, com 20% do total apresentando coeficientes superiores a 10.

Mas, em 1957, haveria uma mudança no equacionamento da verticalização, ao ser promulgada lei municipal que restringe o coeficiente de aproveitamento a, no máximo, quatro vezes a área do terreno, definindo uma cota mínima de 35 m² de terreno por unidade habitacional produzida.

Para compreender tal processo na cidade de São Paulo, são definidas as seguintes fases de verticalização:

- *1920 a 1942:* a verticalização está concentrada na área central da cidade, dentro do denominado primeiro perímetro de irradiação.[6] Sua produção está focada no uso de escritórios e é destinada ao mercado rentista, representando 80% da produção. No período, a produção engloba aproximadamente 4% do total de área construída nos dois distritos estudados, distribuídos em aproximadamente 378 edifícios, com 350 mil m², sendo os edifícios resultado do investimento de capitais provenientes da cafeicultura, da indústria e das companhias de seguros. Tal fase se caracteriza pelo investimento em bons projetos, de autoria dos principais engenheiros

---

[2] Do nº 1 ao nº 199 (maio de 1938 a maio de 1955).
[3] Do nº 1 ao nº 156 (outubro de 1917 a dezembro de 1942).
[4] Do nº 1 ao nº 100 (janeiro de 1942 a dezembro de 1955).
[5] Do nº 1 ao nº 93 (novembro de 1904 a novembro de 1945).
[6] Para mais informações, ver Plano de Avenidas de Francisco Prestes Maia. Ver Fancisco Prestes Maia, *Os melhoramentos de São Paulo* (São Paulo: Imprensa Oficial do Estado de São Paulo, 2010).

Tabela 1
Produção imobiliária vertical por decáda (Sé e República).

Uso	1900-1930	1930-1940	1940-1950	1950-1960	1960-1970	1970-1980	1980-1990	1990-2000	Total
Não residencial	60.424	214.778	636.040	1.230.619	2.668.224	1.261.625	344.037	236.334	6.652.081
Residencial	13.156	55.819	251.865	971.666	1.032.205	264.706	102.193	71.889	2.763.499
Total	73.580,00	270.597,00	887.905,00	2.202.285,00	3.700.429,00	1.526.331,00	446.230,00	308.223,00	9.415.580,00
%	0,78%	2,87%	9,43%	23,39%	39,30	16,21%	4,73%	3,275%	100%

*Mensurações em m^2.
Fonte: TPCL 2000.

paulistas e estrangeiros. O coeficiente de aproveitamento ainda não é regulado pela legislação, atingindo índices elevados, superiores a dez vezes a área do terreno. A maioria dos edifícios apresenta estrutura em concreto, com fundações rasas ou estacas. A malha estrutural é do tipo 3 m × 4 m, resistente a poucas deformações. Os elevadores são importados.

Em 1920, com a promulgação da Lei nº 2.322 – o primeiro código de obras –, são introduzidas modificações nos padrões construtivos. É iniciado o uso do elevador para edificações com altura superior a 12 e foi verificada uma gradual redução dos pés-direitos das edificações.

Em 1929, com a Lei nº 3.247, consolida-se o Código de Obras, incorporando as posturas de arruamento e edificações existentes até então. Essa lei, além de fixar normas sobre altura das edificações e recuos, introduz um capítulo sobre concreto armado, sendo definidas normas de resistência, armaduras, espessuras de laje e dosagens de concreto.

♦ *1942 a 1956:* o período é caracterizado pelo aumento significativo do número de andares nos edifícios construídos, havendo maior regulação pelo Estado. Predominam, aqui, os materiais nacionais, inclusive os elevadores que, a partir de 1943, passam a ser totalmente construídos no país. Nessa época, a verticalização concentra-se na produção de unidades residenciais. Até 1945, ainda predomina a produção de unidades para o mercado de aluguel. A partir daí, o binômio condomínio e incorporação imobiliária começa a dominar o mercado. Há uma inflexão na produção – com aumento significativo na referente a unidades residenciais – representando aproximadamente 44% do total de unidades produzidas no período. É quando são construídas as quitinetes da cidade.

Em 1941, o surgimento da Companhia Siderúrgica Nacional e a atuação da Associação de Cimento Portland vão contribuir para o aprimoramento no uso do concreto armado. Com o surgimento da Associação Brasileira de Normas Técnicas (ABNT), consolida-se a normatização no uso desse material. Difunde-se, além disso, a utilização de estacas de concreto armado. Tais mudanças tecnológicas permitem o aumento no número de andares dos edifícios. Verifica-se também um aumento no tamanho dos vãos, que chegam a cerca de 6 metros.

- *1957 a 1966:* vê-se o aumento de tamanho das unidades construídas. Pela primeira vez, o Estado limita o coeficiente de aproveitamento das edificações e estabelece área mínima para os apartamentos pela regulação de uma cota mínima de terreno por unidade produzida igual a 35 m². A Lei Municipal nº 5.671, de 1957, determina pela primeira vez uma restrição ao adensamento demográfico, definindo uma densidade demográfica máxima de 600 habitantes por hectare. Constata-se, ainda, até a fundação do Banco Nacional de Habitação (1967), um processo de elitização da classe consumidora. Além disso, verifica-se um investimento maciço em edifícios verticais, sendo esse período responsável pela produção de, aproximadamente, 25% do total de área construída nos distritos Sé e República.

Promotores e mentores

A verticalização em São Paulo é fruto da organização da atividade imobiliária, com o surgimento de diferentes atores capazes de mobilizar recursos auferidos em outras atividades econômicas. Trata-se de um produto inovador, produzido por uma sociedade em profunda transformação e marcado por feições muito particulares, associado à presença de capitais nacionais provenientes da cafeicultura e da incipiente indústria, que são investidos em novas formas de multiplicação dos lucros do capital. Segundo Maria Ruth Amaral de Sampaio, em *O papel da iniciativa privada na formação da periferia paulistana* (Sampaio, 1994), o chamado Encilhamento[7] (1889-1891) teve papel importante na formação da atividade imobiliária na cidade. São criados 15 bancos e 207 companhias. Segundo Nabil Bonduki (1999), nos dois anos marcados pelo Encilhamento, catorze companhias dedicadas à construção civil e sete imobiliárias iniciam suas atividades na cidade. Aparecem também companhias de capital aberto, companhias prediais e mútuas, que arregimentam lucros de comerciantes, agricultores e industriais, captando mensalmente poupanças dos seus sócios e aplicando-as na produção imobiliária. Em 1904, Ramos de Azevedo funda a Companhia Iniciadora Predial, com o objetivo de tornar acessível e facilitar a construção ou compra da casa própria, aproveitando a sua experiência com a carteira imobiliária do Banco União. Nessa época, Frederico Vergueiro Steidel, Arnaldo Vieira de Carvalho e Ricardo Severo são seus sócios.

Naquele começo de século, o investimento imobiliário aparece como opção muito rentável, diante da necessidade de implementação de todo tipo de infraestruturas e estruturas urbanas. A grande demanda por habitação e escritórios transforma o investimento imobiliário em uma alternativa lucrativa, muito melhor do que as poucas opções de investimentos existentes no mercado da época. Como bem menciona o professor Carlos Lemos, em "Edifícios residenciais em São Paulo: da sobriedade à personalização", os rendimentos materializados na forma de aluguéis mensais garantem às famílias "quatrocentonas" entressafras, aposentadorias e "viuvezes" confortáveis (Lemos, 1986, pp. 57-58).

Segundo Maria Lucia Gitahy e Paulo César Xavier Pereira (2002), o complexo industrial da construção civil começa a organizar-se como empresa

---

[7] Encilhamento é o nome dado à política econômica adotada durante o governo provisório do marechal Deodoro, que tinha como obrjetivo facilitar o crédito aos investidores, preparando o Brasil para a entrada no processo de industrialização.

capitalista no final do século XIX. A consolidação e expansão do mercado fundiário, a difusão do uso de mão de obra assalariada, a existência de capitais nacionais e estrangeiros ligados ao complexo cafeeiro e ao surto de industrialização constituem determinantes para o surgimento de um novo circuito de investimentos. Tais elementos, somados a uma necessidade de organização do aglomerado urbano paulista, tornam São Paulo o cenário perfeito para a experimentação e o exercício profissional feito com criatividade e audácia. Sua consolidação está associada, também, ao surgimento de um conjunto de atividades empresariais concentradas em três setores interligados: o mercado imobiliário, o mercado de materiais de construção, e o mercado da construção de edificações. Em São Paulo, destaca-se a fundação da Escola Politécnica, em 1893, onde é organizado o famoso Gabinete de Resistência dos Materiais, precursor das pesquisas tecnológicas no campo do concreto armado e resistência de materiais.

É interessante destacar que, na época, a dependência do exterior era considerável, não só pela necessidade de importar materiais de construção ou mão de obra especializada, mas por ser o cálculo de concreto um serviço contratado de engenheiros calculistas franceses e alemães. Em seu conhecido livro *O concreto no Brasil* (1985), Vasconcellos menciona a existência de anúncios oferecendo plantas e orçamentos gratuitos para obras em cimento armado.

A contratação de serviços vultosos na América do Sul permite a abertura, em Buenos Aires e no Rio de Janeiro, de sucursais de empresas estrangeiras especializadas em cálculo estrutural. Em 1922, sedia-se em Buenos Aires a empresa Sociedade Anônima Wayss & Fretag, Empresa Construtora e, em 1924, é registrada no Brasil com o nome de Companhia Construtora Nacional. Essa empresa tem um papel fundamental na formação de calculistas de concreto no país, não havendo mais, então, necessidade de contratar tais serviços no exterior. O engenheiro Otto Baumgart é um dos profissionais que se destaca como pioneiro nessa tarefa.

Juntamente com a Wayss & Fretag, destacam-se, nesse primeiro período, Hugh & Cooper e Cristiani & Nielsen, empresas estrangeiras especializadas no cálculo de estruturas de concreto.

Consultando processos de aprovação dos edifícios verticais, construídos no período de 1900 a 1945, é possível verificar algumas empresas nacionais responsáveis pelo cálculo e pela execução de concreto armado: Martins, Dobereiner & Cia; E. Kemnitz & Cia Ltda.; e Siciliano & Silva.

Segundo Milton Vargas (1994), o primeiro indicador de tal conjuntura em São Paulo é a fundação do Escritório Técnico Ramos de Azevedo, em que a organização da produção está embasada no trabalho técnico do escritório, assim como nos vínculos com a Casa Ernesto da Costa e Cia. (uma casa vendedora e importadora de materiais de construção), com uma financiadora da construção de edifícios e, desde 1890, com a Carteira Imobiliária do Banco União de São Paulo. Aí também se inclui a fundação do Liceu de Artes e Ofícios, cuja finalidade era formar mestres de obras e fabricar utensílios e implementos da construção civil. Em 1911, é fundado o Banco Ítalo-Belga por nomes como Ermelino Matarazzo, Antonio Carlos da Silva Telles, Francisco Ferreira Ramos, entre outros.

Nesse primeiro período de verticalização, os profissionais não têm responsabilidade técnica sobre a construção, que é do proprietário ou do promotor da obra. Somente em 1924, com a Lei Estadual nº 2.022, de 27-12-1924, e em 1929, com a Lei Municipal nº 2.986, são definidos os primeiros controles sobre a atividade da construção civil. Fica estabelecido, então, que somente três categorias de profissionais podem registrar-se como construtores, a saber:

- os engenheiros registrados na Secretaria de Agricultura, especificamente na Diretoria de Obras e Viação;
- os arquitetos registrados nessa Secretaria; e
- os empreiteiros, mediante prova de competência do exercício correto da profissão, a juízo da prefeitura.

Consultando o Livro de Registro de Construtores da Diretoria de Obras e Viação, verifica-se uma grande profusão de empreiteiros dominando o mercado. Entre eles destacam-se: João Augusto Winckler, Nestor Dale Caiuby, Miguel Vignola, Raphael Abate, Manoel Pereira da Silva, Luiz Salvatti e Benedito Massaroppe, além de empresas como Irmãos Corazza, Barbieri & Demetrio, H. Veit & Ritzel, Irmãos Rocha, Salles

Oliveira & Valle e a Construtora Hugo Campana.

Esses construtores ganham mercado graças à possibilidade de autonomia no exercício da profissão. Trata-se de profissionais formados no exterior, com conhecimento empírico suficiente para obter o registro profissional na prefeitura. Outras vezes, associados a empresas de engenharia, conseguem trabalhar em obras de vulto. Nesse período, analisando o universo de edifícios construídos, destacam-se as seguintes empresas comandadas por engenheiros:

- Companhia Construtora e de Imóveis, dos Irmãos Vidigal;
- Companhia Construtora de Santos, de Luiz Roberto Simonsen, Francisco Teixeira da Silva e Mário Freire;
- Severo & Villares, sucessora do Escritório Técnico Ramos de Azevedo;
- Companhia Construtora Brasileira, de Roberto Simonsen;
- Sociedade Comercial & Construtora, de Heitor Pimentel Portugal e Jorge Alves de Lima;
- Siciliano & Silva, de Heribaldo Siciliano e Antonio Villares;
- Mário Whately & Guilherme Ernesto Winter;
- Moya Malfatti, de Antonio Garcia Moya;
- Companhia Construtora Nacional, de João Caetano Alvares Junior;
- Camargo Mesquita, de José Mesquita e José Rangel de Camargo;
- Lindemberg, Alves & Assumpção, de Adalberto Alves, Luiz Antonio Fleury de Assumpção e Augusto Lindemberg;
- Escritório Técnico A B Pimentel, de Archimedes de Barros Pimentel;
- Monteiro, Heinsfurter & Rabinovitch;
- Pujol, Reimann & Carvalho;
- Duarte & Cia.

A partir de 1930, os arquitetos começam a ganhar espaço profissional. Embora tal formação não existisse no país, havia na cidade de São Paulo, exercendo a profissão, vários arquitetos estrangeiros ou formados no exterior. Consultando o Livro de Registro de Construtores da Diretoria de Obras e Viação, constam aí José Antonio Luffo; Vicenti Ferrari; Cristiano Stockler das Neves; Alexandre de Albuquerque; Gregori Warchavchik; Luis Asson; Aníbal de Saint Aubin; Guilherme Ernest Winter; Antonio Garcia Moya;

Dácio A. de Moraes; Rino Levi; e Zenon Lotuffo.

A consolidação de um centro urbano das proporções de São Paulo permite o surgimento de capitais ligados a seguros, previdência, bancos e igreja, que acabam investindo maciçamente na construção de edifícios de renda. Com significativa capacidade de investimento, tendo construído mais de dois edifícios até a década de 1940, destacam-se:

- Santa Casa de Misericórdia, com quatro edifícios verticais, Ouro para o Bem de São Paulo, J. Moreira, Marques de Itú e Ipiranga;
- Companhia de Seguros Sul América, com os edifícios Regência, Companhia Paulista de Seguros e Sulacap;
- Bancos hipotecários, com os edifícios Novo Mundo e Conceição;
- Institutos previdenciários, com aproximadamente dez edifícios verticais.

Quando considerado o universo de edificações verticais com mais de cinco pavimentos, localizados nos distritos Sé e República (totalizando 1.740 edificações), esses destaques são significativos. Trata-se de aproximadamente 8,475% do total de edificações verticais localizadas no município de São Paulo.

Considerando a listagem de edifícios arrolados para o período 1912-1945 nos distritos Sé e República, verificou-se a existência de 424 edifícios com mais de cinco pavimentos, ou seja, 24% do total de edifícios localizados na região. Predominam os edifícios comerciais, com aproximadamente 60%, sendo 23% residenciais, 13% hotéis e 6% de uso misto.

Os imóveis comerciais encontram-se predominantemente localizados no triângulo histórico[8] e entorno, com aproximadamente 70%; os restantes 30% encontram-se localizados no denominado centro novo, nas ruas Marconi, Barão de Itapetininga, Xavier de Toledo e na avenida Ipiranga e nas travessas da avenida São João.

---

[8] Formado pelas ruas Líbero Badaró, Direita e Quinze de Novembro, interligando o Mosteiro São Bento, a Igreja de São Francisco e o Convento do Carmo.

Tabela 2
Quantidade de edificações verticais.*

Distrito			Usos			Total
Código	Sigla	Nome	Residencial	Comercial	Misto	
07	BVI	Bela Vista	384	178	209	771
26	CON	Consolação	563	202	245	1.010
34	IBI	Itaim Bibi	693	352	73	1.118
44	JDP	Jardim Paulista	1.076	220	145	1.441
49	LIB	Liberdade	317	85	124	526
53	MOE	Moema	812	81	36	929
61	PRD	Perdizes	693	49	58	800
63	PIN	Pinheiros	483	156	106	745
67	REP	República	117	534	430	1.081
70	SCE	Santa Cecília	479	98	369	946
71	STN	Santana	473	61	55	589
79	SAL	Saúde	487	63	61	611
80	SEE	Sé	43	506	110	659
92	VMN	Vila Mariana	833	192	123	1.148
Total geral			13.861	3.813	2.866	20.540

* Com cinco ou mais pavimentos, por distrito com mais de 500 edifícios.
Fonte: TPCL Jan/2007SF/Surem/Decar/Dimap.

A Casa Médici (1912), na esquina da rua Líbero Badaró com a Dr. Falcão Filho, é o primeiro edifício vertical construído na cidade (obra do Escritório de Arquitetura Samuel das Neves), sendo, também, o primeiro edifício de escritórios existente em São Paulo. Na mesma data, tem início a construção do edifício Guinle, com sete andares, edificação destinada a sediar os escritórios da família Guinle, principal concessionária da operação do porto de Santos. Essa construção, concluída só em 1919, foi projetada pelo engenheiro-arquiteto Gustavo Pujol. Ainda nesses primeiros anos de verticalização, destacam-se os

Origens da verticalização em São Paulo

Figura 1
Localização do universo de pesquisa.
Fonte: AD.

Edifícios com mais de 5 pavimentos
Usos condominiais e não condominiais

- 020 Condomínio - Residencial (57)
- 021 Não condomínio - Residencial (23)
- 022 Não condomínio - Misto (20)
- 030 Condomínio - Misto (57)
- 031 Não condomínio - Serviços (99)
- 032 Não condomínio - Misto (8)
- 080 Hotel, pensão ou hospedaria (22)
- 084 Outras edificações para estadia (20)

0 — 1 quilômetros

empreendimentos da tabela 3, todos construídos entre 1924 e 1929:

Esses edifícios indicam a presença, no mercado de trabalho, de escritórios com predomínio de engenheiros e arquitetos, como Stockler das Neves, Ramos de Azevedo, Pujol & Toledo, Reinmann & Carvalho, Albuquerque & Longo. Tal conjunto de escritórios produz os grandes ícones da produção verticalizada, alinhados com a produção eclética e com alusões estéticas a palácios europeus. Nesses primeiros anos, os promotores da verticalização estão associados às famílias Toledo Lara, Alvares Penteado, Barros Loureiro, Sampaio Moreira, Coutinho Cintra, Cunha Vasconcelos e Matarazzo, todas vinculadas à produção cafeeira e industrial.

Tabela 3
Edificações construídas entre 1924 a 1929.

Ano	Edifício	Rua/Avenida	Número	Nº pav.	Uso	Construtor	Arquiteto
1924	Sampaio Moreira	Líbero Badaró	340 a 350	13	comercial	Samuel e Cristiano Stockler das Neves	Samuel e Cristiano Stockler das Neves
1924	Patriarca	Praça Patriarca	100 a 116	9	comercial	Siciliano & Silva	Siciliano e Silva Eng. e construtores
1924	Palacete do Carmo	Venceslau Brás	70 a 104	7	comercial	Ramos de Azevedo	Ramos de Azevedo
1924	Henrique T. Lara	Vinte e Cinco de Março	617	6	residencial	Pilon & Matarazzo	Pilon & Matarazzo
1925	Palacete Riachuelo	Dr. Falcão Filho	151 a 171	9	residencial	Escritório técnico Luis Asson	Escritório Técnico Luis Asson
1928	Rolim	Praça da Sé	79 a 89	13	comercial	Pujol, Reimann & Carvalho	Escritório Técnico H. C. Pujol Jr., Fred Reimann, Tito Carvalho
1928	Palacete Glória	Praça Ramos de Azevedo	209 a 219	11	comercial	Ramos de Azevedo	Alburquerque & Longo
1928	Palacete Aleppo	Carlos de Souza de Nazaré	321 a 329	6	residencial	Rizkallah Jorge	Rizkallah Jorge
1928	Palacete São Jorge	Carlos de Souza de Nazaré	258 a 320	6	residencial	Rizkallah Jorge	Rizkallah Jorge
1928	Prédio Cadete Galvão	Vinte e Quatro de Maio	221 a 229	9	residencial	Duarte e Cia.	Duarte e Cia.
1929	Saldanha Marinho	Líbero Badaró	39	11	comercial	Dácio A. de Moraes, pela Sociedade Comercial e Construtora	Elisário da Cunha Bahiana
1929	Piratininga	Praça da Sé	96 a 100	9	comercial	Parcas de Pladevall, Archit. Const.	Parcas de Pladevall, Archit. Const.

Figura 2
Casa Médici, situada na rua Líbero Badaró, esquina com a rua Dr. Falcão Filho.
Foto: Alejandra Maria Devecchi.

Figura 3a
Primeiros edifícios verticais.
Casa das Arcadas.
Foto: AD.

Figura 3b
Primeiros edifícios verticais.
Palácio do Comércio.
Foto: AD.

REFORMAR NÃO É CONSTRUIR

Figura 3c
Primeiros edifícios verticais.
Palacete São Paulo.
Foto: AD.

Origens da verticalização em São Paulo

Figura 3d
Primeiros edifícios verticais.
Edifício Sampaio Moreira.
Foto: AD.

Figura 3e
Primeiros edifícios verticais.
Palacete Guinle.
Foto: AD.

O edifício Saldanha Marinho, construído em 1929 – projetado pelo arquiteto Elisário da Cunha Bahiana para sediar o Automóvel Clube de São Paulo – estabelece um rompimento formal com a tradição eclética. Trata-se do primeiro expoente da produção *art déco* na cidade, juntamente com o edifício Pirapitinguy (já demolido). Outros edifícios comerciais de destaque, construídos no estilo *art déco*, são os seguintes:

Figura 4a
Edifícios comerciais *art déco*.
Edifício Saldanha Marinho (1929).
Arquiteto: Elisário da Cunha Bahiana.
Foto: AD.

Figura 4b
Edifícios comerciais *art déco*.
Edifício J. Moreira (1933).
Arquiteto: Ramos de Azevedo
e Villares.
Foto: AD.

Figura 4c
Edifícios comerciais *art déco*.
Edifício Ouro para o Bem de São Paulo (1938).
Foto: AD.

REFORMAR NÃO É CONSTRUIR

Figura 4d
Edifícios comerciais *art déco*.
Banco do Estado de
São Paulo (1938).
Arquiteto: Carlos Botelho.
Foto: AD.

Se até os anos 1930 o Escritório Técnico Ramos de Azevedo concentra a produção de edifícios verticais, a partir dessa data destaca-se o trabalho do arquiteto francês Jaques Pilon, criando um desenho característico para os edifícios comerciais: abertura de grandes vãos na fachada, amplas áreas de circulação vertical e horizontal, e início da planta livre. Pilon acaba se destacando com significativo número de projetos e, analisando-se a dissertação de mestrado de Castello Branco (1988), que trata da produção de edifícios de uso coletivo entre 1930 e 1945, pode-se compreender suas obras.

Na década de 1930, aumenta o espectro de promotores da verticalização, somando-se a famílias tradicionais, companhias de seguros, bancos, institutos de pensão e a Igreja. Pelo levantamento aqui feito, destacam-se, entre esses: Toledo Lara; Gordinho Braune; Alvares Penteado; Riskallah Jorge; Othon Bezerra de Mello; Silva Prado; Dr. Seng; e Maggi & Zucchi.

Também nesse período, aparecem várias firmas construtoras em que há arquitetos responsáveis pelo projeto e construção da maioria dos edifícios de escritório, como Pilon & Matarazzo; Siciliano & Silva; Severo & Villares (Ramos de Azevedo); Albuquerque & Longo; e Alfredo Matias & Maia Lello.

Embora a maioria dos autores, nesse primeiro período de verticalização, fale de um predomínio das edificações comerciais, o universo estudado aponta para uma produção significativa destinada a alojamento e uso residencial, inicialmente de aceitação muito restrita. No período do início do século até 1930, de um total de 84 edifícios verticais, há entre eles 26 com destinação residencial. Estas últimas edificações, se somadas àquelas destinadas ao uso hotel, equivalem à metade do total de edifícios produzidos no período. Analisando jornais da década de 1920, verifica-se que tal produção era destinada a famílias estrangeiras, funcionários de empresas ou solteiros, e vê-se que datam dessa época seus primeiros expoentes, com produção concentrada na avenida São João e entorno, e, ainda, na rua Carlos de Souza Nazaré, na avenida Liberdade, no parque D. Pedro e no entorno da rua Vinte e Cinco de Março.

REFORMAR NÃO É CONSTRUIR

Figura 5a
Edifícios residenciais da década
de 1920. Palacete São Jorge.
Foto: AD.

Figura 5b
Edifícios residenciais da década de 1920. Prédio Tupã.
Foto: AD.

Nesse grupo, merecem destaque os palacetes São Jorge e Paraíso, ambos construídos em 1928, por Riskallah Jorge, ocupando porção significativa da testada da rua Carlos de Sousa Nazaré. Destaca-se também o edifício localizado na rua Riachuelo, 15, ocupado atualmente pelo Ministério Público Estadual. Construído pela empresa Siciliano & Silva, em 1928, seu tamanho surpreende, assim como as características de seu *commercial style* (Ficher, 1999). De propriedade de Carlos Leôncio Baptista de Magalhães, é vendido em 1929 para o Governo do Estado de São Paulo.

Figura 6a
Edifício residencial Sarti, de Rino Levi (1935).
Foto: AD.

REFORMAR NÃO É CONSTRUIR

Figura 6b
Edifício residencial Guarani, de
Rino Levi (1938).
Foto: AD.

Nessa época, a produção de edifícios não residenciais ainda é tímida. Destacam-se aqueles destinados a instituições bancárias, sedes de empresas, como o Palacete Guinle, e poucos edifícios com escritórios para aluguel. Entre esses, merecem ser mencionados: Palacete São Paulo, Palacete do Carmo, Palacete Crespi, Palacete Gonzaga e Palacete Glória.

Figura 7a
Hotel América do Sul.
Década de 1910.
Foto: AD.

Figura 7b
Hotel Piratininga.
Década de 1920.
Foto: AD.

Figura 7c
Hotel São Paulo In (antigo Hotel Regina).
Década de 1920.
Foto: AD.

Analisando a listagem de edifícios comerciais construídos até 1930, pode-se verificar que a maioria está localizada no centro velho, com predomínio de estilos historicistas, inspirados em construções europeias.

Segundo Machado, em sua tese de doutorado sobre Rino Levi (Machado, 1992), a construção dos edifícios é realizada em regime predominantemente comercial. Montando um pequeno concurso em que o estilo da fachada é um ponto fundamental, são encomendadas várias propostas a construtores renomados. Ainda nos anos 1930, também na arquitetura residencial se verifica uma clara passagem do ecletismo para o estilo *art déco* (ou futurista, como era conhecido na época). Segundo Somekh (1997), nesse quadro de transformação ocorre uma incipiente produção de arquitetura moderna, representada pela obra dos arquitetos Rino Levi, Álvaro Vital Brazil, Pilon e Gregori Wachavchik, entre outros. Nesse contexto, Rino Levi é destaque, com a produção de vários empreendimentos residenciais, como os edifícios Gazeau (1929), Wancole (1935), Sarti (1935) e Guarani (1938).

Origens da verticalização em São Paulo

Figura 8a
Edifício residencial da década de 1930. Edifício Arthur Nogueira.
Foto: AD.

REFORMAR NÃO É CONSTRUIR

Figura 8b
Edifício residencial da década de 1930. Edifício Esther.
Foto: AD.

Também na década de 1930, aparecem vários empreendimentos de uso múltiplo, com programa complexo, misturando escritórios, residências e comércio. Levantamento feito para este trabalho apontou um universo de 24 empreendimentos. Merece destaque o edifício construído para os proprietários da Usina Esther (empresa do município de Arthur Nogueira), com projeto de Álvaro Vital Brazil. Projetado para locação, o prédio apresenta onze andares, sendo três destinados a escritórios e o restante a apartamentos dos mais variados tipos. Para analisar a obra de Vital Brasil, devem ser citados, como referência, o trabalho de doutorado de Fernando Antique (2000), bem como o livro *Álvaro Vital Brazil: 50 anos de arquitetura*, de autoria do próprio arquiteto (1986). Mas, para verificar as particularidades dessa produção de uso misto, pouco pesquisada, ainda é necessário um estudo aprofundado.

Por último, vale mencionar os empreendimentos destinados a hotel, constituindo um universo de aproximadamente dezessete construções. Conforme anúncios da época, tais edifícios também eram construídos para aluguel.

Figura 9
Edifício IAPETEC em 2011.
Década de 1940.
Foto: AD.

Origens da verticalização em São Paulo

Figura 10a
Edifício IAPC.
Década de 1940.
Foto: AD.

Figura 10b
Edifício São Fernando.
Década de 1940.
Foto: AD.

Figura 10c
Edifício da década de 1940, situado na esquina da avenida Rio Branco com avenida Ipiranga.
Foto: AD.

Figura 10d
Edifício da década de 1940, situado na avenida Nove de Julho, 216.
Foto: AD.

Na década de 1930, prédios de apartamentos começam a ganhar território na cidade, e seu número triplica. São construídas aproximadamente quarenta edificações para fins residenciais. A avenida São João desponta como localização de destaque, concentrando nove edificações.

Já na década de 1940, muda o padrão estético dos edifícios verticais. Inovações introduzidas no cálculo do concreto permitem aumentar os vãos, e aparecem fachadas mais envidraçadas. Nessa época, os institutos de previdência custeiam uma significativa produção de edifícios verticais. Nos dois distritos – Sé e República –, há número superior a dez edifícios. Entre eles, podemos destacar o edifício do Instituto de Aposentadorias e Pensões dos Empregados em Transportes de Carga, localizado na avenida Nove de Julho, 584. Trata-se de edifício projetado pelo arquiteto Jaime Fonseca Rodrigues no início da década de 1940 na avenida Nove de Julho, em estilo *art déco*. Como mostra a Figura 10d, o edifício encontra-se abandonado, tendo sofrido um incêndio no ano de 2006.

Figura 11
Planta do prédio São Francisco, situado na rua Senador Paulo Egídio, 15.
Fonte: AD.

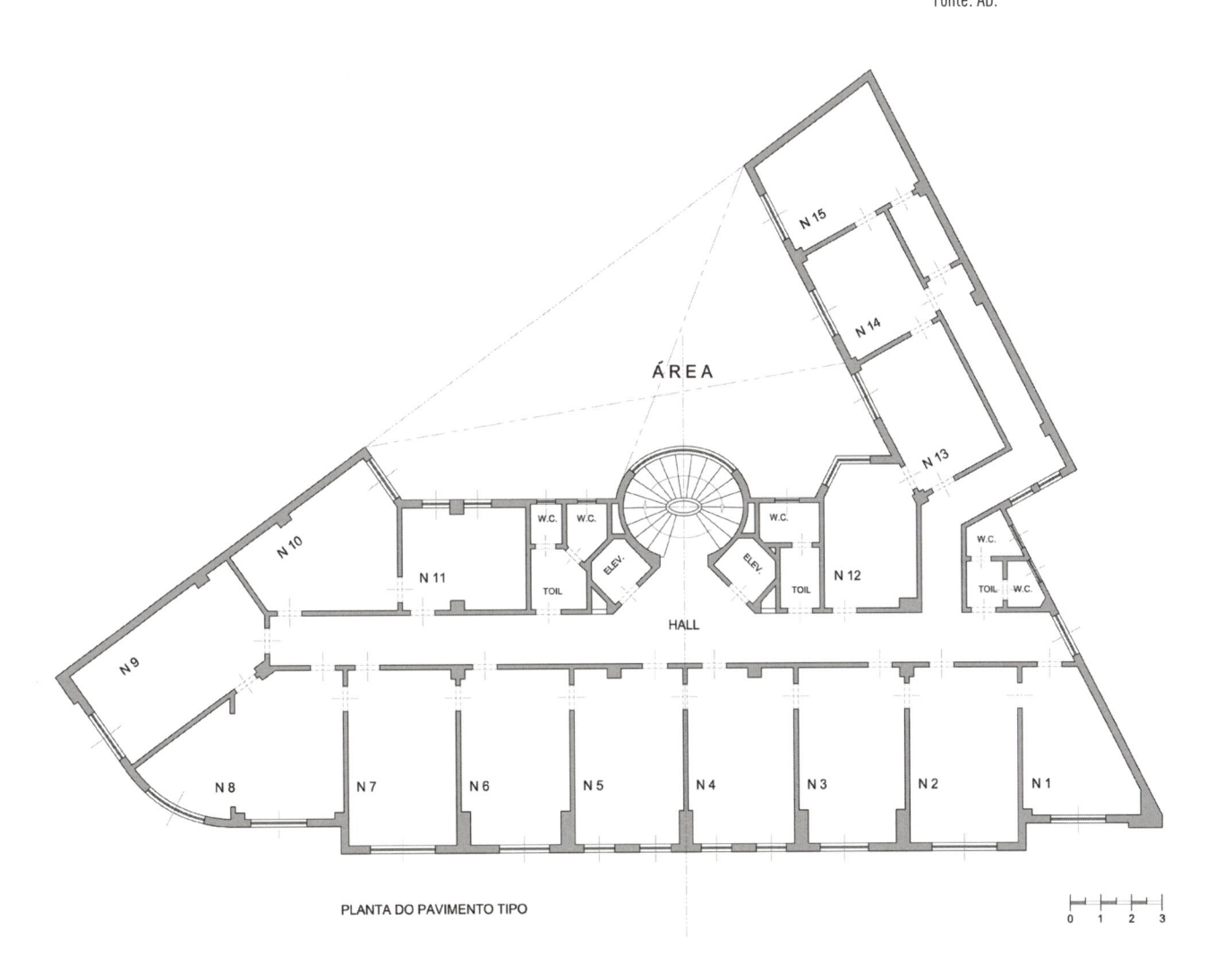

PLANTA DO PAVIMENTO TIPO

Verticalização e inovação tecnológica

O primeiro período de verticalização na cidade de São Paulo – aqui escolhido como objeto de estudo – caracteriza-se por um pioneirismo inédito. O desconhecimento técnico (do uso do concreto e da mecânica dos solos), somado à falta de legislação específica e à consolidação de um mercado consumidor urbano, permite que a cidade se transforme em um grande canteiro de novas ideias. Abre-se um campo de trabalho para os engenheiros e arquitetos atuantes nessa época, bem como para os técnicos estrangeiros que, expulsos pela guerra, por aqui chegavam. Mercado pouco regulamentado, demanda aquecida, pouca oferta de imóveis, capitais disponíveis para diferentes tipos de investimentos e um ambiente de criatividade ímpar, proporcionado pela amálgama resultante da imigração de diferentes povos à procura de um novo futuro, são os ingredientes fundamentais para o sucesso da aventura da verticalização.

O concreto armado, no início do século XX, constitui um material de difícil acesso, pois exige importar ferro e cimento. Com o desenvolvimento das grandes obras de infraestrutura, consolida-se um consumo significativo desse componente, de maneira a transformar-se em investimento atrativo para os empresários locais. Em 1926, surge a Companhia Brasileira de Cimento Portland Perus (CBCPP), localizada no entorno da estação ferroviária Perus da linha Santos – Jundiaí. Já em 1938, é fundada a Associação de Cimento Portland, que teve impacto sumamente positivo nos padrões construtivos locais, criando a primeira normatização nacional do uso de concreto na construção civil. Para garantia de segurança nos edifícios, são definidos padrões de fundações, tamanho de vigas e pilares. Ao mesmo tempo, são promovidos fóruns de discussão técnica, instaurando ambiente propício para o lançamento de novas tipologias edilícias. Para decidir o melhor partido a ser adotado em determinada área, empresários promovem concursos entre os profissionais mais renomados.

O uso de aço CA-24, frequentemente utilizado no período analisado, impossibilita a construção com vãos que ultrapassem 4 metros, não permitindo grandes deformações. Na década de 1950, havendo já cimento e aço em abundância, o conhecimento sobre as propriedades conjugadas do ferro e cimento evolui, e estudos específicos permitem o aumento do vão, atingindo até 6 metros. Na década de 1960, com a introdução do aço CA-50, torna-se possível um aumento considerável do vão. Os conhecimentos relativos à mistura de pedra, cimento e areia também se aprofundam, e a betoneira consagra-se como equipamento fundamental para a concretagem. Além disso, aumenta a qualidade dos materiais utilizados, possibilitando mais resistência ao concreto. Nessa época, o vão econômico atinge 7,50 metros, possibilitando a introdução de novas configurações de planta.

O primeiro corpo legal a versar sobre o processo de verticalização é a Lei nº 2.332, de 1920. Fazendo referência ao uso dos elevadores, controla também a altura dos edifícios, estabelecendo uma relação com a largura da rua. Posteriormente, em 1929, é promulgada a Lei nº 3.427. Conhecida como o primeiro Código de Obras da Cidade, tal lei esboça um primeiro zoneamento da cidade, estabelecendo quatro zonas: central, urbana, suburbana e rural. Na denominada zona central, que corresponde aproximadamente ao recorte espacial aqui utilizado, todos os edifícios deviam ter altura mínima de quatro andares. Além disso, estabelece que as edificações verticais podem ser construídas no alinhamento na rua, tendo como gabarito máximo, em ruas de até 9 metros de largura, uma altura equivalente a duas vezes essa largura; já naquelas com 9 metros a 12 metros, duas vezes e meia; e três vezes para ruas de mais de 12 metros de largura.

Também merecem destaque as recomendações referentes às questões de iluminação e ventilação. Com o objetivo de criar condições de salubridade para todas as edificações, esse código define condições específicas para iluminação e ventilação. Para os edifícios na zona central, é criada a figura dos saguões interno e lateral, como alternativa de iluminação natural no corpo dos edifícios. Tal espaço é delimitado em função da altura da edificação e da orientação da implantação. Como consequência, essa alternativa para iluminação/ventilação passa a ser amplamente usada para as edificações de todos os usos, introduzindo um novo elemento para a configuração tipológica.

O Código de Obras de 1929 traz, por outro lado, um capítulo sobre as

Figura 12
Marcos tecnológicos e legislação.
Foto: AD.

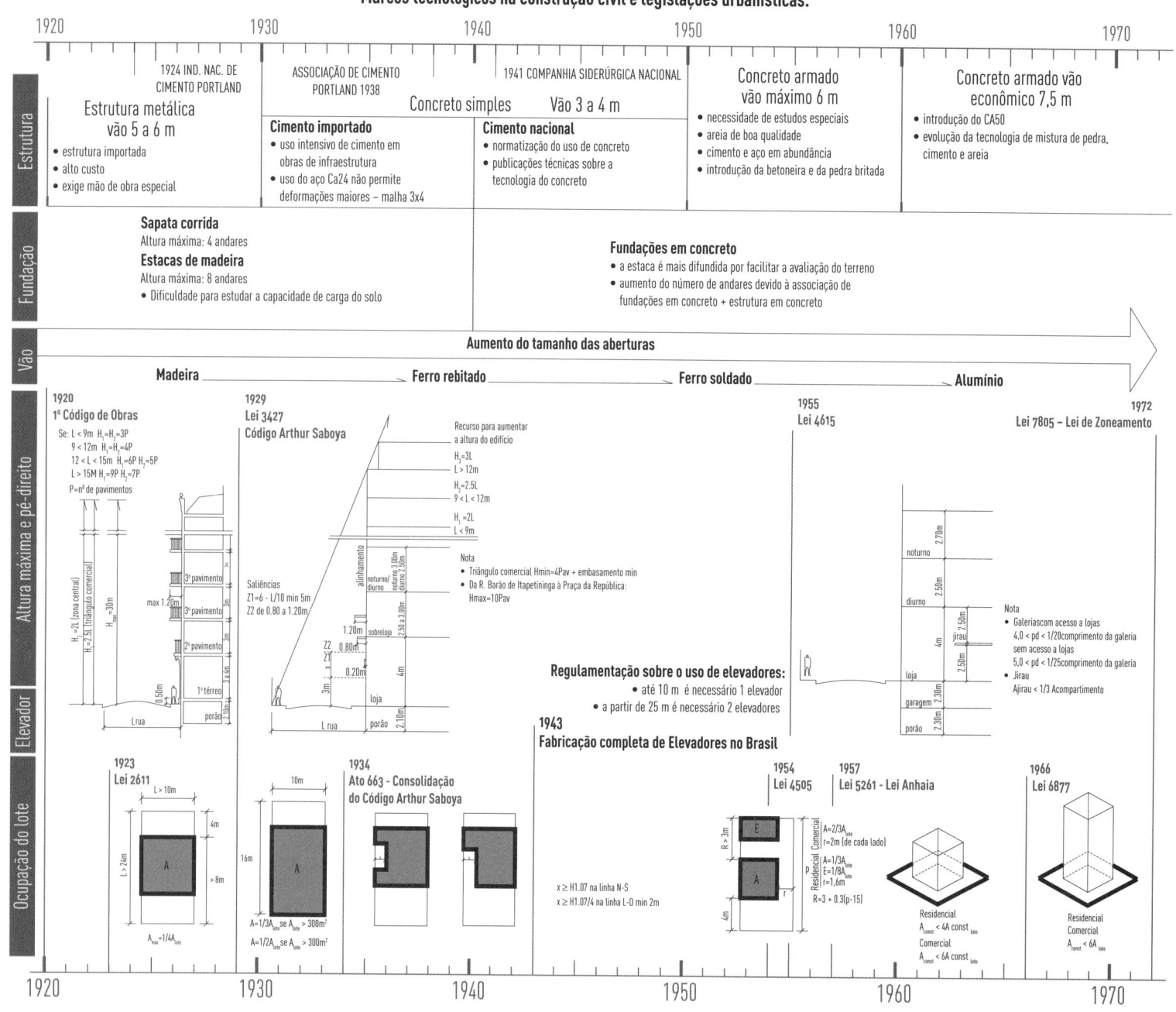

Marcos tecnológicos na construção civil e legislações urbanísticas.

Estrutura

1920–1930: Estrutura metálica vão 5 a 6 m
- estrutura importada
- alto custo
- exige mão de obra especial

1924 IND. NAC. DE CIMENTO PORTLAND

ASSOCIAÇÃO DE CIMENTO PORTLAND 1938

Concreto simples — Cimento importado
- uso intensivo de cimento em obras de infraestrutura
- uso do aço Ca24 não permite deformações maiores — malha 3x4

1941 COMPANHIA SIDERÚRGICA NACIONAL

Vão 3 a 4 m — Cimento nacional
- normatização do uso de concreto
- publicações técnicas sobre a tecnologia do concreto

Concreto armado vão máximo 6 m
- necessidade de estudos especiais
- areia de boa qualidade
- cimento e aço em abundância
- introdução da betoneira e da pedra britada

Concreto armado vão econômico 7,5 m
- introdução do CA50
- evolução da tecnologia de mistura de pedra, cimento e areia

Fundação

Sapata corrida — Altura máxima: 4 andares
Estacas de madeira — Altura máxima: 8 andares
- Dificuldade para estudar a capacidade de carga do solo

Fundações em concreto
- a estaca é mais difundida por facilitar a avaliação do terreno
- aumento do número de andares devido à associação de fundações em concreto + estrutura em concreto

Vão

Aumento do tamanho das aberturas

Madeira → Ferro rebitado → Ferro soldado → Alumínio

Altura máxima e pé-direito

1920 — 1º Código de Obras
Se: $L < 9m$ $H_1 = H_2 = 3P$
$9 < 12m$ $H_1 = H_2 = 4P$
$12 < L < 15m$ $H_1 = 6P$ $H_2 = 5P$
$L > 15M$ $H_1 = 9P$ $H_2 = 7P$
P = nº de pavimentos

$H_1 = 7L$ (zona central)
$H_2 = 2,5L$ (Triângulo comercial)
$H_{max} = 30m$

1929 — Lei 3427 — Código Arthur Saboya
Saliências
Z1 = 6 - L/10 min 5m
Z2 de 0,80 a 1,20m
max 1,20m
$H_1 = 3L$
$L > 12m$
$H_1 = 2.5L$
$9 < L < 12m$
$H_1 = 2L$
$L < 9m$

Recurso para aumentar a altura do edifício

Nota
- Triângulo comercial Hmin = 4Pav + embasamento min
- Da R. Barão de Itapetininga à Praça da República: Hmax = 10Pav

Regulamentação sobre o uso de elevadores:
- até 10 m é necessário 1 elevador
- a partir de 25 m é necessário 2 elevadores

1943 — Fabricação completa de Elevadores no Brasil

1955 — Lei 4615
noturno 2,70m
diurno 2,50m
jirau 4m / 2,50m
loja 2,50m
garagem 2,30m
porão 2,30m

Nota
- Galerias com acesso a lojas
4,0 < pd < 1/20 comprimento da galeria sem acesso a lojas
5,0 < pd < 1/25 comprimento da galeria
- Jirau Ajirau < 1/3 Acompartimento

1972 — Lei 7805 – Lei de Zoneamento

Ocupação do lote

1923 — Lei 2611
$L > 10m$, $L = 24m$, 4m, > 8m
$A_{max} = 1/4 A_{lote}$

1934 — Ato 663 - Consolidação do Código Arthur Saboya
10m, 16m
$A = 1/3 A_{lote}$ se $A_{lote} > 300m^2$
$A = 1/2 A_{lote}$ se $A_{lote} > 300m^2$

1954 — Lei 4505
$R > 3m$, 4m
$x \geq H1.07$ na linha N-S
$x \geq H1.07/4$ na linha L-O min 2m

1957 — Lei 5261 - Lei Anhaia
$A = 2/3 A_{lote}$
$r = 2m$ (de cada lado)
$A = 1/3 A_{lote}$
$A = 1/8 A_{lote}$
$r = 1,6m$
$R = 3 + 0.3(p-15)$

1966 — Lei 6877
Residencial $A_{const} < 4A\,const_{lote}$
Comercial $A_{const} < 6A\,const_{lote}$

Residencial $A_{const} < 6A_{lote}$
Comercial

condições particulares da construção. A seção IX trata de sobrecargas e coeficientes de segurança, indicando inclusive aqueles de aplicação necessária para os diferentes tipos de solo, constituindo, até o surgimento da ABNT, uma verdadeira norma técnica.

Segundo Nadia Somekh (1997, p. 2), consultando-se o Registro de Elevadores da Prefeitura de São Paulo, verifica-se que, até 1939, existiam em São Paulo 1.232 elevadores, instalados em 813 edifícios – desses, pouco mais da metade (489) não foram demolidos. Considerado esse universo e restringindo-o aos edifícios com mais de cinco pavimentos, o número deles, pertencentes a essa época, reduz-se a 262. Já Maria Adélia de Sousa, em *A identidade da metrópole: a verticalização em São Paulo* (1994), mostra que, nesse período, a verticalização estava concentrada no triângulo histórico e no centro novo, com predomínio do uso terciário. O uso residencial ocupava o bairro de Santa Ifigênia, a praça Júlio Mesquita, a área de Santa Cecília e imediações do Largo do Arouche, além dos bairros Liberdade e Higienópolis.

A verticalização proporciona uma oportunidade de expansão capitalista, em que o capital auferido no mercado agrícola e industrial migra para a produção imobiliária, procurando não somente a expansão dos seus lucros, mas também notoriedade, *status* e uma nova imagem, associada à modernidade. Nada melhor do que investir no arranha-céu, símbolo do poderio capitalista, construído com o mais novo material conhecido, o cimento armado.

Nessa particular conjunção de forças, são projetados os primeiros edifícios verticais da cidade de São Paulo. Os baluartes mais representativos foram idealizados por empresários paulistas que desejavam marcar suas posições políticas, econômicas e sociais, edificando as sedes de suas empresas em edifícios verticais. Com tais características, é possível destacar:

- Edifício Esther, de propriedade da família Nogueira;
- Edifício Guinle, de propriedade da família Guinle;
- Edifício Jaraguá, de propriedade de Caio da Silva Prado;
- Edifício Martinelli, de propriedade da família Martinelli;
- Edifício Ouro para o Bem de São Paulo, da Santa Casa de Misericórdia;

- Edifício Rolim, de propriedade da família Rolim Prado;
- Edifício Saldanha Marinho, da Companhia Paulista de Ferro;
- Edifício Sampaio Moreira, de propriedade de José Sampaio Moreira;
- Edifício Sulacap, da Companhia Sul América de Seguros;
- Hotel Terminus, de propriedade do Cotonifício Paulista;
- Palacete Aleppo, de propriedade de Riskallah Jorge;
- Palacete Riachuelo, de propriedade da família Godinho;
- Palacete São Paulo, de propriedade da família Coutinho Cintra;
- Casa das Arcadas, de propriedade da família Alvares Penteado.

Analisando as particularidades presentes no processo de aprovação desses edifícios, pode-se verificar que foi instaurado um constante processo de discussão acerca dos parâmetros técnicos a serem exigidos para o concreto armado. O processo administrativo da Prefeitura de São Paulo referente à aprovação do edifício Regência, de 1938,[9] na esquina da rua Xavier de Toledo com a rua Sete de Abril, evidencia esse questionamento. Alegando que seriam ultrapassadas as exigências para cálculo do concreto existentes no Código Arthur Saboya, a prefeitura permitiu que o interessado apresente novas hipóteses para tal cálculo, para analisá-las devidamente.

Já em 1928, no processo de aprovação do edifício Rolim,[10] pode-se verificar que a prefeitura efetuava provas de consistência do concreto, extraindo da obra corpos de prova que eram encaminhados, com as especificações da dosagem, para o Gabinete de Resistência de Materiais (atual Instituto de Pesquisas Tecnológicas – IPT). Nesse caso, na especificação do concreto há menção ao *Dyckerhoff* duplo – tipo de concreto preparado, de pega rápida, com dosagem 1 : 2,5 : 3,5 (cimento : areia : pedra britada). Aparecem também detalhes construtivos, fazendo menção a uma fórmula alemã de dosagem, de origem desconhecida.

Em 1937, consta o envio à prefeitura de um pedido da Santa Casa de Misericórdia[11] para aprovar prédio com

---

[9] Processo nº 1994-0.170.125-3 – *Cia Italo Brasileira de Seguros Gerais* – Número de capa 0.046.298/1938.

[10] Processo nº 1989-0.021.413-6 – *H. J. Pujol Junior* – Número de capa 0.072.257/29.

[11] Processo nº 1988-0.020.307-8 – *Irmandade Casa Misericórdia São Paulo* – Número de capa 0.015.579/37.

alinhamento sinuoso, emulando a bandeira de São Paulo. Trata-se do processo de aprovação do edifício Ouro para o Bem de São Paulo. Tal solicitação leva a que se discuta, no âmbito do processo de aprovação, sobre a pertinência de se usar o recurso para sugerir um símbolo. Finalmente, decide-se pela aceitação, definindo-se uma diretriz de curva que tem início e fim nas fachadas confrontantes.

Características construtivas: fundações, estruturas, instalações, etc.

Nas duas primeiras décadas, o processo de verticalização caracteriza-se pela diversidade de experiências tanto nas soluções arquitetônicas como nas estruturais. Em 1893, havia sido criada a Escola Politécnica de São Paulo, que abriu, entre outros, cursos de engenheiro civil e de engenheiro-arquiteto. Em 1899, é a vez do Gabinete de Resistências de Materiais, destinado a oferecer, ao público em geral, pesquisas em caráter experimental. O trabalho desse laboratório permite verificar a qualidade dos materiais produzidos pela indústria nacional, dando confiabilidade ao seu uso. Aqui, merecem destaque os testes realizados, a partir de 1907, com as barras de aço produzidas pela Companhia Belgo-Mineira, propiciando a produção, em 1921, de barras de ferro pacote, obtidas por caldeamento de ferro importado. Em 1913, executam-se testes de resistência à compressão – do concreto e do aço utilizados na construção da propriedade do edifício Guinle & Company, considerado o primeiro edifício vertical de concreto armado da cidade de São Paulo (ver Pujol Junior & Barbosa de Oliveira, 1916, pp. 261-268). Em 1927, é publicado o estudo do engenheiro Ary Torres, *Dosagem dos concretos* (1927), orientando engenheiros para a obtenção de uma mistura perfeita entre água e cimento no preparo do concreto. A partir da fundação do Laboratório de Ensaio de Materiais, em 1926, começa também um trabalho de cooperação com a recém-criada Companhia Brasileira de Cimento Portland (1924), com vistas à melhoria da qualidade do cimento nacional (Nagami, 1999).

Segundo Milton Vargas, os processos de dosagem de concretos introduzidos pelos engenheiros Ary Torres e Lobo Carneiro fomentam a discussão sobre a necessidade da consolidação de normas técnicas para o uso de concreto armado (Vargas, 1999). Em 1940, é fundada a Associação Brasileira de Normas Técnicas e lançada a Norma Técnica de Cálculo e Execução de Obras de Concreto Armado.

Em artigo publicado na *Revista Engenharia*, o engenheiro Gravina afirma que os métodos de cálculo de concreto não passam de processos empíricos (Gravina, 1943, pp. 422-426). Na época da introdução do aço de alta resistência, verifica-se que o conglomerado concreto acompanha o comportamento da armadura. É formulada a Teoria Geral das Coações, tornando evidente a importância da vibração no preparo e na cura do concreto. Com a formulação dessa teoria, fica constatada a relação entre concreto de alta resistência e aço de elevado limite elástico, sendo possível aumentar os vãos de vigas retas em até cinco vezes.

Fundações

O período inicial é marcado pela intuição dos engenheiros aplicada à solução de problemas enfrentados na formulação de fundações de edifícios de concreto armado. Baseados na experiência diária no canteiro de obras, os calculistas usam meios expeditos para resolver o problema de recalques, enquanto vai se forjando uma nova ciência sobre a mecânica dos solos. Não existe classificação universal dos diferentes tipos de solo e, embora as sondagens sejam utilizadas como um método possível para a prospecção de solos, os seus resultados não são passíveis de aferição, devido à falta de padrões referenciais. Somente em 1939, por meio do IPT, vulgarizam-se os métodos de exploração do subsolo. A partir dos anos 1940, inicia-se a utilização das sondagens a percussão.

As fundações são executadas a partir do estabelecimento de limites de carga. O código de obras apresenta uma classificação genérica dos tipos de solo associados a limites de carga para o assentamento de fundações, como se pode observar no Quadro 1.

Tais limites são obtidos por meio de provas de carga diretas sobre o solo, ou de provas de carga sobre estacas.

Até o começo dos anos 1940, são frequentes os recalques e suas soluções pouco plausíveis. Um evento de destaque é a realocação a prumo do edifício da Companhia Paulista de Seguros, localizado na rua Líbero Badaró, por meio

Origens da verticalização em São Paulo

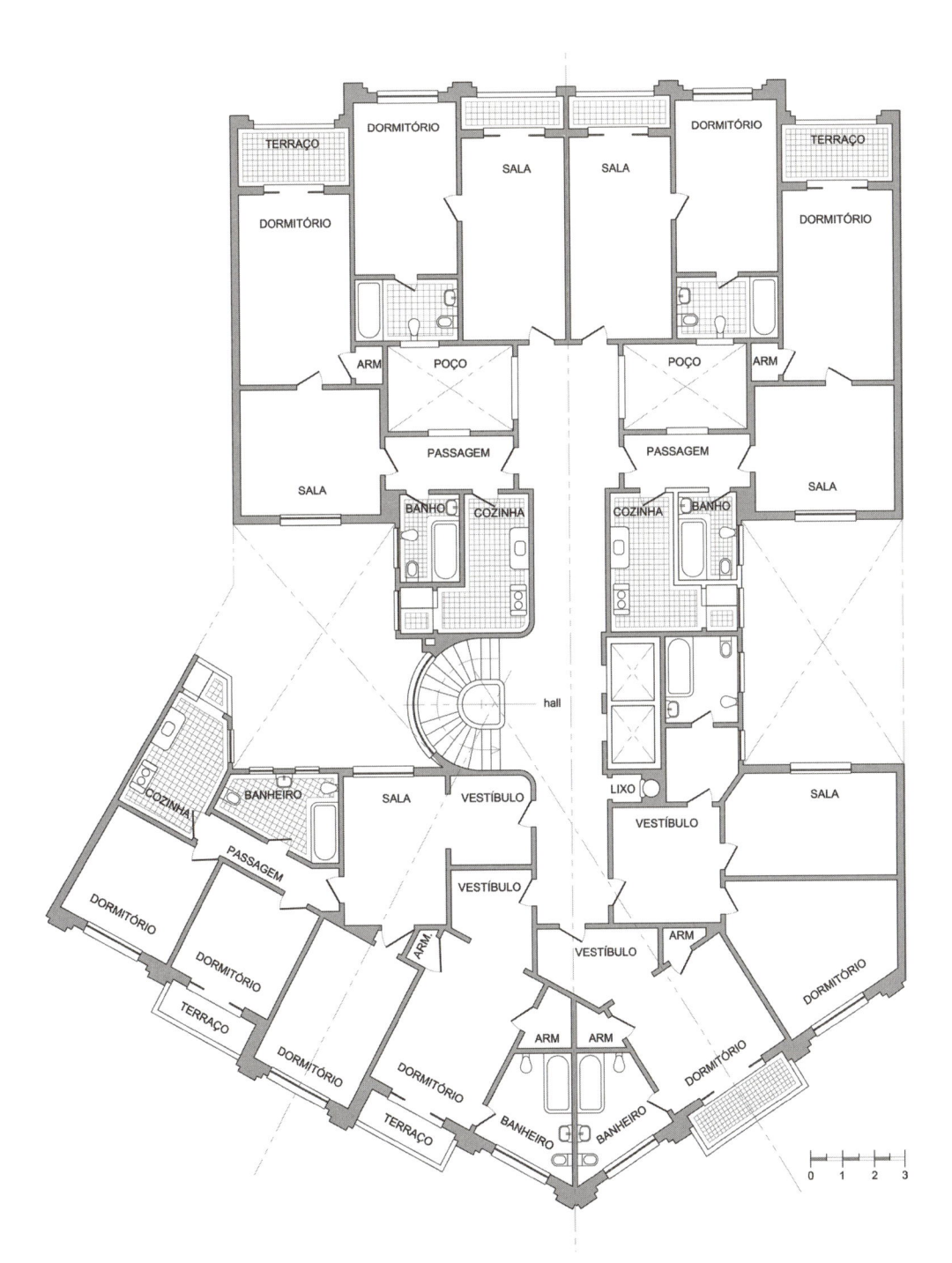

Figura 13
Planta do edifício Viaduto.
Fonte: *Revista Acrópole*, novembro de 1940.
Planta redesenhada por AD.

Quadro 1
Tipos de solo e seus limites de carga.

Rocha	Piçarra e areia	Argila compacta e seca	Terrenos comuns
22 kgf/cm² *	6 kgf/cm²	4 kgf/cm²	2 kgf/cm²

* quilograma-força por centímetro quadrado.

do congelamento das argilas e posterior escavação por sob as estacas existentes, para a construção de pilastras.

A partir de 1950, com o aprimoramento dos sistemas de sondagens e dos ensaios geotécnicos, as soluções utilizadas até então começam a ser sistematicamente questionadas. Devido à grande profusão de problemas de cálculo relacionados com o problema de fundações de edifícios de concreto armado a que são submetidos os engenheiros, o assunto ganha destaque em São Paulo. Ademais, até 1945, utilizam-se pressupostos errados para entender o comportamento dos solos diante de situações de compressão, sem compreender a deformação que o material podia sofrer ao longo do tempo. A mecânica dos solos, segundo Milton Vargas, exige uma classificação perfeita dos solos, que só foi consolidada depois da Segunda Guerra Mundial, criando um desafio para aqueles que decidiam construir verticalmente.

Nessa época, o subsolo da cidade de São Paulo – formado por leitos alternados de areia e argila próximos à superfície, seguidos de leitos de areia que repousam sobre a rocha – recebe diferentes tipos de fundações: sapatas isoladas, *radiers*, tubulões a céu aberto, estacas de madeira e pré-moldados de concreto. Para analisar-se a incidência dos diferentes tipos de fundação com relação às diferentes tipologias edilícias, foram destacados alguns exemplos constantes em "Fundações no centro de São Paulo" (Rios & Silva, 1950) e "Observações de recalques de edifícios em São Paulo" (Vargas, 1950). Comecemos com edifícios que apresentam fundação rasa:

- Edifício na rua Marconi, de 21 andares, com fundação do tipo *radier*;
- Edifício Ipiranga, de dezoito andares, com fundação constituída por sapatas isoladas;
- Edifício Banco do Brasil, de 25 andares, com fundação do tipo *radier* e sapatas;

- Edifício Novo Mundo, de nove andares, com fundação na forma de sapatas isoladas;
- Edifício Riskallah Jorge, de doze andares, com fundação em sapatas isoladas, suportando sobrecarga de 18.700 toneladas.

Há também edifícios que apresentam fundação profunda:
- Hotel São Paulo, localizado em um dos trechos de fundo de vale, com leito de solo superficial muito fraco e água subterrânea muito próxima à superfície. Problema solucionado com fundação de estacas Franki;
- Edifício Sotto Mayor, na rua Brigadeiro Tobias, de vinte andares, com fundação na forma de tubulões;
- Edifício Banco do Estado, de 33 andares e fundação mista, em *radier* sobre estacas Franki;
- Edifício Azevedo Villares, de 23 andares e fundação em forma de bloco de fundações e estacas Franki;

Como se vê, no universo analisado são encontrados edifícios com fundações rasas e profundas. As fundações rasas – sapatas corridas e isoladas – são utilizadas amplamente até 1940, principalmente nos prédios baixos, de até dez andares. Podem ser aventadas algumas explicações: a maioria desses edifícios apresenta vãos inferiores a 4 metros, havendo pouca concentração de cargas nos pilares. Se a isso forem somadas as pequenas dimensões dos edifícios, com número de andares inferior a dez, será possível entender o porquê de tal solução técnica. É interessante destacar a observação de Mello (1975, *apud* Caetano, 2009) acerca do significativo aumento de carga dos pilares que os edifícios em São Paulo sofreram no período de 1940 aos dias atuais. Ele aponta que, em média, os edifícios altos apresentavam carga por pilar de 500 toneladas. Essas cargas passam, nos anos 1970, para valores superiores a 10 mil toneladas-força por pilar (Mello, 1975) – um valor duzentas vezes superior.

Quando de uma decisão de reforma, merecem análise cautelosa as edificações com fundações rasas, geralmente feitas sem cálculo prévio e implantadas no alinhamento da calçada. Embora se saiba que o solo de São Paulo não é sensível a recalques significativos (Rios & Silva, 1950, p. 17), tais edifícios são os mais suscetíveis a esse tipo de problema. Considerando a mudança de perfil que a cidade de São Paulo sofreu – aumento no trânsito das ruas, implantação do metrô, demolição de edifícios e construção de novos –, essas fundações sofreram impacto significativo no decorrer dos anos, causando recalques diferenciais na edificação. Caetano, citando Vargas (1998, p. 23), informa que, em São Paulo, nos anos 1930, as fundações profundas eram estacas ou de madeira ou pré-moldadas em concreto armado (Caetano, 2009, p. 16). Já no início da década de 1940, com a difusão do uso do cimento nacional e a possibilidade de utilização de refugos de ferro, as estacas de concreto pré-moldado transformam-se em alternativa viável para as fundações, permitindo, em edifícios baixos, a substituição gradual das sapatas. Também a partir dessa data, é comum utilizarem-se estacas pré-moldadas de concreto ou do tipo Franki, como visto antes. Ainda Caetano (2009), destaca que o Código Arthur Saboya trata fundações profundas por meio da capacidade de carga, determinada por uma fórmula dinâmica utilizada por engenheiros holandeses, que é a função do peso do macaco, a altura de queda da estacaria e a profundidade de penetração da estaca. A fórmula[12] não se reporta à massa da estaca.

Estrutura

Estruturas metálicas, embora já usadas então em algumas edificações na cidade de São Paulo, não estão presentes no universo analisado. Importadas da Europa, exigiam mão de obra especializada, sendo, para os empreendimentos locais, uma alternativa de custo alto. Na época, mesmo o concreto armado não constituía uma opção econômica. Uma vez que cimento e ferro eram importados, o concreto só começa a ser mais viável ao implantarem-se as primeiras indústrias nacionais de cimento Portland.

No universo analisado, a estrutura de concreto é a que predomina. Todas as edificações analisadas foram construídas com estrutura de concreto armado do tipo viga-pilar, dominando a malha estrutural do tipo 3,5 m × 4 m ou 3,5 m × 5,5 m. Na época estudada,

---

[12] A fórmula é: $R = (P.H) / (20h)$, na qual P é a função do peso do macaco, H é a altura de queda da estacaria e h é a profundidade de penetração da estaca (Caetano, 2009).

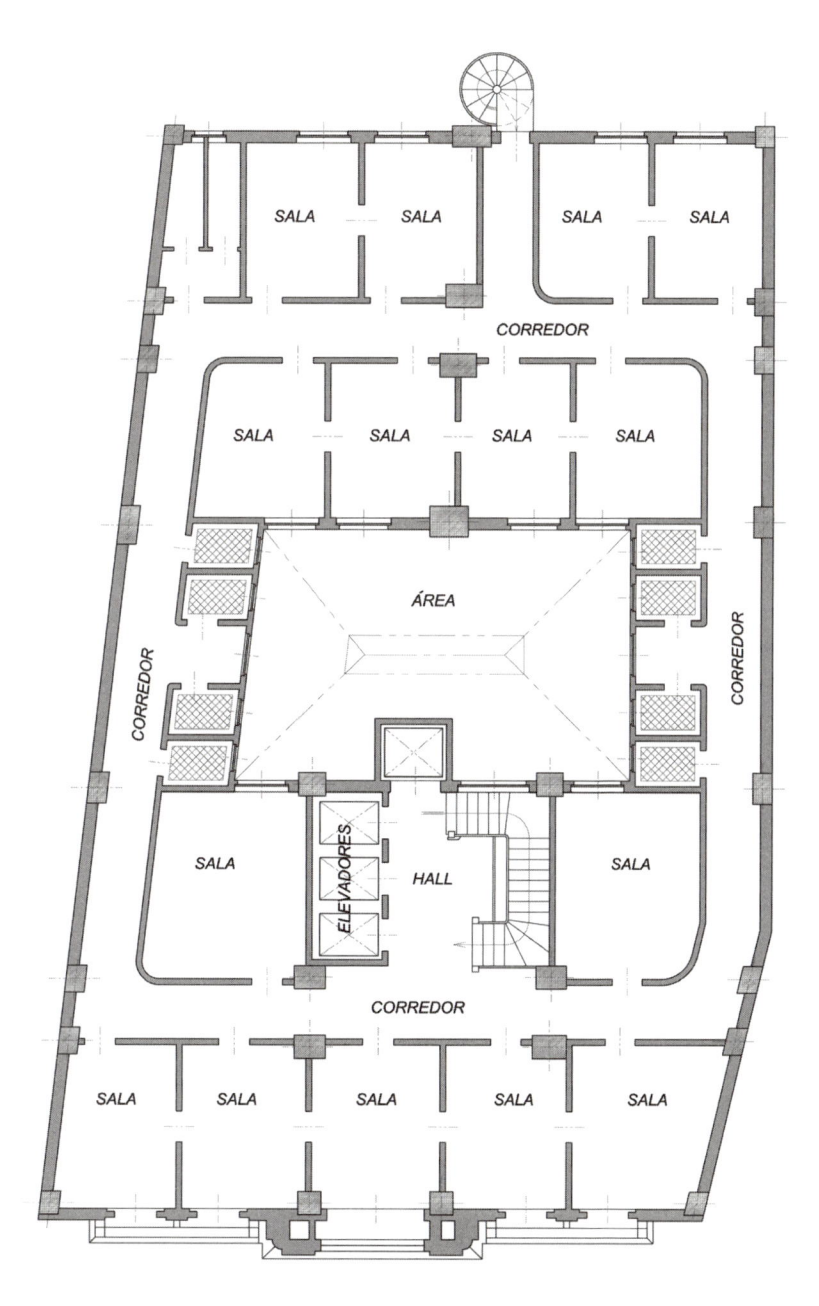

Figura 14
Edifício Sampaio Moreira.
Fonte: Arquivo Central do Piqueri.

verifica-se o domínio de uma solução que consiste em alargamento do apoio da viga no pilar, com a criação de um fuste. Tal artifício estrutural permite a redução do vão.

Aproximadamente 90% do universo de análise apresenta estrutura com vão típico entre 3 m e 4 m, estando de acordo com as possibilidades construtivas das décadas de 1940 e 1950. Na análise do universo considerado, verificou-se que o uso comercial é o que apresenta maiores vãos, sendo o vão típico o de 5 m. Já no uso residencial e de hotel, a malha estrutural que predomina é a de 3 m × 4 m, facilitando qualquer tipo de adaptação de projeto.

Número de andares

O número de andares está diretamente ligado às condições estruturais e ao uso de elevador. O primeiro diploma legal a regular a altura das edificações e o uso do elevador é a Lei nº 2.332, de 1920. O Código de Obras Arthur Saboya (1929) define gabaritos associados às larguras das ruas. Nele, as edificações verticais podem ser construídas no alinhamento da rua, tendo como gabarito máximo uma altura equivalente a duas vezes a largura da rua (em ruas até 9 metros). Em ruas com 9 m a 12 m, duas vezes e meia; e, para ruas de mais de 12 m, três vezes. Predominam os edifícios com até dez andares. Entretanto, até 1955 não existem leis regulando o número de elevadores.

É de 1955 a Lei Municipal nº 4.615, que dispõe sobre o uso de elevadores e, em edifícios que apresentem pisos situados a mais de 10 m, contados a partir do nível da soleira, estipula a exigência de um elevador. A exigência de dois elevadores é feita para edifícios com altura igual ou superior a 25 m ou oito pavimentos.

Cabe destacar que já a partir de 1943 existem elevadores inteiramente fabricados no Brasil, fato que contribui para o barateamento e a difusão do uso desse equipamento em prédios de apartamentos, permitindo um adensamento compatível com os custos elevados dos terrenos na área central.

Pé-direito

Todas as leis de regulação urbanística promulgadas ao longo do século XX fixam a altura do pé-direito. Verifica-se que, no início do século, as exigências relacionadas ao assunto eram superiores às vigentes hoje, tendo havido uma diminuição gradual nos padrões de altura mínima do pé-direito, variando de 4 m (Código Sanitário de 1894) até 2,3 m, para ambientes de permanência transitória (Código de Obras, Lei Municipal nº 11.228/1992). No período analisado, o Código Arthur Saboya estabelece um mínimo de 3 m para ambientes com permanência noturna e de 2,5 m para ambientes com permanência diurna.

Considerando o universo analisado, predominam os edifícios com pé-direito de 3 m. Tal aspecto arquitetônico é de grande importância, por limitar as possibilidades de reforma, restringindo possíveis soluções para a renovação de instalações, como abertura de *shafts* e rebaixamento de forros para a instalação de dutos horizontais.

Instalações prediais

As instalações hidráulicas dessa época são de ferro galvanizado e apresentam duas caixas-d'água, uma enterrada e outra elevada. De maneira geral, entendia-se que um alto número de prumadas hidráulicas aumentava os problemas no comportamento geral da edificação, havendo, assim, uma tendência para diminuir seu número. Outro aspecto importante a salientar é que, para edifícios com mais de dez andares, não são exigidos dispositivos de redução de pressão ou reservatórios intermediários para atender os andares baixos. Tais medidas não são observadas por existir certo consenso de que o uso de tubulação de ferro garante a segurança da instalação, mas, sem esses dispositivos, a maioria das instalações dos edifícios com mais de dez andares seguramente está danificada, devido aos efeitos do golpe de aríete,[13] observação também válida para as instalações de esgoto.

Embora o maior número de prumadas hidráulicas aparentemente facilite as soluções de reforma, manter a posição já existente dos banheiros costuma restringir as possibilidades de projeto. Acredita-se que a melhor forma de

---

[13] Nome dado ao efeito das variações de pressão decorrentes da variação da vazão causada por alguma perturbação, voluntária ou involuntária, que se imponha ao fluxo de líquidos em condutos, tais como: operações de abertura ou fechamento de válvulas; falhas mecânicas de dispositivos de proteção e controle; e parada de bombas hidráulicas.

viabilizar novas instalações – não só hidráulicas como também elétricas ou de gás –, seja por meio da abertura de *shafts* de instalações, situados nas áreas de ventilação externa, sendo sua distribuição feita por meio de pisos elevados ou forros rebaixados.

Com relação à reserva de água, é importante destacar que a maioria dos prédios analisados apresenta deficiências. Considerando a prática vigente das concessionárias (usar esquemas de rodízio no abastecimento para administrar falta de água) e a multiplicação incessante do número de usuários, a necessidade de reserva de água aumenta exponencialmente. E tal aumento no volume a ser estocado é algo que merece atenção especial, por implicar acréscimo significativo na sobrecarga das estruturas.

Circulação horizontal e vertical

Quanto à circulação, os edifícios analisados apresentam cinco tipos de organização:

- circulação vertical central e distribuição frente-fundos – costuma estar presente em edifícios residenciais, apresentando um bom desempenho; permite economia de área construída nas áreas de circulação. Nos edifícios analisados, verifica-se que, nesse tipo de planta, o consumo médio de área construída com áreas de circulação acaba sendo de aproximadamente 18%. Além disso, considerando a necessidade de subdivisão de apartamentos, com aumento de unidades, tal padrão facilita os acessos, sem implicar grande incremento de área;
- circulação vertical central e distribuição em corredor concêntrico – é o tipo que consome mais área. É mais comum em edifícios de hotel ou comerciais, estando geralmente associado a um pátio central de iluminação.
- circulação vertical central ou em um extremo e distribuição em um único corredor – tal tipo de circulação é o mais comum, tanto em edifícios residenciais quanto em edifícios comerciais. Quando utilizado de ambos os lados, pode transformar-se em opção eficiente e de pouco consumo de área. Além disso, também é a escolha adequada de circulação ao subdividirem-se

Origens da verticalização em São Paulo

Figura 15
Circulação vertical central e distribuição em um único corredor. Edifício Álvares de Azevedo, de 1939. Rua Benjamin Constant, 114 a 142.
Fonte: AD.

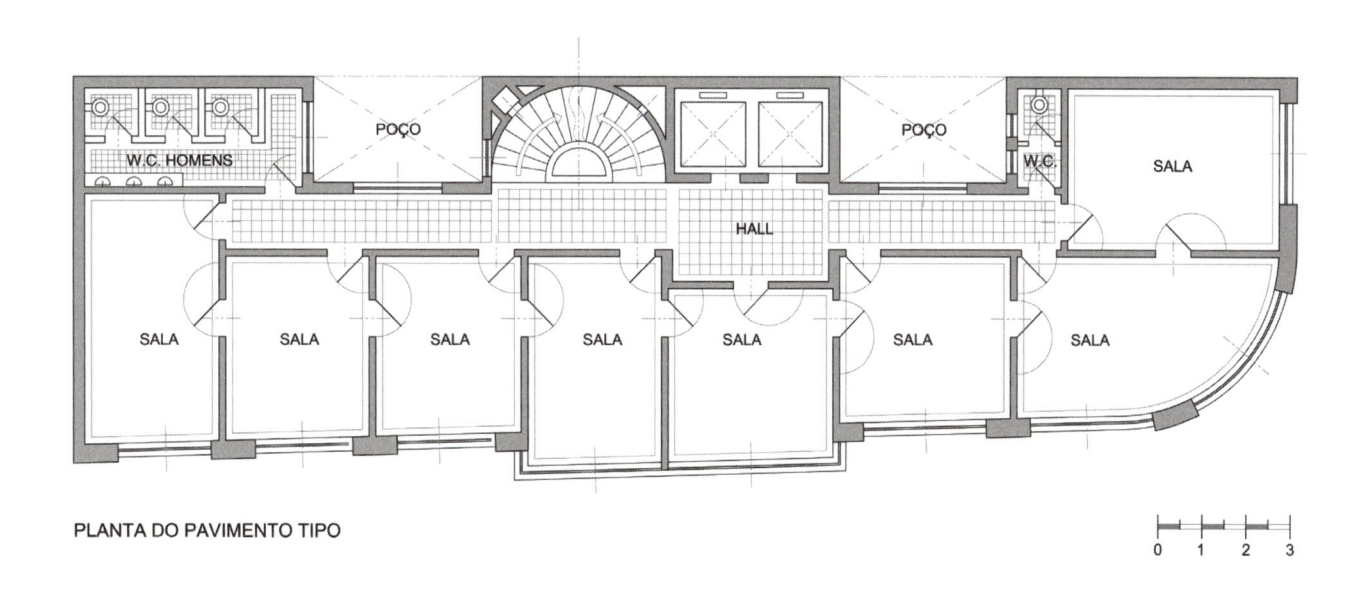

PLANTA DO PAVIMENTO TIPO

REFORMAR NÃO É CONSTRUIR

Figura 16
Circulação labiríntica.
Palácio Arcadas, de 1929.
Rua Benjamin Constant ×
Quintino Bocaiúva.
Fonte: AD (2001).

RUA QUÍNTINO BOCAYUVA

PLANTA DO 1º ANDAR (SALAS)

0　1　2　3

Origens da verticalização em São Paulo

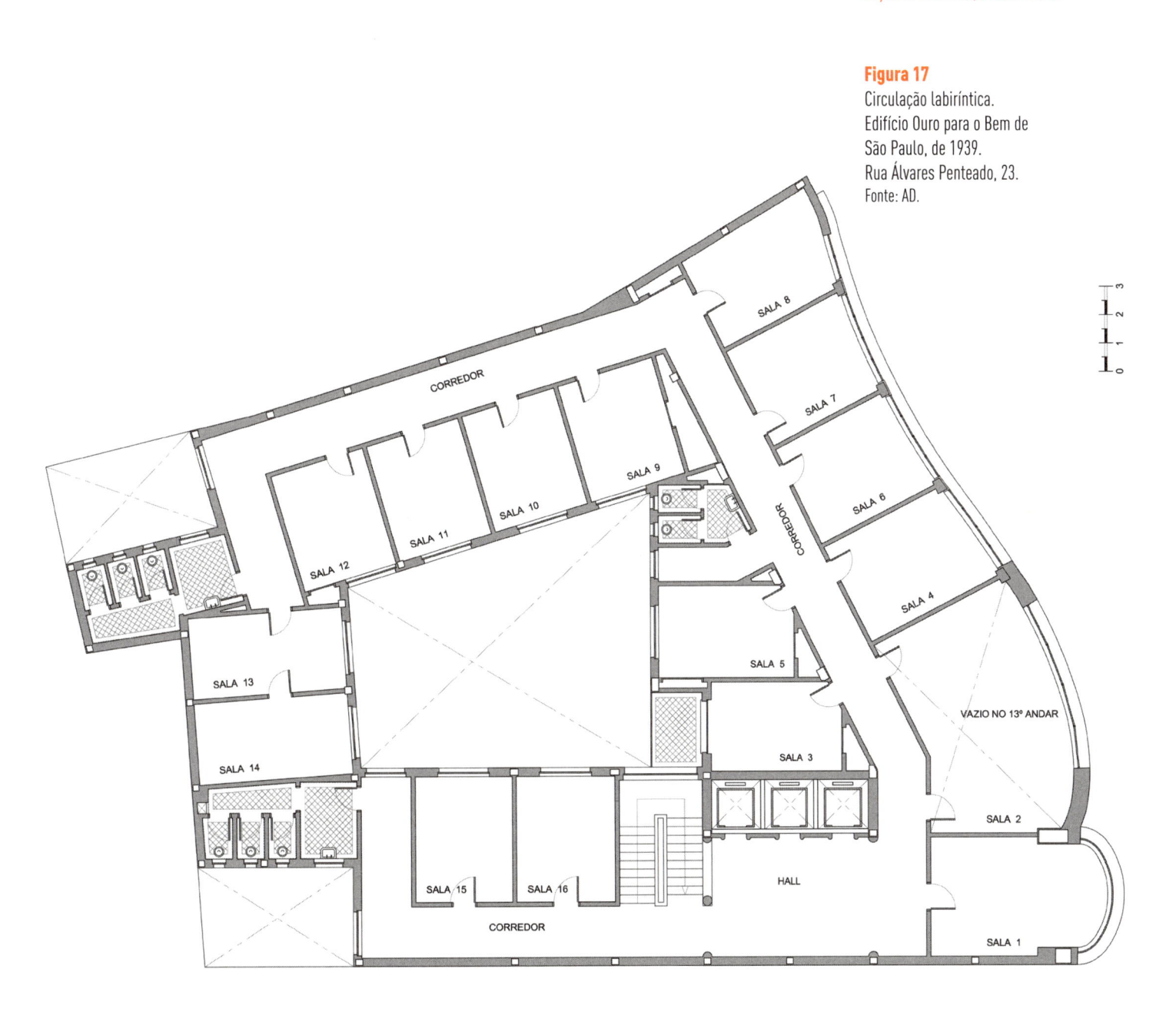

Figura 17
Circulação labiríntica.
Edifício Ouro para o Bem de
São Paulo, de 1939.
Rua Álvares Penteado, 23.
Fonte: AD.

apartamentos e, sem incremento de área de circulação, criarem-se novas unidades;
- circulação vertical em um extremo e distribuição horizontal labiríntica – geralmente esse padrão está associado a edifícios residenciais de esquina. Pode ser uma solução com muito consumo de área de circulação;
- circulação vertical por blocos: é o único tipo que está totalmente associado à circulação vertical. É muito usada em edifícios residenciais. Geralmente restringe-se a um *hall* de entrada para dois apartamentos, com o recinto para o elevador, consumindo pouca área para circulação horizontal.

Origens da verticalização em São Paulo

Figura 18
Saguão.
Fonte: AD (2001).

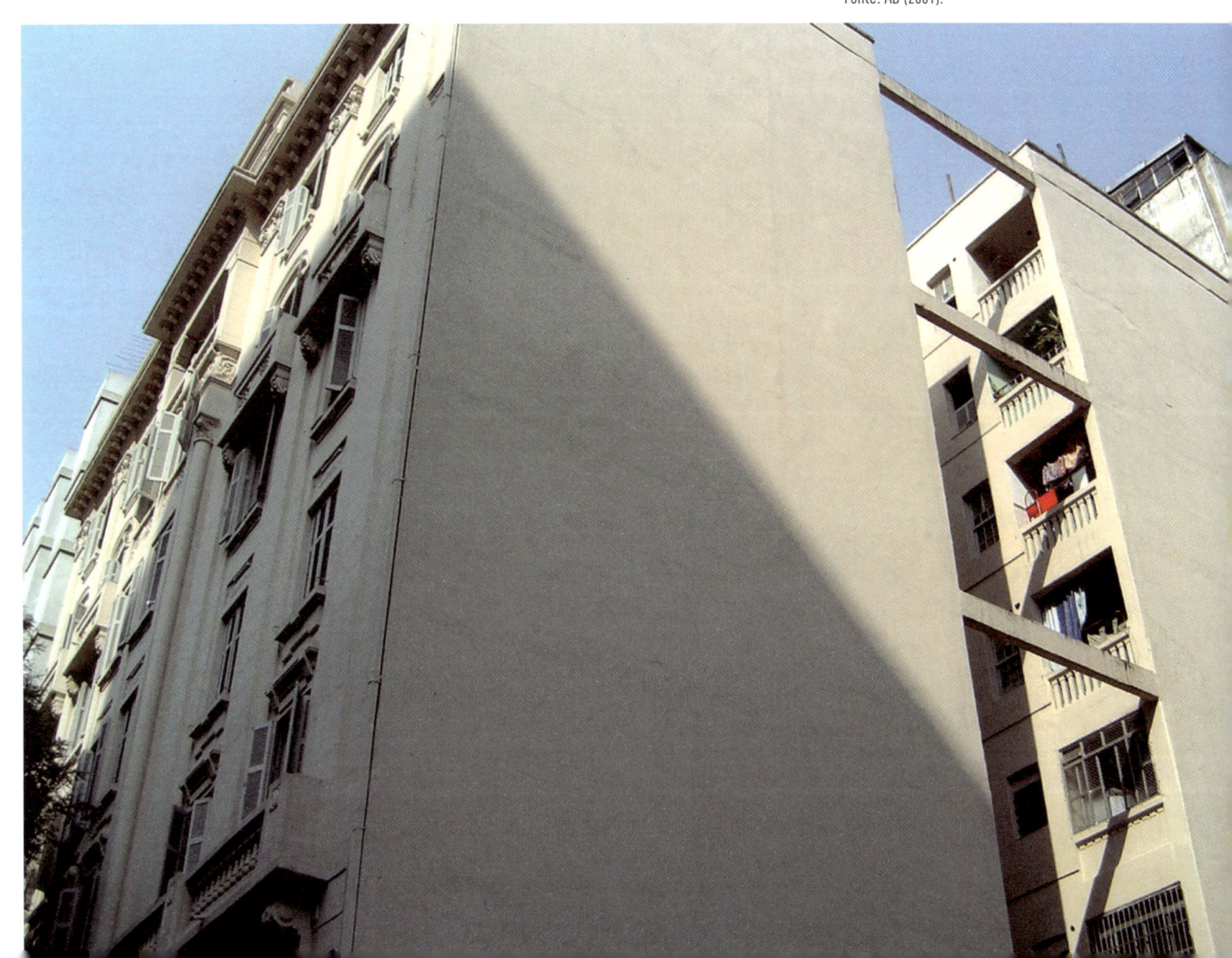

Iluminação e ventilação

No período analisado, o Código Arthur Saboya (1929) é o instrumento legal que trata de questões de iluminação e ventilação. Com o objetivo de criar condições de salubridade para todas as edificações, define condições específicas para iluminação e ventilação. Para os edifícios na zona central, é criada a figura dos saguões, interno e lateral, como alternativa de iluminação natural no corpo dos prédios. Tal saguão é função da altura da edificação e da orientação em que está implantada. Como consequência, essa alternativa para iluminação/ventilação passa a ser amplamente usada para as edificações de todos os usos, introduzindo um novo elemento para a configuração tipológica. Outra solução muito encontrada é aquela do tipo frente/fundos, utilizando o recuo como área para iluminação/ventilação. A orientação da implantação também define uma série de parâmetros para o tamanho das aberturas, as maiores voltadas para o norte e, consequentemente, as menores para o sul.

No nosso contexto, analisam-se três alternativas de iluminação/ventilação:

- saguão ou poço de iluminação – encontrada em prédios em forma de T ou H, está presente na maioria dos edifícios comerciais. Na transformação para uso residencial, exige a abertura de dutos horizontais, para permitir a ventilação de ambientes de permanência transitória – cozinhas e banheiros;
- pátio central – trata-se de edifícios organizados em torno de uma área central de iluminação/ventilação. Frequente em hotéis e edifícios comerciais, na transformação de uso também exige, para a viabilização das unidades, a abertura de dutos horizontais;
- frente-fundos – é uma alternativa bastante utilizada em edificações residenciais. Utiliza a rua e o recuo de fundos para iluminação.

Vimos neste capítulo que, na área central de São Paulo, nos primeiros cinquenta anos, a produção vertical está concentrada na construção de edifícios de uso não residencial para o mercado de aluguel. Até 1945, nos distritos Sé e República, a produção engloba aproximadamente 10% do total de área construída, distribuídos em aproximadamente 424 edifícios, perfazendo 1.126.000 m². Embora a superfície construída seja pouco significativa – ao ser comparada àquela produzida em anos recentes na cidade[14] –, ela aglutina um elenco de edifícios muito representativos da história da arquitetura local, com programas diferenciados e executados nos moldes da vanguarda estética e técnica da época.

Também se observa que, para o surgimento desse novo circuito de investimentos ligado à produção imobiliária, foram determinantes a consolidação e a expansão do mercado fundiário, a difusão do uso de mão de obra assalariada e a existência de capitais nacionais e estrangeiros (ligados ao complexo cafeeiro e ao surto de industrialização). Assim, a verticalização proporciona uma oportunidade de expansão capitalista e, nessa expansão, o capital auferido no mercado agrícola e industrial migra para a produção imobiliária, procurando não apenas a expansão de seus lucros, mas também notoriedade, *status* e uma nova imagem associada à modernidade.

O investimento edilício preferido é o arranha-céu, símbolo do poderio capitalista, construído com o mais novo material conhecido, o cimento armado, e criado por profissionais recém-surgidos na sociedade moderna, os engenheiros civis e os engenheiros-arquitetos. Tudo isso, somado à necessidade de organizar o aglomerado urbano, fez de São Paulo o cenário perfeito para a experimentação e para o exercício profissional criativo e audaz.

A verticalização, consolidando a engenharia nacional e a produção de arranha-céus, está associada, também, a um conjunto de atividades empresariais da época, concentradas em três mercados interligados: o imobiliário, o de materiais de construção e o de construção de edificações. E na fundação de instituições, como a Escola Politécnica, em 1893, com seu famoso Gabinete de Resistência dos Materiais.

Outra característica da fase é o investimento em projetos de autoria dos principais engenheiros paulistas e estrangeiros. Ainda não regulado pela legislação, o coeficiente de aproveitamento atinge índices elevados, superiores a dez vezes a área do terreno, apresentando, na maioria dos edifícios:

---

[14] Segundo dados da Embraesp, foram produzidos, na cidade de São Paulo, no período de outubro de 2006 a setembro de 2009, aproximadamente 18 milhões de metros quadrados.

- estrutura de concreto com fundações rasas ou estacas;
- malha estrutural do tipo 3 m × 4 m, resistente a poucas deformações;
- elevadores importados.

Com relação ao programa arquitetônico, a configuração dos edifícios verticais, no início, assemelha-se à dos sobrados existentes na cidade, com espaço comercial no térreo e uma profusão de pequenos espaços articulados em torno de um corredor nos diferentes andares. A partir da década de 1930, os programas arquitetônicos sofisticam-se, assumindo tendências modernistas, com projetos apresentando soluções específicas para tal agenciamento espacial, com destaque para o edifício construído, com projeto de Álvaro Vital Brazil, para os proprietários da Usina Esther.

Na década de 1930, aumenta o espectro de promotores da verticalização: às famílias tradicionais somam-se companhias de seguros, bancos, institutos de pensão e a Igreja.

Na década de 1940, há mudanças no padrão estético dos edifícios verticais – vãos aumentados e fachadas mais envidraçadas – resultantes de inovações no cálculo do concreto. E uma significativa produção de edifícios residenciais produzidos pelos institutos de previdência.

Por fim, verifica-se que as características de produção e consumo dos edifícios verticalizados do período analisado, associadas às significativas transformações na organização do espaço do setor terciário, definem, hoje, um conjunto de imóveis que apresenta o maior grau de obsolescência, constituindo produtos de difícil comercialização, sendo desafios para a consolidação de uma política de reabilitação da área central em São Paulo. A formulação de uma política habitacional pautada na produção de unidades habitacionais por meio da reconversão de uso em edifícios verticais pode beneficiar-se, e muito, com um amplo conhecimento de base do objeto de intervenção. A análise das características construtivas nos permite inferir que existem algumas variáveis determinantes do sucesso em uma intervenção de tal tipo, apresentadas no capítulo a seguir.

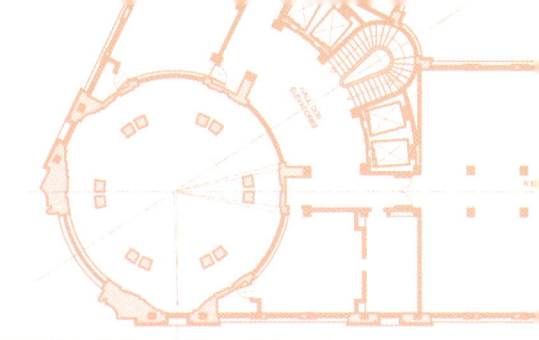

Reciclagem e verticalização

A ELABORAÇÃO DE UMA política de produção habitacional pautada na reforma de edificações verticais exige um entendimento sistêmico do estoque construído, mediante o qual, a partir da identificação de alguns elementos determinantes da edificação, possam ser tomadas decisões relativas à sua adequação ao novo programa espacial. Diante da constatação dessa necessidade, este capítulo tem duplo objetivo. Em um primeiro momento, pretende verificar a eficiência das políticas de reabilitação de edifícios verticalizados empreendidas na cidade de São Paulo como processo de produção de habitação. Para isso, formula um elenco de indicadores arquitetônicos, de custo e de critérios de projeto capazes de aferir as possibilidades de reforma e adequação ao objeto de intervenção. Em um segundo momento, pretende arrolar tecnologias de reforma a partir da análise da experiência internacional.

Como prática urbanística ainda incipiente, a reforma de edificações verticais tem apresentado soluções arquitetônicas variadas, por meio da utilização de técnicas pouco específicas para o objeto de intervenção. A reabilitação de edifícios na área central da cidade de São Paulo tem perpetuado formas de intervenção consagradas para construções novas, sem levar em consideração a especificidade desses prédios especialmente nos aspectos estruturais, de instalações, vedações, aberturas e formas de circulação, o que resulta em custo elevado e pouca qualidade espacial. Demonstrar esse fato é a hipótese central desta pesquisa.

Por outro lado, acreditamos que a reforma de edifícios exige a formulação de um conhecimento específico para essa finalidade, utilizando tecnologia adequada a uma obra em que metade dos componentes deve ser recuperada e em que não há espaço para cimento, água, cal e areia. Nesse contexto, acreditamos ser necessária a formulação de uma política tecnológica para a criação de novos componentes, materiais e equipamentos. A experiência internacional mostra uma grande adaptação da indústria da construção a essas novas demandas. Países como Holanda e Inglaterra, onde aproximadamente 70% da produção imobiliária está pautada na reabilitação de edifícios para habitação, apresentam soluções menos invasivas e mais adequadas para os nossos problemas.

Assim, pelas características da intervenção, a reforma seria uma intervenção restrita à criação de espaços de suporte de futuras habitações, deixando para uma segunda fase a decisão sobre o espaço a ser produzido. Segundo Kendhall,[1] no site *Open Building*, tratar-se-ia da produção de caixas de suporte providas de zonas de serviço do tipo *plug-and-use*. Esse entendimento da habitação exige uma segmentação da indústria da construção civil, que, deixando para a ala tradicional o mercado de produção de suportes, criaria um novo setor devotado aos denominados sistemas de recheio ou *infill-systems*. Produzidos industrialmente, esses sistemas são comprados por catálogo e abrangem basicamente divisórias desmontáveis, além de sistemas elétricos e hidráulicos na forma de *kits* de fácil acesso e reparo.

O principal objetivo deste capítulo é entender a viabilidade dessa ideia, analisando a experiência internacional. Para isso, é utilizado como marco de referência teórico o conceito de *Open Building* e o método *support-infill* desenvolvidos por Habrakem (1979) e sistematizados por Kendall & Teicher (2000). Tem como objetivos secundários identificar métodos de construção civil adequados ao processo de reforma,

---

[1] Para mais informações sobre *Open Building*, ver site www.openbuilding.com.

compreendendo as novas necessidades espaciais deste século.

São Paulo: formas de reciclagem de edifícios verticais

Na cidade de São Paulo, a reciclagem de edifícios verticais é um processo recente. Se consideradas as primeiras experiências (iniciadas em 2000), promovidas com financiamento da Caixa Econômica Federal, constata-se um universo de doze empreendimentos, com produção de aproximadamente 1.200 unidades habitacionais. Nos trabalhos de Devecchi (2001; 2002) e Bonfim & Witold (2006), foram listados os empreendimentos, conforme consta no Quadro 1.

Dentro do plano de reabilitação da região central, que inclui seu resgate histórico e arquitetônico, destaca-se o trabalho realizado pela Prefeitura de São Paulo com o Programa Morar no Centro – cujo objetivo é promover o repovoamento da área central da cidade

Quadro 1
Empreendimentos de reabilitação viabilizados na cidade de São Paulo.

Ano da conversão	Empreendimento	Tipologia	Uso original
2000	Edifício Fernão Salles	Esquina esquerda	Residencial
2001	Edifício Riskallah Jorge	Esquina total	Comercial
2001	Edifício Maria Paula	Meio poço central	Residencial
2001	Edifício Labor	Meio H	Comercial
2001	Edifício Olga Benário	H	Comercial
2001	Edifício Celso Garcia	H	Comercial
2002	Edifício Joaquim Carlos	H	Residencial
2003	Edifício Ana Cintra	Esquina esquerda	Residencial
2005	Hotel São Paulo	Poço central	Hotel
2008	Edifício Asdrúbal	Meio poço central	Comercial
2008	Edifício Senador Feijó	H	Hotel
2008	Palacete Riachuelo	Esquina total	Comercial

Fontes: Bonfim & Witold (2006); Devecchi (2001 e 2002).

por meio da reforma e reciclagem, de prédios ociosos, para moradia –, que é desenvolvido, desde 2001, pela Secretaria da Habitação e Desenvolvimento Urbano (Sehab) e pela Companhia Metropolitana de Habitação de São Paulo (Cohab-SP). É a primeira vez que a cidade tem um programa de reabilitação do centro da cidade com foco em moradia.

Em 2001, para viabilizar esse programa, foi criado o Grupo Técnico de Avaliação de Imóveis (GTAI), tendo por objetivo: 1. definir uma metodologia de análise das oportunidades imobiliárias, analisando a viabilidade de reciclagem das edificações verticais; e 2. elaborar estudos de viabilidade, considerando a principal linha de financiamento disponível para esse tipo de empreendimento, o programa de arrendamento residencial (PAR) da Caixa Econômica Federal.

Os estudos para isso visam à viabilização de reformas feitas com esse financiamento, por meio da articulação entre os diversos atores interessados no empreendimento – proprietários, construtoras, demandantes, Caixa Econômica Federal e órgãos de aprovação. Tal tipo de empreendimento é apelidado de PAR-privado, sendo o financiamento da obra feito direto com a construtora. O imóvel resultante é comprado pela Caixa Econômica Federal e arrendando para os moradores por 180 meses, por 0,7% do valor do apartamento. Ao final desse período, o morador tem a opção de compra pelo valor residual (GTAI, 2004).

Segundo dados do GTAI (Procentro, 2004), consolidados no Relatório de Gestão do Procentro para o período 2001 e 2004, esse grupo recebeu a indicação de quatrocentos imóveis. Considerando alguns critérios iniciais de avaliação, somente 54 imóveis foram (são) considerados adequados para o programa.

Reciclagem e verticalização

Figura 1
Mapa de Localização dos imóveis GTAI adequados ao Programa Morar no Centro.
Fonte: Procentro (2004).

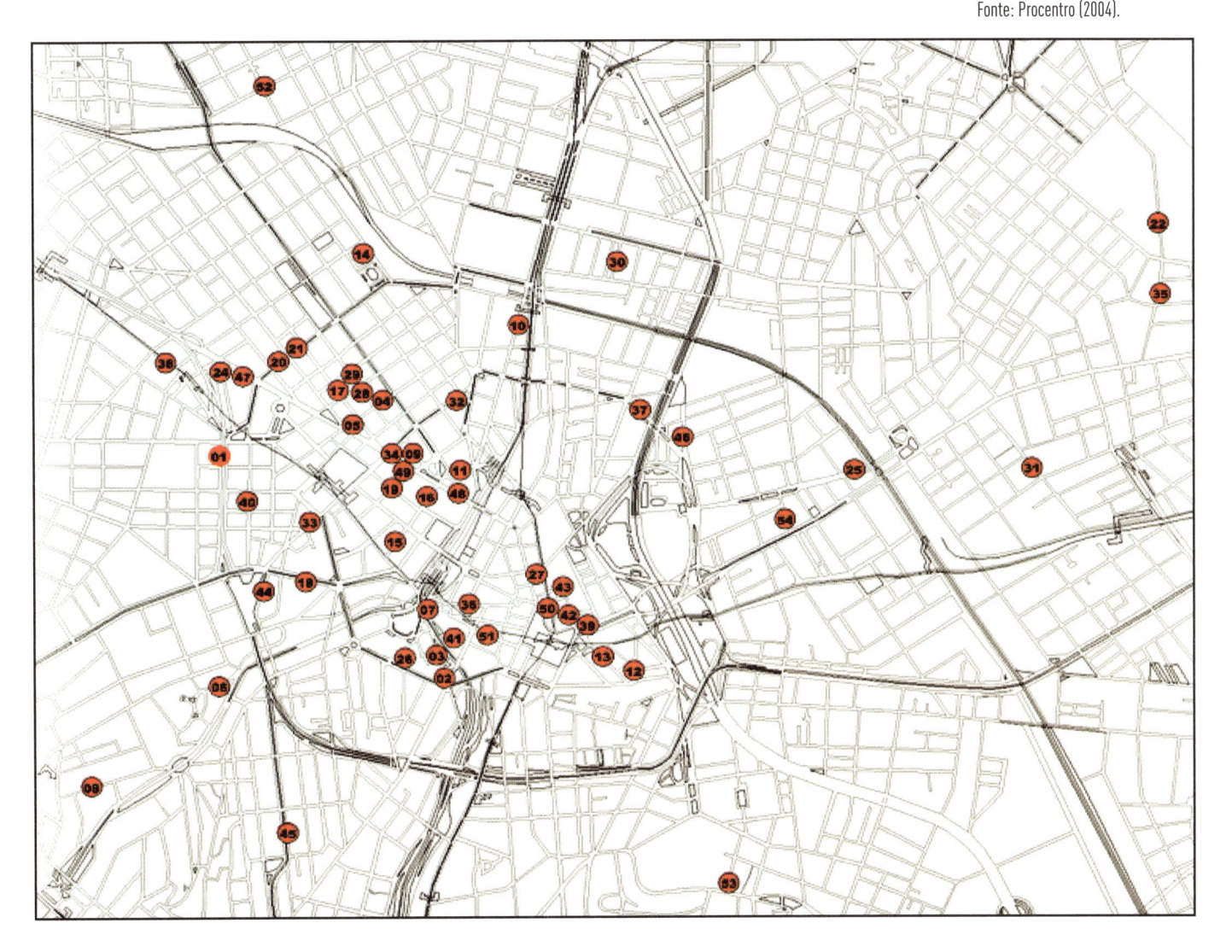

Tabela 1
Imóveis viabilizados (GTAI).

Uso	Edifícios	UHs	m²
Comercial	25	1.441	57.724
Hotel	10	446	18.144
Residencial	19	1.007	48.157
Total	54	2.869	124.025

Fonte: Procentro, 2004.

Esses edifícios selecionados como adequados têm as seguintes características:

- encontram-se vazios ou estão à venda;
- a matrícula do edifício não está desmembrada;
- a construção reúne certas características morfológicas, permitindo, depois da conversão de uso, condições de iluminação e ventilação adequadas.

Na Tabela 1, os imóveis analisados estão distribuídos por uso, e indicados o número de unidades viabilizadas e as áreas. Verifica-se uma predominância de imóveis comerciais, representando aproximadamente 50% do universo. A oferta de hotéis – um dos usos mais adequados para a conversão habitacional – tem menor incidência, principalmente pela possibilidade de adequação rápida do imóvel ao mercado existente.

De maneira geral, o valor de oferta do imóvel acaba representando 50% do investimento total. Verificam-se pequenas variações em relação ao custo total do empreendimento, não havendo economias significativas determinadas pelo uso original da edificação (ver Tabela 2).

Os estudos seguem as seguintes diretrizes:

- respeito à configuração original do edifício;

Tabela 2
Custos de aquisição e reforma (GTAI).

Uso	Aquisição	Reforma
Comercial	49,17%	50,83%
Hotel	47,41%	52,59%
Residencial	49,05%	50,95%

Fonte: Procentro, 2004.

- redução da quantidade de demolição e da construção de novas paredes;
- recuperação de materiais e esquadrias existentes;
- troca de todas as instalações (elétrica, hidráulica, gás) e substituição por instalações aparentes (favorecendo assim sua manutenção).

O baixo índice de aceitação – 54 empreendimentos viabilizados, em um universo de análise constando de 400 edifícios – ratifica a importância do uso de uma metodologia adequada para a seleção de imóveis, instrumento que facilitaria o processo de seleção para escolha de edifícios a serem reformados no Programa Morar no Centro, imprimindo eficiência à seleção.

Nos empreendimentos arrolados, para documentar o método utilizado na seleção das edificações mais adequadas para reciclagem, foram considerados aqueles viabilizados e os não viabilizados, correspondendo a 10% do número de edificações inicialmente indicadas no âmbito do GTAI.

Recuperaram-se todas as variáveis analisadas, considerando métodos tradicionais de construção. Analisaram-se, por exemplo, a metragem linear de paredes de alvenaria, sua sobrecarga e sobreposição.

Essas edificações são classificadas segundo tipologias de intervenção, identificando similaridades e diferenças.

Quadro 2
Empreendimentos de reabilitação não viabilizados.

Uso original	Tipologia	Endereço
Comercial	H	rua Martinico Prado, 177
Comercial	Meio H	rua Asdrúbal do Nascimento, 282
Comercial	Meio poço	avenida Ipiranga, 1298
Comercial	Meio poço	praça da Bandeira, 33
Comercial	Meio poço central	rua Conselheiro Crispiniano, 125
Comercial	Meio poço central	rua Conselheiro Crispiniano, 379
Comercial	Planta livre	avenida Prestes Maia, 875
Comercial	Planta livre	rua Asdrúbal de Nascimento, 268
Hotel	Esquina direita	rua Aurora, 579
Hotel	Esquina direita	rua Conselheiro Nébias, 314
Hotel	Esquina direita	rua Duque de Caxias, 525
Hotel	Esquina total	avenida São João, 1523
Hotel	Meio H	alameda Barão de Piracicaba, 809
Hotel	Meio H	rua General Couto de Magalhães, 385
Hotel	Poço central	rua do Gasômetro, 797
Residencial	Poço central	avenida São João, 613
Residencial	Poço central	rua Mercúrio, 567
Residencial	Poço central	rua Roberto Simonsen, 13
Residencial	Poço central	rua Santa Rosa, 171

Fonte: Procentro (2004).

Intervenção em edifício de hotel, planta em H

Por apresentar duas fachadas, este tipo de planta facilita a reconversão de uso, pois isso capacita equalizar a iluminação e ventilação de todas as unidades propostas.

Além disso, há poços internos de iluminação, que podem funcionar como *shaft* para receber as novas instalações. A solução facilita a distribuição de água e esgoto, por rebaixamento do forro ou elevação do piso, evitando a perfuração de lajes. A viabilidade dessa solução depende de haver pé-direito de, no mínimo, 3,2 m.

Na região, essa tipologia é viabilizada pelo remembramento dos lotes originais, que abrigavam sobrados com armazém no andar inferior, ou casas com porão alto. Os lotes dos sobrados apresentam dimensão de 8 m × 20 m ou 8 m × 30 m. Já os das casas podem ter 6,5 m × 20 m; 6,5 m × 30 m; ou 6,5 m × 50 m. De maneira geral, as plantas dessa tipologia apresentam as seguintes dimensões:

- planta de 8 m × 30 m, como no exemplo da rua General Couto de Magalhães. Permite alocar dois apartamentos por testada. A planta tipo apresenta aproximadamente 200 m²;
- planta de 16 m × 30 m, como no exemplo da rua Senador Feijó, permitindo alocar quatro apartamentos por testada;
- plantas de 13 m × 50 m; e 19,5 m × 50 m.

SENADOR FEIJÓ, 126

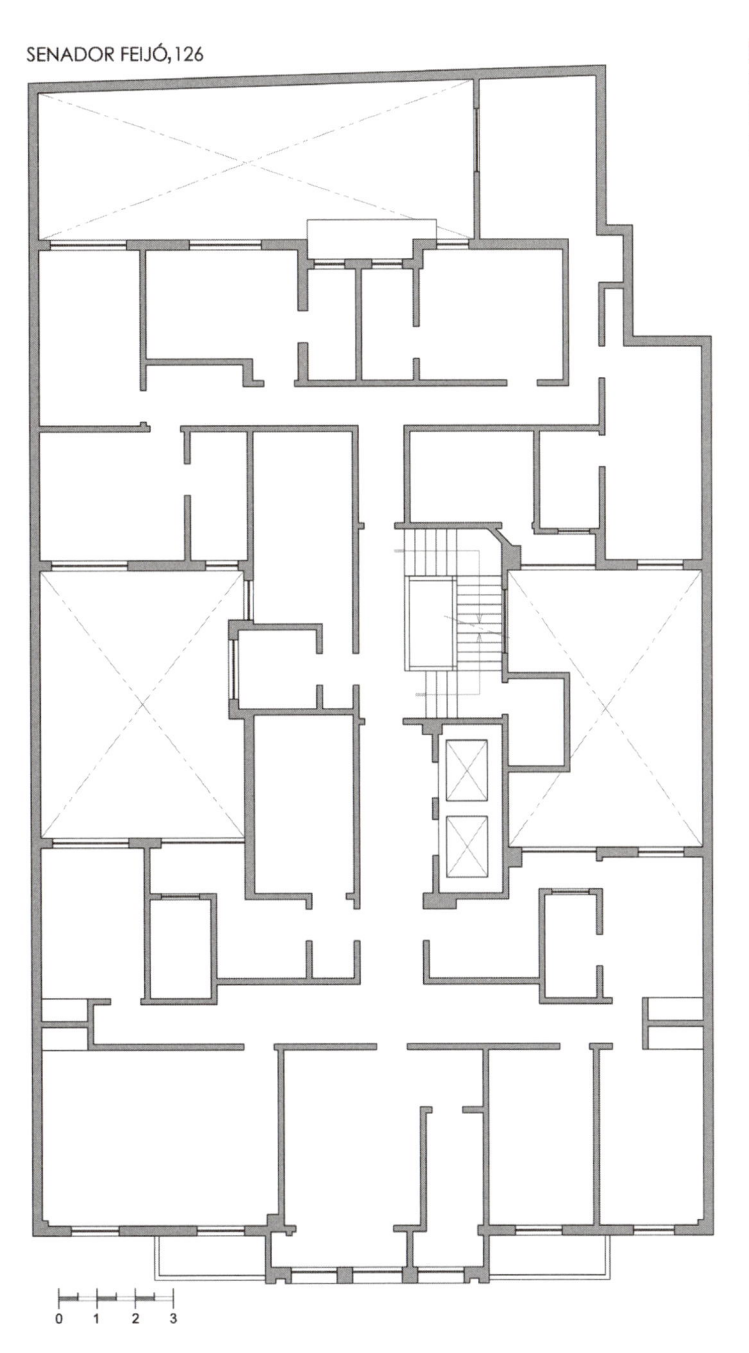

Figura 2
Empreendimento da rua Senador Feijó, 126.
Fonte: AD.

Intervenção no Hotel São João, edificado nos anos 1930, de esquina[2]

As plantas dos edifícios de hotel do começo de século consistem, em geral, de uma sequência de pequenos quartos, com uma única instalação hidráulica por andar. Tal configuração dificulta a reconversão de uso, exigindo identificação de locais, fora do perímetro das lajes, para a instalação de *shafts* que possam conduzir as novas instalações hidráulicas. Em contrapartida, nessa época as exigências de pé-direito são mais estritas e certamente se encontram alturas superiores a 3,5 m, facilitando distribuir as instalações em pisos elevados ou lajes rebaixadas. Além disso, a existência de duas fachadas facilita a equação da iluminação e ventilação.

Em empreendimentos de esquina, geralmente ocorrem três tipologias: esquina direita, esquina esquerda e esquina total. Os empreendimentos em esquina total, como o da avenida São João, ocupam lotes irregulares de esquina, com dimensão variada. Os empreendimentos do tipo esquina direita ou esquerda (como o da rua Aurora, 579), estão implantados em lotes de 16 m × 30 m, ou seja, são fruto de um *remembramento* de dois lotes. A planta resultante permite organizar apartamentos com planta tipo corredor, tendo sala-quarto para a testada frontal e banheiro-cozinha para os fundos (ver Figura 4).

Hotel São Paulo: intervenção em edifício de hotel de luxo, em esquina, com pátio central

Os edifícios tipo hotel de luxo, construídos nas décadas de 1940 e 1950, caracterizam-se por apresentar quartos confortáveis com, no mínimo, 20 m² e com dependências de serviço, como banheiro privado e toucador. Tal uso facilita a reconversão de uso, porque exige poucas alterações de planta. A disposição interna dos elevadores, localizados em torno de um pátio central, consome área excessiva, transformando-se em ônus para a viabilização de unidades habitacionais de interesse social. Mas não é recomendável alterar o *layout* interno, com prejuízo de se perder a eficiência no consumo do espaço.

---

[2] Hotel situado na avenida São João, 1576

Figura 3
Hotel São João.
Fonte: AD.

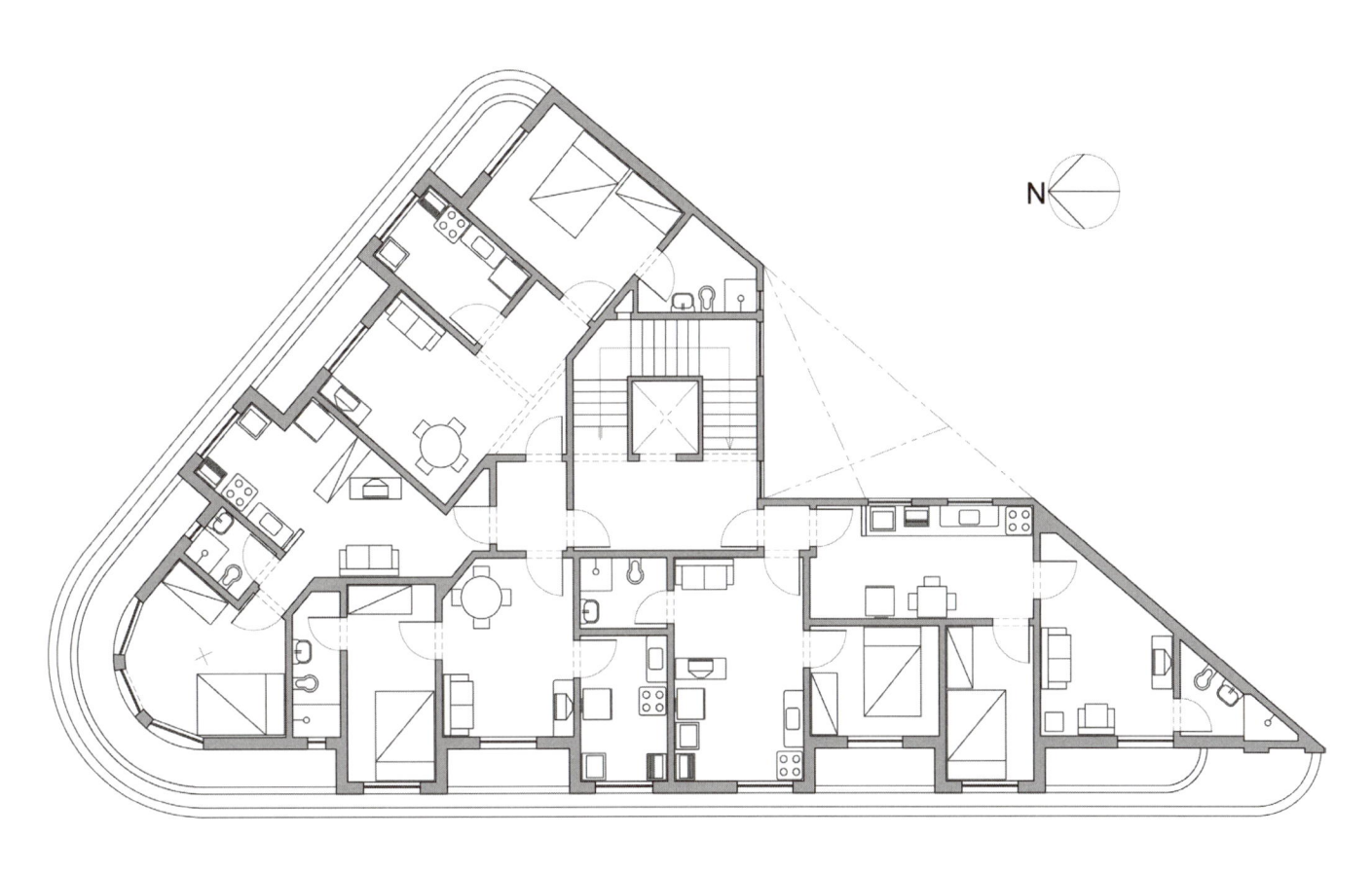

Figura 4
Empreendimento tipo esquina direita: planta original.
Localização: rua Aurora, 579.
Fonte: Procentro (2004). Planta redesenhada por AD.

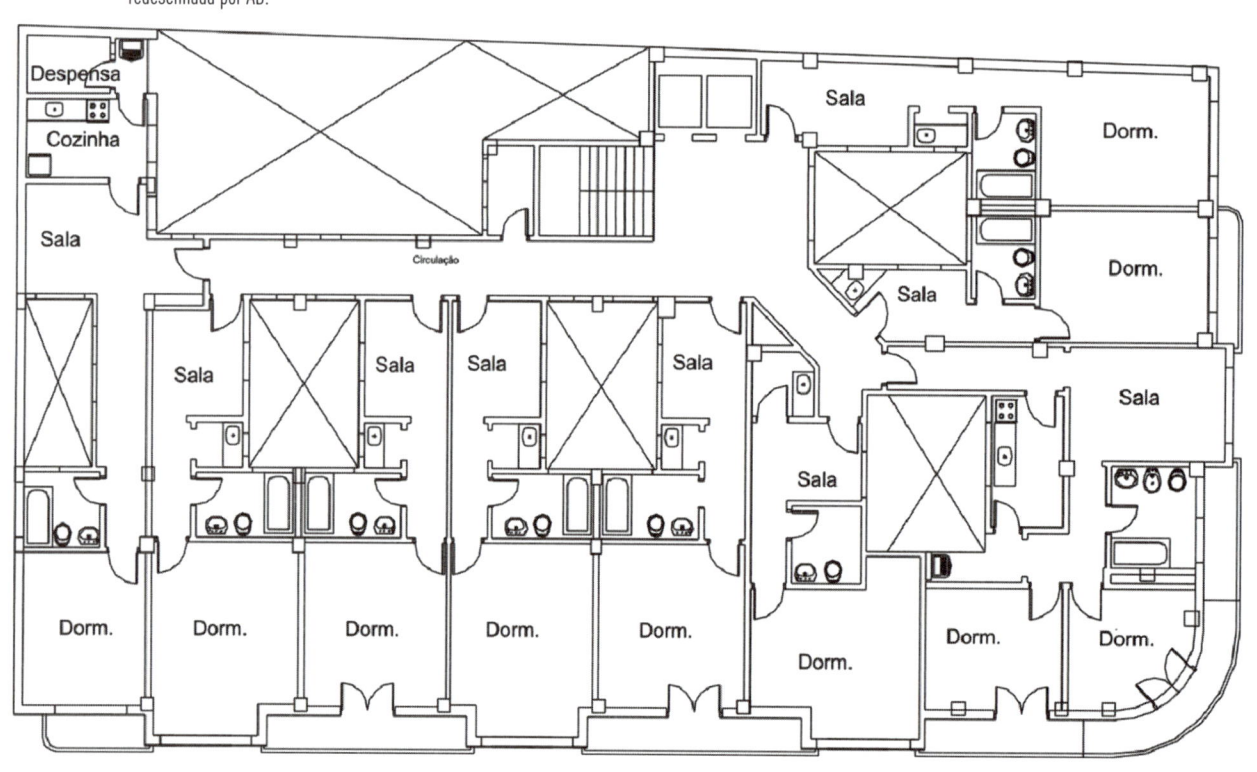

HOTEL SÃO PAULO
PLANTA DO ANDAR TIPO

RUA S. FRANCISCO

LARGO DA MEMÓRIA

ÁREA

LARGO DO RIACHUELO

Figura 5
Planta original do
Hotel São Paulo.
Fonte: Procentro (2004).
Planta redesenhada por AD.

Edifício da rua Riachuelo: intervenção em edifício comercial de esquina[3]

Os edifícios de escritórios construídos na década de 1940 caracterizam-se por apresentar uma grande fragmentação do espaço do andar tipo, sob forma de salas, com um único local destinado a banheiros. Os pés-direitos são inferiores a 3 metros, devido às possibilidades apresentadas pela legislação da época. Essas duas características dificultam a obra de reconversão para o uso residencial, por dificultar a criação de prumadas hidráulicas, que devem ser viabilizadas para a instalação de banheiros e cozinhas. A solução possível para os *shafts* é localizá-los na fachada posterior e distribuir as instalações no corredor central, onde o pé-direito pode ser de 2,30 metros. A partir do rebaixamento do forro, os banheiros e as cozinhas, para facilitar suas conexões, devem estar localizados contíguos ao corredor.

Edifício Labor: intervenção em edifício comercial em H[4]

Esta configuração de planta caracteriza-se por apresentar dois grandes salões – um na frente e outro nos fundos – com sanitários junto à circulação vertical. A iluminação e ventilação estão organizadas na testada frontal, na fachada posterior e no poço de iluminação central. A distribuição da planta – dois blocos, unidos pela prumada de circulação vertical – facilita a readequação para uso residencial. Considerando a necessidade de criar subdivisões internas, deve-se tomar cuidado com o aumento de sobrecarga. Nesses casos, a utilização de vedações leves, como *dry wall* ou concreto celular, é mais adequada. A necessidade de aumento de prumadas hidráulicas exige que sejam criados *shafts,* que podem correr no poço de ventilação interno, sendo depois distribuídos pelo forro rebaixado até alcançar as unidades hidráulicas. O lote onde o edifício está implantado é resultado do remembramento de dois lotes de 6,5 m × 50 m, dando vez à planta com testada de 13 metros.

---

[3] Situado na rua Riachuelo, 275.

[4] Edifício situado na rua Brigadeiro Tobias, 290. Sua tipologia é a mesma que a do edifício situado na rua Asdrúbal do Nascimento, 282.

Reciclagem e verticalização

Figura 6
Edifício Labor.
Fonte: Integra Assessoria Técnica.

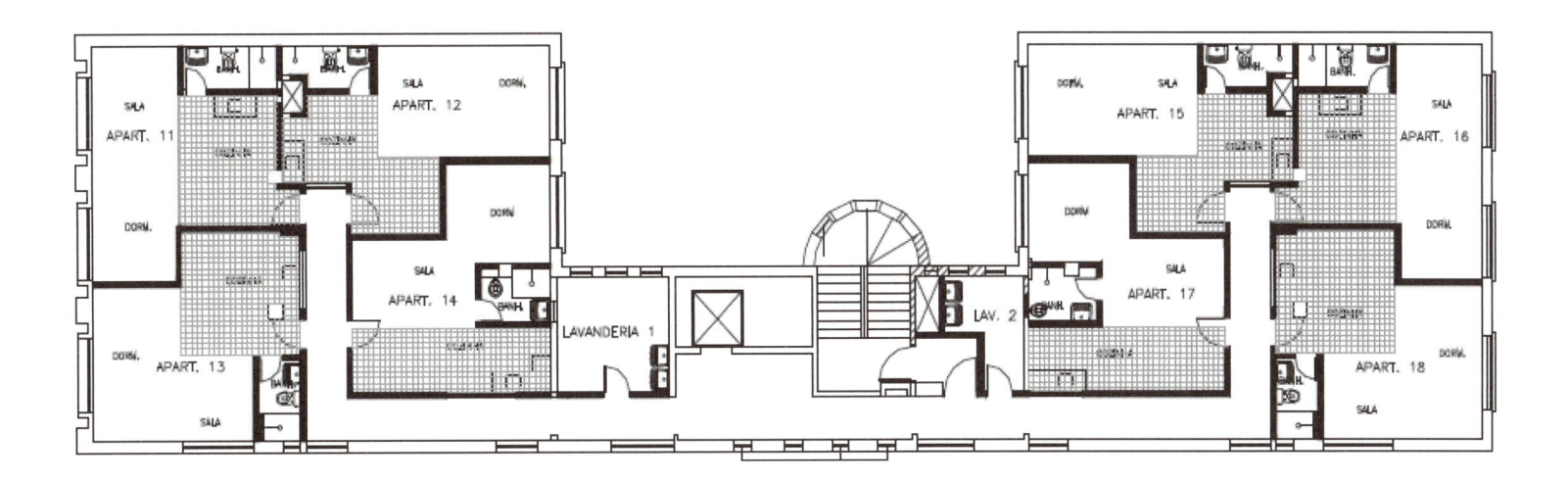

Edifício da rua Prestes Maia: intervenção em prédio comercial com planta livre[5]

Intervenções realizadas em plantas livres – edifícios de escritórios sem divisão interna – provaram ser significativamente caras. Os extensos planos de laje não favorecem a subdivisão em ambientes (criação de paredes internas), pois há necessidade de iluminação para todos os cômodos, exigindo a abertura de poços de ventilação. Vale lembrar que essa tipologia, em princípio, é a de maior valor no mercado imobiliário (Gtai, 2004).

Edifício da rua Fernão Salles: intervenção em edifício residencial de esquina, com vários apartamentos por andar[6]

Juntamente com o edifício de hotel de luxo, esse tipo de uso é um dos mais adequados para viabilizar uma reconversão. Sem necessidade de demolições e novas construções, a intervenção pode restringir-se a uma simples reforma de instalações, sem mudanças no *layout*. Caso haja necessidade de algum tipo de remanejamento dos ambientes, sugere-se não alterar a posição de banheiros e cozinhas.

Edifício da rua Maria Paula:[7] intervenção em edifício residencial com um apartamento por andar, meio poço central

Os edifícios residenciais das décadas de 1930 e 1940 apresentam uma única instalação hidráulica para cada apartamento, equacionando o único banheiro, a cozinha e eventualmente uma pequena área de serviço. Esse tipo de agenciamento do apartamento residencial aumenta as dificuldades de reconversão, especialmente quando se trata de edifício com um apartamento por andar, exigindo a criação de novas prumadas hidráulicas com eventuais cortes de laje. Além disso, a existência de uma única fachada exige que todas as unidades a serem criadas tenham testada para a mesma fachada, equacionando a iluminação e ventilação do corpo principal dos apartamentos.

---

[5] Localizado na avenida Prestes Maia, 875.
[6] Localizado na rua Fernão Salles, 24.
[7] Localizado na rua Maria Paula, 171.

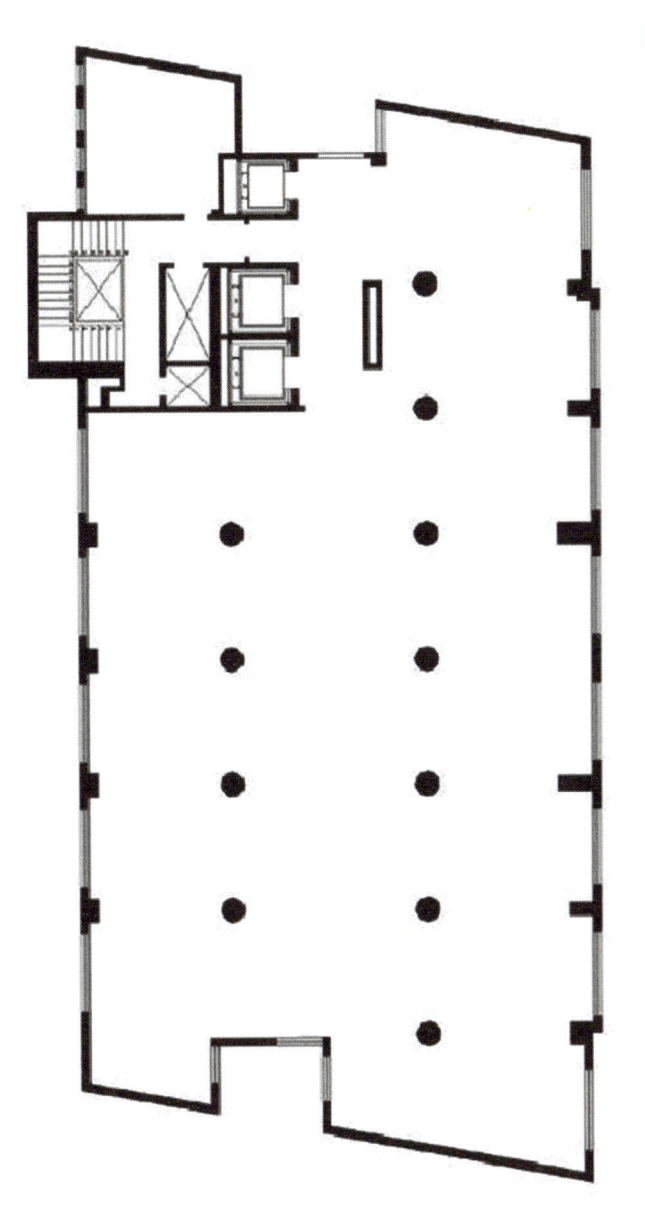

Figura 7
Edifício situado na avenida Prestes Maia, 875.
Fonte: Procentro (2004).
Planta redesenhada por AD.

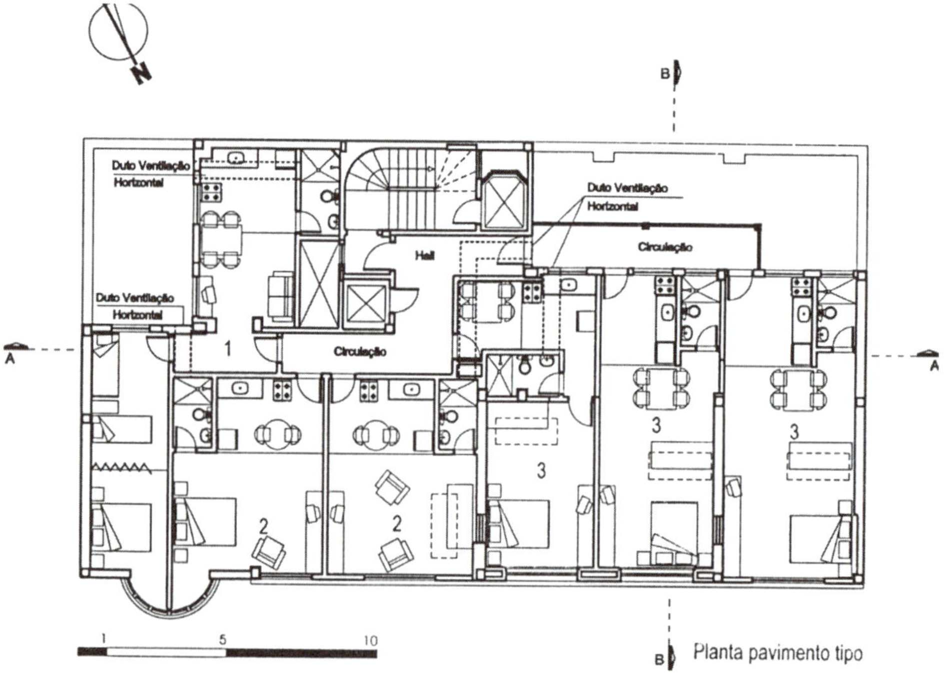

Figura 8
Edifício Maria Paula
Fonte: AD (2002).

Planta pavimento tipo

Método de diagnóstico rápido: proposta

O baixo índice de aceitação – 54 empreendimentos viabilizados sobre um universo de quatrocentos edifícios analisados – ratifica a importância do uso de uma metodologia de diagnóstico rápido adequada para a seleção de imóveis. Considerando as variáveis examinadas, é formulada uma análise que organiza 35 variáveis relativas às seguintes questões determinantes do empreendimento reforma:

- tipo e estado da construção;
- complexidade da intervenção;
- qualidade do produto arquitetônico;
- custos.

Como mostram os Quadros 3a e 3b, essas variáveis são organizadas matricialmente, atribuindo-lhes pontuações determinadas pela aproximação a um cenário definido como ideal, pautado pela menor necessidade de intervenções. A partir de uma visita técnica e do levantamento da planta tipo do edifício, é formulado um partido de intervenção com a identificação das unidades habitacionais, instalações e vedações.

As matrizes das páginas 164 e 165 exigem alguns esclarecimentos metodológicos. Para análise da variável tipo e estado da construção, consideramos os seguintes aspectos: uso da edificação, tipo de fundação e solidez da estrutura. O uso da edificação é uma variável determinante. Os edifícios residenciais são os mais adequados. Os edifícios com uso hoteleiro têm como característica principal a grande compartimentação de seu espaço e, às vezes, não apresentam instalações hidráulicas em todos os quartos. Os edifícios de uso comercial, das décadas de 1940 e 1950, caracterizam-se por uma grande compartimentação, com instalações sanitárias coletivas, apresentando geralmente altura de pé-direito inferior a 3 m.

Aferir a capacidade de suporte da edificação perante a nova sobrecarga é uma variável determinada pelo tipo de fundação. As fundações podem ser rasas ou profundas. As fundações rasas, sapatas corridas e isoladas, utilizadas amplamente até 1940, não apresentam cálculo prévio. Recomenda-se que o projeto proposto evite um aumento significativo da sobrecarga ou uma alteração da distribuição de cargas na estrutura. Podemos encontrar empreendimentos com fundações profundas nas construções posteriores a 1950.

Quadro 3a
Matriz sintética de análise.

Empreendi-mentos	Tipo e estado da construção					Complexidade da intervenção: estrutura											Complexidade da intervenção: instalações						
Endereço	Uso da edificação		Tipo de fundação		Solidez da estrutura	Total	Paredes a demolir		Paredes a construir		Sobrecarga de paredes		Sobrecarga reservação		Tamanho do vão tipo		Total	Pé-direito		*Shafts* (propostos/ possíveis)		*Shafts* (rasgos e fachada)		Total
	Tipo	Pont.	Tipo	Pont.			Quant.	Pont.	Quant.	Pont.	Quant.	Pont.	Quant.	Pont.	Dimensão	Pont.		Dimensão	Pont.	Razão	Pont.	Quant.	Pont.	
Al. Cleveland, 195	Res.	12	Prof.	24	sim	36	1,4%	8	2,8%	8	1,4%	12	1,8%	18	3m	6	52	3,00	7	0,8	2	4	9	18
R. Assumpção, 480	Res.	12	Rasa	4	sim	16	2,7%	8	3,4%	4	0,5%	12	1,8%	18	3,20m	6	48	3,20	12	0,4	4	4	6	22
Al., Cleveland, 181	Res.	12	Rasa	4	não	16	4,0%	4	3,0%	8	-0,9%	12	2,3%	3	3,5m	6	33	3,00	7	1,0	1	6	3	11
R. dos Perdizes, 53	Res.	12	Rasa	4	sim	16	4,5%	8	3,9%	4	1,5%	12	1,8%	18	3m	6	48	3,00	2	0,0	6	1	15	23
R. Senador Feijó, 126	Hotel	8	Rasa	4	sim	12	3,8%	4	2,7%	8	-1,1%	4	2,1%	3	4m	6	25	3,00	7	0,7	3	2	12	22
R. dos Perdizes, 29	Res.	12	Prof.	24	sim	36	4,1%	4	2,3%	8	-1,8%	4	2,0%	18	3,2m	6	40	3,00	2	0,7	3	6	3	8
R. do Boticário, 39	Com.	4	Rasa	4	sim	8	6,9%	1	4,6%	1	4,6%	8	1,7%	18	3,2m	6	34	3,15	7	1,1	1	6	3	11
R. Amaral Gurgel, 20	Res.	12	Rasa	4	sim	16	5,3%	1	8,8%	1	3,6%	4	3,3%	3	3,5m	6	23	3,20	12	0,3	5	4	6	23
Pç. Roosevelt, 112	Hotel	8	Prof.	24	sim	32	2,5%	8	3,4%	4	0,9%	12	1,9%	18	3m	6	48	3,00	7	0,5	4	2	12	23
R. das Carmelitas, 166	Com.	4	Rasa	4	sim	8	0,0%	12	13,0%	1	13,0%	0	2,2%	3	3m	6	22	3,00	7	0,4	4	1	15	26

Fonte: A. M. Devecchi, "Análise de custos qualitativa para os empreendimentos de reforma e adequação de edifícios à área central – Procentro" (2002).

Quadro 3b
Matriz sintética de análise.

Empreendimentos	Qualidade do produto arquitetônico					Custos					
Endereço	Elevadores		Circulação		Total	Valor de oferta área PH (R$/m²)	Custo de aquisição/ UH	Valor médio de reforma/ UH	Valor da UH	Nº de UH viabilizadas	Valor total do empreendimento
	Quant.	Pont.	Gasto	Pont.							
Al. Cleveland, 195	1	8	11,0%	12	20	569.106,00	18.970,20	9.701,42	28.671,62	30	860.148,60
R. Assumpção, 480	0	12	9,4%	12	24	480.000,00	15.483,87	9.073,78	24.557,65	31	761.287,15
Al. Cleveland, 181	0	12	12,0%	10	22	469.623,00	15.654,10	7.148,19	22.802,29	30	684.068,70
R. dos Perdizes, 53	1	6	15,5%	10	16	506.674,00	16.344,32	10.758,22	27.102,54	31	840.178,74
R. Senador Feijó, 126	2	6	8,4%	12	18	850.000,00	18.888,89	9.231,74	28.120,63	45	1.265.428,35
R. dos Perdizes, 29	2	6	21,6%	6	12	1.081.727,00	16.145,18	10.035,37	26.180,55	67	1.754.096,85
R. do Boticário, 39	2	8	10,0%	12	20	1.000.000,00	15.625,00	8.249,44	23.874,44	64	1.527.964,16
R. Amaral Gurgel, 20	0	12	11,4%	12	24	150.000,00	15.000,00	6.763,52	21.763,52	10	217.635,20
Pç. Roosevelt, 112	2	15	42,0%	2	17	1.800.000,00	21.686,74	9.105,39	30.792,13	83	2.555.746,79
R. das Carmelitas, 166	0	12	13,0%	10	22	184.147,00	15.345,58	7.714,64	23.060,22	12	276.722,64

Fonte: A. M. Devecchi, "Análise de custos qualitativa para os empreendimentos de reforma e adequação de edifícios à área central – Procentro" (2002).

A prática da época recomenda uma folga em seu cálculo de aproximadamente 7% da sobrecarga total calculada. A existência de cálculo permite um controle de projeto sobre qualquer acréscimo de sobrecarga, permitindo imaginar o futuro comportamento da edificação. Para as fundações rasas, recomendamos um acréscimo de sobrecarga de, no máximo, 0,5% do total. Para as fundações profundas, amparadas em cálculo estrutural, o acréscimo de sobrecarga pode girar em torno dos 7% (4% de paredes, 2% de reservação de água e 1% de lotação). Para confirmar os dados de solidez da construção, recomendamos uma vistoria com a leitura dos seguintes indicadores: trincas no encontro entre pilares e vigas, fissuras a 45° que denotem movimentação diferenciada entre os diversos pilares, rachaduras ou trincas nas lajes de piso e portas e janelas com impedimentos ao abrir e fechar.

A complexidade da intervenção é analisada considerando os aspectos estruturais relativos ao aumento da sobrecarga, assim como o partido utilizado para a inserção de novas instalações hidráulicas. Para viabilizar as novas instalações, é necessária a abertura de *shafts* de instalações, equacionados como rasgos nas lajes ou como dutos verticais correndo pelas fachadas ou pelos poços de iluminação. A distribuição das redes pode ser resolvida por meio de forro rebaixado ou pisos elevados. Pela dificuldade de conexão de muitas ligações em uma mesma prumada e de extensão de redes, há necessidade de que seja aberto ao menos um *shaft* a cada 60 m². O indicador de análise proposto mede a quantidade de *shafts* que podem ser abertos, relacionando-os com os necessários para se viabilizar o empreendimento.

A variável qualidade do produto arquitetônico considera a área do andar tipo, o número de unidades viabilizadas, o tamanho das unidades padrão, o gasto com áreas comuns. Também deve ser analisado o gasto com áreas de circulação, que deve ser inferior a 10% da área da unidade. Outra variável a estudar é o número de elevadores. Por último, verificamos o custo total da reforma, analisando o custo da unidade produzida e o valor do investimento para a compra do imóvel.

Esse método, formulado pela autora em 2002, foi aplicado em trabalhos de seleção de imóveis do Programa Morar no Centro, sendo utilizado durante aproximadamente um ano por um grupo de cinco arquitetos. Pressupõe a existência de um levantamento da planta tipo do edifício e o lançamento de um partido de reabilitação, com identificação das unidades habitacionais e o partido das instalações e vedações. Também envolve uma visita técnica ao local, para levantamento dos indicadores relativos ao estado estrutural. A partir da análise dessas questões, em menos de trinta minutos, pode-se identificar os edifícios mais adequados para tal tipo de intervenção.

Metodologias para a tomada de decisão: reformar, reciclar, adequar ou demolir

Após a Segunda Guerra Mundial, a Europa consolida um estoque maciço de moradias, construído com o objetivo de melhorar as condições de habitabilidade nas cidades. Tal ação, comandada pelo Estado, cria um patrimônio construído com necessidades crescentes de manutenção e reforma. Nesse contexto, nas últimas duas décadas, as ações de melhoria do *habitat* existente têm proliferado, com o objetivo principal de estancar um processo de degradação que conduziria à demolição e a uma reconstrução, frequentemente mais cara do que a melhoria.

Segundo Barrientos & Qualharini (2002; 2004), a partir dos anos 1980 as construtoras europeias passaram a ter interesse em reformas, buscando tecnologias adequadas às novas demandas, provocando uma disseminação dessa prática que hoje domina 50% do mercado europeu de construção civil. Juntamente com a criação de novos produtos específicos para tal finalidade, surge um novo setor de conhecimentos, focado na formulação de diagnósticos rápidos, tendo por objetivo avaliar a viabilidade da reciclagem. As intervenções desse tipo envolvem elevada especificidade, exigindo estudo da origem das causas de anomalias. Para tanto, existem algumas metodologias de diagnóstico e intervenção que auxiliam nesse processo, podendo citar-se, entre elas, EPIQR (*Energy, performance, indoor air quality and retrofit*), Mer Habitat (*méthode d'évaluation rapide*), Test Habitatge e Mattec.

Nos trabalhos de Barrientos & Qualharini (2003), verifica-se que esses diagnósticos são realizados por meio de uma investigação de docu-

Quadro 4
Métodos de diagnóstico rápido.

Método de diagnóstico rápido	Ano	Local (programa)
Merip	1992	Suíça
Test Habitatge	1992	Barcelona
Mer Habitat	1997	França
Mora	1997	Suíça
EPIQR	2002	Comunidade Europeia
Tobus	2006	Comunidade Europeia
Betc- Mattec	2006	Inglaterra

Fonte: Mer Habitat (2006).

mentos e plantas, além de uma avaliação *in situ*, que permite estabelecer o estado das estruturas existentes. Esse pré-diagnóstico possibilita ao profissional escolher entre as diversas possibilidades:

- derrubar e reconstruir: indicado quando elementos estruturais apresentam um grau de degradação tão acentuado que representam perigo ou falta de estabilidade ao edifício. Tal solução só deve ser adotada quando o *retrofit*[8] for inviável tanto técnica quanto economicamente;
- recuperar e realizar obras de caráter menor: indicado quando ainda há possibilidade de recuperar a edificação ou adaptá-la à nova utilização;
- acrescentar elementos de conforto: indicado em casos em que o estado de degradação do edifício não é um fator relevante à reconversão e o objetivo principal seja apenas melhorar suas condições de utilização. Este caso configura um *retrofit* superficial, que geralmente engloba obras de orçamento reduzido.

Diante das possibilidades de intervenção arroladas, as metodologias per-

---

[8] *Retrofit:* uso de tecnologias para melhorar o funcionamento da "casa", visando à diminuição dos efluentes e do consumo de água e energia.

mitem a análise do ciclo de vida útil do edifício, determinando seu estado e as ações necessárias para implantação de cada uma delas.

Os métodos Merip, Mer Habitat e Mora analisam o grau de deterioração de um imóvel a partir da avaliação de 246 variáveis organizadas por tipo de intervenção. É definido um manual de orientação que, em função dos diferentes componentes da edificação, permite a análise de nove tipos de intervenção. Para cada tipo de intervenção, o avaliador deve analisar o estado do componente. Os resultados são lançados em quadros, que resumem e organizam os resultados.

Nos últimos anos, ocorreu um aprimoramento desses métodos, e houve introdução de duas novas abordagens de avaliação da viabilidade da reabilitação – a *Energy Performance, Indoor Environmental Quality and Retrofit* (EPIQR), focada na análise da viabilidade de residências, e a *Tool for Office Building Upgrading Solutions* (Tobus), destinada a espaços de escritórios – que, somadas à análise da deterioração, completam o quadro. Em aproximadamente quatro horas, é possível definir o custo da obra de reabilitação, obtendo-se um balanço energético, bem como a definição de três cenários para a intervenção. Esses novos métodos propõem que se trabalhe com cinquenta variáveis, um número menor de elementos que os usados nos métodos da "geração" anterior.

Tendo em vista essas experiências internacionais, é possível confirmar quais as metodologias de diagnóstico rápido mais adequadas ao universo de trabalho proposto, considerando suas particularidades.

Tecnologias de reforma para a reciclagem de edifícios verticais

O termo mais genérico – usado para uma série de ações relativas ao processo de mudança e adequação de um edifício às novas necessidades presentes ao longo de seu ciclo de vida – é reformar. Basicamente, o processo de reforma pode envolver ações de duas naturezas:

- *reabilitação*, que é a recuperação das condições de uso inicialmente existentes. A reabilitação pode envolver também o uso de tecnologias para melhorar o funcionamento da "casa", visando à diminuição dos efluentes e do consumo de água e energia, o que leva o nome de *retrofit*. Caso a edificação seja considerada de valor patrimonial, tal processo pode ser mais específico e caracterizar-se como restauro, norteado pelas técnicas retrospectivas pautadas pelas cartas de patrimônio de Veneza, de Atenas e de Burra;

- *reciclagem* ou *reconversão*, que é a transformação de uso da edificação, com intervenções concentradas na provisão de infraestruturas adequadas para o novo uso. A reciclagem também pode envolver processos de *retrofit* e restauro.

Ana Pereira Roders (2006) define uma taxonomia sobre os tipos de intervenções possíveis sobre uma edificação, identificando intervenções negativas e positivas. São classificados sete tipos de intervenções:

- abandono: acarreta em não intervenção. Também pode apresentar componentes de vandalismo;
- preservação: trata-se de uma intervenção preventiva para manter o significado e o valor do edifício. Muitas vezes, essa ação é confundida com conservação. Porém, ela tem caráter preventivo, pois objetiva salvaguardar a memória. Essa ação é, frequentemente, iniciada por inventários;
- conservação: caracteriza a intervenção física para manter o significado e o valor do edifício. As cartas de patrimônio, como a de Atenas, Veneza e Burra, identificam métodos para proceder a essa intervenção;
- restauração: caracteriza a intervenção física para restaurar o significado e o valor do edifício. Restituição e reconstituição são os dois tipos de ação. As cartas de patrimônio, como as de Atenas, Veneza e Burra, identificam métodos para proceder a essa intervenção;
- reabilitação: trata-se da intervenção física no imóvel para permitir seu uso, seja o anterior ou um novo. Pode ser caracterizada como reúso ou conversão;
- reconstrução: caracteriza a intervenção que reproduz formalmente as condições do edifício original. Pode ser feita com a utilização ou não dos mesmos materiais empregados em sua construção;
- demolição: trata-se da intervenção que pode acabar com o ciclo

de vida de uma edificação. Pode ser implementada pelo desmonte com posterior utilização parcial de alguns elementos ou mediante descarte integral de todos eles.

Segundo David Highfield (2000), na Europa, nos últimos anos, percebe-se uma mudança de comportamento em relação à reforma ou à reabilitação. Hoje, ali, reformar significa poder obter uma habitação, pronta, em tempo e custo menores do que por meio de uma construção nova. Também o aumento da consciência ambiental coloca a reabilitação e reconversão de edifícios como uma das questões centrais da agenda ambiental urbana, havendo governos, como o inglês, exigindo que 60% das 4,4 milhões de novas edificações, a serem construídas até 2016, desenvolvam-se em áreas de remediação ou antigos edifícios. Tal medida, somada a incentivos fiscais, traz, sem dúvida, impulso e legitimidade internacional para a atividade (Urban Task Force, 1999).

No centro da cidade de São Paulo, nos distritos Sé e República, predominam edificações construídas até os anos 1960, significando que aproximadamente 45% do total de área construída tem mais de 50 anos. Segundo os dados do Cadastro Territorial e Predial de Conservação e Limpeza (TPCL) 2007, trata-se de um estoque construído de aproximadamente 4 milhões de metros quadrados que, para evitar obsolescência, necessita reformas e adequações às necessidades atuais.

O potencial para a reconversão habitacional dos edifícios da área central de São Paulo é significativo. Analisando exclusivamente a variável potencial construtivo, pode verificar-se que a maioria apresenta área construída superior a cinco vezes a área do terreno, transformando qualquer empreendimento de reforma ou reabilitação em um investimento muito produtivo, pois hoje a legislação vigente não permite exceder um coeficiente de aproveitamento superior a 4, o que significa poder produzir habitações com frações ideais de terreno inferiores a 40 m² por unidade, possibilitando trabalhar com terrenos valorizados.[9] Outra vantagem da reforma é o tempo mais curto de

---

[9] Considerando um coeficiente de aproveitamento de 5, significa que, com um terreno de 400 m², com 50% de taxa de ocupação, teríamos uma planta do andar tipo de 200 m². Considerando que cada apartamento ocupasse metade do piso inteiro, ou seja 100 m², teríamos uma fração ideal de 40 m².

obra, bem como o processo de aprovação mais simples. Segundo David Highfield (2000, p. 9), a economia de tempo proporcionada pela obra de reforma pode ser significativa – uma habitação pode ser produzida em até metade do tempo daquele gasto em uma obra nova.

De maneira geral, pode-se afirmar que reabilitações e reconversões são sempre possíveis. Em edifícios residenciais, predominam as subdivisões de apartamentos, com pequenas adaptações nos *layouts* dos projetos existentes. Já nos edifícios comerciais e de hotel, as reformas têm de considerar o agrupamento de salas ou quartos, demolindo paredes e acrescentando outras, e construindo novos invólucros.

Considerando que a maioria dos edifícios inventariados é destinada a escritórios e foram construídos no período entre 1930 e 1940, encontram-se plantas cuja configuração consiste em uma sequência de salas interligadas, com um ou dois locais, nas extremidades da circulação, para serviços como copa e sanitários. Tal *layout* cria uma forma predominante de intervenção, em que a obra de reconversão se resume a inserir unidades hidráulicas. Assim, o edifício deve ser entendido como sistema conectado a outros sistemas. Essa forma de abordagem é amplamente utilizada na Europa, destacando-se o método *support-infill*, introduzido pelos holandeses nos anos 1960, que distingue claramente entre invólucro e recheio da edificação, separando suas formas de produção e ciclos de vida e sendo muito adequado para processos de reforma.

É amplamente sabido que as edificações necessitam de mudanças ao longo de seu ciclo de vida. Constantemente, mudam os programas arquitetônicos e suas respectivas organizações espaciais, acompanhando a evolução das formas de organização do trabalho e da vida. Como resultado, muitas cidades abrigam hoje edificações obsoletas, ou seja, recursos construídos subutilizados, que exigem uma compreensão de sua capacidade de adaptar-se às novas necessidades. Delineia-se, assim, a exigência de formular-se um programa de produção espacial via reforma e reconversão.

Considerando os distritos com maior densidade construtiva, localizados no centro expandido da cidade de São Paulo, há um total de área construída vertical de aproximadamente 148 milhões de metros quadrados. Como mostra a Tabela 3, tais distritos coincidem com aqueles mais centrais e, consequentemente, mais antigos, o que nos permite inferir a grande probabilidade de haver, nesses locais, edificações verticais obsoletas.

Os dados do IBGE 2000 mostram que aproximadamente 20% do estoque construído se encontra subutilizado. Se esse índice relativo ao total de área construída concentrada for aplicado nos distritos indicados na Tabela 3, haveria, para intervenção, uma superfície potencial de aproximadamente 28 milhões de metros quadrados. Tal número aponta para a necessidade de haver um desenho de programa de reforma e reconversão que possa indicar métodos de construção, rotinas de trabalho e indicadores de viabilidade, possibilitando erigir um dos pilares de uma política habitacional que trasnsforme a realidade urbana paulistana.

O método Open Building

A discussão acerca da funcionalidade universal dos edifícios verticais nasce com os movimentos arquitetônicos contemporâneos e agrega conceitos que vão desde a planta livre até a máquina de morar. Na década de 1960, a Fundação para a Pesquisa Arquitetônica nos Países Baixos (SAR),[10] a partir da identificação de diferentes níveis de intervenção, formula um sistema de planejamento de edificações analisando as variáveis:

- flexibilidade;
- possibilidade de participação do usuário; e
- ciclo de vida da edificação.

Segundo Kendall (1993), a *Open Building* é uma abordagem internacionalmente reconhecida para a concepção de edifícios. De origem holandesa, seu método parte do pressuposto de que a edificação está sujeita a constantes mudanças, considerando o ciclo de vida médio, de aproximadamente duzentos anos, de seu suporte. O principal instrumento utilizado é a organização do processo de concepção e construção em níveis ambientais, con-

---

[10] SAR (Stichting Architecten Research ou Foundation for Architects' Research). A SAR foi fundada na Holanda em 1965, para estimular a produção industrial na construção civil. Para mais informações sobre o movimento SAR, ver o site de N. John Habraken (www. habraken.org), o arquiteto que o criou.

ceito introduzido por John Habraken em seu livro *Supports: an Alternative to Mass Housing* (Habraken, 1972). As diferentes escalas de intervenção urbana apresentam diferentes ciclos de vida, que geralmente não são considerados na hora de projetar. Na esfera do edifício, é possível identificar ao menos três níveis ambientais, com ciclos de vida totalmente diferentes e que exigem desenhos e sistemas de intervenção adequados às suas características. Habraken assim denomina tais níveis:

- *suporte*: envolvendo as estruturas espaciais, com ciclos de vida que variam entre 100 e 200 anos;

Tabela 3
Distritos com maior densidade construtiva vertical.

Distritos	Área do distrito (km²)	Área construída / Área urbanizada	Área construída (por km²)	Densidade demográfica	Área construída vertical total (km²)
Brás	3,63420	0,40	65,838528	71,88	1,4536800
Bom Retiro	4,18627	0,36	75,425997	66,50	1,5070572
Pinheiros	23,57700	0,66	90,032279	78,75	15,5608200
Moema	19,63960	0,92	101,508810	79,20	18,0684320
Itam Bibi	12,17850	0,95	111,706680	82,28	11,5695750
Perdizes	11,56730	0,89	126,415478	167,94	10,2948970
Vila Mariana	7,05991	0,92	134,230291	143,82	6,4951172
Liberdade	3,63809	0,87	144,926618	167,23	3,1651383
Jardim Paulista	26,04190	1,59	229,973659	137,16	41,4066210
Santa Cecília	14,56810	1,26	254,153502	182,51	18,3558060
Consolação	3,84403	1,54	262,748916	147,36	5,9198062
Bela Vista	2,69491	1,92	279,025531	243,04	5,1742272
Sé	2,22000	1,61	301,023067	95,79	3,5742000
República	2,42000	2,20	462,279332	207,47	5,3240000
Total	137,26981				147,8693771

Fonte: Seppe & Gomes (2008).

- *recheio* ou *desconectável*: envolvendo os sistemas mecânicos, de divisórias e equipamentos, com ciclos de vida que variam entre 25 a 30 anos;
- *layout*: envolvendo os móveis, com ciclo de vida de 2 a 10 anos.

Essas três esferas de intervenção respondem a lógicas diferentes de organização espacial e têm de adaptar-se aos diferentes ciclos de vida, permitindo o máximo aproveitamento dos sistemas de suporte e possibilitando a troca dos sistemas de recheio e *layout* segundo as necessidades.

Analisando a atual produção imobiliária, verifica-se que os edifícios comerciais novos são construídos respeitando as diferenças entre esses três níveis ambientais. Geralmente, tais edifícios são entregues sob forma de plantas livres, com *shaft*s de infraestrutura sem nenhum acabamento, deixando para o usuário final a decisão sobre o local das divisórias e conexões. Por que não pensar da mesma forma a produção habitacional?

Em seu livro *Residential Open Building* (2000), Kendhall propõe imaginar quatro momentos estratégicos no processo de produção habitacional:

- produção de estruturas de suporte, ou invólucros, universais, podendo ser feitas a partir de uma construção nova ou pelo processo de reconversão, com demolição das antigas vedações;
- produção de sistemas de infraestrutura que permitam criar zonas *plug-and-use,* com múltiplas possibilidades de conexões aos serviços básicos de água, esgoto, luz, telefone, gás, televisão e internet, e que estariam instaladas juntamente com o suporte;
- produção de sistemas de recheio ou *infill*, na forma de *kits* do tipo *plug-and-use,* permitindo ao usuário comprar esses recheios em lojas, de acordo com suas necessidades e poder aquisitivo, e instalar posteriormente os equipamentos, para satisfazer suas necessidade básicas;
- montagem final ou customização, eventualmente com a contratação de profissional especializado.

Formulação de uma política de reforma: o método *support-infill*

A definição de uma estratégia adequada para o processo de reforma consiste em dividir o empreendimento em duas esferas de intervenção, que respondem a lógicas diferentes, como no modelo *support-infill*, apresentado pela publicação SAR 65. Considerando o aspecto ciclo de vida, separa-se o denominado *support* (suporte), que tem uma vida média de mais de duzentos anos, do denominado *infill* – infraestruturas que facilitam o dia a dia dos profissionais – cujo ciclo de vida varia, dependendo do sistema tratado, entre 20 e 30 anos. Tal forma de abordagem da edificação permite dissociar estrutura e infraestrutura, maximizando o aproveitamento de cada uma das partes e permitindo o uso de sistemas com alto grau de flexibilidade espacial, com fácil acesso, para facilitar ações de reparo e reforma.

O método de projeto *support-infill* é adequado às características das intervenções de reabilitação, em que, basicamente, é preciso identificar e qualificar o sistema estrutural (*support*), para posterior decisão a respeito dos sistemas de infraestrutura e vedações (*infill*). Tal abordagem propõe acabar com a interdependência entre os dois subsistemas, para que os sistemas de encaixe ou *infill* não interfiram na base estrutural e sirvam para qualquer suporte.

Segundo Habraken (1972), o primeiro passo para transformar um edifício existente consiste em identificar os elementos determinantes do denominado suporte, como vãos entre pilares, pé-direito e grelha estrutural. Essa análise do suporte pode embasar-se na identificação de zonas capazes de receber o maior número de funções a serem desenvolvidas numa residência. Segundo sua posição em relação às fachadas ou às aberturas, tais zonas podem ser classificadas como contíguas ou internas. Podem identificar-se dois tipos de zonas – α (alfa) e β (beta). Zonas alfa são aquelas localizadas contíguas às fachadas; e beta, as situadas no centro da edificação. As áreas intermediárias entre as zonas são os denominados espaços marginais. Na planta da edificação, a disposição dessas zonas pode ser feita com profundidades constantes de 3,6 m e, para as áreas marginais, com 1,8 m: profundidades definidas pelo grupo SAR, em 1965, em função da análise de diferentes configurações espaciais (ver Figura 9).

O segundo momento no processo de reforma trata da instalação de sistemas de infraestrutura que permitam criar zonas *plug-and-use* no âmbito do suporte, criando múltiplas possibilidades de conexões aos serviços básicos de água, esgoto, luz, telefone, gás, televisão e internet (instaláveis juntamente com o suporte). Procede-se avaliando a melhor localização para os *shaft*s verticais, o que envolve uma série de estudos de concepção, em que são posicionados *shaft*s, analisando a sua capacidade de organizar o maior número de espaços com o melhor desempenho. Tais estudos são feitos procurando a melhor localização para as prumadas-mestres de águas e esgoto, que demandam alto consumo de espaço e que, para um funcionamento adequado, apresentam restrições de extensão horizontal. A Figura 10 esquematiza esse momento de projeto da reforma.

O terceiro momento no processo de reforma consiste em delimitar os invólucros definidos na estrutura de suporte, por meio da implantação de sistemas de recheio ou *infill*.

Sistemas *infill*, de recheio ou desconectáveis

Constituem sistemas *infill* todos aqueles elementos necessários para qualificar um suporte em residência. Apresentam as seguintes características:
- produção industrializada;
- permitem instalação a seco;
- estão organizados em minissistemas ou *kits* (hidráulicos, elétricos, painéis);
- apresentam coordenação modular;
- permitem a integração entre os sistemas;
- permitem fácil montagem e desmontagem para posterior utilização em outro espaço;
- potencializam o princípio do *plug-and-use*.

Esses sistemas de recheio envolvem elementos relativos a:
- divisórias: montadas fora do canteiro. Às vezes incorporam instalações elétricas e hidráulicas, portas e janelas;
- módulos: os mais comuns são os módulos hidráulicos conhecidos como *pods*;

Figura 9
O desenho de suportes.
Fonte: SAR (1965).

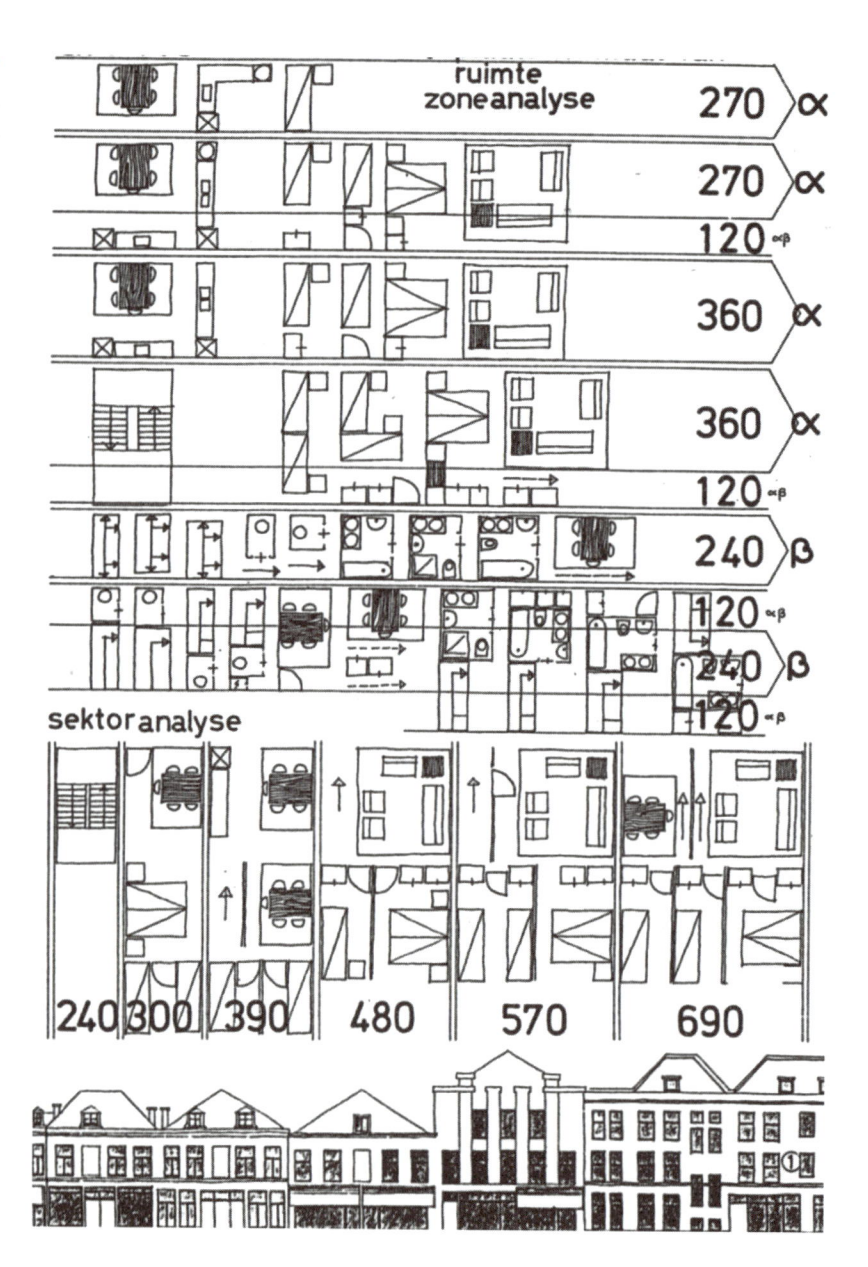

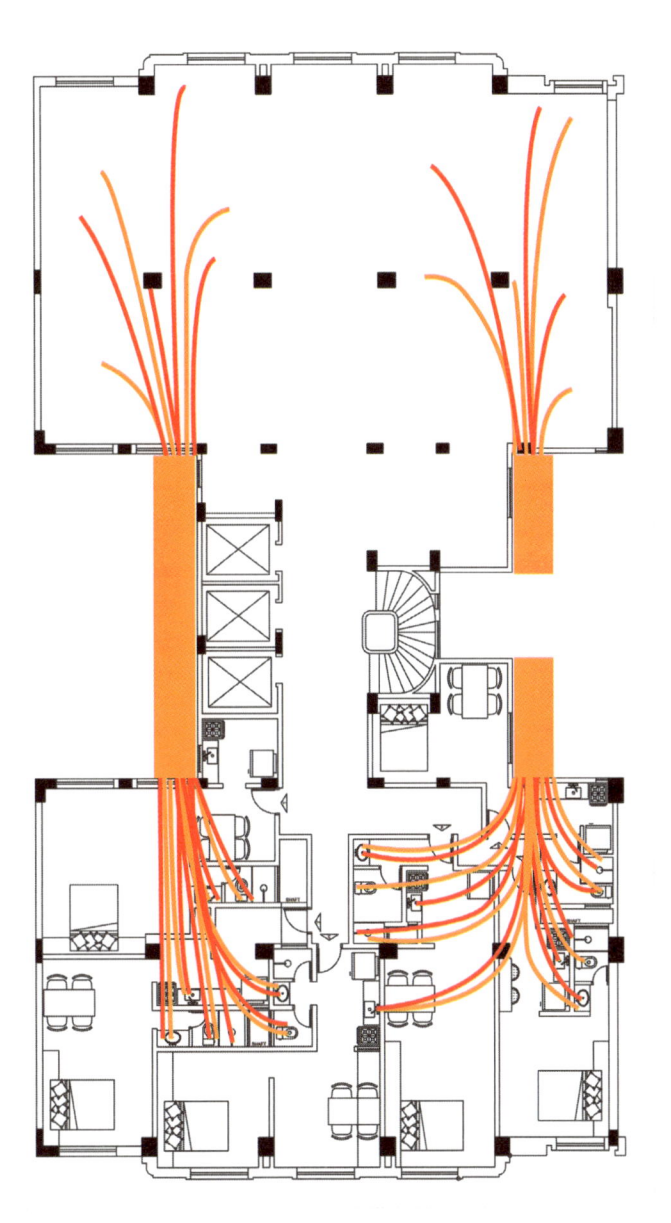

Figura 10
Reconhecimento da grade estrutural e posicionamento dos *shafts*.
Fonte: AD.

sistemas *infill* ou desconectáveis propriamente ditos, envolvendo canaletas de infraestrutura que permitem conexões secas.

Na Holanda e no Japão, a indústria da construção civil utiliza amplamente esse método e tem desenvolvido vários sistemas de *infill* (recheio).[11] Com interfaces padronizadas, esses tipos de sistemas se adaptam a qualquer edifício. Destacam-se os seguintes:
- Matura infill system;
- Era infill system;
- Interlevel; e
- KSI infill.

A principal característica desses sistemas é combinar, por meio da coordenação modular, os seguintes elementos:
- pisos elevados que variam entre 10 cm a 30 cm, para distribuição dos diferentes sistemas de infraestrutura que foram organizados em *shaft*s verticais. Esses pisos podem ser do tipo utilizado em empreendimentos comerciais ou viabilizados a partir de vigas do tipo *joist*, que são estruras metálicas leves, com diferentes tipos de ranhuras para a passagem das tubulações;

---
[11] Ver Anexo A: sistemas de recheio.

- redes de esgoto de diâmetro reduzido e com declividade nula, potencializadas por pressurizadores e trituradores adicionados às latrinas;
- redes de distribuição de água utilizando tubulação *pex* e *manifolds*, emulando, por meio da proliferação do uso de mangueiras flexíveis, os sistemas de rega;
- conexões de água e esgoto do tipo *push-and-fit*;
- uso de sistemas *ready-to-assemble*, como os proporcionados por *kits* "faça você mesmo".
- uso de calhas elétricas do tipo *raceway*;
- uso de divisórias do tipo *steel frame*, que possibilitam a utilização de equipamentos conectáveis, inclusive para piso;
- conexões dos aparelhos de banheiro e cozinha, do tipo *plug-and-play*, possibilitados por estruturas *steel frame*;
- uso de aberturas nos *shaft*s verticais e horizontais, possibilitando acesso fácil às instalações;
- uso de vedações pré-fabricadas, de preferência sem o uso de batentes.

A instalação de sistemas *infill* apresenta três formas-chave de organização espacial, com diferentes interfaces com os sistemas de suporte:

- planta livre, com proliferação de conexões do tipo *plug-and-use*;
- instalação fixa das unidades hidráulicas, como elemento organizador do espaço da unidade habitacional e suporte para os sistemas *infill* do tipo *plug-and-use*;
- localização de *shaft*s verticais, com concentração das instalações em determinados locais e distribuição por meio de conexões do tipo *plug--and-use*.

Segundo Peter Adler (1992), as instalações prediais podem, também, ser equacionadas de três formas:

- pontualmente, fazendo a instalação atender a pontos de conexão necessários, impossibilitando posteriores reconversões;
- zonas molhadas, que concentram a localização de *shaft*s verticais e horizontais, tomando de empréstimo o conceito utilizado em usos com grande densidade de instalações, como hospitais e laboratórios, permitindo a posterior conexão de equipamentos sanitários, elétricos, gás, telefone, etc. Trata-se de criar uma calha integrada, que pode estar no canto inferior da parede ou no chão, por meio da elevação do piso;
- volumetricamente, com utilização de unidades hidráulicas pré-moldadas.

Combinando as alternativas de organização dos sistemas *infill* com as possibilidades de equação das instalações prediais, obtém-se uma matriz combinatória que sintetiza as principais alternativas para uma intervenção de reforma (ver Quadro 5).

Tais formas de organização espacial constituem diretrizes para a formulação do partido da intervenção de reforma. Descrevem-se, a seguir, as principais características de cada um dos partidos antes relacionados.

Quadro 5
Possibilidades de equação das instalações prediais.

	Planta livre e *plug-and-use*	Unidades hidráulicas fixas	*Shafts* verticais e horizontais
pontualmente		*	*
zonas molhadas	*	*	*
volumetricamente	*		*

Instalações hidráulicas, princípio *plug-and--use* e a vantagem da planta livre

Como solução para a distribuição das instalações hidráulicas em um processo de reforma, a planta livre consiste na consolidação de um piso elevado concentrando o acesso para todas as infraestruturas, por meio de conexões fáceis e reversíveis. Esse piso elevado funciona como *shaft* horizontal e abriga os condutos de água, esgoto, eletricidade, telefonia, cabeamento de TV, internet, gás, etc., com distribuição homogênea ou concentrada em zonas das instalações de infraestrutura.

Adequada para reformas é aquela tecnologia que proporciona um amplo leque de alternativas habitacionais, com ações simples de montagem e desmontagem. Isso caracteriza o princípio *Open Building*, onde se tem um piso elevado aglutinando a passagem da maioria das infraestruturas, sendo possível conectar dispositivos do tipo *plug-and-play* para a maior parte dos equipamentos necessários na organização de uma casa.

As instalações elétricas foram as que assimilaram tal formato mais rapidamente e servem de modelo para as restantes. Nos últimos anos, o avanço tecnológico tem permitido a aproximação das instalações hidráulicas do mesmo conceito utilizado para as instalações elétricas, de informática e de telefonia, abrindo um novo leque de possibilidades para pensar obras de reforma e reabilitação.

Analisando o desempenho da tecnologia *plug-and-play* na informática, é possível delinear algumas características determinantes, norteadoras do desenho de uma tecnologia futura de sistemas *infill*, e as condições necessárias para o bom desempenho desse tipo de tecnologia:

- reversibilidade – as conexões devem poder abrir e fechar sem perder desempenho;
- padronização – a interface da conexão deve estar padronizada conforme as normas ISO;
- simplicidade – o uso de ferramentas para instalação e preparo técnico deve ser o mínimo possível;
- accessibilidade – interfaces simples, permitindo remoção e alteração rápida;
- conectabilidade – as possibilidades de conexão devem ser múltiplas, sem diminuir o desempenho do sistema (www.angenent.biz).

A introdução do sistema hidráulico da PEX permite aproximar o funcionamento do sistema hidráulico ao do sistema elétrico. É constituído de *manifolds* ou distribuidores, tubos de polietileno reticulado flexíveis ou mangueiras, tubo condutor e conexões metálicas rosqueáveis, sem conexões intermediárias.

Para a organização desses sistemas flexíveis, merecem destaque as denominadas paredes *in-wall* ou *pre-wall*. As *in-wall* são estruturas de suporte das conexões de distribuição de água e coleta de esgoto, tendo largura suficiente para embutir a tubulação de coleta de esgoto, além de aparelhos complementares à instalação, como bombas, trituradores ou caixas de descarga. Tais paredes podem ter altura equivalente ao pé-direito ou à metade dele, conforme necessidades técnicas de distribuição. Funcionam como *shaft*s horizontais, interligados com a tubulação mestra. Fixam-se os aparelhos – pias, privadas ou bidês – nessa parede, com a necessária elevação em relação ao piso.

Segundo Zmitrowicz & Bonfim (2006), as paredes integradas pré-montadas (*pre-wall*) são alternativa adequada para instalações hidrossanitárias embutidas. Organizadas na estrutura metálica leve, as tubulações funcionam, simultaneamente, como *shaft* horizontal e vedação. Há diversas possibilidades de variação na montagem de paredes hidráulicas *pre-wall*, podendo pensar-se, inclusive, em um modelo adequado para os problemas de reforma presentes em nosso objeto de estudo.

No Brasil, paredes hidráulicas estão sendo utilizadas em construções de hotéis e de *flat*s, onde a padronização das instalações traz ganhos na produtividade da obra como um todo. Na Europa, tais métodos já estão amplamente disseminados, inclusive em *kits* para a autoconstrução, permitindo, sem o auxílio de mão de obra especializada, completar uma instalação hidráulica em uma hora. Consultando um *site* do Reino Unido (www.plumbingsupply.com), pode-se verificar a quantidade de alternativas para essa linha de produtos. São encontrados desde pequenas bombas acopladas ao sistema da descarga da privada até um triturador de sólidos, que, para o esgoto de privada, permite utilizar tubulação de esgoto de pia. Tal solução facilita a instalação de *shaft*s horizontais sob a forma de pisos eleva-

Figura 11
Shafts verticais e horizontais.
Fonte: AD (2002).

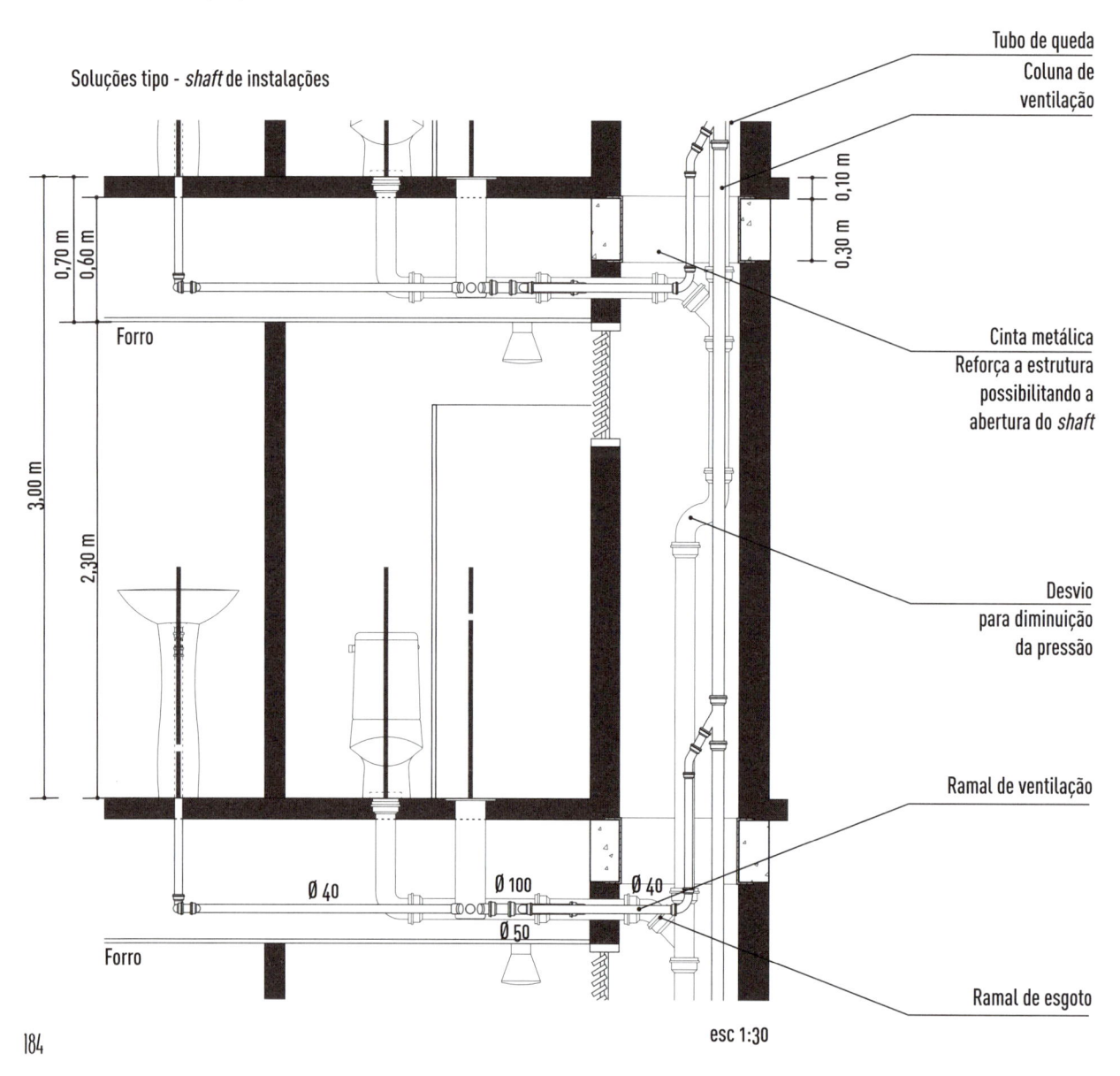

dos, pois diminui exigências espaciais para passagem de tubulações, possibilitando, assim, diminuir as declividades das tubulações, tendendo a zero. Como complementos para os sistemas de recheio, merecem destaque estes produtos inovadores que aliam criatividade e bom desempenho:

- bomba de recalque de esgoto, associada a pedestal de privada. Para ser utilizada em áreas situadas abaixo do nível de esgotamento da edificação.
- triturador de resíduos de banheiro, que alia a trituração de resíduos ao seu bombeamento, permitindo sua disposição a 100 m de distância na horizontal e a 6 m na vertical. Facilita o uso de tubulações estreitas (com até 2 cm na horizontal e 3,2 cm na vertical) para os esgotamentos até o coletor ou prumada tronco. Tal solução pode evitar a necessidade de rebaixamentos e perfurações de forros, por utilizar tubulação flexível, aliada a um consumo menor de espaço no *shaft* horizontal.

Instalações hidráulicas: *shafts* verticais e horizontais

*Shaft*s são, como vimos, grandes canaletas verticais ou horizontais que agregam uma série de instalações prediais e permitem seu acesso. Para obras de reconversão habitacional, onde há necessidade de inserir módulos hidráulicos para cada habitação, o *shaft* é uma solução adequada e organizadora da intervenção.

A partir da análise das plantas de algumas edificações constantes no inventário, verifica-se que, para cada inserção sanitária, faz-se necessária a abertura de *shaft*s para passagem de instalações, sendo o *shaft* vertical passível de ocorrer em algumas localizações:

- na fachada, ele pode ser sobreposto à parede de fachada, com ligação direta nos ramais domiciliares, que podem correr pelo forro rebaixado ou pelo *shaft* horizontal, junto à parede, ou no piso elevado. O *shaft* funciona como apêndice e pode ser uma construção pré-moldada, que chega na obra com todas as instalações prontas para receber as conexões domiciliares;

- no poço de iluminação, podem concentrar-se vários *shaft*s, que devem estar diretamente conectados aos ramais de distribuição. Como mostra a Figura 11, quando os *shaft*s estiverem localizados nessa posição, a distribuição deve ser feita por *shaft*s horizontais situados no forro rebaixado ou no piso elevado, permitindo, sem interferências, a travessia de corredores.
- com perfuração de lajes, a solução é mais complicada, pois exige a presença de panos de lajes pequenos, de forma a garantir sua fácil reestruturação por meio de vigotas. Não é aconselhável, pois significa perfurar sistematicamente todos os andares.

Os *shaft*s horizontais são canaletas técnicas, possibilitando três diferentes tipos de localização:

- no canto inferior das paredes, mediante instalação de encanamentos, caixa de descarga da privada, trituradores e bombas, em painéis *steel frame*. Esses painéis têm carenagens encaixadas, que podem ser retiradas, dependendo da necessidade.
- nos forros rebaixados, em que as tubulações correm no andar inferior, penduradas da laje superior e cobertas com placas de gesso. Tal solução exige um pé-direito de, no mínimo, 3 m, pois, para permitir a passagem da tubulação, é necessário um espaçamento mínimo de 60 cm.
- nos pisos elevados. No Brasil, até os anos 1980, as instalações hidráulicas de esgoto eram feitas com rebaixamento de aproximadamente 30 cm das lajes dos banheiros. Dos edifícios que fazem parte deste estudo, a maioria apresenta tais características. Hoje, pela necessidade de dotar edifícios comerciais de todas as redes necessárias para o seu funcionamento, além de proporcionar flexibilidade nos *layouts* das plantas, há uma tecnologia que permite elevar os pisos, pelo uso de pedestais metálicos ou de policarbonato, como a nova linha de pisos elevados (Wender), moldada em cerâmica, sob a forma de blocos de 10 cm × 10 cm. Podem, assim, ser criadas canaletas de 0,07 m a 1,20 m de comprimento.

Considerando as três opções apresentadas, verifica-se preferência pela primeira opção, por ser a que apresenta mais facilidades para o acesso às tubulações. Com a disseminação, no Brasil, dos painéis do tipo *steel frame*, de tubulações *pex* e de bacias sanitárias de saída horizontal, tal alternativa começa a ser utilizada. Os elementos hidráulicos são fixados na frente da vedação, facilitando sua instalação e manutenção. Instalações internas (fiação de telefonia, eletrodutos, canalização de água, caixas de descarga de embutir e outros) são inseridas com facilidade nos espaços vazios entre os painéis de *dry wall* e, mediante dispositivos próprios do sistema, fixadas nos montantes.

Muitas obras atuais mostram como o *shaft* vertical permite que as instalações hidráulicas sejam feitas depois de se ter concluído a obra. Como resultado disso, o trabalho do encanador não interfere no do pedreiro ou no do eletricista. Algumas obras estão utilizando pisos elevados no banheiro, reservando, assim, no próprio apartamento, um nicho para a instalação, criando outro tipo de *shaft* horizontal. Hoje, no Brasil, existem várias empresas, como a Pex do Brasil e a Astra, que desenvolvem produtos para fechamento de *shaft*s. Geralmente feitos de polipropileno, são fixados por parafusos, e o proprietário do apartamento pode, sem maiores dificuldades, removê-los para qualquer inspeção. Se o *shaft* for instalado dentro do próprio *box* de banho, a carenagem ainda pode ser moldada como elemento de apoio para produtos de higiene.

A viabilização de *shaft*s horizontais depende do uso de bacias de saída horizontal, pisos-boxes elevados e caixas de descarga de embutir. A ligação do tubo de deságue desse tipo de bacia é feita com uma peça própria do sistema, estendendo-se até o tubo de queda do *shaft* vertical. O piso-box é utilizado com ralos sifonados, permitindo o esgotamento da água em sentido horizontal. O sistema hidráulico-sanitário em *shaft*s horizontais é completado com o uso de caixas de descarga de embutir. São caixas delgadas, desenvolvidas para acoplagem entre os montantes da parede.

Resumindo para continuar

Revendo o apresentado aqui, percebe-se que, na cidade de São Paulo, há um mercado potencial para reforma, pois as edificações necessitam de mudanças ao longo do seu ciclo de vida, pelo fato de programas arquitetônicos e suas respectivas organizações espaciais mudarem constantemente, acompanhando a evolução das formas de organização do trabalho e da vida. O resultado disso é que existem, hoje, muitas edificações obsoletas, constituindo recursos construídos subutilizados, que requerem o entendimento de sua capacidade de adaptação às novas necessidades. Delineia-se, assim, o imperativo de formular um programa de produção habitacional por meio de reforma e reconversão.

Tal asserção é principalmente verdadeira quando analisadas as características do estoque construído dos distritos que aglomeram as maiores concentrações de área construída vertical por quilômetro quadrado. Trata-se de um universo de aproximadamente 148 milhões de metros quadrados, com idade média de 40 anos, localizado nos distritos de Bom Retiro, Brás, Consolação, Itaim Bibi, Jardim Paulista, Liberdade, Moema, Perdizes, Pinheiros, República, Santa Cecília, Sé e Vila Mariana. Os distritos com localização central abrigam os expoentes verticais mais antigos da cidade, motivo básico para reformas e reconversões.

Sem dúvida, na cidade, de forma pontual, já ocorrem atividades de reforma e reconversão. Nelas predominam as mesmas técnicas de construção civil aplicadas para construções novas. Nota-se, aí, um grande desperdício de materiais, possibilitando pouca autonomia para os proprietários e exigindo a contratação de pequenas empreiteiras. Acredita-se que a grande quantidade de edifícios obsoletos – associada às necessidades de reforma tradicional subjacente a esse universo de 148 milhões de metros quadrados – constitui universo significativo para o desenho de um programa de reforma e reconversão. Tal programa, além de apontar métodos de construção, rotinas de trabalho e indicadores de viabilidade para possibilitar a construção, promoveria o desenvolvimento de um nicho de produção industrial devotado a sistemas de componentes para reforma, assim como à produção de módulos de banheiros e cozinhas industrializados. Um programa com tais características propiciaria a produção maciça, via reforma, de unidades habitacionais, constituindo política habitacional transformadora da realidade urbana, em princípio, da cidade de São Paulo.

Além disso, observou-se que a maioria dos edifícios inventariados nos distritos Sé e República, objeto desta pesquisa, é destinada a escritórios. Construídos em sua maioria até a década de 1960, apresentam estoque construído de aproximadamente 10 milhões de metros quadrados, o que significa um universo preferencial para reformas e adequações.

Foi possível notar, também, que os edifícios da área central de São Paulo apresentam um significativo potencial para a reconversão habitacional, principalmente quando consideramos os coeficientes de aproveitamento superiores a cinco vezes a área do terreno, o que significa construções muito eficientes em relação ao aproveitamento do terreno. Trocando em miúdos, é possível, aí, produzir moradias com frações ideais de terreno inferiores a 40 m² por unidade, possibilitando trabalhar com terrenos valorizados. Outras vantagens das reformas são o tempo mais curto de obra e o processo de aprovação mais simples.

No período compreendido entre os anos de 2000 e 2010, vários edifícios foram convertidos para o uso habitacional, destacando-se o poder público como principal produtor de habitações via reforma. De maneira geral, esses empreendimentos têm perpetuado formas de intervenção consagradas para construções novas, sem levar em consideração as especificidades de cada época de construção. O resultado tem sido reformas caras, com excessiva destinação de áreas para circulação e soluções de compartimentação espacial que comprometem a qualidade arquitetônica do produto, prejudicando a integridade da obra arquitetônica inicial.

Notou-se, ainda, que, de empreendimento para empreendimento, a produção de unidades habitacionais por meio da reconversão de uso apresenta significativas discrepâncias em seus resultados. O custo de produção de uma unidade habitacional com aproximadamente 30 m² pode variar em 50% de um empreendimento para outro, deixando qualquer empreendedor sem orientação. A causa mais evidente é o valor inicial do edifício, mas, se considerado exclusivamente o investimento de reforma, verifica-se que as diferenças são ainda maiores. Possíveis respostas residem no processo incipiente de produção, em que o objeto de intervenção é um desconhecido. Falta de controle sobre as condições estruturais originais, um partido inadequado das instalações, exigindo abertura de rasgos na laje, com grandes extensões de tubulação e circulações excessivas, são algumas das causas aparentes.

No que concerne à tecnologia de reforma, verifica-se grande falta de experiência, principalmente na escolha dos edifícios. Analisando as questões determinantes de uma obra para reforma, é possível esboçar um método que selecione as edificações mais aptas para reforma e reconversão, como aqui, por meio do levantamento de 35 variáveis.

Tal método de diagnóstico rápido pressupõe a existência de um levantamento da planta tipo do edifício e o lançamento de um partido de reabilitação que identifique as unidades habitacionais, o partido das instalações e as vedações. Também envolve uma visita técnica ao local, para o levantamento dos indicadores relativos ao estado estrutural. Analisando essas questões, em menos de 30 minutos pode-se identificar os edifícios mais adequados para reforma. Foram mostrados, também, alguns métodos europeus de diagnóstico rápido, muito similares ao proposto. Sistematizando-se uma série de variáveis determinantes para o processo de reforma, em algumas horas é possível ter avaliações confiáveis, constituindo importantes instrumentos para a tomada de decisão no momento da seleção do edifício para o empreendimento.

Além disso, tal análise das questões determinantes de uma obra de reforma permite identificar que as necessidades relativas às instalações hidráulicas e elétricas são as que envolvem maior complexidade, pelas características desses sistemas. A introdução de novos componentes que facilitem essas instalações – pisos elevados, pequenas bombas de recalque e liquidificadores de esgoto – podem simplificar significativamente a intervenção.

A partir da análise tipológica, constata-se que, para a conversão habitacional, há algumas edificações verticais mais adequadas do que outras. De maneira geral, sabe-se que os elementos determinantes estão relacionados à estrutura, à sua capacidade de receber sobrecarga e à sua configuração de vãos e pés-direitos. Ademais, a organização interna do edifício pode ser constituída por elementos cuja principal característica seja a flexibilidade, podendo variar sua instalação de acordo com o orçamento e requisitos do usuário. Essa "divisão" entre suporte e recheio, para compreender a edificação, pode definir um novo enfoque para as obras de reforma, respeitando as características construtivas da edificação e as diferentes necessidades e possibilidades dos moradores. Alguns autores como Habraken (1974) e Kendall e Teicher (2000) propõem uma segmentação da indústria da construção civil, deixando para a ala tradicional o mercado da produção de suportes, sendo criado um novo setor devotado à produção dos denominados sistemas de recheio ou *infill-systems*. Foram, assim, destacados quatro momentos estratégicos no processo de produção habitacional, estando relacionados com os diversos atores da cadeia de produção:

- produção de estruturas de suporte ou invólucros universais, a partir de uma construção nova ou pelo processo de reconversão com demolição das antigas vedações;
- produção de sistemas de infraestrutura que permitam criar zonas *plug-and-use* com múltiplas possibilidades de conexões aos serviços básicos de água, esgoto, luz, telefone, gás, televisão e internet, que estariam instaladas juntamente com o suporte;
- produção de sistemas de recheio ou *infill* na forma de *kits* do tipo *plug-and-use*, permitindo ao usuário comprar esses recheios em lojas, de acordo com suas necessidades e poder aquisitivo e, posteriormente, instalar os equipamentos para satisfazer as suas necessidade básicas;
- montagem final ou customização, eventualmente com a contratação de profissional especializado.

Trata-se, então, de fomentar a criação de um novo segmento da construção civil, que trabalhe com:
- produção industrializada;
- instalação a seco;
- minissistemas ou *kits* (hidráulicos, elétricos, painéis);
- coordenação modular;
- integração entre os sistemas;
- elementos de fácil montagem e desmontagem, para posterior utilização em outro espaço;
- princípio do *plug-and-use*.

Assim, a obra de reforma pode ser traduzida em três momentos estratégicos. Um primeiro, destinado ao conhecimento do suporte e sua adequação ao programa habitacional, embasado na aplicação de métodos de diagnóstico rápido, analisando variáveis como estado da construção e complexidade da intervenção e, posteriormente, focado na demolição de paredes, limpeza e retirada de entulho. Um segundo momento devotado à introdução de infraestruturas (água, esgoto, eletricidade, telefonia e gás), por meio da localização de *shaft*s verticais, com a criação de zonas *plug-and-use* e delimitação das unidades habitacionais. Por último, o terceiro momento está vinculado ao usuário ou ao profissional contratado que, por meio do uso de sistemas de recheio, poderia fazer as instalações necessárias para a configuração final da residência.

Um dos pontos destacados aqui foi a caracterização dos sitemas *infill*. Observou-se que as principais características desses sistemas são a combinação, por meio de coordenação modular, dos seguintes elementos:

- pisos elevados, variando entre 10 cm e 30 cm, para distribuição dos diferentes sistemas de infraestrutura já organizados em *shaft*s verticais;
- redes de esgoto de diâmetro reduzido e com declividade nula, potencializadas por pressurizadores e trituradores adicionados às latrinas;
- redes de distribuição de água utilizando tubulação pex e *manifolds*, emulando os sistemas de rega, por meio da proliferação de uso de mangueiras flexíveis;
- conexões de água e esgoto do tipo *push-and-fit*;
- uso de sistemas *ready-to-assemble*, como os proporcionados por *kits* do tipo "faça você mesmo";
- uso de calhas elétricas do tipo *raceway*;
- utilização de divisórias do tipo *steel frame*, que possibilitam o uso de equipamentos conectáveis, inclusive para piso;
- conexões dos aparelhos de banheiro e cozinha do tipo *plug-and-play*, possibilitados por estruturas *steel frame*.

Foram mostrados, também, vários países europeus, além do Japão, que produzem sistemas *infill* e cuja organização nacional da produção constitui elemento fundamental para a consolidação de um mercado para a reforma habitacional. Além disso, tais sistemas exigem três tipos de organizações espaciais, com diferentes interfaces com os sistemas de suporte:

- planta livre, com proliferação de conexões do tipo *plug-and-use*;

- instalação fixa das unidades hidráulicas como elemento organizador do espaço da unidade habitacional e suporte para os sistemas *infill* do tipo *plug-and-use*;
- localização de *shaft*s verticais, com concentração das instalações em determinados locais e distribuição por meio de conexões do tipo *plug-and-use*.

Aqui, procurou-se mostrar que a reabilitação de edifícios constitui uma oportunidade para a implementação de novos métodos da construção civil. Trata-se de criar, com intervenções menos invasivas, ambientes de residências articulados com uma ampla gama de sistemas.

Enfim, o desenho de uma política de produção habitacional, pautada na reforma de edificações verticais, exige uma abordagem sistêmica em que, a partir da identificação de alguns elementos determinantes, possam ser tomadas decisões relativas à adequação da edificação ao novo programa espacial. Há tipologias de edificações verticais que são mais adequadas que outras – resta, agora, saber quais são os tipos de regularidades que os edifícios estudados apresentam.

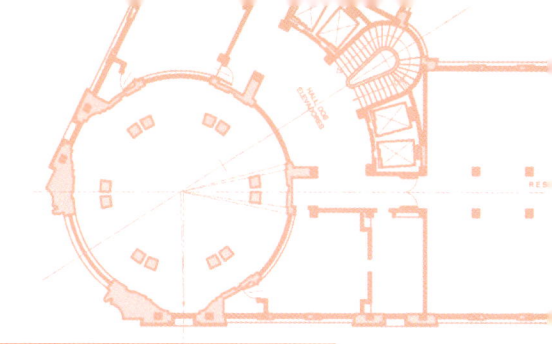

O futuro da reciclagem de edifícios altos

Por um desenho de suportes

A FORMULAÇÃO DE UMA política de reforma de edifícios altos depende de compreender o estoque de edifícios construídos como suportes. Para identificar tais suportes – que é como vamos denominar, a partir daqui, os edifícios mais adequados para reconversão –, é necessário desvendar regras básicas que nortearam a concepção de seu espaço. Para exemplificar: para receber funções como sala, cozinha e quarto, a profundidade mínima de um ambiente é de 2,7 m – dimensão considerada suporte universal. Nota-se, também, que um ambiente contíguo a uma fachada é adequado para as funções mais nobres; assim, identificar ambientes com tais características pode constituir uma variável determinante de um suporte.

Habraken (2000) apresenta uma metodologia de análise espacial em que, levando em consideração as variáveis profundidade e posição do ambiente em relação à fachada, são criadas sete zonas, permitindo compreender qualquer planta de edificação a partir de uma matriz inicial que organiza espacialmente uma residência (Figuras 1a e 1b).

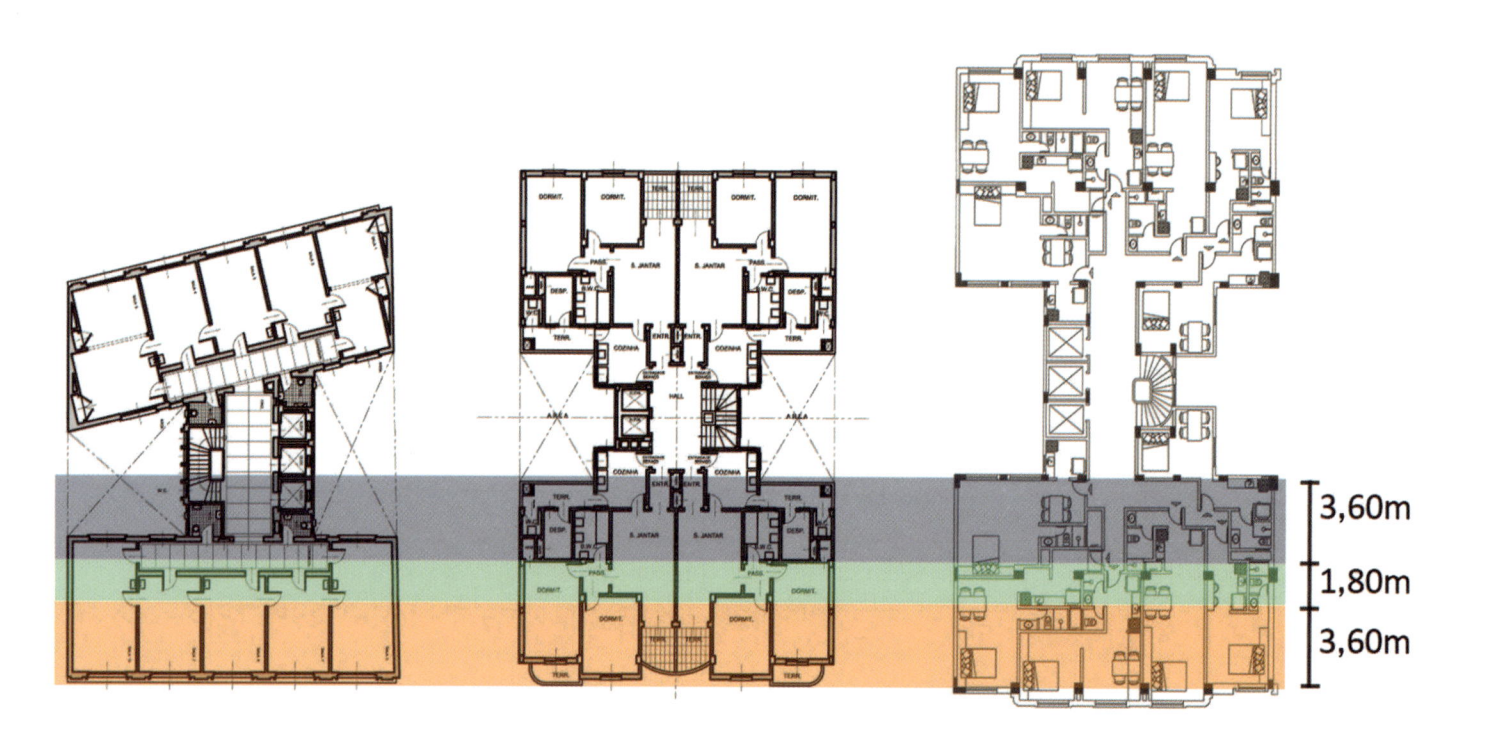

Figura 1a
Análise de suportes.

3,60m
1,80m
3,60m

196

αδ 90

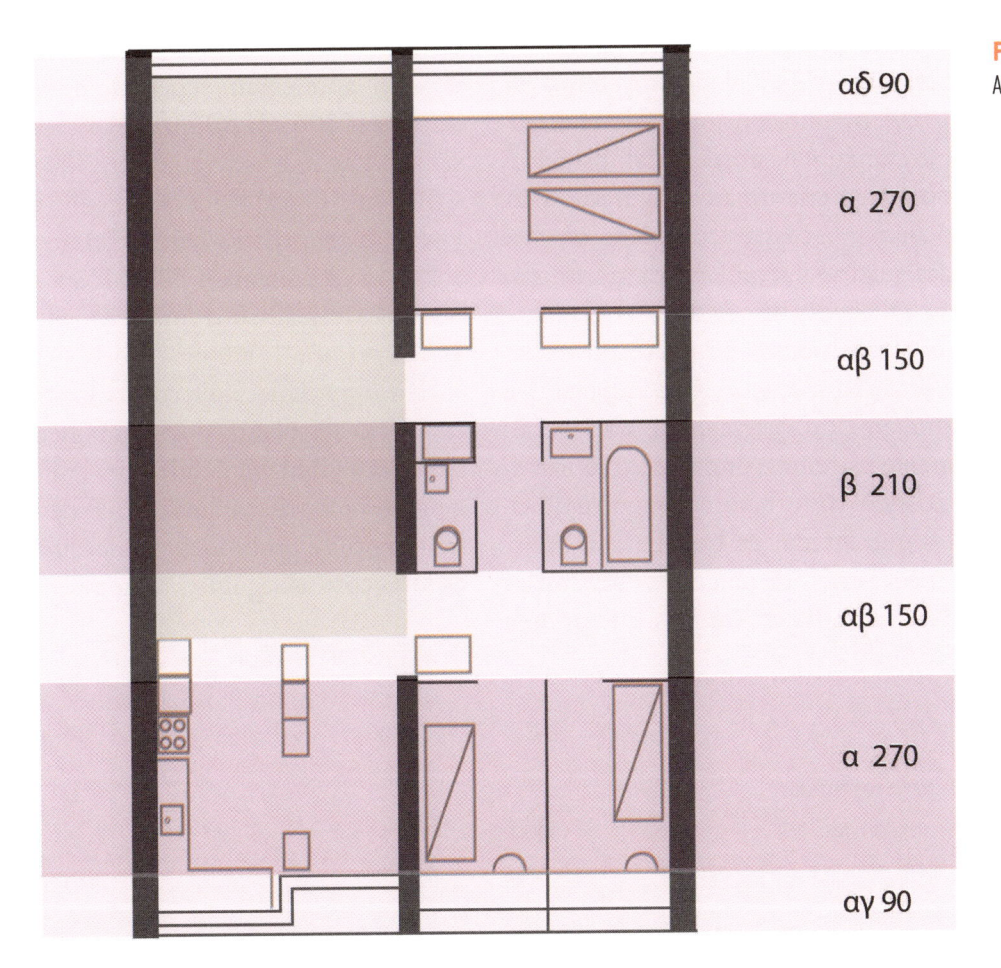

α 270

αβ 150

β 210

αβ 150

α 270

αγ 90

Figura 1b
Análise de suportes.

Outro método adequado para o desenho de suportes é a classificação tipológica, âmbito em que o universo estudado apresenta algumas características particulares. A mais evidente é a construção no alinhamento da calçada, sem recuos frontais nem laterais. O Código de Obras Arthur Saboya (Lei nº 3.427, 19 de novembro de 1929) permite tal forma de construção somente na área central. Essa possibilidade cria uma configuração particular – fachadas contínuas na face das quadras, escondendo a morfologia de cada edifício. Assim, os arranha-céus paulistanos do início do século XX são construções que respeitam o alinhamento original do lote, geralmente estreito e profundo, tão característico da urbanização portuguesa. Os que servem de base para as construções em foco têm dimensões variadas, partindo de 200 m² e chegando a até 5 mil m².

Considerando a listagem dos edifícios construídos até 1945, anexa ao final deste capítulo na forma da Tabela 4, podemos verificar que a maioria deles (especificamente 54%) está assentada em lotes inferiores a 500 m², provavelmente resultantes do remembramento de dois ou três terrenos originais. Cerca de 23% apresentam superfície de lote inferior a 300 m². Outros 31% apresentam lote cuja área varia entre 300 m² e 500 m². Os edifícios assentados em lote com superfície entre 500 m² a 1.000 m² representam 38%. E apenas 8% estão implantados em terrenos com área superior a 1.000 m² (Tabela 1).

Por outro lado, no recorte cartográfico feito na planta do levantamento Sara Brasil, de 1930, podemos verificar a predominância na área central de lotes estreitos e profundos. Predominam os lotes com as seguintes dimensões:

6 m × 20 m ou 6,5 m × 30 m;
8 m × 30 m ou 8 m × 50 m

Tabela 1
Tamanho dos terrenos

Área do terreno (m²)	< 300	300 a 500	501 a 1.000	> 1.001	Total
Número de edificações	80	107	134	30	348
% das edificações	23	31	38	8	100

Figura 2
Recorte cartográfico do levantamento Sara Brasil (1930).
Fonte: Sara Brasil (1930).

Tabela 2
Áreas construídas*

Área construída (m²)	< 1000	1.000 a 3.000	3.001 a 5.000	5.001 10.000	> 10.001	Total
Número de edificações	10	72	26	19	7	134
%	7,5	54	19	14	5,5	100

* Foram computadas somente as propriedades indivisas, por apresentarem o cálculo da totalidade da área da construção.

A referida planta retrata o parcelamento inicial da cidade e a localização dos primeiros edifícios verticais, identificados como construções com pátios[1] para iluminação.

Como nessa localização não há nenhuma restrição, na época, em relação ao potencial construtivo de cada lote, a maioria dos edifícios também apresenta aproveitamentos intensivos, que superam cinco vezes o tamanho do lote. Mesmo assim, são edifícios pequenos, predominando aqueles com área até 3 mil m² (Tabela 2).

As áreas construídas variam de 500 m² a 20 mil m², predominando os edifícios com até 3 mil m², constituindo 61,5% do total do universo analisado.

Aproximadamente 82% apresentam área construída inferior a 5 mil m². A única restrição existente ao aproveitamento intensivo do lote é a definida pelas necessidades de luz e ar, exigidas em lei. Analisando recortes da planta cadastral da cidade (ver Figuras 3 e 5), é possível verificar que a maioria das construções apresenta, na parte posterior, arranjos criativos de áreas de ventilação e iluminação, denominados, na época, áreas, saguões e corredores.

Esses espaços livres destinados à iluminação e ventilação acabam determinando a forma do edifício, como destaca Victor da Silva Freire ao abordar formas de ventilação e iluminação utilizadas pelos edifícios comercias e de renda em algumas capitais europeias no começo do século (Freire, 1918, p. 241). Na Figura 4, é possível verificar que tais edifícios têm formas e tama-

---

[1] O Código de Obras Artur Saboya, de 1929, cria as figuras de saguão, área e corredor como diferentes alternativas para propiciar a iluminação e a ventilação dos ambientes não voltados para fachadas.

Figura 3
Entorno da catedral da Sé: recorte do mapa digital da cidade.
Fonte: MDC (2004).

Figura 4
Edifícios verticais da Europa no começo do século XX.
Fonte: Victor da Silva Freire (1918, p. 301). Redesenhado por AD.

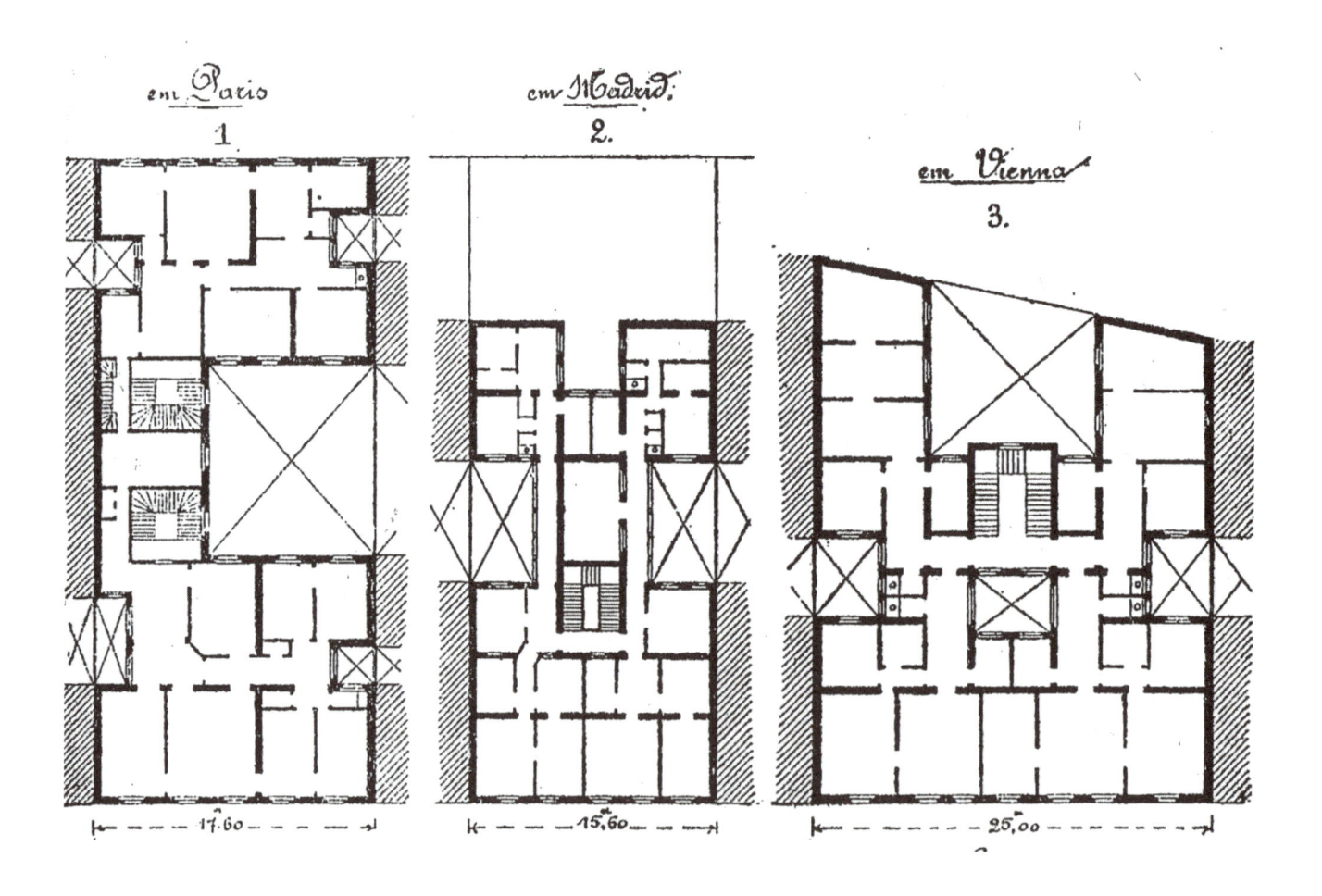

nhos muito similares aos encontrados na área central de São Paulo, onde também aparecem fachadas de 15 m a 25 m, com profundidades não superiores ao dobro, denotando uma regra de proporção também presente na cidade.

É interessante destacar, como mostram as Figuras 6a e 6b, que houve, nas duas décadas iniciais do século XX, uma disseminação do uso do pátio central como forma de iluminação e ventilação. A profusão dessa morfologia pode ser atribuída às menores exigências relativas à iluminação e ventilação então existentes, bem como à necessidade de maior travamento estrutural proporcionado pelo menor número de reentrâncias. Os edifícios Sampaio Moreira, de 1928, e Hotel Central, de 1908, são exemplos claros da utilização do pátio central. A partir de 1929, com a promulgação da Lei nº 3.427, as condições de insolação, iluminação e ventilação passam a ser mais exigentes, sendo necessária, em ruas já existentes, uma hora de insolação para ambientes de dormir, não sendo mais permitida tal solução.

Outra característica em destaque nos edifícios da área central, como aponta Cibele Taralli (1993), são os recuos ao estilo de mansardas na parte superior do edifício, para possibilitar alturas maiores – artifício formal criado pelo Decreto-lei nº 92, de 1941, cujo diploma legal estabelece, como altura máxima das edificações:

- 40 m em ruas com até 12 m;
- 60 m em ruas de largura igual ou superior a 12 m, até 18 m;
- 80 m em ruas de largura igual ou superior a 18 m.

Além disso, define que edifícios com altura superior a 40 m devem apresentar recuos laterais de, no mínimo, 2,5 m, na forma especificada no Quadro 1 (p. 211). A partir da altura de 65 m, o recuo deve ser de 4,5 m.

A largura da rua determina a altura da edificação, mas, recuando os andares superiores, é possível aumentá-la. A partir dos anos 1940, tal recurso se dissemina, garantindo a construção de maior metragem quadrada.

Analisando os dados usados neste trabalho,[2] verifica-se, na planta dos

---

[2] Ver Tabela 3, ao final deste capítulo, feita sobre uma listagem de setenta edifícios (cujos projetos são referidos nas publicações consultadas), complementada por um conjunto de 41, escolhidos aleatoriamente da lista de processos consultados, totalizando um universo de 111 edificações, que considera como se organizam as áreas de iluminação e ventilação na planta do edifício.

Figura 5
Entorno da praça Patriarca.
Fonte: Mapa Digital
da cidade (2004).

O futuro da reciclagem de edifícios altos

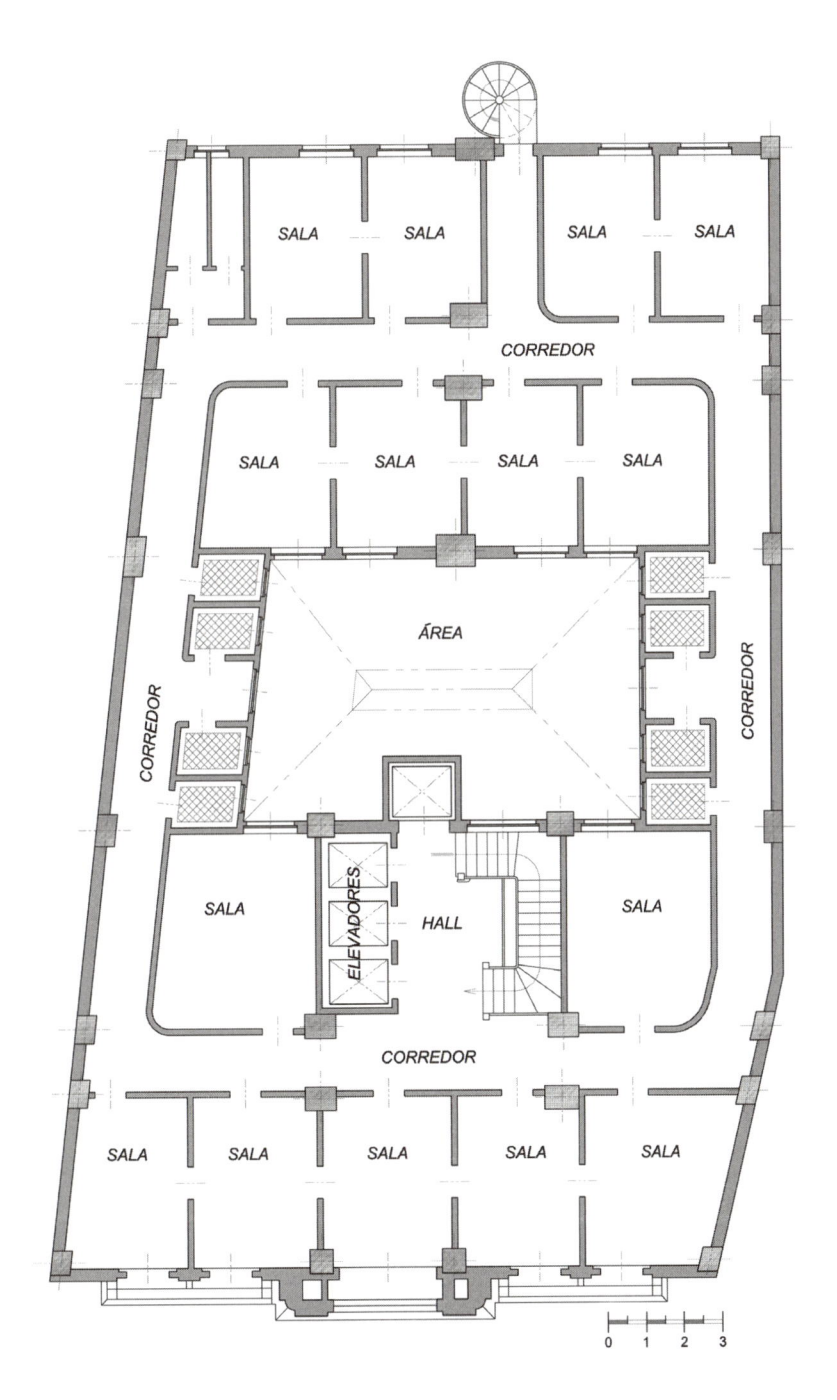

Figura 6a
Edifício com pátio central.
Edifício Sampaio Moreira.
Fonte: Arquivo Central do Piqueri.
Planta redesenhada por AD.

Figura 6b
Edifício com pátio central.
Edifício Hotel Central
Fonte: Arquivo Washington Luis.
Planta redesenhada por AD.

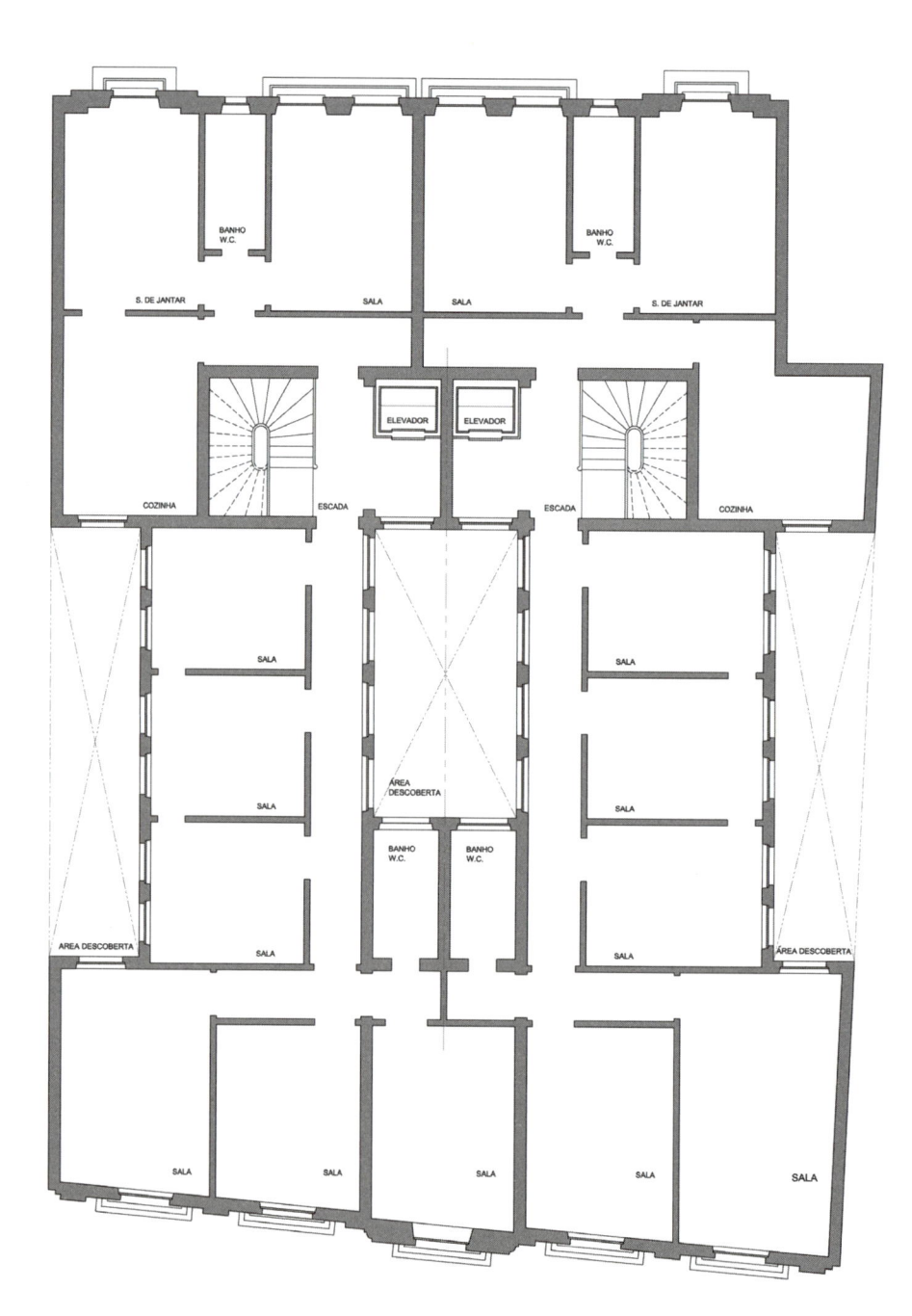

PLANTA DO SEGUNDO ANDAR

O futuro da reciclagem de edifícios altos

Zona central – Altura máxima total

Decreto-lei nº 92 de 2 de maio de 1941

Largura da rua	Alt. max. total	Artigo	65,00≥H≥40,00	80,00≥H≥65,00	H>80,00
L<12,00	40,00	I			
12,00=L<18,00	60,00	II			
L≥18,00	80,00	III			
			Corpos elevados – Perímetro regular e tratamento arquitetônico idêntico à "fachada principal"		

{ 25% da área do lote, se for lote interno.
50% da área do lote, se for lote de esquina.
35% da earea do lote se for lote isolado.

Quadro 1
Recuo dos andares superiores.
Fonte: Baseado em Ayres Netto (1955). Redesenhado por AD.

Figura 7
Exemplo de edifício com recuo nos andares superiores.
Foto: AD.

O futuro da reciclagem de edifícios altos

Figura 8
Diferentes tipos de suporte.
Fonte: AD.

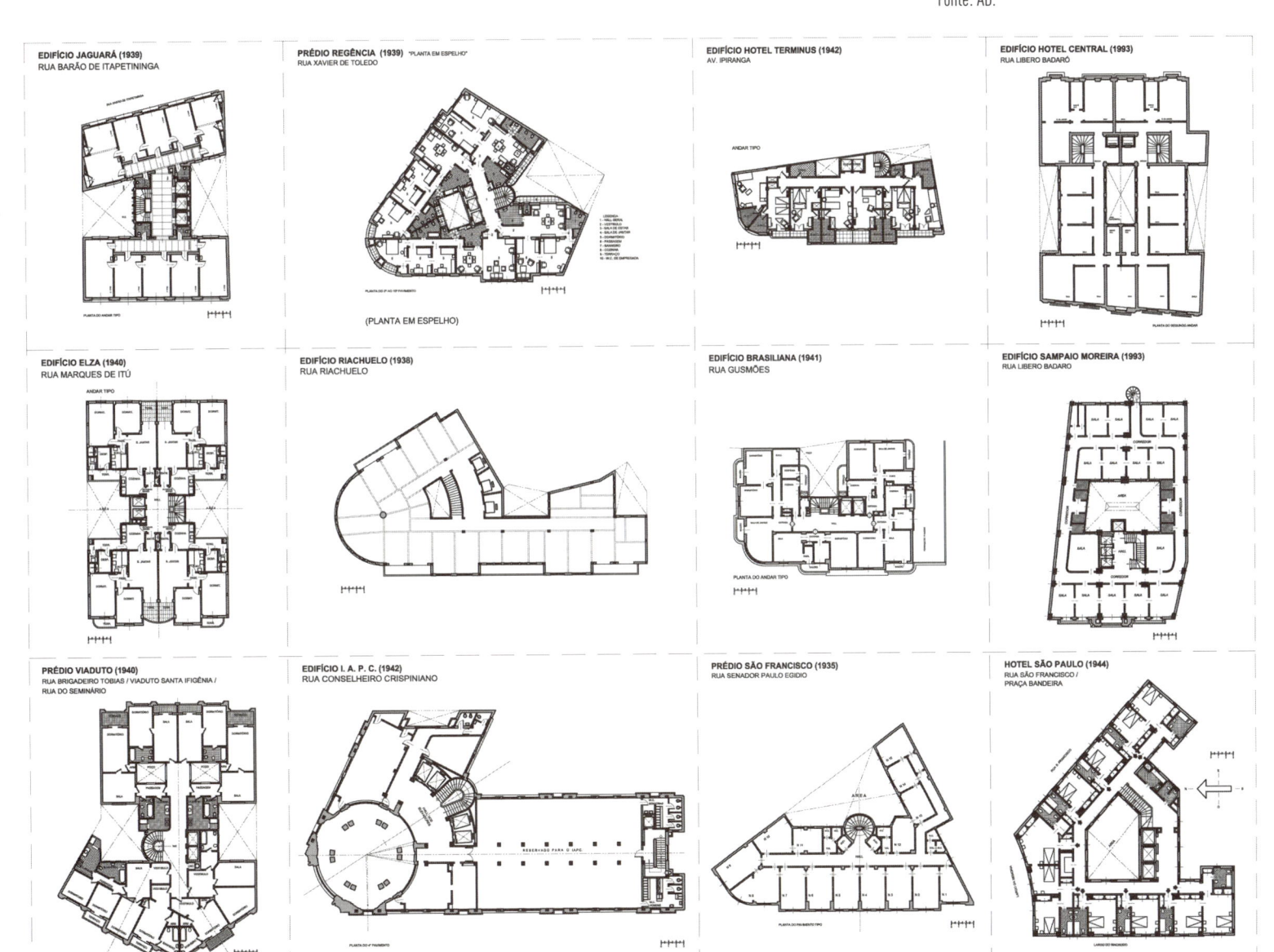

suportes, uma série de tipologias recorrentes (ver Figura 8), cuja incidência é mostrada no Quadro 2.
- planta em H, ½ H e ¼ H;
- planta de esquina;
- planta em T;
- planta com poço central;
- planta com torre.

Segundo este quadro, que sistematiza as informações levantadas da análise das plantas dos suportes, é possível verificar que há um predomínio da tipologia H e suas derivações, apresentando 44 expoentes de um total de 115, o que, no universo tratado, corresponde a aproximadamente 40%. A tipologia H é adequada tanto para uso residencial quanto para os usos comercial (escritórios) e hoteleiro. O edifício Elsa, de 1943, e o Prédio Viaduto, de 1940, são exemplos claros da adequação dessa tipologia ao uso residencial. Com quatro unidades por andar, as plantas desses suportes apresentam projeção de aproximadamente 16 m de frente e 30 m de fundo. A planta do andar tipo está organizada em torno de um *hall* central, que concentra elevadores e escadas, dando acesso para dois blocos, um frontal e um posterior. Cada um dos blocos tem profundidade aproximada de 10 metros. A configuração da planta destaca-se por concentrar as áreas molhadas em torno do *hall* de entrada. Os pilares respeitam estrutura com vão tipo, delimitando claramente duas zonas com

Quadro 2
Distribuição por tipologia dos suportes.

Tipologias	Incidência	%
H (½ H; ¼ H)	44	40%
Esquina	40	35%
T	4	3%
Poço Central	16	14%
Torre	5	5%
Outros	4	3%
Total	115	100%

dimensões similares: uma externa, ou de fachada, e uma interna. Essas duas zonas podem estar contíguas ou separadas por uma margem de transição. A zona de fachada, denominada α, pode receber espaços de uso geral ou de permanência prolongada. Em contraste, a zona β com localização interior, está apta a receber espaços de apoio.

Também enquadrados nessa tipologia estão aqueles edifícios com duas unidades por andar, como o edifício Amália, de 1939, e o Dom Segundo Rossa, de 1930. Com projeção de aproximadamente 12 m de frente e 24 m de fundo, a profundidade dos blocos continua sendo de 10 m cada, com um tamanho menor para o *hall* de elevadores.

Essa tipologia também se adapta bem ao uso comercial, propiciando circulações enxutas, com pouco consumo de área, como no edifício Jaraguá, de 1939. Nessa tipologia, as dimensões de projeção da planta são similares às encontradas no uso residencial, estando a planta estruturada em dois blocos separados pelo bloco de circulação. Tal circulação central facilita a distribuição, com baixo consumo de área, das futuras unidades residenciais. Considerando a grade estrutural, ela é retangular do tipo 3,2 m × 3,8 m ou módulos proporcionais, permitindo receber um amplo leque de atividades.

Uma comparação gráfica de sete exemplos da tipologia permite-nos constatar algumas regularidades. A área da planta tipo está entre 160 m^2 e 500 m^2. Em todos os edifícios, a circulação está localizada no corpo central do edifício, aglutinando escadas e elevadores num mesmo *hall*. Considerando as atuais exigências de segurança, a configuração do *hall* permite criar uma câmara, isolando a escada com portas corta-fogo com 1 metro de largura, deixando um *hall* de elevadores com 2 m de largura.

Considerando as possibilidades de intervenção, essa planta permite criar oito apartamentos por andar, com aproximadamente 40 m^2, ou quatro apartamentos com aproximadamente 80 m^2 cada, ou seis apartamentos por andar, combinando os dois tipos. A tipologia em H facilita criar *shafts* de instalações nas áreas de ventilação e iluminação e colocar banheiros e cozinhas nas adjacências. O consumo de áreas de circulação é baixo (de 10% a 15% da área do andar tipo).

Figura 9a
Edifício Elsa
Fonte: *Revista Acrópole* (abril de 1943). Planta redesenhada por AD.

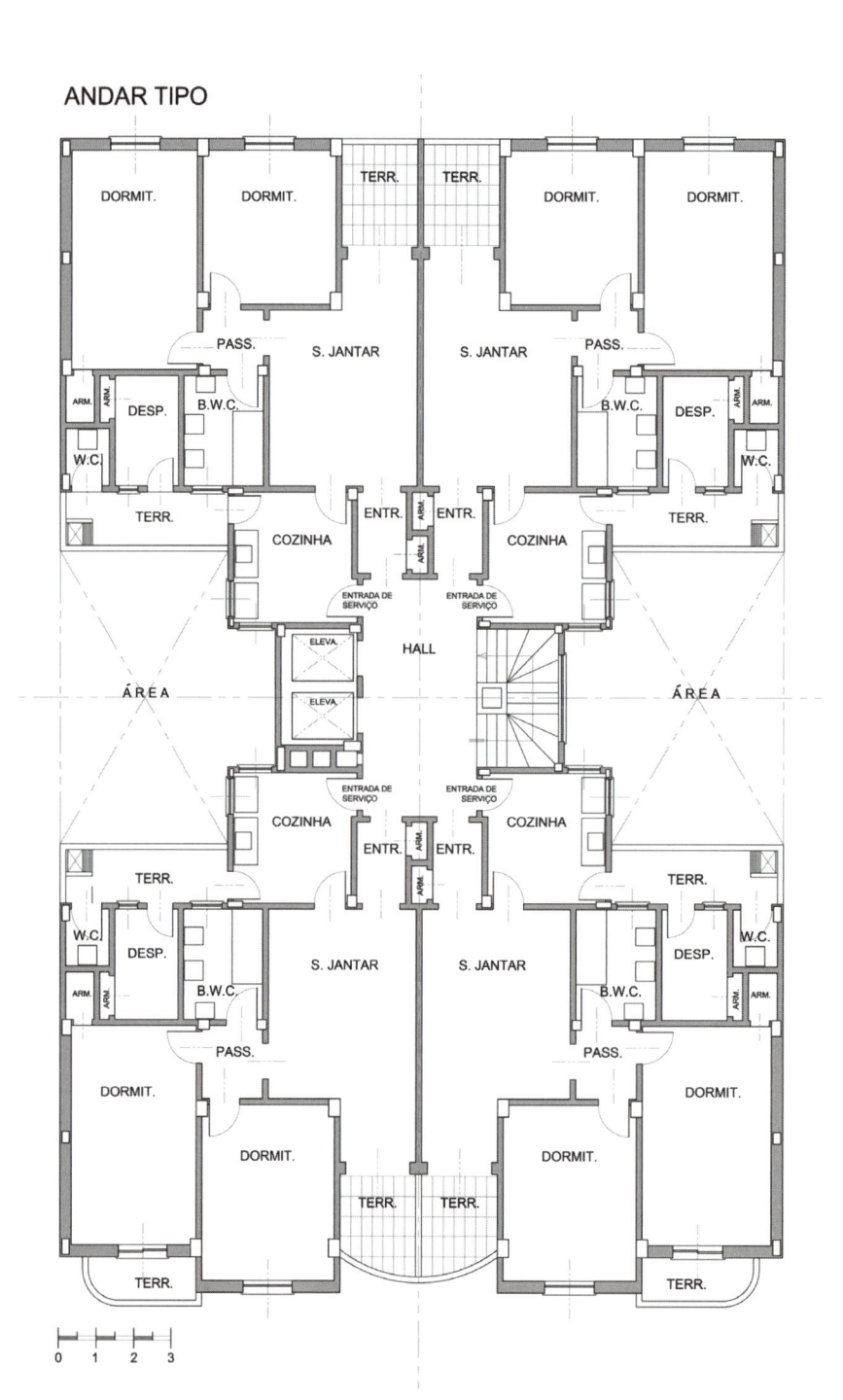

ANDAR TIPO

O futuro da reciclagem de edifícios altos

Figura 9b
Prédio Viaduto.
Fonte: *Revista Acrópole* (nov. de 1940). Planta redesenhada por AD.

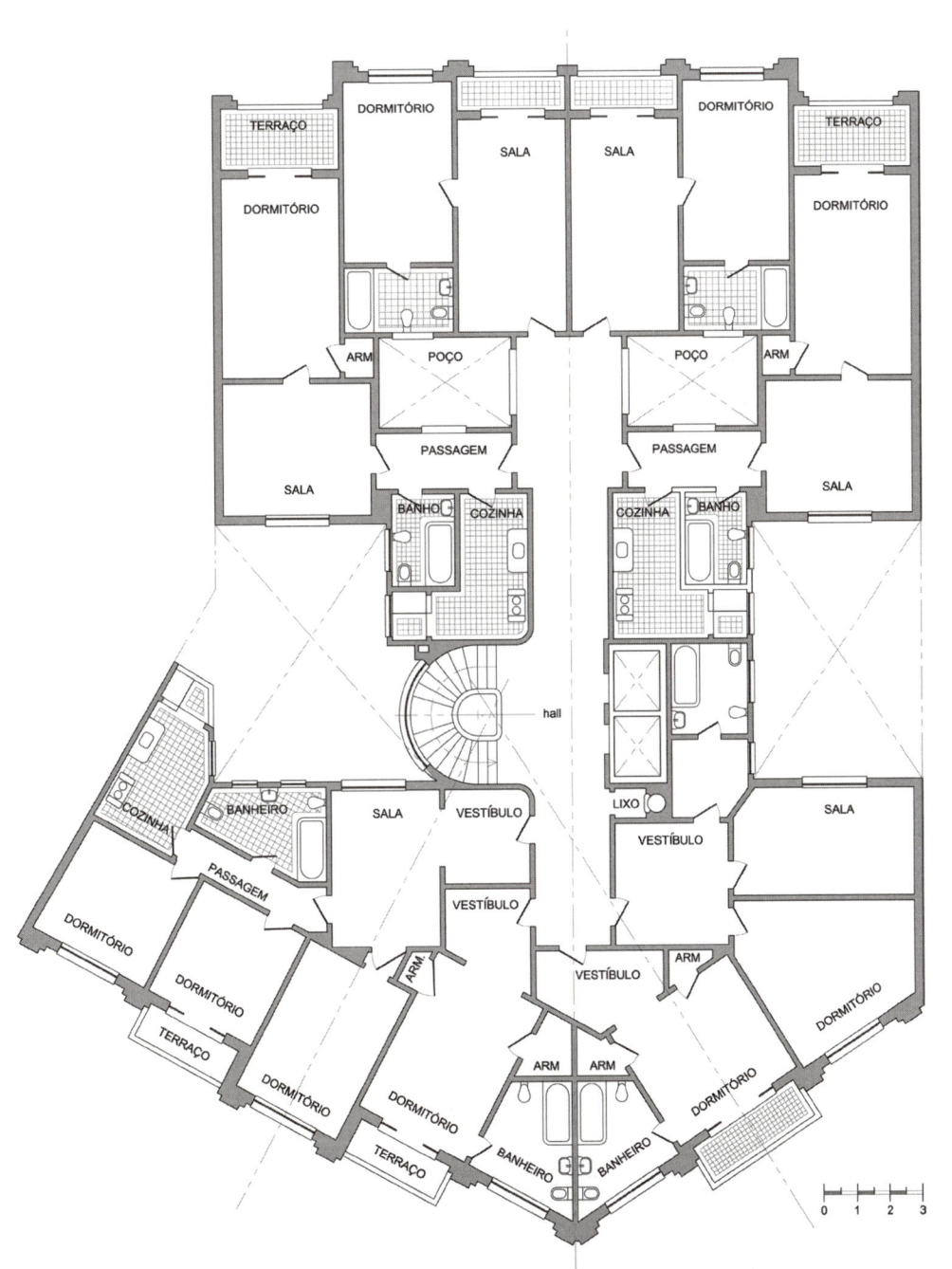

Figura 10a
Tipologia H: edifício Cambridge Hotel, situado na avenida Nove de Julho, 216.
Fotos: AD.

Figura 10b
Tipologia H: edifício Pax Hotel, situado na Alameda Barão de Limeira, 253.
Fotos: AD.

REFORMAR NÃO É CONSTRUIR

Figura 10c
Tipologia H: prédio na avenida
São João, 1496.
Fotos: AD.

O futuro da reciclagem de edifícios altos

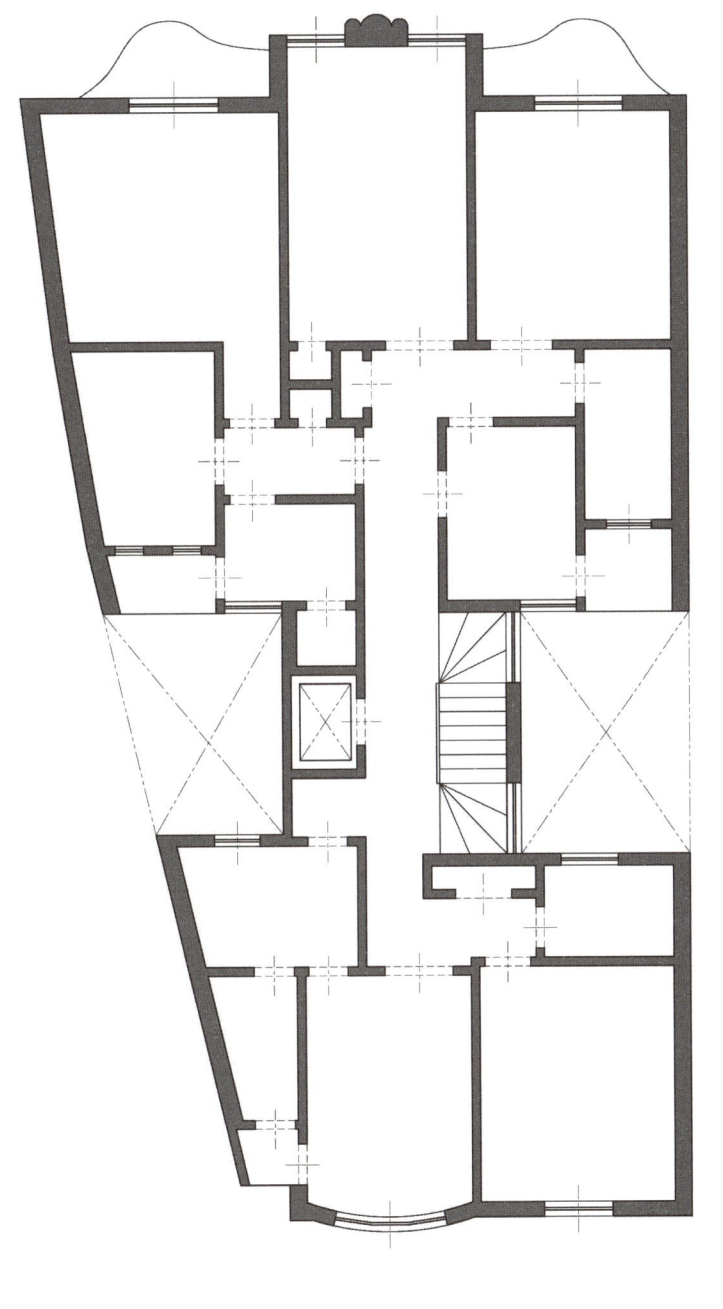

Figura 11
Edifício Amália.
Fonte: Arquivo Central do Piqueri.
Planta redesenhada por AD.

PLANTA DOS ANDARES

0 1 2 3

Figura 12
Edifício Jaraguá.
Fonte: *Revista Acrópole* (set. de 1941). Planta redesenhada por AD.

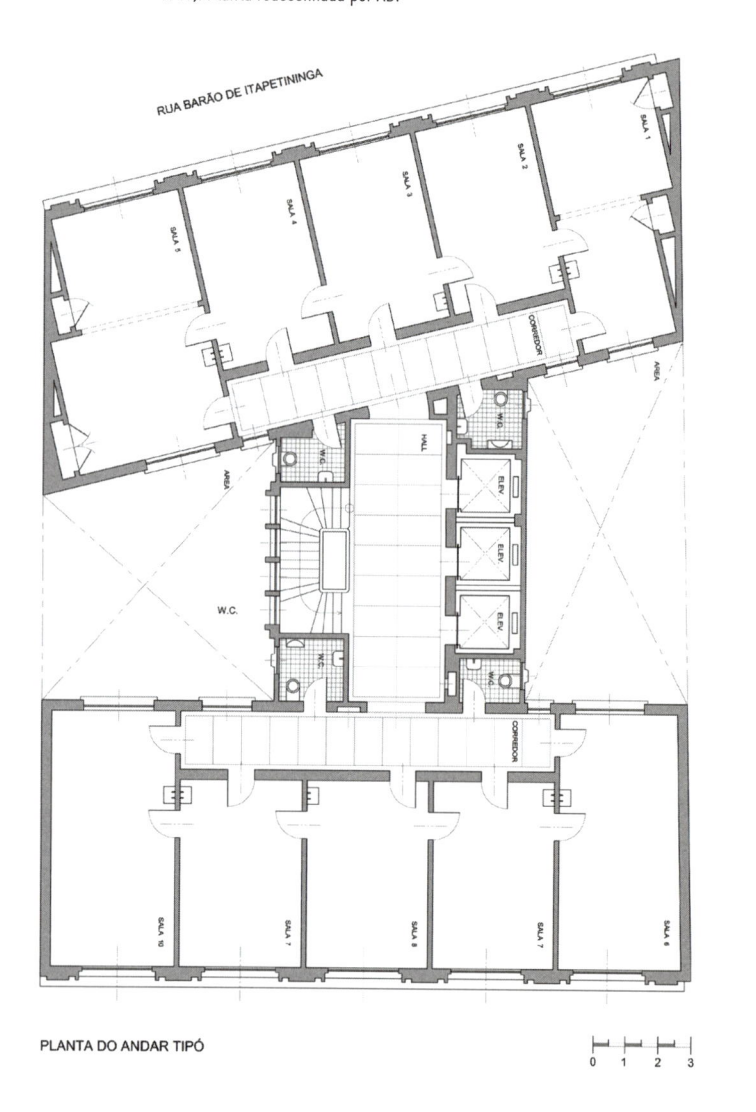

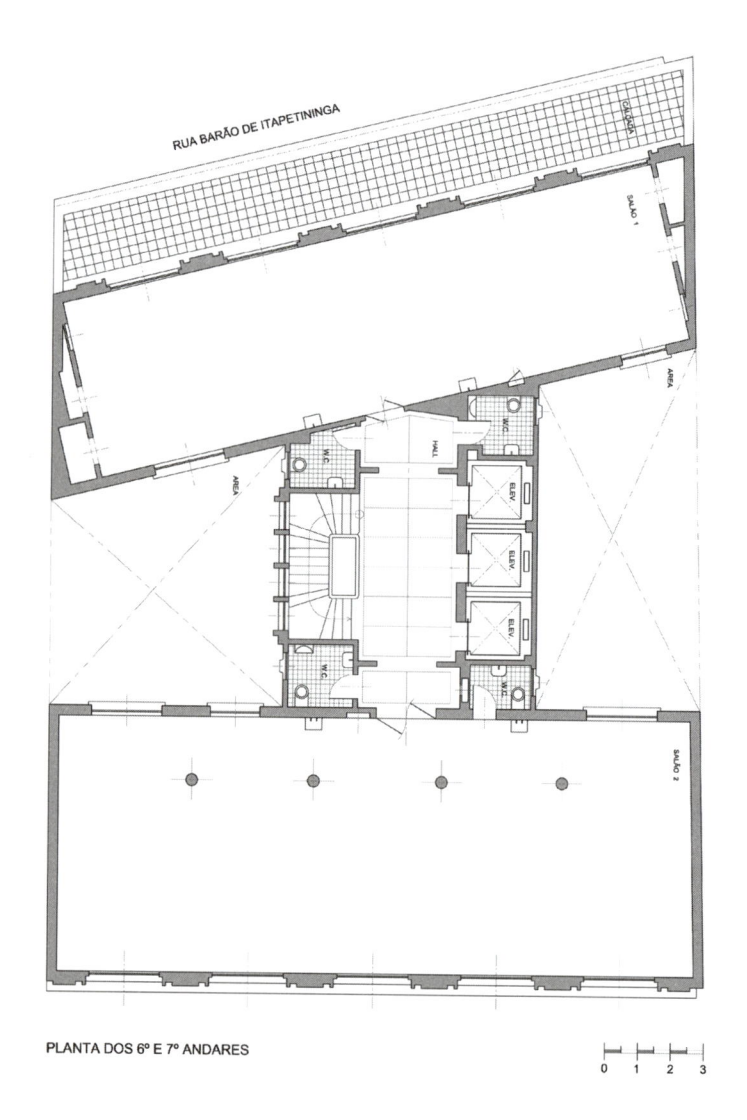

O futuro da reciclagem de edifícios altos

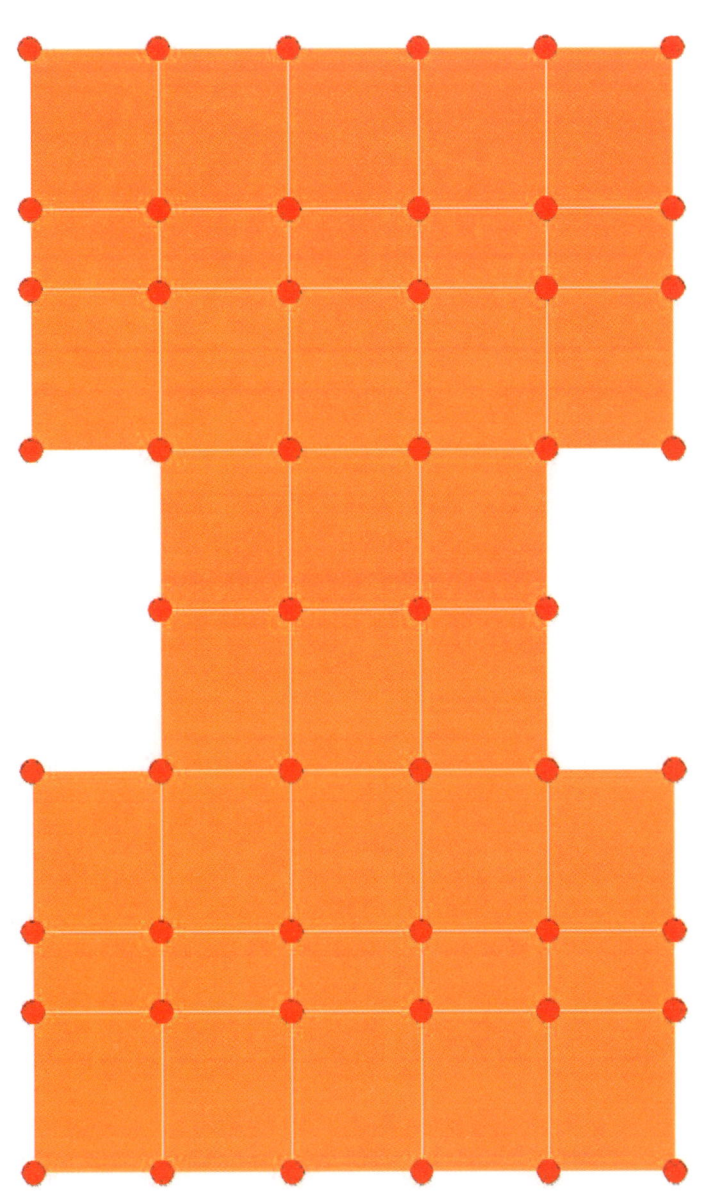

Figura 13
Estrutura típica da tipologia H.
Fonte: AD.

Figura 14a
Diferentes plantas de edifícios de tipologia H. Edifício Jaguará (1939). Rua Barão de Itapetininga.
Fonte: AD.

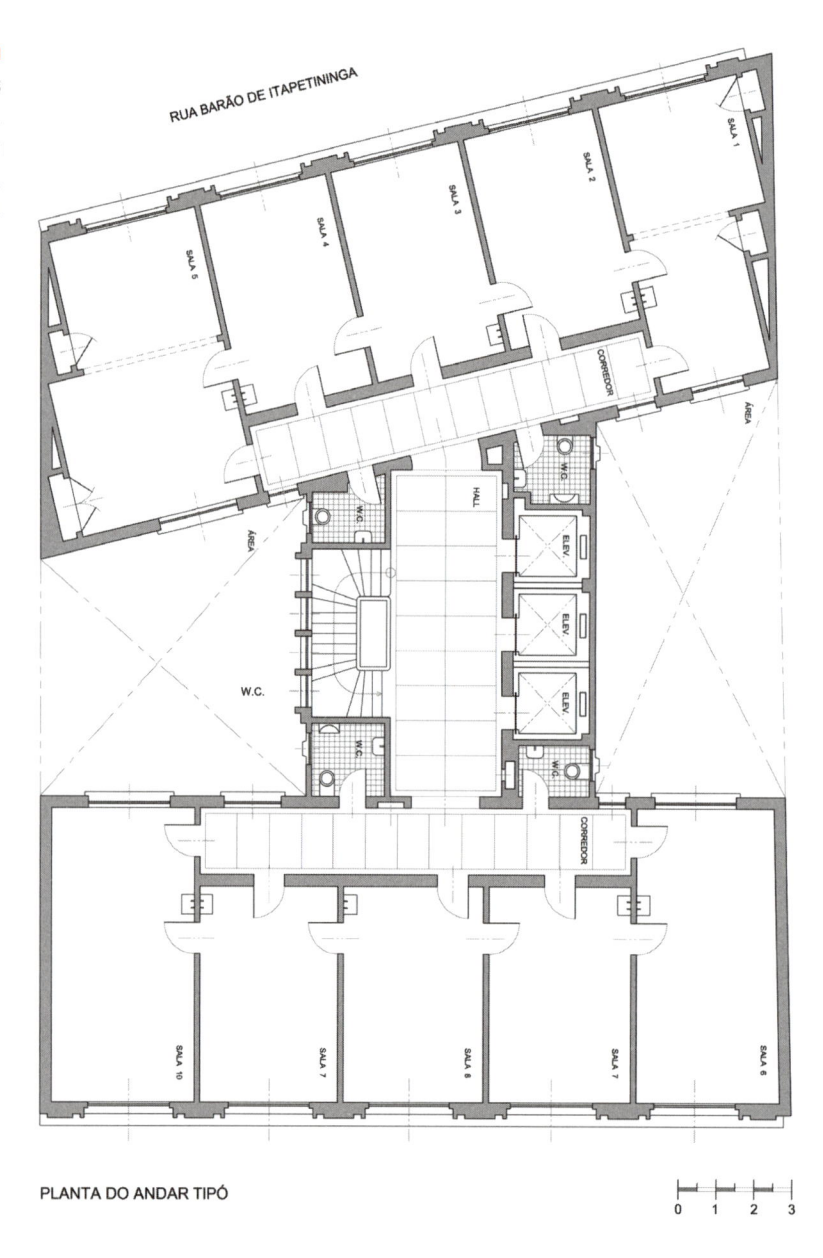

PLANTA DO ANDAR TIPO

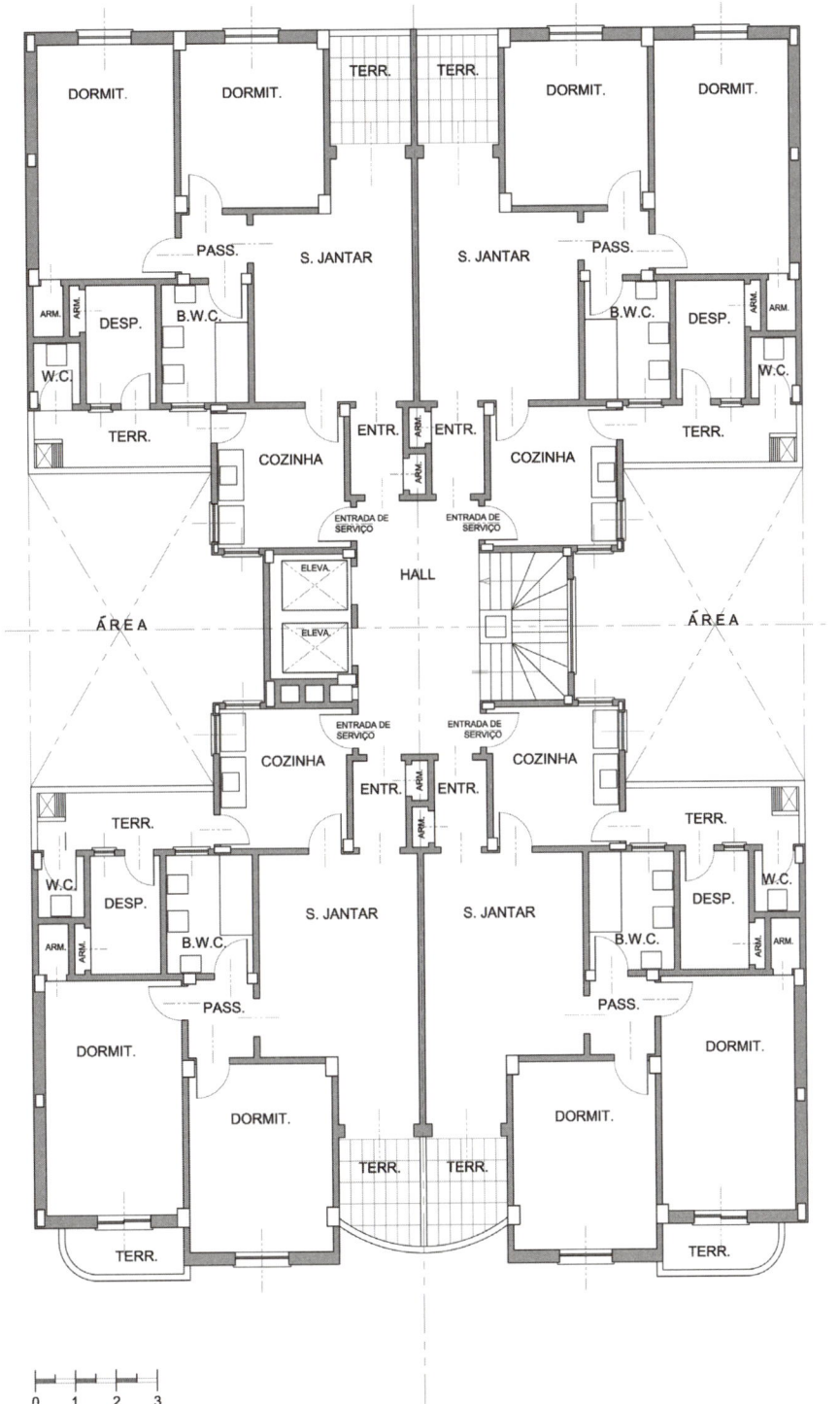

O futuro da reciclagem de edifícios altos

Figura 14b
Diferentes plantas de edifícios de tipologia H.
Edifício Elza (1940).
Rua Marques de Itú.
Fonte: AD.

Figura 14c
Diferentes plantas de edifícios de tipologia H. Prédio Viaduto (1940). Rua Brigadeiro Tobias/ Viaduto Santa Efigênia/Rua do Seminário.
Fonte: AD.

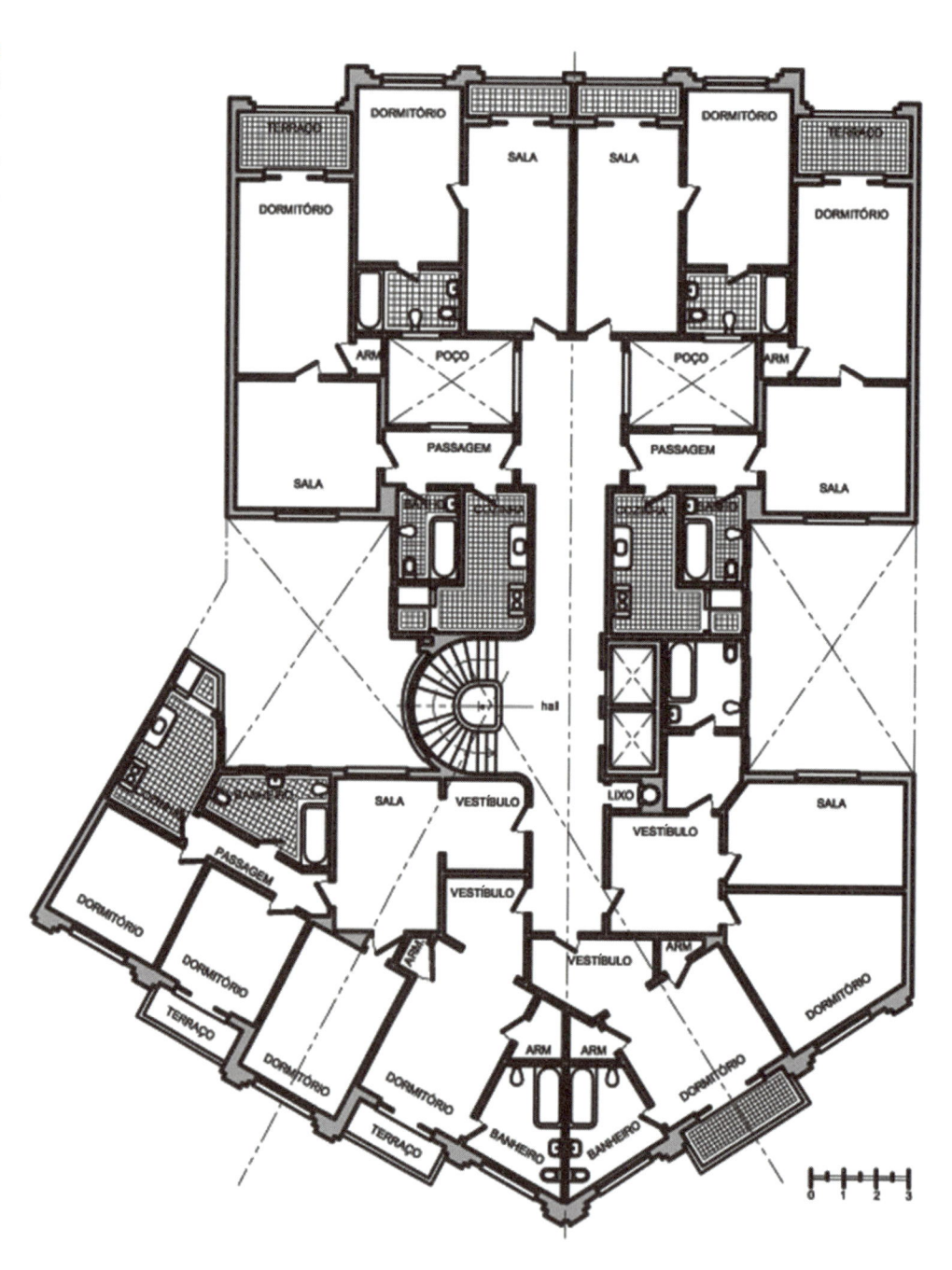

Com 36 expoentes, em um total de 111, a tipologia esquina, com suas três derivações, é a segunda a apresentar maior incidência. Essa tipologia é herança da influência academicista francesa, que coloca a esquina como destaque no agenciamento proposto, com cuidadoso desenho da caixilharia (ver edifício David C. Cury, Figura 15).

Um exemplo claro disso é a planta do Edifício IAPC (comercial). As duas sequências de salas culminam num grande salão (que coincide com a esquina), acessível diretamente do *hall*. Também no edifício Regência, de 1939, a esquina é destinada para as salas de dois apartamentos, uma tipologia muito usada na cidade de São Paulo para uso residencial (ou comercial). Na tipologia esquina total, uma comparação gráfica de três exemplos, como os apresentados nas Figuras 17a, 17b e 17c, permite verificar que as estruturas de circulação principal, com escadas e elevadores, estão situadas em *hall* localizado no eixo da esquina. A partir desse ponto, organizam-se dois eixos perpendiculares de circulação horizontal, que permitem estruturar a planta em duas alas, cada uma delas com profundidade aproximada de 10 m. Essa organização espacial repete-se com diferentes dimensões, recebendo usos variados. Trata-se de uma configuração que acaba consumindo 15% a 20% da superfície do espaço de circulação do andar tipo.

Nessa tipologia, o andar tipo mede cerca de 300 m^2 a 600 m^2. No momento da reconversão, tal organização do *hall* de entrada permite isolar o recinto com portas corta-fogo, separando elevadores e escadas dos corredores de circulação.

Figura 15
Tipologia esquina total: edifício David C. Cury.
Fonte: AD.

Figura 16
Tipologia esquina total:
edifício Regência.
Foto: AD.

A grade estrutural é do tipo 3 m × 3,6 m, como mostra a Figura 20, organizando dois blocos perpendiculares, sejam curtos ou longos. Essa estrutura define duas zonas, que podem ser contíguas ou separadas por uma margem de transição. A zona de fachada pode receber tanto espaços de uso geral quanto os de permanência prolongada. Em contraste, a zona com localização interior pode receber espaços de apoio ou de circulação.

Considerando as intervenções possíveis, essa tipologia permite criar apartamentos utilizando o total da profundidade da ala. Os edifícios, de tamanho médio em sua maioria, permitem alocar aproximadamente cinco apartamentos. Nos edifícios cuja área da planta tipo é superior a 500 m², é possível criar até dez apartamentos. Tal tipologia se destaca por apresentar taxa de ocupação do lote próximo aos 70%, superior a da tipologia H.

Como mostram os exemplos de intervenção, a organização dos apartamentos dá-se ao longo do corredor de acesso, predominando a iluminação principal das unidades feita pela fachada. Quando os edifícios apresentam superfície de andar tipo superior aos 400 m², é possível que se encontrem profundidades superiores a 10 m. Tal situação permite criar sequências de apartamentos com duas frentes e organizados ao longo de corredor central.

A última tipologia que se destaca é a denominada poço central. Com dezesseis expoentes em 111, hoje em dia ela é pouco frequente, devido às exigências de iluminação e ventilação. No início do século XX, a maioria dos edifícios verticalizados apresentava tal forma de iluminação e ventilação, permitindo um maior travamento estrutural. No andar térreo, grandes armazéns tinham, na parte central, claraboias que permitiam iluminação do corpo central. Nos andares superiores, essa claraboia coincidia com a abertura do poço central de iluminação do edifício. Muitas vezes, a partir dos anos 1930, o pátio central é concebido com a junção de dois edifícios na quadra urbana.

O futuro da reciclagem de edifícios altos

Figura 17a
Diferentes plantas de tipologia esquina total.
Edifício I.A.P.C. (1942).
Rua Conselheiro Crispiniano.
Fonte: AD.

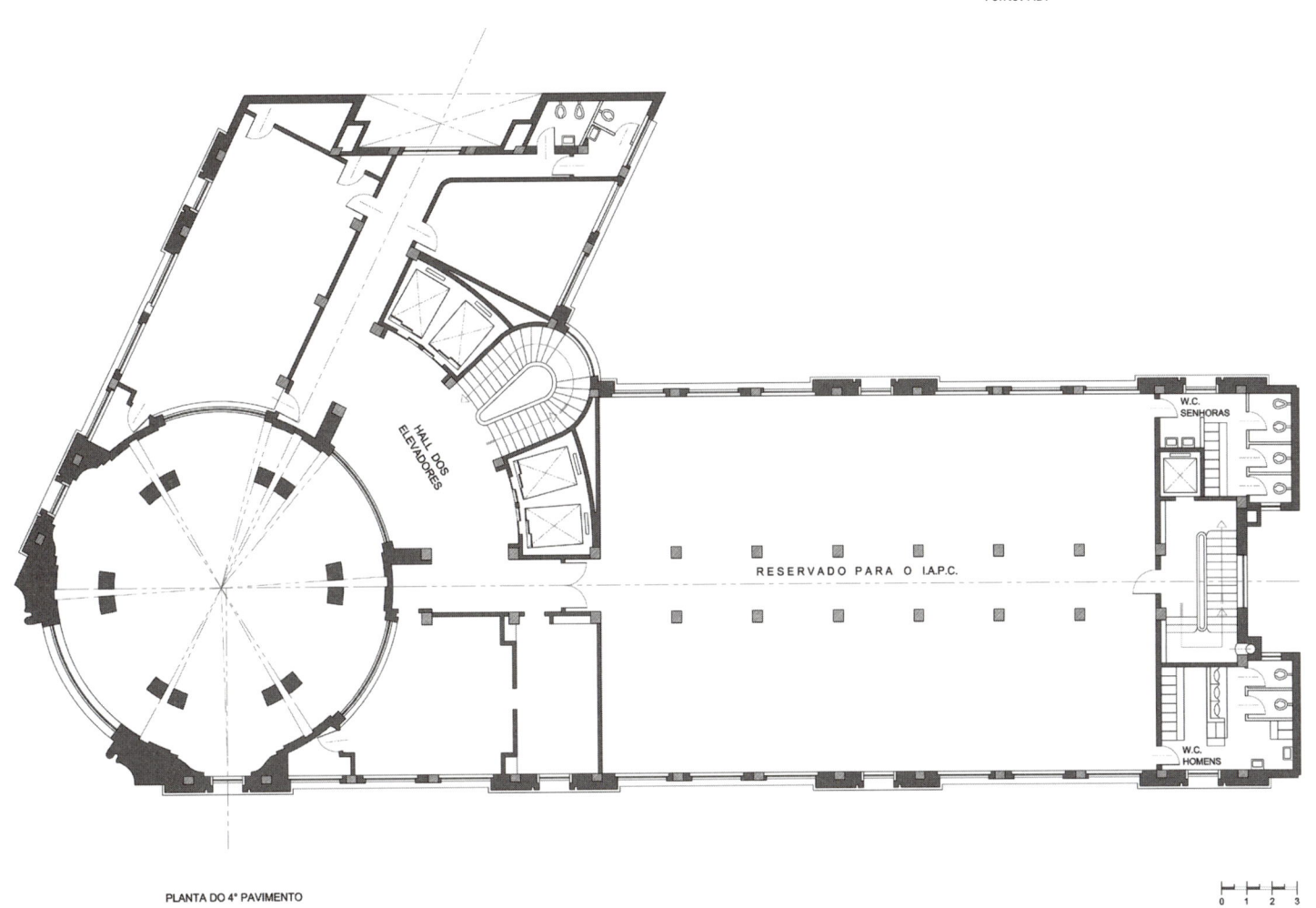

PLANTA DO 4º PAVIMENTO

Figura 17b
Diferentes plantas de tipologia esquina total.
Prédio Regência (1939).
Rua Xavier de Toledo.
Fonte: AD.

LEGENDA :
1 - HALL GERAL
2 - VESTÍBULO
3 - SALA DE ESTAR
4 - SALA DE JANTAR
5 - DORMITÓRIO
6 - PASSAGEM
7 - BANHEIRO
8 - COZINHA
9 - TERRAÇO
10 - W.C. DE EMPREGADA

PLANTA DO 2º AO 10º PAVIMENTO

O futuro da reciclagem de edifícios altos

Figura 17c
Diferentes plantas de tipologia esquina total.
Edifício Riachuelo (1938).
Rua Riachuelo.
Fonte: AD.

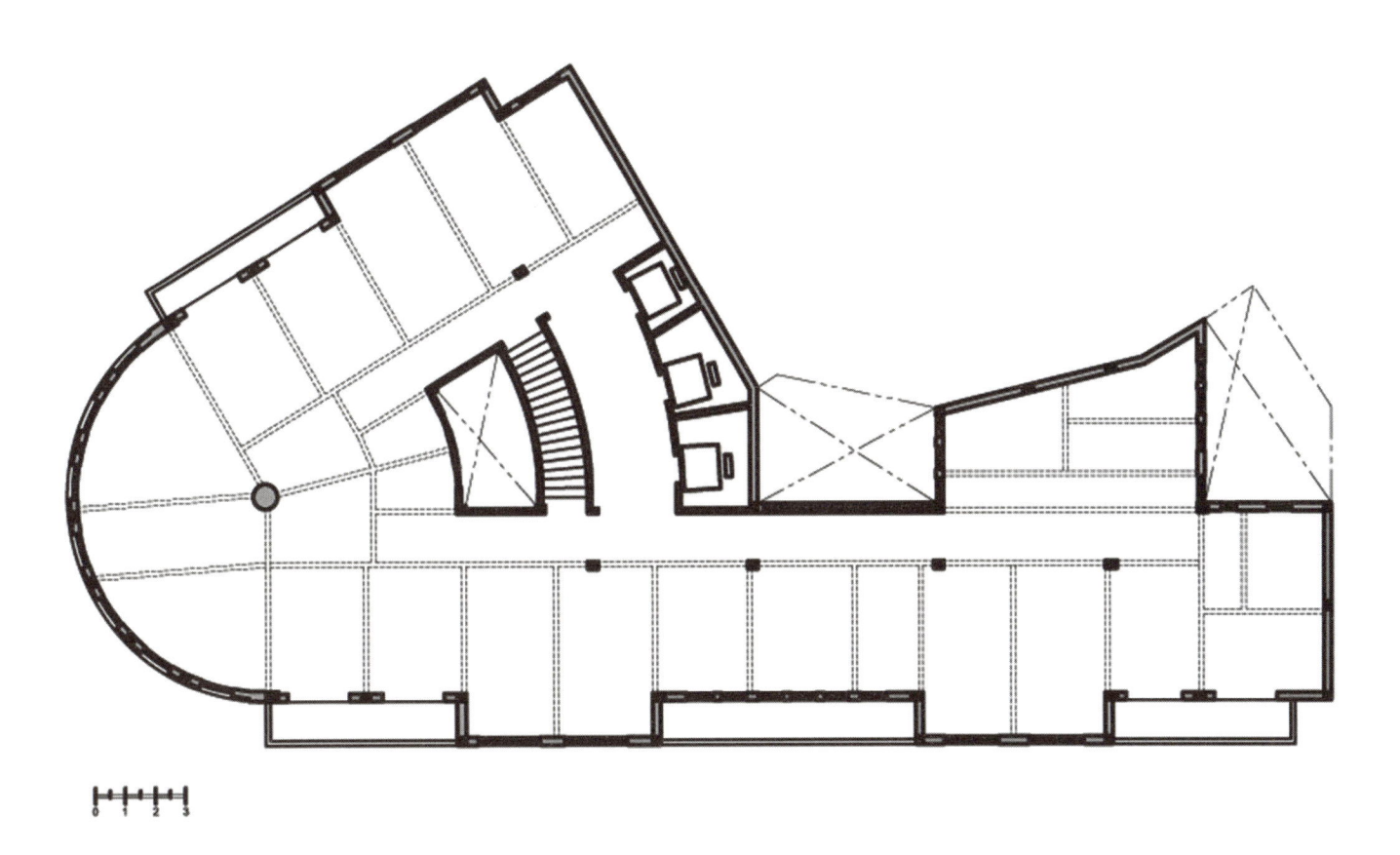

Figura 18
Estrutura típica da tipologia esquina.
Fonte: AD.

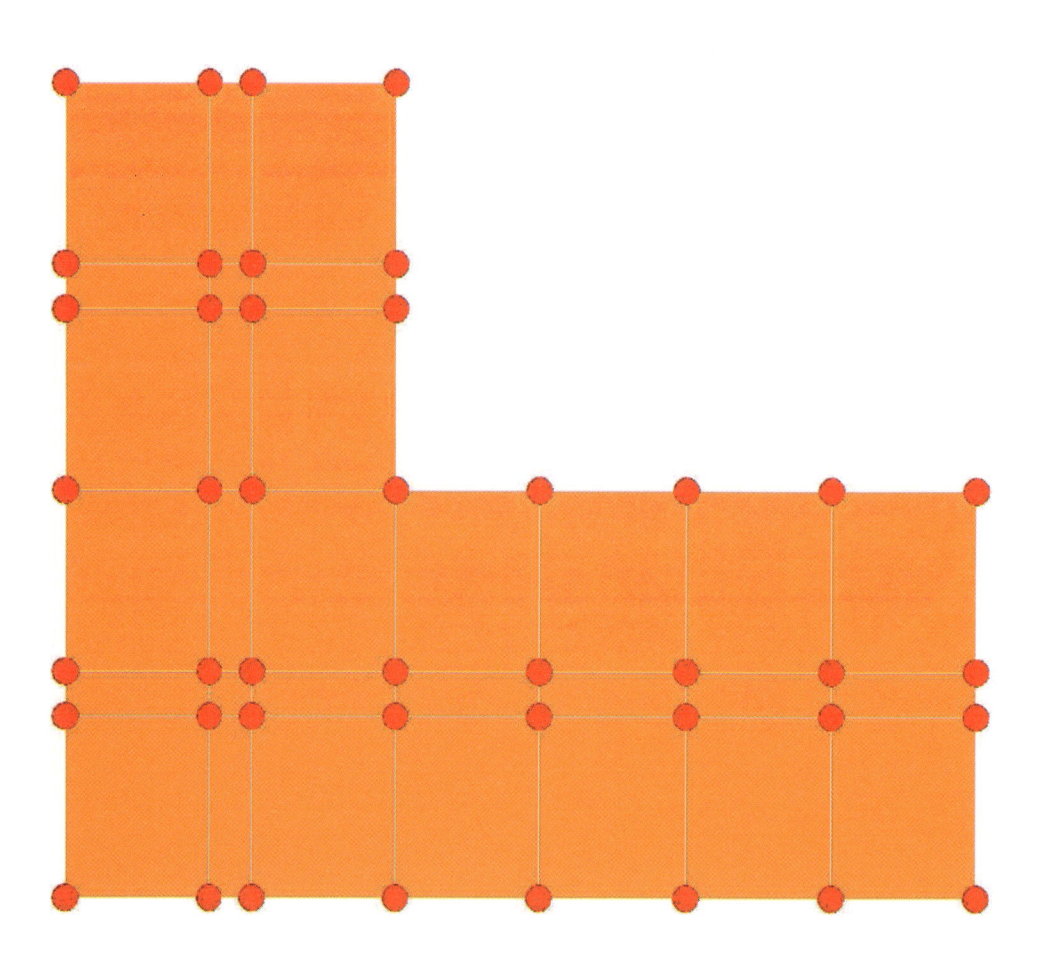

Figura 19a
Tipologia esquina:
edifício Ângela Frizzo.
Foto: AD.

Figura 19b
Tipologia esquina: prédio na rua
Marconi, esquina com
rua Sete de Abril.
Foto: AD.

O futuro da reciclagem de edifícios altos

Figura 19c
Tipologia esquina: prédio na rua Vieira de Carvalho, esquina com rua Aurora.
Foto: AD.

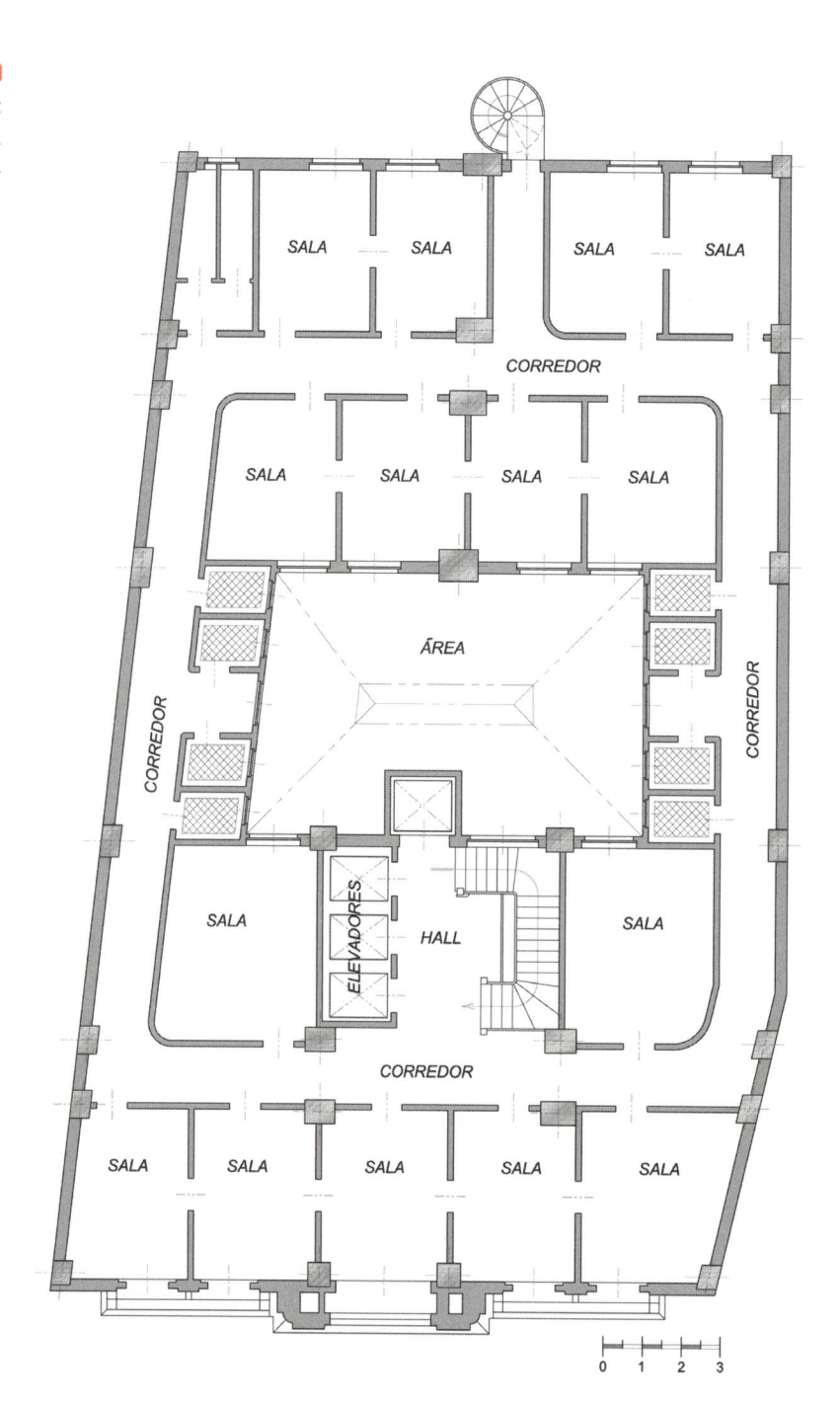

Figura 20
Tipologia pátio central:
edifício Sampaio Moreira.
Fonte: AD.

Figura 21
Estrutura típica da tipologia pátio central.
Fonte: AD.

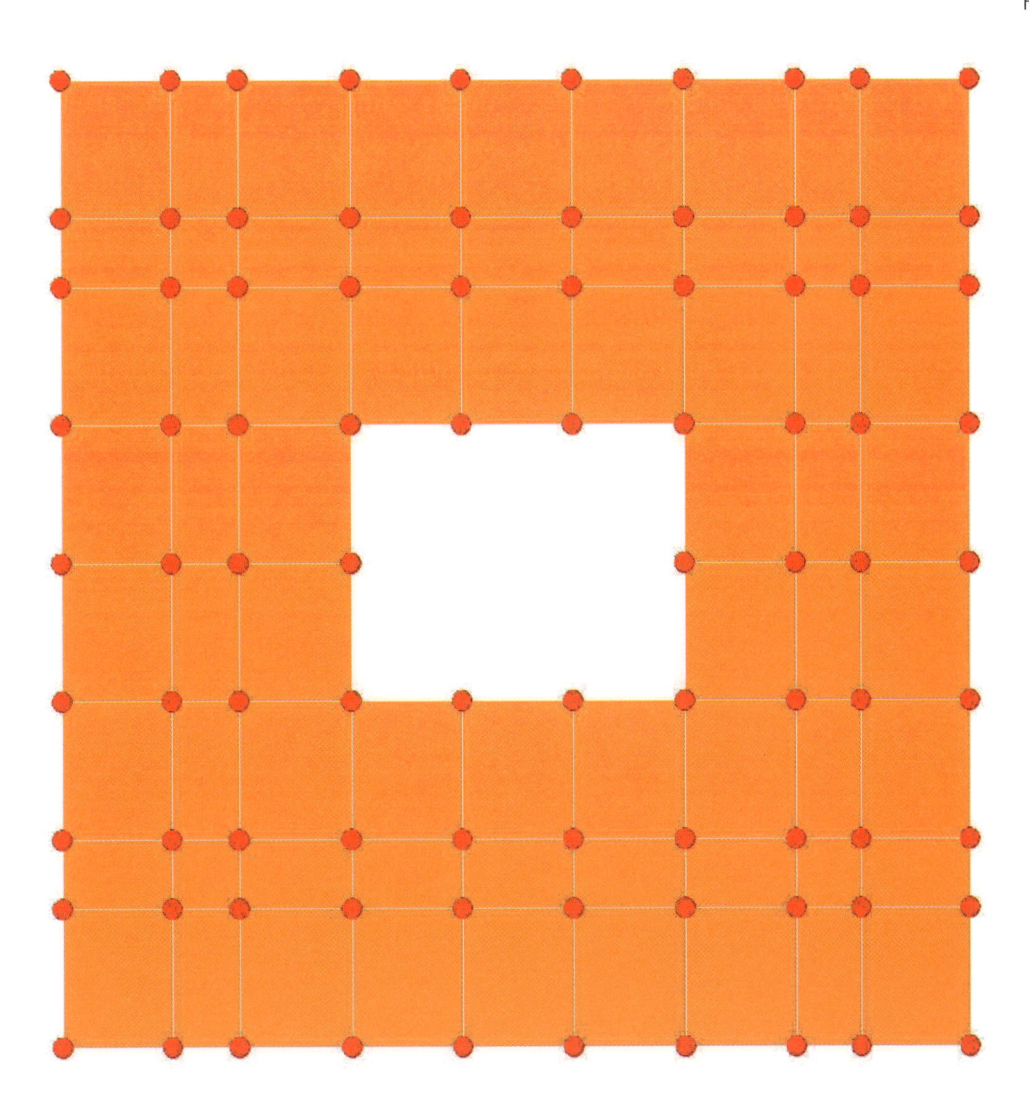

Embora a malha estrutural seja a mesma das duas outras tipologias, predominando aquela com 3 m × 3,6 m, a disposição interna torna-se mais difícil, por exigir circulação contornando todo o perímetro do edifício. Ademais, é importante destacar que, na hora da readequação de sua planta, essa tipologia requer abertura de cômodos voltados para o pátio central, situação que, segundo as normas atuais, é pouco adequada para iluminação e ventilação.

A tipologia meio poço central é bem mais adequada para reconversão do que a anterior. O consumo de área para circulação chega a diminuir 50%, permitindo que os cômodos situados na parte posterior sejam de permanência transitória. A maioria dessas edificações é de porte pequeno, com superfície de andar tipo entre 250 m² e 300 m². As fachadas apresentam em torno de 20 m a 25 m, com profundidades entre 10 m e 15 m. As estruturas de circulação situam-se no eixo central da planta e, em geral, permitem seu isolamento com portas antifogo.

O futuro da reciclagem de edifícios altos

Figura 22
Tipologia meio pátio central:
planta do edifício Anhumas.
Fonte: AD.

PLANTA DO ANDAR TIPO

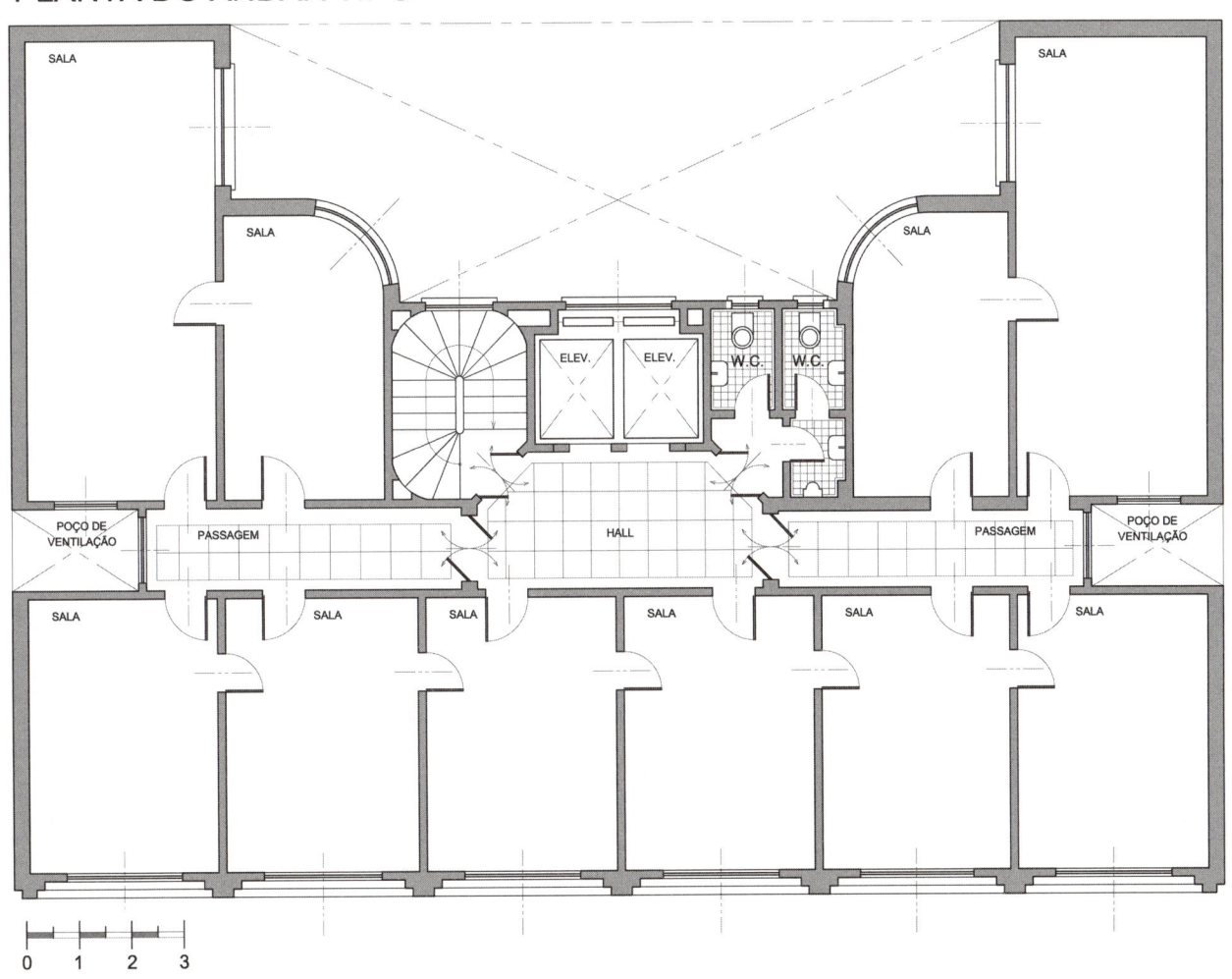

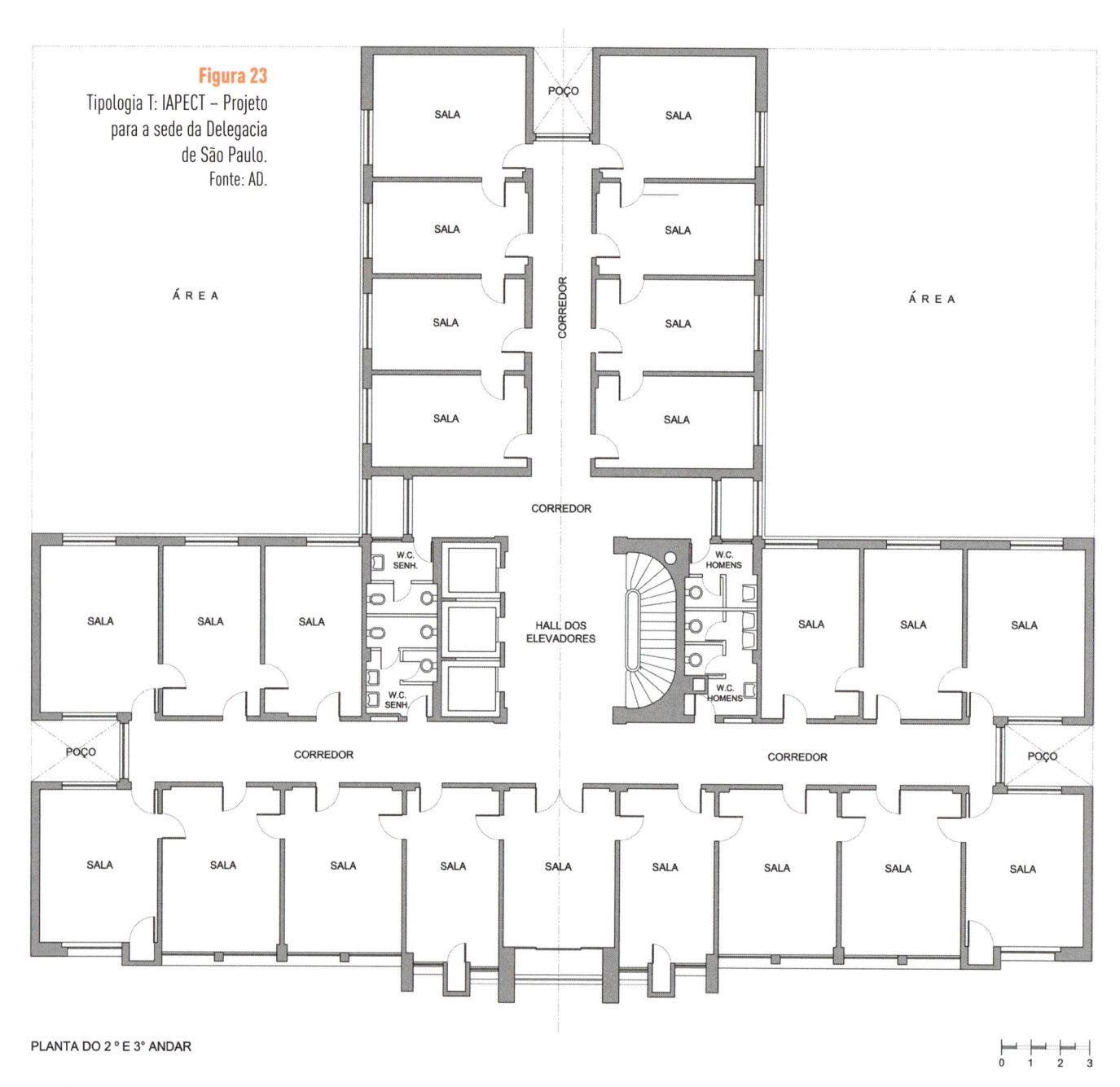

REFORMAR NÃO É CONSTRUIR

Figura 23
Tipologia T: IAPETC – Projeto para a sede da Delegacia de São Paulo.
Fonte: AD.

PLANTA DO 2° E 3° ANDAR

O futuro da reciclagem de edifícios altos

Figura 24
Tipologia meio pátio central.
Planta do Hotel Marabá.
Fonte: AD.

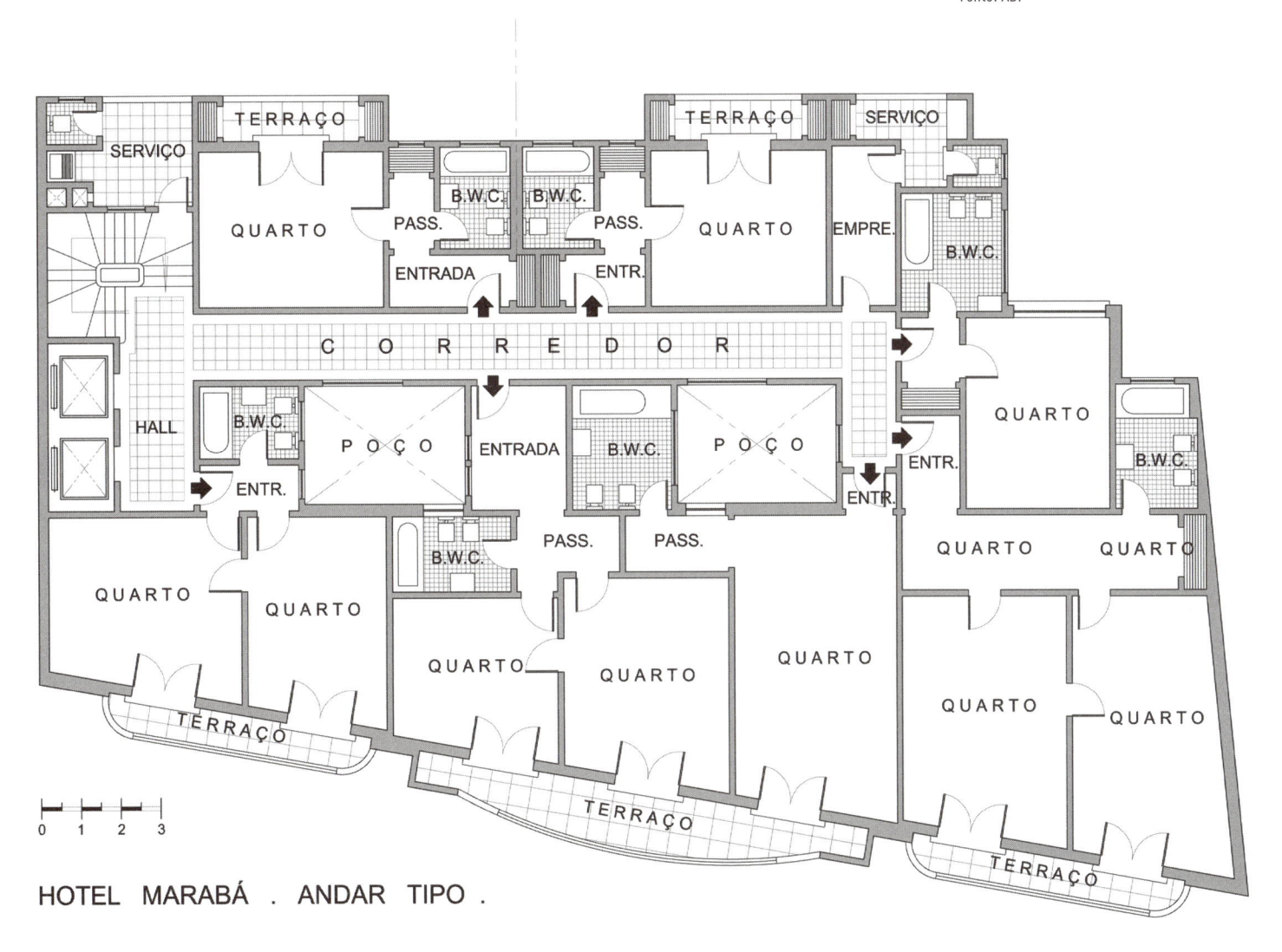

HOTEL MARABÁ . ANDAR TIPO .

Reformar não é construir

Um dos grandes desafios das políticas de requalificação urbana é a forma como vai ser empreendida a adaptação dos edifícios, principalmente no que concerne à tecnologia de construção civil. Os métodos de construção hoje vigentes mostram-se inadequados para tal finalidade, principalmente, como já foi dito, pelas características da obra de reforma:

- impossibilidade de montagem de canteiro de obras da forma tradicional;
- dificuldades nos processos tradicionais de gerenciamento dos resíduos sólidos gerados na obra, em razão da falta de espaço dentro do lote e dentro do edifício;
- necessidade de redução de impactos estruturais, gerados pela necessidade de execução de furos em lajes para a passagem de novas tubulações;
- necessidade de intervenções secas, para evitar comprometer acabamentos que devem permanecer;
- necessidade de intervenções leves, para não alterar a estática estrutural;
- predomínio de sobreposições, enxertos e anexos, já que se trata de uma obra dentro de um suporte pronto.

Assim, é possível enumerar alguns princípios determinantes da obra de reforma, como já mostrado em capítulo anterior:

- divisão da obra em dois momentos de intervenção: suporte e recheio;
- os serviços relativos ao suporte concentram-se na execução de demolições necessárias e na desmontagem de todos os elementos desnecessários à nova obra, trabalhos esses a serem executados pela ala tradicional da indústria da construção civil;
- o segundo momento da obra destina-se à produção da habitação, com o uso de *layers* industrializados, cuja principal característica é a montagem de componentes relativamente independentes, de durabilidade variável, cujas conexões permitem, com relativa facilidade, a substituição de seus componentes;
- uso de conectáveis e do princípio *plug-and-use*;
- sobreposição de *layers*, como diferentes esferas de intervenção num mesmo suporte;
- coordenação modular;

- espaços flexíveis; e
- industrialização.

No século XX, o enorme progresso nas indústrias aeronáutica e automobilística resulta em avanços materiais e em processos industriais inovadores para a produção de novas concepções de peças. Uma possível transferência de tecnologia para a indústria da construção civil levaria a uma enorme quantidade de novas possibilidades para o futuro da habitação.

Segundo Mick Eeckhout (2004), com o término da Segunda Guerra Mundial e a necessidade de construção de casas, surgem várias tentativas de produção industrializada de casas associadas à indústria aeronáutica e automobilística. Nos Estados Unidos, as indústrias de aviação militar são transformadas em indústrias de casas pré-fabricadas. Em 1944, Buckminster Fuller[3] apresenta um plano de adaptação dessas fábricas para a produção de habitações com estruturas leves e formas inusitadas. A principal estrutura das edificações propostas é um mastro, no meio da habitação, com um anel de compressão pendurado em torno dele, ligado por fios tensionados. Após o lançamento do primeiro protótipo, a casa Wichita, como passou a ser denominada, recebe 37 mil encomendas. Os custos de produção são ponderados em U$ 1,800.00 por unidade, podendo uma equipe de seis homens montá-la em um dia. Outra iniciativa americana é a chamada Lustron House. Carl Strandlund, com a Lustron Corporation, recebe um financiamento do governo americano para construir casas com *steel-frame*. Em uma antiga fábrica de aviação, em Ohio, constrói aproximadamente 2.498 casas. Apesar de ter recebido mais de 20 mil encomendas, a empresa declara falência em 1950, devido a dificuldades na distribuição das casas e por ter enfrentado problemas com a aprovação legal de suas casas.

Nos anos 1970, na Finlândia, é criado um protótipo de casa denominado Futuro. Concebido sob a forma de um esferóide elíptico, com dezesseis painéis sanduíche de vidro-poliéster e reforçado com isolamento de poliuretano, o esferóide é colocado sobre um anel de aço, tendo janelas e uma porta do tipo avião, que se desdobra e faz uma escada.

---

[3] Entre 1929 e 1946, Buckminster Fuller produz uma série de protótipos que desafiam radicalmente as normas da habitação, procurando inspiração nas formas de construção do Zeppelin. Ver Federico Neder (2008).

Com 25 m² e um volume de 140 m³, apresenta uma sala com espaço de armazenagem, um banheiro com ducha e WC, uma despensa e um nicho com uma cama de casal. Apesar da atenção internacional, tal experiência nunca se tornou um sucesso comercial. Para os Jogos Olímpicos de 1980, em Moscou, foi feita uma grande encomenda, posteriormente cancelada.

Ainda em Mick Eeckhout (2004), é comentada a tentativa da empresa de usar aeronaves Fokker, no final de 1968, no desenvolvimento de habitações. Tais habitações consistem em uma caixa rígida, moldada com módulos (5,4 m × 5,4 m × 2,7 m), que formam uma habitação. Por sua vez, a Sekisui Chemical Company inicia, no Japão, em 1950, a produção completa de casas pré-fabricadas, utilizando os conhecimentos adquiridos a partir da indústria do automóvel, com produção de 100 mil unidades/ano.

A influência desse novo olhar para a habitação inicia um processo de concepção de casas bem mais vinculado ao desenho industrial do que à construção civil. Há várias experiências que pensam a unidade habitacional dessa forma, sendo exemplos interessantes dessa idéia a Plug'n City, do Grupo Archigram (1972), assim como o hotel cápsula de Kisho Kurokawa (1979).

Nos últimos anos do século XX, merecem destaque os sistemas de recheio ou *infill packages*, por facilitarem processos de reforma e conversão de edilícios obsoletos. Tais sistemas estão focados em resolver a distribuição espacial de canos e fios, tentando diminuir as exigências espaciais dos sistemas sanitários que funcionam com água e gravidade. Segundo Kendall & Teicher (2000), esses sistemas de recheio não foram, inicialmente, produzidos pelo mercado, sendo resultado de projetos de pesquisa em universidades ou constituindo desenvolvimento de produtos de algumas empresas que investem em inovação para atender às demandas do Estado. Países como Holanda e Japão concentram o maior número de patentes. A maioria desses sistemas é composta de alguns elementos estruturadores da reforma:

- base organizadora dos sistemas de infraestrutura;
- sistemas de mangueiras, para distribuição de água para baixa declividade;
- sistemas de mangueiras, para esgotamento para baixa declividade;

- conexões do tipo *plug-and-play*;
- calhas de distribuição de fiação;
- apêndices como pequenas bombas e trituradores, para permitir distribuição de água e esgotamento com baixa declividade e pequeno diâmetro.

Produzido na Holanda, por John Habraken, destaca-se o sistema Matura, composto de três *layers,* que se interconectam no momento da montagem:

- matriz de distribuição de infraestrutura – constituído de blocos plásticos que contêm canaletas tanto na parte inferior como superior. As canaletas da parte inferior permitem organizar os sistemas de distribuição de água, esgoto e gás. As da parte superior são organizadoras da distribuição de luz, telefonia, informações, etc.;
- perfil de base – elemento que integra a matriz com futuras divisórias. Incorpora uma canaleta que serve de suporte para todo tipo de tomadas e conexões;
- divisórias.

Já o sistema Esprit, criado por um consórcio de empresas holandesas, destaca-se por apresentar um carpete de borracha, de cinco centímetros de espessura, com elementos cilíndricos em relevo, que permite distribuir separadamente os diferentes sistemas. Aqui, outro elemento de destaque é o uso de tubulação de esgoto com baixa declividade e as conexões do tipo *plug-and-play*.

Segundo Kendall (2000), algumas das maiores empresas holandesas, como a ERA BV, no momento de entrada no mercado de reforma, lançam seu próprio sistema de recheio. Às vezes, provém de um trabalho de pesquisa no mercado, sistematizando componentes existentes e criando uma base de organização das infraestruturas. A partir da consulta aos *sites* das empresas japonesas mencionadas por Kendall (2000), podemos verificar a criação de elementos muito simples, que facilitam o processo de reforma. Com esse tipo de tecnologia para distribuição horizontal de infraestrutura, é possível explorar – como diretriz para desenvolver um empreendimento de reforma – o princípio da flexibilidade e da planta livre. Assim, reformar e converter edifícios obsoletos constitui um processo de análise da capacidade de suporte para receber unidades habitacionais a partir da alocação de diferentes arranjos espaciais.

Esses sistemas de recheio têm a produção seriada como principal característica, com as possibilidades de individualização sendo determinadas pelos repertórios de concepção e produção dos componentes e pelas possibilidades de montagem. Quanto mais os componentes de uma montagem propiciarem imprevisibilidade, receptividade, adaptabilidade e reúso, maior será o grau de flexibilidade. Kapp & Oliveira (2006) destacam que, em um repertório imprevisível, a ênfase do fornecedor está nos componentes e nas relações entre eles, possibilitando infinitas montagens diferentes, sem controle do resultado final. Também apontam que a receptividade indica se um repertório pode receber componentes de outros fornecedores, assim como a adaptabilidade indica que, sem técnicas especializadas, os componentes podem ser usados com esses outros.

Novas formas de morar na cidade compacta

Como visto em capítulo anterior, a formulação de uma política de compactação da cidade tem como pressuposto a intensificação do uso residencial em áreas da cidade que concentram empregos, para assim facilitar a diminuição dos deslocamentos diários casa-trabalho. Resta consolidar uma reflexão sobre a organização funcional do espaço a ser criado. As transformações sofridas na organização do trabalho certamente espelham modificações nas formas de uso da habitação. Repensar o espaço de moradia é uma exigência desse momento de transformação.

Analisando, em outros países, a produção habitacional resultante da reconversão, verifica-se que as unidades habitacionais são destinadas a determinados segmentos da população. Predominam aquelas para jovens famílias, para pessoas sozinhas ou para idosos, caracterizando-se por constituírem espaços flexíveis, com pouca funcionalização, com bancadas que concentram várias funções e banheiros fragmentados.

Outra tendência é a produção, em um mesmo empreendimento, de unidades habitacionais com tamanhos diferentes, atendendo às demandas diferenciadas que podem surgir em função do produto "morar na cidade". Em Roterdã, a reconversão, em residências, do antigo hotel Atlantic Huis apresenta numerosas tipologias, que tiram proveito das vistas exteriores do edifício original de suas mansardas e reentrâncias, produzindo unidades habitacionais que variam desde 56 m² até 240 m².

Diferentes formas de comercialização, combinando venda e aluguel, ou até as duas formas juntas – no que passou a ser denominado, na Holanda, de *buyrent* –, é outra característica da habitação produzida em áreas centrais por meio de reconversão e reforma.

Se, por um lado, para o público brasileiro, o predomínio do aluguel pode chamar a atenção, é surpreendente pensar no que os holandeses denominam *buyrent*. Kendall (2006) analisa tal forma de comercialização de unidades habitacionais, explicando que se trata de expandir, para o financiamento habitacional, a dissociação existente, na concepção habitacional, entre suporte e recheio. Dessa forma, a propriedade da unidade é dividida em suporte e recheio. O *Vesteda Management BV*, um dos maiores fundos de pensões do mundo, financia empreendimentos com tais características, tendo constituído, na Holanda, a *National Buyrent Foundation*. A propriedade do recheio ou *infill* é viabilizada, por subscrição, numa organização de *buyrenters*, que viabiliza o aluguel do suporte e a compra do sistema de recheio, bem como sua manutenção e eventual substituição. Sistemas de recheio são comercializados por catálogo – peças conectáveis, divisórias, pisos elevados, equipamentos de cozinhas e banheiros. Com o final do contrato de aluguel, o proprietário do suporte é obrigado a comprar o sistema de recheio, e seu valor depende do estado de manutenção, que é arbitrado por um perito especializado nesse tipo de contrato. Tal formato é utilizado em habitação de interesse social.

Outra característica marcante dos empreendimentos de reconversão é a produção de espaços habitacionais sem qualquer funcionalização. Na Inglaterra, eles são denominados *shell space*. Sua cubagem é variada, com conexões (que exploram o conceito *plug-and-use*) para todos os serviços necessários à moradia. São muito utilizados nos processos de reconversão de estruturas industriais, locais onde o mercado europeu tem interesse em mostrar as potencialidades arquitetônicas do espaço original. De maneira geral, as empresas promotoras do empreendimento contam com um departamento destinado a viabilizar as unidades habitacionais de acordo com o interesse do consumidor ou a dar orientação quanto às possibilidades de organização espacial. Também são montados catálogos que elencam os sistemas existentes no mercado para distribuição horizontal de infraestrutura, de divisórias e de módulos pré-fabricados de banheiros e cozinhas.

Analisando um folheto de empreendimento, em Birmingham, de reconversão de edifício comercial, verificamos que o aluguel é a forma predominante de comercialização das unidades. Tal fórmula se repete na maioria dos empreendimentos de reconversão da empresa britânica Urban Splash, que viabiliza empreendimentos de reconversão na Inglaterra. Nos últimos vinte anos, essa empresa tem adquirido bons expoentes de arquitetura vitoriana e transformado em residências. Nas mais importantes cidades industriais inglesas antigas, escolas, estações de trem, igrejas, fábricas e moinhos têm sido gradualmente convertidos em empreendimentos habitacionais.

Como a Urban Splash, a Manhattan Loft Corporation tem se dedicado exclusivamente ao mercado da reconversão. Nos últimos dez anos, devotou-se a transformar os principais ícones da arquitetura vitoriana e eduardiana em *lofts*.

Na cidade de São Paulo (e no país), a produção de imóveis residenciais a partir da reforma e reconversão de edifícios altos é atividade recente. A experiência existente concentra-se na produção de habitação de interesse social, consolidando um universo de doze empreendimentos, descritos em capítulo anterior. A iniciativa privada tem resistido a esse tipo de empreendimento, principalmente por tratar-se de um negócio que exige investimento em uma edificação obsoleta e com pouca liquidez. Helena Menna Barreto Silva e outros (2009), em pesquisa realizada em parceria com o Lincoln Institute, apresenta interessante avaliação dos agentes de mercado a respeito das oportunidades imobiliárias e da reforma de edifícios altos na área central da cidade de São Paulo. Esse trabalho foi desenvolvido a partir de entrevistas com representantes de empreiteiras que efetuaram reformas de prédios na área central, além de agentes imobiliários e movimentos de moradia. Entre os argumentos expostos, destacam-se os seguintes:

- falta de incentivos fiscais;
- demora no processo de aquisição do edifício, por necessidade de regularizar a documentação;
- compram-se apenas os pavimentos superiores, pois os pontos comerciais do térreo já estão desmembrados e vendidos;
- os apartamentos produzidos são vendidos a R$ 2.000,00 o metro quadrado, mas o investimento na compra e reforma não ultrapassa os R$ 500,00 por metro quadrado;
- há necessidade de desmembrar o IPTU, para comercializar as unidades produzidas;
- o fator obsolescência acaba diminuindo o custo do IPTU, significando reduções de até 80%;
- há muitos edifícios de hotel vinculados a dívidas trabalhistas;
- está havendo um processo de concentração de propriedades nas mãos de alguns investidores.

A partir de 2007, a iniciativa privada começou a investir nesse tipo de empreendimento residencial, produzindo apartamentos pequenos, com poucas mudanças programáticas, como no caso dos empreendimentos Samambaia, na rua Sete de Abril, 422, e Hotel Britânia, ao lado do edifício dos Correios, na avenida São João.

O futuro da reabilitação de edifícios altos ainda depende da necessária formação de uma política nacional (e municipal) que trate das formas de compactação da cidade, exigindo que parte da produção imobiliária seja viabilizada sob o lema da reforma de edifícios obsoletos. Tal exigência poderia ser associada à regulamentação do instrumento do Estatuto da Cidade (que trata da utilização compulsória e do IPTU progressivo no tempo), o que faria que muitos proprietários se vissem obrigados a ocupar seus imóveis, viabilizando empreendimentos. Além disso, o esgotamento atual dos estoques de potencial construtivo, para serem vendidos por outorga onerosa, poderia funcionar como um incentivo para o uso dos estoques construtivos já existentes.

Sem dúvida, é uma atividade que necessita ser organizada em conjunto com a produção de componentes industrializados e com a formulação de novos produtos imobiliários adequados ao suporte em questão.

Tabela 3
Lista geral de edificações para classificação tipológica.

Nome	Tipo	Logradouro	Número	Tipologia
Edifício Gonçalves Biar	Avenida	São João	1430	½ H
Edifício IPSA	Rua	Coronel Xavier de Toledo	98	½ H
Edifício São José	Rua	Carlos Gomes	60	½ H
Edifício Damião Barretti	Avenida	Brigadeiro Tobias	635	½ H
Edifício Anchieta	Rua	Marconi	79-87-93	½ H
Edifício Rafael Musetti	Viaduto	Maria Paula	54	½ H
Edifício Wather Seng	Rua	Marconi	131	½ H
Edifício Anhumas	Rua	Marconi	101-107-113	½ pátio central
Edifício Rolim	Rua	Floriano Peixoto	79 a 89	¼ H
Banco Continental	Viaduto	Boa Vista		Esquina total
Edifício Avanhandava	Rua	Avanhandava	154	Esquina direita
Edifício São Bartolomeo	Avenida	Ipiranga	303-313-323	Esquina esquerda
Edifício Mesbla	Rua	Dom José de Barros	186	Esquina esquerda
Prédio Altemira de Barros	Praça	João Mendes		Esquina direita
Edifício IAPC	Rua	Conselheiro Crispiniano	25	Esquina direita
Prédio Lívia Maria	Avenida	São João	741-747-755	Esquina direita
Edifício Alvares de Azevedo	Rua	Benjamim Constant	114 a 142	Esquina direita
Edifício IAPB	Rua	Conselheiro Crispiniano	6 a 28	Esquina direita
Edifício Brasilar	Praça	Bandeira	40	Esquina direita
Hotel Marabá	Avenida	Ipiranga	757	Esquina esquerda
Hotel Terminus	Avenida	Ipiranga	741-747	Esquina esquerda
Edifício São Luís	Praça	República	77 a 79	Esquina esquerda
Prédio São Francisco	Rua	Senador Paulo Egídio	15	Esquina esquerda
Edifício São Manoel	Rua	Marconi	138	Esquina esquerda
Prédio J. Moreira	Avenida	Cásper Líbero	116 a 152	Esquina esquerda

(cont.)

Nome	Tipo	Logradouro	Número	Tipologia
Edifício Sarti	Rua	Viera de Carvalho	465	Esquina esquerda
Edifício Regência	Rua	Coronel Xavier de Toledo	210	Esquina total
Edifício Sulacap	Rua	Quinze de novembro	46 a 66	Esquina total
Edifício Guarani	Rua	Florêncio de Abreu	47	Esquina total
Edifício Brasiliana	Rua	dos Gusmões	639-653	H
Edifício Elza	Rua	Marques de Itu	95	H
Edifício Amália	Rua	Coronel Xavier de Toledo	246-250-254	H
Prédio Viaducto	Avenida	Brigadeiro Tobias	69 a 83	H
Cond. Prédio Solar	Rua	General Carneiro	231-233	H
Edifício Jaraguá	Rua	Barão de Itapetininga	87-93-99	H
Edifício Santa Marina	Rua	General Olímpio da Silveira	83	H
Edifício Hotel Britânia	Avenida	São João	123	H
Edifício Dom Segundo Rossa	Avenida	São João	1426	H
Edifício Macedo Seiler	Avenida	Rangel Pestana	1013	H
Prédio Gabriel Gonçalves	Rua	General Carneiro	129	H
Prédio Ouro para o Bem de SP	Rua	Álvares Penteado	23	Pátio central
Palácio Arcadas	Rua	Quintino Bocaiúva	148 a 182	Pátio central
Hotel São Paulo	Largo	São Francisco	115	Pátio central
Edifício Sampaio Moreira	Rua	Líbero Badaró	340 a 350	Pátio central
Edifício Santa Lúcia	Rua	Senador Feijó	164-176	Sucessivas
Edifício Central	Rua	Quinze de Novembro	212 a 228	Sucessivas
Edifício Barão de Itapetininga	Rua	Benjamim Constant	13	Sucessivas
Prédio Itá	Rua	Barão de Itapetininga	70 a 100	T
Edifício IAPETC	Avenida	Nove de Julho	584-594	T
Hotel Excelsior	Avenida	Ipiranga	770-786	Torre

(cont.)

Nome	Tipo	Logradouro	Número	Tipologia
Banco Nacional da Cidade de SP	Rua	São Bento	341	Torre
Edifício Saldanha Marinho	Rua	Líbero Badaró	39	Torre
Edifício Azevedo Villares	Rua	do Tesouro	23	Torre
Edifício Albion	Avenida	Rangel Pestana	2248	Esquina esquerda
Edifício Lealdade	Avenida	Nove de Julho	718	H
Edifício Márcia	Rua	Bororós	67-69	H
Edifício Senador Feijó	Rua	Senador Feijó	126	H
Edifício João Alfredo	Rua	Palmeiras	107	H
Edifício Souto de Oliveira	Avenida	Irradiação com rua Major Quedinho		H
Edifício Jovira Sodré	Rua	Barão de Limeira	630	½ H
Edifício Liana	Rua	Avanhandava	801	½ H
Edifício Santo Antônio	Avenida	Brigadeiro Luís Antônio	2453	½ H
Inca Hotel	Rua	Timbiras com avenida São João		Esquina direita
Edifício Praça das Bandeiras	Praça	Bandeiras		½ pátio central
Edifício Visconde de Rio Branco	Avenida	Rio Branco	304	½ pátio central
Edifício Conselheiro Crispiniano	Rua	Conselheiro Crispiniano		½ pátio central
Banco Continental	Rua	Boa Vista		Esquina total
Edifício Cavaru	Viaduto	Maria Paula		½ H
Edifício Urupês	Rua	Santo Amaro		½ H
Edifício República	Avenida	Ipiranga	652 a 656	½ H
Edifício Silveira Martins	Rua	Silveira Martins	204 a 214	½ H
Edifício Riachuelo	Rua	Riachuelo	96 a 100	½ H
Edifício Maringá	Rua	Martim Francisco	64	Pátio central
Edifício Senador Feijó	Rua	Senador Feijó	143 a 149	¼ H
Edifício Boa Vista	Rua	Boa Vista	116	¼ H
Edifício Thomas Edison	Rua	Bráulio Gomes	60	T

(cont.)

Nome	Tipo	Logradouro	Número	Tipologia
Edifício Sociedade Vasco da Gama	Avenida	Rangel Pestana	990	Sucessivas
Edifício Conceição	Avenida	Cásper Líbero com rua Washington Luís		Esquina direita
Edifício Araújo	Rua	Araújo com praça da República		Esquina esquerda
Edifício Leônidas Moreira	Rua	Carmo		Torre
Hotel Cambridge	Avenida	Nove de Julho	216	H
Hotel Conselheiro Nébias	Rua	Conselheiro Nébias	430 a 440	Esquina direita
Edifício São José	Avenida	Rangel Pestana	256	½ H
Edifício Bandeiras	Avenida	Nove de Julho	216	Pátio central
Edifício Seminário	Rua	Seminário	47-55	½ H
Edifício Arouche	Largo	do Arouche	15	H
Edifício Maria Isabel	Rua	Álvaro de Carvalho	316 e 318	Esquina esquerda
Edifício Santa Branca	Avenida	São João	1333	Esquina esquerda
Hotel São João	Avenida	São João	1523	Esquina esquerda
Edifício Riachuelo	Rua	Riachuelo	275	Esquina total
Edifício Aurora	Rua	Aurora	579	Esquina direita
Edifício Conselheiro Crispiniano	Rua	Conselheiro Crispiniano	125	½ pátio central
Edifício Conselheiro Crispiniano	Rua	Conselheiro Crispiniano	379	H
Edifício Conselheiro Nébias	Rua	Conselheiro Nébias	314	Esquina direita
Hotel General Couto de Magalhães	Rua	General Couto de Magalhães	385	½ H
Edifício Simonsen	Rua	Simonsen	13 a 31	Pátio central
Edifício Carmo	Rua	Carmo	338-346	½ H
Edifício Senador Feijó	Rua	Senador Feijó	44-50	¼ H
Edifício Sete de Abril	Rua	Sete de Abril	356	
Hotel Escala	Rua	Gusmões	135	Esquina direita
Hotel Mauá	Rua	Mauá	342 a 358	Pátio central

(cont.)

REFORMAR NÃO É CONSTRUIR

Nome	Tipo	Logradouro	Número	Tipologia
Edifício Glória	Rua	Glória	172	½ pátio central
Edifício Santa Branca	Avenida	São João	1333	Esquina esquerda
Edifício Cantareira	Rua	Cantareira	421-328	Esquina direita
Edifício Barão de Itapetininga	Rua	Barão de Itapetininga	273	Sucessivas
Edifício Asdrúbal de Nascimento	Rua	Asdrúbal de Nascimento	282	½ H
Edifício Barão de Piracicaba	Rua	Barão de Piracicaba	809	½ H
Edifício Duque de Caxias	Avenida	Duque de Caxias	525	Esquina direita
Edifício Ipiranga	Avenida	Ipiranga	1248	½ pátio central
Edifício Mercúrio	Avenida	Mercúrio	5647	Pátio central
Edifício Prestes Maia	Avenida	Prestes Maia	875	Torre

Tabela 4
Lista geral com SQL (setor, quadra e lote) para análise de porte das edificações.

Nome	Tipo	Logradouro	Nº	Pavimentos	SQL	Área de terreno (m²)	Área construída (m²)	Área ocupada (m²)
Edifício Pasteur	Rua	Marconi	94	12	0060240009	426		350
Prédio Alexandre Mackenzie	Rua	Coronel Xavier de Toledo	23	10	0060360463	4.756	36.519	4.284
Edifício Dona Paulina	Viaduto	Dona Paulina	64-80-98	19	0050250016	2.000	27.832	632
Edifício Central	Rua	Quinze de Novembro	212-228	19	0010830018	1.646	20.025	1.452
Edifício Mesbla	Rua	Dom José de Barros	186-178	14		2.203	19.427	2.203
Prédio Ita	Rua	Barão de Itapetininga	70 a 100	12	0060160017	1.280	11.000	1.200
Edifício Barão de Itapetininga	Rua	Barão de Itapetininga	224	10	0060150742	524	10.820	
Edifício Hotel Excelsior	Avenida	Ipiranga	770	24	0060100552	1.806	9.862	1.806
Edifício Banco do Estado de São Paulo	Largo	Antonio Prado	9	16	0010730002	975	9.434	880
Edifício Ramos de Azevedo	Praça	Ramos de Azevedo	1	5	0060260001	4.182	9.084	4.182
Edifício Telesp	Rua	Benjamim Constant	174-182-200	7	0050110326	938	8.439	906
Edifício Saldanha Marinho	Rua	Líbero Badaró	39	14	0050080001	640	8.429	602
Edifício Sulacap	Rua	XV de Novembro	35	11	0020600004	734	8.022	630
Edifício Hotel Marabá	Avenida	Ipiranga	757	11	0070750030	1.224	7.000	1.100
Edifício Gabriel Gonçalves	Rua	Boa Vista	51-43-47-57	18	0010830004-8	818	6.870	800
Edifício Xavier de Toledo	Rua	Coronel Xavier de Toledo	28 a 60	12	0060250021	667	6.470	667
Edifício Hotel Alvear	Avenida	Cásper Libero	59 a 73		0010440360	733	6.299	700
Edifício Jaraguá	Rua	Barão de Itapetininga	87-93-99	13	0060150001	825	5.920	750
Edifício Cine Arte Palácio	Avenida	São João	407-419	7	0060170822	2.260	5.899	2.200

(cont.)

Nome	Tipo	Logradouro	Nº	Pavimentos	SQL	Área de terreno (m²)	Área construída (m²)	Área ocupada (m²)
Edifício IAPB	Rua	Sete de Abril	6-12-20-28	15	0060250011	604	5.800	504
Edifício Viaduto	Avenida	Brigadeiro Tobias	69 a 83	10	0010460002	621	5.637	563
Edifício Ipiranga	Avenida	Ipiranga	786		0060100553	1.806	5.447	1.806
Edifício Silvio Álvares Penteado	Rua	São Bento	329-333	13	0010720095	408	5.426	350
Edifício Arouche	Largo	do Arouche	337 S.1104	17	0070490390	260	5.375	226
Edifício Sampaio Moreira	Rua	Líbero Badaró	340 a 350	13	0010800019	592	5.360	413
Edifício José Eduardo	Rua	Martins Fontes	389 a 403	11	0060190001	750	5.060	750
Edifício Bolsa de Valores		Pátio do Colégio	73	12	0020600003	480	4.740	400
Prédio Santa Victoria	Rua	Dom José de Barros	329-333-337	11	0060100001	520	4.500	520
Edifício Mercedes	Rua	Marconi	124 a 118	14	0060240004	352	4400	312
Edifício Santa Lúcia	Rua	Senador Feijó	164-176	12	0050140001	468	4.399	397
Edifício São Bartolomeo	Avenida	Ipiranga	303-313-323	12	0070870026	440	4.279	439
Edifício Banco Português do Brasil	Rua	Quinze de Novembro	194	6	0010830016-1	485	4.273	485
Prédio Itatiaia	Rua	Senador Feijó	29-37-41	10	0050220021	356	4.259	356
Palacete São Paulo	Praça	da Sé	108-118	6	0050150008	524	4.065	501
Edifício Banco do Brasil	Rua	Álvares Penteado	112	5	0010820014	632	3.849	591
Edifício Cine Metro	Avenida	São João	791-799	6	0070740001	1.310	3.825	1.310
Edifício Hotel Terminus	Avenida	Ipiranga	741 a 747	13	0070750029	280	3.770	270
Edifício Santo Antonio	Rua	Santo Antônio	630 a 642	5	0060300030	970	3.693	730
Edifício Hotel Columbia Palace	Avenida	São João	578-582-588	7	0010550004	666	3.690	666
–	Avenida	Ipiranga	895 a 903	16	0080910003	415	3.685	231
Prédio Bom Jesus	Rua	José Bonifácio	227-233	11	0050100003	416	3.665	391

(cont.)

Nome	Tipo	Logradouro	Nº	Pavimentos	SQL	Área de terreno (m²)	Área construída (m²)	Área ocupada (m²)
Edifício Banco Nacional da Cidade de SP	Rua	São Bento	341	7	0010720373-1	589	3.488	589
Edifício Palacete Baertori	Avenida	São João	108	6	0010610010	667	3.471	667
Palacete do Carmo	Rua	Venceslau Brás	50 a 104	7	0020730001	800	3.360	600
Edifício Nicolau Barros	Rua	Líbero Badaró	370-374	16	0010800021	288	3.165	255
-	Rua	General Osório	87-93-103	5	0080680015	765	3.132	710
-	Rua	Barão de Campinas	140-146-152	12	0080540029	372	3.100	300
-	Largo	do Arouche	200 a 208	8	0070510856	464	3.067	435
-	Rua	Florêncio de Abreu	449 a 459	5	0010400004	611	3.055	611
-	Rua	Barão de Itapetininga	288-298	7	0060090018-5	550	3.026	550
Edifício Jorge Arão Metne	Largo	do Arouche	45-49-53	7	0070620007	860	3.003	860
-	Rua	Martins Fontes	230	10	0060130039	408	3.001	300
-	Rua	Sete de Abril	351 a 365	12	0060070459	800	2.992	350
Edifício Nino Maria Cantarella	Avenida	São João	530-536-544	8	0010550006	464	2.969	380
Edifício Juruá	Rua	Três de Dezembro	48-50	8	0010830031	526	2.948	526
Edifício Palacete São Jorge	Rua	Carlos de Souza Nazaré	250-256	6	0010510028	1.426	2.908	1.346
Edifício Roberto Simonsen	Rua	Roberto Simonsen	13-17-25-31	6	0020730002-1	547	2.800	500
-	Rua	Senador Feijó	143 a 149	14	0050200007	280	2.760	200
-	Rua	Líbero Badaró	561-569	7	0010610008	352	2.739	352
Edifício Vicente Giordano	Rua	Vinte e Cinco de Março	98	7	0010750021	448	2.734	417
Edifício Hotel Riviera	Rua	Barão de Limeira	109 a 125	8	0080610055	1.224	2.700	800
Edifício Azevedo Villares	Rua	Quinze de Novembro	251	5	0010820007	332	2.623	332

(cont.)

Nome	Tipo	Logradouro	Nº	Pavimentos	SQL	Área de terreno (m²)	Área construída (m²)	Área ocupada (m²)
Edifício Hotel Atlantic City	Avenida	São João	1214 a 1238	6	0080530004	448	2.561	418
-	Rua	Quirino de Andrade	235-237-241	11	0060220011	422	2.460	380
Hotel Piolin Palace	Largo	Paissandu	40	9	0010580046	332	2.346	290
Hotel Central	Avenida	São João	288	5	0010580093	628	2.343	600
-	Rua	Barão de Paranapiacaba	64 a 84	5	0050120016	510	2.338	481
Edifício Martinelli	Rua	São Bento	413 a 3	26	0010720137	2.002	2.337	2.002
Edifício Hotel Manchete	Avenida	São João	1118 a 1128	7	0080610040	616	2.300	500
-	Avenida	Rio Branco	278-280	6	0080880001	445	2.252	400
Edifício Amália	Rua	Coronel Xavier de Toledo	246-250-254	12	0060230016	315	2.222	270
Edifício Cofermat	Rua	Florêncio de Abreu	305 a 315	12	0010490121	644	2.210	644
-	Rua	São Bento	480	6	0010630049	690	2.182	552
-	Rua	Conselheiro Nébias	30-34	9	0080910020	240	2.180	240
Edifício Julio Lyon	Rua	Barão de Paranapiacaba	61-63 a 69	7	0050150004	300	2.169	300
Edifício Gazeau	Rua	Benjamin Constant	23 a 29	7	0050210007	309	2.165	309
-	Praça	do Patriarca	78-70-74-66	9	0010800012	251	2.164	251
Edifício São José	Rua	Carlos Gomes	60	10	0050820287	267	2.140	267
-	Praça	da Bandeira	27-31-39-47	10	0050070015	266	2.128	213
-	Avenida	Brigadeiro Tobias	470-478-490		0010290002	1.347	2.128	1.250
Hotel Lux	Praça	Júlio Mesquita	34 a 52	14	0080780007	211	2.120	211
Hotel Senador	Rua	Senador Feijó	120	6	0050140060	476	1.936	466
-	Rua	Senador Feijó	115-121	11	0050200032	127	1.868	127
Edifício Broggi	Rua	Dom José de Barros	158 a 172	8	0060160011	268	1.865	268
Edifício L. Figueiredo	Rua	Senador Feijó	197-205	10	0050400076	500	1.852	324
Edifício Banco Ítalo--Belga	Rua	Álvares Penteado	195	6	0010810002	354	1.844	310

(cont.)

Nome	Tipo	Logradouro	Nº	Pavimentos	SQL	Área de terreno (m²)	Área construída (m²)	Área ocupada (m²)
–	Rua	Floriano Peixoto	40-44	14	0020680003	142	1.800	128
Edifício Hotel Irradiação	Avenida	Ipiranga	1198	6	0010440304	340	1.800	340
–	Rua	do Comércio	14 a 34	6	0010730005	340	1.783	325
–		Pátio do Colégio	3-3A	11	0020610003	175	1.746	155
Hotel Ideal	Rua	Guaianases	35-39	5	0080860024	427	1.705	420
Edifício Joana Paula	Rua	Vieira de Carvalho	51-55	11	0070710013	150	1.700	150
Edifício Hotel Artemis	Rua	Barão de Limeira	44	8	0080700039	225	1.631	204
–	Rua	Aguiar de Barros	55-59	9	0050340021	303	1.626	233
–	Rua	General Jardim	51	8	0070860011	260	1.600	200
Edifício Henrique T. Lara	Ladeira	Porto Geral	95-99-103	7	0010750037-1	299	1.600	270
–	Rua	Washington Luís	314 a 330	6	0010190001	319	1.593	290
Palacete Rolim	Rua	Floriano Peixoto	79-87-89	14	0020680002	97	1.541	97
–	Rua	do Seminário	187-198-193	5	0010570016	770	1.492	567
Edifício Parnahyba	Largo	General Osório	260-266-272	7	0080580059	961	1.478	180
Edifício Hotel Urca	Rua	Barão de Limeira	10-14 a 20	8	0080700037	231	1.457	231
Edifício Daniel Nunes Perez	Rua	Benjamin Constant	42-48	7	0050150009	218	1.451	215
Palacete Vitória	Rua	Vitória	679 a 687	7	0080780001	260	1.450	250
–	Rua	Líbero Badaró	89	5	0050020005	339	1.431	300
Edifício Feliciano Frizzo	Rua	Três de Dezembro	09-17	8	0010740019	191	1.405	191
Palacete B. Carrera	Praça	Júlio Mesquita	84-90-96	6	0080780003	420	1.400	400
Hotel Moraes	Rua	Paissandu	122-128	5	0010570002	352	1.388	300
Prédio Henrique Schaumann	Rua	Senador Paulo Egídio	61	9	0050110022	210	1.360	160
–	Rua	Carlos de Sousa Nazaré	626-630-632	8	0020280017	174	1.312	174
Edifício Wancole	Largo	do Arouche	153-157-159	8	0070610579	299	1.309	236

(cont.)

Nome	Tipo	Logradouro	Nº	Pavimentos	SQL	Área de terreno (m²)	Área construída (m²)	Área ocupada (m²)
Edifício Carneiro	Praça	da Sé	292 a 308	5	0050220004	238	1.300	238
Hotel Amazonas	Rua	Vieira de Carvalho	32	13	0070720002	124	1.300	100
-	Rua	Jorge Azem	18-24	5	0010770003	300	1.260	270
-	Rua	Galvão Bueno	61-63-65	5	0050510019	370	1.260	180
Associação Comercial	Rua	Boa Vista	88	17	0010750555	559	1.224	500
-	Rua	General Couto de Magalhães	385-387	6	0080770005	235	1.220	211
Edifício Mascote	Rua	Barão de Limeira	27-33	7	0080610059	216	1.219	200
Edifício Gustavo de Azevedo	Largo	do Arouche	57-61-63	8	0070620008	250	1.200	150
Hotel da Praça	Rua	Vitória	384-390-398	5	0080730001	286	1.200	200
-	Praça	Júlio Mesquita	108	6	0080780002	215	1.200	200
-	Rua	Conselheiro Crispiniano	393 a 403	6	0060170045	232	1.160	232
Edifício Maria Antoniatte	Rua	da Misericórdia	34-36	7	0010860015	193	1.157	180
-	Rua	da Cantareira	357-361	5	0010520018	315	1.141	300
-	Rua	São Bento	272-276	9	0010810025	290	1.100	280
-	Rua	Barão de Limeira	249-253-259	10	0080540129	136	1.086	136
Edifício Manoel Barros Loureiro	Rua	Florêncio de Abreu	397-449	5	0010400023	1024	1.072	1.024
-	Rua	dos Timbiras	295-299-301	8	0080930074	132	992	120
-	Rua	São Francisco	77-81-85	7	0050070003	173	980	170
-	Rua	Seminário	81-85	4	0010580006	248	975	248
Edifício Centenário	Rua	da Quitanda	162	6	0010810014	198	951	198
Edifício Santarém	Rua	Barão de Campinas	118-136	8	0080540201	293	945	293
-	Rua	Capitão Salomão	83-77-79	5	0010580033	202	910	160
Edifício Antonina	Rua	Riachuelo	71-73	6	0050250003	195	900	195

(cont.)

Nome	Tipo	Logradouro	Nº	Pavimentos	SQL	Área de terreno (m²)	Área construída (m²)	Área ocupada (m²)
Edifício Colombo Mauri	Avenida	São João	1091	5	0070520353	204	805	161
Edifício Macedo Seiler	Avenida	Rangel Pestana	1013	12	0020800167	1.008	757	1.008
Edifício Benjamin Constant	Rua	Benjamin Constant	55-61	10	0050210077	397	742	397
Edifício Caramuru	Largo	Santa Ifigênia	57	9	0010530174	907	701	635
–	Avenida	Prestes Maia	676-678	8	0010300025	87	700	78
–	Rua	Florêncio de Abreu	271	5	0010490065	1.534	672	1.000
–	Rua	Álvares Penteado	192-200	11	0010820018-3	466	646	460
Edifício Companhia Paulista de Seguros	Rua	Líbero Badaró	158	22	0050030120	751	561	720
–	Rua	Roberto Simonsen	122	7	0020590366	411	490	320
Edifício Felipe Jabur	Rua	Senador Queirós	450	7	0010420242	625	463	529
Edifício Regência	Rua	Coronel Xavier de Toledo	210	11	0060230143	538	463	480
Edifício Lugano	Praça	Júlio Mesquita	175-185	5	0080610380	465	425	400
–	Rua	Florêncio de Abreu	230-234	5	0010500408	340	420	290
–	Avenida	São João	102-104	7	0010610009	72	420	60
Edifício Stella Penteado	Rua	Líbero Badaró	480 a 488	9	0010720102	385	409	312
Edifício Santa Margarida	Rua	da Liberdade	28-32-38	10	0050380001		400	2.000
Edifício Santo Ermelino	Rua	Coronel Xavier de Toledo	310	15	0060230562	430	390	400
Palacete Chavantes	Rua	Benjamin Constant	167	10	0050140009	465	378	465
–	Praça	da República	64-76-80	12	0060060050	751	377	751
Edifício Conceição	Avenida	Cásper Líbero	87	9	0010440003	645	365	324
–	Rua	Marconi	138	13	0060240815	391	342	390
Edifício Bahia	Praça	da Sé	170	9	0050210257	432	333	432
Edifício Damião Barretti	Avenida	Brigadeiro Tobias	635	6	0010200122	280	325	280

(cont.)

Nome	Tipo	Logradouro	Nº	Pavimentos	SQL	Área de terreno (m²)	Área construída (m²)	Área ocupada (m²)
-	Avenida	São João	1105	6	0070520329	671	319	583
-	Rua	Vinte e Quatro de Maio	250	16	0060100554	844	309	820
-	Rua	Seminário	156	10	0010460062	516	307	516
Edifício Jomar	Rua	Antonio Godoi	38-40	8	0010570081	450	301	386
-	Rua	Álvares Penteado	221	11	0010810060	711	291	500
-	Rua	Coronel Xavier de Toledo	238-242	13	0060230192	402	291	402
-	Rua	Santa Ifigênia	61	9	0010530175	907	285	635
-	Rua	Antonio Godoi	128	13	0010570186	623	273	510
-	Rua	Vinte e Quatro de Maio	221	9	0060090082	530	270	500
-	Rua	Barão de Paranapiacaba	24	8	0050120024	311	269	248
-	Rua	Vinte e Quatro de Maio	229	9	0060090083	530	267	500
-	Rua	da Quitanda	96	10	0010810154	688	246	640
-	Avenida	São João	114-118-122	6	0010610011	34	245	34
Palacete Tymbiras	Rua	dos Timbiras	238	6	0080880030	600	232	350
Palacete Crespi	Rua	Álvares Penteado	215	11	0010810059	711	231	500
Edifício Brasil	Rua	Conselheiro Crispiniano	29	14	0060240118	570	224	570
-	Rua	Coronel Xavier de Toledo	117	11	0060360424	355	218	300
Edifício Santa Cruz	Rua	José Bonifácio	93	11	0050110203	761	209	513
Edifício Santa Lídia	Praça	da Sé	377	11	0050280046	624	197	455
-	Rua	Augusto Severo	38-42	5	0010400011	1.024	196	1.024
Palacete Aleppo	Rua	Carlos de Souza Nazaré	321	5	0010420189	540	196	340
Palacete Glória	Praça	Ramos de Azevedo	209	11	0060160835	732	192	730
-	Rua	Carlos de Souza Nazaré	329	5	0010420190	540	191	340
Edifício Feijó	Rua	Senador Feijó	158	8		252	190	201
Edifício Álvares de Azevedo	Rua	Benjamin Constant	114-116	17	0050110317	186	188	148

(cont.)

Nome	Tipo	Logradouro	Nº	Pavimentos	SQL	Área de terreno (m²)	Área construída (m²)	Área ocupada (m²)
–	Rua	Carlos de Souza Nazaré	129	5	0010400019	1.024	186	1.024
–	Rua	Senador Feijó	120	6	0050140061	476	184	466
Edifício Concórdia	Avenida	Brigadeiro Luís Antonio	344	9	0050240509	490	183	392
–	Rua	Coronel Xavier de Toledo	328	15	0060230563	430	181	400
Edifício Cine Bandeirantes	Largo	Paissandu	132 a 138	5	0010570225	2.400	178	1.992
–	Avenida	São João	1301	16	0070510768	645	177	482
Edifício Casa Palmares	Rua	Boa Vista	133	9	0010830039-0	589	170	414
Edifício Sant'Ana	Rua	São Bento	389	8	0010720119	382	166	319
Edifício Olido	Avenida	São João	1049	12	0070520102	925	164	412
–	Rua	Silveira Martins	45-49	9	0030010106	438	162	300
–	Avenida	Brigadeiro Luís Antônio	354	9	0050240510	490	152	392
–	Rua	Benjamin Constant	171	10	0050140016	465	150	465
Edifício Aurora	Rua	Aurora	610-618	8	0807803464	190	150	80
Edifício Nove de Julho	Rua	João Adolfo	121-127	9	0060750073	656	150	600
–	Rua	Barão de Itapetininga	45	13	00602408261	391	148	390
–	Avenida	São João	314	7	0010580121	700	146	700
–	Rua	Vitória	813	10	0070630410	330	144	144
–	Avenida	São João	1297	16	0070510770	645	143	482
Edifício José Cardoso de Almeida	Rua	Barão de Itapetininga	287	11	0060080542-5	682	141	682
–	Avenida	Brigadeiro Tobias	61	10	0010460061	516	141	516
–	Rua	Dr. Falcão Filho	81	8	0050020149	258	140	250
Edifício Calbla	Rua	Dr. Bitencourt Rodrigues	162	6	0020700703-9	375	135	305
Edifício IPSA	Rua	Coronel Xavier de Toledo	98	12	0060250024	364	135	350
Edifício Anchieta	Rua	Marconi	79-81	14	0060150121	301	133	300

(cont.)

Nome	Tipo	Logradouro	Nº	Pavimentos	SQL	Área de terreno (m²)	Área construída (m²)	Área ocupada (m²)
-	Rua	Guaianases	341	12	0080630042	372	133	340
Edifício Anhumas	Rua	Marconi	101	11	0060150726	363	128	300
Edifício Santa Lídia	Praça	da Sé	363	11	0050280047	624	126	455
-	Largo	General Osório	671		0080610069	590	125	436
Edifício das Bandeiras	Largo	do Arouche	275	10	0070490038	157	125	120
-	Rua	Barão de Paranapiacaba	24	8	0050120089	311	125	311
-	Avenida	Cásper Líbero	99		0010440004	645	123	324
Edifício São Bento	Rua	São Bento	200	6	0010810038	728	122	510
Rocha Camargo	Rua	Coronel Xavier de Toledo	121	11	0060360415	355	122	300
-	Rua	Coronel Xavier de Toledo	144	11	0060250455	351	120	340
Palacete Lellis	Rua	Aurora	244	5	0080780058	913	118	450
-	Rua	Quinze de Novembro	80	17	0020600007	238	118	230
Edifício Cimaz	Rua	Vitória	340	8	0080730109	581	117	385
-	Rua	Álvares Penteado	188	11	0010820017-5	466	116	460
Edifício Macedo Seiler	Avenida	Rangel Pestana	1021	12	0020800186	1.008	114	1.008
-	Parque	Dom Pedro II	1092	16	0030040018	708	113	660
Edifício Elza	Rua	Marquês de Itu	95	11	0070850026	698	113	609
Edifício Santa Francisca	Rua	Riachuelo	44	7	0050200111	465	113	372
Edifício Britânia	Rua	Líbero Badaró	152	22	0050030072	450	112	415
Edifício Flávio Batista da Costa	Rua	Epitácio Pessoa	122	5	0070830157	257	112	200
Edifício Luiz Alves	Praça	da República	180	11	0060080557	324	112	324
Prédio Lívia Maria	Avenida	São João	741	10	0070750035	580	110	460
-	Rua	da Cantareira	277	11	0010520064	374	110	300
-	Avenida	São João	324	7	0010580148	700	109	700

(cont.)

Nome	Tipo	Logradouro	Nº	Pavimentos	SQL	Área de terreno (m²)	Área construída (m²)	Área ocupada (m²)
–	Rua	Barão de Itapetininga	309	7	0060080545-1	682	109	682
Edifício Mococa	Avenida	Ipiranga	1138	8	0010530235	680	109	491
–	Rua	São Bento	290	9	0010810061	711	109	500
–	Rua	Sete de Setembro	34	14	0050300037	137	108	109
Edifício Paissandu	Largo	Paissandu	110	12	0010570066-5	515	108	500
Edifício Comendador Julio Martini	Avenida	Duque de Caxias	620-626-632	10	0080560060	289	107	200
Prédio Itapeva	Rua	Antonio Godoi	68	8	0010570084	450	106	386
–	Rua	Aurora	254	5	0080810038	913	106	450
Edifício Rolim Prado	Rua	Riachuelo	265	9	0050190032	135	106	108
–	Praça	da República	190	11	0060080546	682	105	682
Edifício Jacatuba	Rua	Araújo	165		0070870024	426	105	300
–	Rua	Marconi	87	14	0060150143	301	105	300
Edifício Nicolau Tabach	Rua	Carlos de Souza Nazaré	277	5	0010420299	662	104	600
Edifício Ana Paula de Leite Barros	Praça	da República	419	12	0070710086	144	103	941
Edifício Santa Cecília	Avenida	São João	1484	7	0070420535	861	102	605
–	Rua	Vinte e Cinco de Março	1112	7	0010420271	625	101	529
Palacete Cesar Rudge	Rua	Barão de Limeira	133	6	0080610066	590	100	436
Edifício Ypê	Avenida	São João	1056	13	0080610001	500	97	300
Prédio São João	Rua	Barão de Campinas	84	7	0080540001	315	96	278
–	Rua	Vieira de Carvalho	11	12	0070710085	144	96	103
–	Rua	Aurora	618	8	0080780347	190	96	80
Edifício Dr. Júlio de Queiroz	Rua	Álvares Penteado	139	8	0010810125	302	93	302
Edifício Lutetia		do Patriarca	56	10	0010800032	269	93	269
–	Rua	dos Timbiras	601	10	0070750083	580	93	460

(cont.)

Nome	Tipo	Logradouro	Nº	Pavimentos	SQL	Área de terreno (m²)	Área construída (m²)	Área ocupada (m²)
Palacete Paraíso	Rua	Carlos de Souza Nazaré	317	7	0010420103	1.288	91	988
–	Rua	Carlos de Souza Nazaré	327	5	0010420191	540	90	340
–	Rua	Vinte e Cinco de Março	1134	7	0010420278	625	89	529
–		da República	76-80	12	0060060037	751	88	751
Edifício Guaianazes	Rua	Guaianases	163	8	0080790512	829	86	600
Edifício Guapiara	Rua	Barão de Limeira	146	7	0080620052	161	84	90
Edifício Tabatinguera	Rua	Tabatinguera	235	7	0050330082	558	84	400
Edifício Felipe Jabur	Rua	Senador Queirós	460	7	0010420243	625	82	529
–	Rua	Cristóvão Colombo	63	10	0050200155	230	82	200
–	Rua	Marconi	128	13	0060240828	391	82	390
Edifício Serviço Social dos Comerciários	Rua	Riachuelo	275	15	0050190249	532	81	425
Edifício Marfim	Rua	Vitória	350	11	0080730096	385	81	268
–	Avenida	São João	1073	12	0007052104	925	80	412
–	Avenida	São João	1258	6	0080530053	772	80	562
Palacete Nacim Schoueri	Parque	Dom Pedro II	268	6	0010770025	1.210	80	1.000
Predito Lívia Maria	Avenida	São João	755	10	0070750057	580	78	460
–	Avenida	São João	1322	6	0080530082	795	78	411
Edifício São João	Rua	Marconi	34	10	0060240255	404	77	404
Edifício Guataparazinho	Rua	Vinte e Quatro de Maio	105	11	0060160587	1.172	77	1.172
–	Avenida	Brigadeiro Tobias	51	10	0010460059	516	74	516
–	Rua	Benjamin Constant	142	11	0050110385	118	74	116
–	Avenida	Duque de Caxias	318	6	0080530059	795	74	411
Casa Alves de Lima	Rua	Barão de Itapetininga	50	10	0060240396-0	1.197	74	1.100
Edifício Rafael Musetti	Viaduto	Maria Paula	54	11	0050170199	270	73	216

(cont.)

Nome	Tipo	Logradouro	Nº	Pavimentos	SQL	Área de terreno (m²)	Área construída (m²)	Área ocupada (m²)
Edifício Santa Leonor	Rua	Sete de Abril	172	11	0060240844	192	73	168
Prédio Solar	Rua	General Carneiro	231	9	0010750092	688	73	482
–	Rua	Rego Freitas	103	6	0070500052	180	72	131
–	Rua	Vitória	825-835	11	0070630356	411	72	150
–	Rua	Florêncio de Abreu	279	5	0010490069	1.534	70	1.000
Edifício Feijó	Rua	Senador Feijó	154	8	0050140033	252	70	201
–	Rua	Barão de Itapetininga	297	11	0060080483-6	682	69	682
Edifício Nemer	Rua	Comendador Afonso Kherlakian	189	11	0010520116	374	68	300
–	Rua	Carlos de Souza Nazaré	101	5	0010400015	1.024	67	1.024
Edifício Cícero Rudge	Rua	Barão de Limeira	145	6	0080610070	590	66	436
–	Rua	dos Gusmões	644-646	12	0080630045	372	65	340
Edifício Boa Vista	Praça	da Sé	158	9	0050210054	444	63	415
Edifício Brasiliana	Rua	dos Gusmões	639-653	10	0080710114	387	62	160
Palacete Gonzaga	Rua	Benjamin Constant	77	9	0050210145	424	62	400
–	Rua	Barão de Campinas	162	6	0080540035-4	252	62	159
–	Largo	do Arouche	257	8	0070490105	260	60	200
–	Rua	Capitão Salomão	110	12	0010570067-3	515	60	500
–	Rua	Sete de Abril	102	15	0060240115	570	60	570
Edifício Sarti	Praça	da República	465	11	0070720012	145	58	105
–	Avenida	Duque de Caxias	632	10	0080560059	289	58	200
–	Rua	Álvaro de Carvalho	179		0063200560	855	57	329
–	Rua	Sete de Abril	96 e 98	15	0060240116	570	56	570
Edifício Arthur Nogueira	Rua	Gabus Mendes	19	11	0060070368	587	56	500
–	Rua	Seminário	223	13	0010570213	623	55	510

(cont.)

Nome	Tipo	Logradouro	Nº	Pavimentos	SQL	Área de terreno (m²)	Área construída (m²)	Área ocupada (m²)
Edifício Raquel	Rua	Sete de Abril	20	10	0060250451	432	54	400
Edifício Francisco Coutinho	Rua	Marconi	31	10	0060150049	225	53	220
Edifício Souza Pinto	Avenida	São João	1296	6	0080530077	795	52	411
-	Avenida	Brigadeiro Tobias	613	5	0010200081	603	52	290
-	Rua	Sete de Abril	180	11	0060240845	192	51	168
-	Rua	Dr. Falcão Filho	87	8	0050020150	258	51	250
-	Rua	Comendador Afonso Kherlakian	193	11	0010520117	374	51	300
Edifício Bento Ferraz	Rua	dos Timbiras	606	8	0070740013	143	48	90
-	Rua	Silveira Martins	61	9	0030010061	438	48	300
-	Rua	Seminário	227	15	0010570212	990	47	900
-	Rua	Carlos de Souza Nazaré	287	7	0010420099	1.288	46	988
Palacete Íbis	Rua	São João	1311	10	0070510080	429	46	300
Edifício São Lucas	Rua	Marconi	48	14	0060240041	276	45	276
-	Rua	Seminário	204	7	0010460023	480	45	480
Palacete Riachuelo	Rua	Dr. Falcão Filho	151	9	0050020026	525	45	525
Edifício Maggi	Rua	Coronel Xavier de Toledo	65-71	9	0060360231	705	43	680
-	Rua	General Couto de Magalhães	208	12	0010190312	161	43	161
-	Rua	Comendador Assad Abdalla	68	6	0020320048	130	40	100
-	Rua	Rego Freitas	459	7	0070820044	625	40	503
-	Rua	Barão de Paranapiacaba	93	12	0050150156	346	40	346
Edifício Nove de Julho	Rua	João Adolfo	115	9	0060750072	656	39	600
Prédio Nonho Magalhães	Rua	Manuel da Nóbrega	16-20-22	17	0020600008	238	35	230

(cont.)

Nome	Tipo	Logradouro	Nº	Pavimentos	SQL	Área de terreno (m²)	Área construída (m²)	Área ocupada (m²)
Edifício Henrique	Rua	Quintino Bocaiúva	114-122	5	0050110359-7	442	34	400
Hotel Orly	Rua	Conselheiro Nébias	245	6	0080780440	250	34	170
Prédio Santa Eliza	Rua	do Arouche	95	8	0070620197	1.060	34	913
Edifício Majestic	Rua	Aurora	460	9	0080800045	277	34	160
Edifício São José	Avenida	São João	856	6	0080850435	631	34	500
Edifício Tupã	Rua	do Arouche	396	6	0070510840	310	33	265
Edifício Santa Ifigênia	Rua	Santa Ifigênia	299	7	0010460018	480	31	480
-	Rua	Francisca Miquelina	324	6	0060580099	397	30	350
Edifício Maristella	Rua	Guaianases	329	12	0080630108	372	30	340
-	Rua	dos Timbiras	612	8	0070740010	143	30	90
Edifício Lui Gal	Rua	Coronel Xavier de Toledo	70	12	0060250082	352	29	340
-	Rua	Santo Amaro	563	6	0060580042	397	29	350
-	Rua	Barão de Paranapiacaba	51	11	0050150055	552	29	500
Edifício Santa Josefa	Rua	General Osório	11	25	0080680213	404	29	200
-	Rua	Coronel Xavier de Toledo	140	12	0060250473	351	27	340
-	Avenida	Duque de Caxias	314	6	0080530103	795	23	411
-	Avenida	São João	1318	6	0080530081	795	22	411
Edifício Paissandu	Largo	Paissandu	94	12	0010570065-7	515	19	500
Prédio São Francisco	Rua	Senador Paulo Egídio	15	11	0050110049	448	17	358

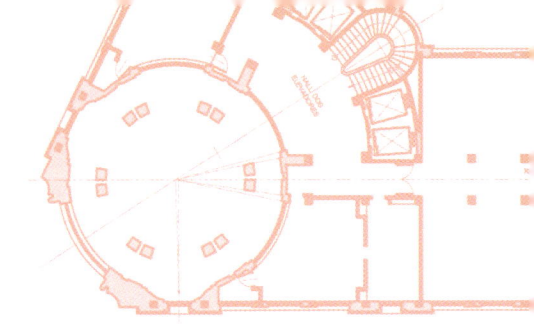

Considerações finais

Retomando o que vimos, a existência de numerosos edifícios verticais totalmente vazios no centro da cidade de São Paulo evidencia um paradoxo na produção do espaço urbano: a obsolescência espacial da cidade industrial. Esse fenômeno, quando inserido numa aglomeração em que aproximadamente 50% da população mora na denominada cidade informal, exige a formulação de uma política urbana audaciosa. Sem dúvida, onde não há mais área para expansão urbana e o déficit habitacional supera o milhão de unidades habitacionais, pensar a utilização dessas edificações parece uma ideia sensata. Principalmente quando a reforma e a adequação desses edifícios vazios podem ancorar-se em um processo que reabilite a área central da cidade e promover a industrialização de um setor da construção civil.

Ao longo do capítulo inicial, mostrou-se que a obsolescência espacial está associada a alguns processos socioeconômicos evidenciados nos últimos trinta anos do século XX. Nessa época, a internacionalização dos mercados e a introdução maciça da informática modificaram as relações de trabalho, e as formas de produção, mais flexíveis e automatizadas, determinaram novas necessidades espaciais. Além disso, a entrada no mercado internacional de países em desenvolvimento – conseguindo produzir os mesmos bens com preços mais competitivos – desbancou muitas empresas, que abandonaram suas estruturas espaciais. A paisagem da cidade moderna e industrial rapidamente se tornou obsoleta, havendo uma proliferação de espaços subutilizados – eis o primeiro paradoxo.

Pautada por informatização, globalização, crise energética, flexibilização da produção e pela terceirização da economia, a reestruturação econômica das últimas décadas vem expressando manifestações particulares na Região Metropolitana de São Paulo. Paralelamente à queda da produção industrial e ao esvaziamento do seu parque, principalmente nos contornos municipais paulistanos, a região consolida-se como centro terciário nacional. Dessa forma, o terciário metropolitano cresce principalmente nas atividades mais modernas, sendo sede das mais importantes empresas de serviços de produção.

O aumento do setor de serviços, tanto em renda quanto em emprego, vem acompanhado de transformações estruturais: desde o espectro de produtos oferecidos à sua forma de produção. Tais mudanças merecem atenção especial, uma vez que são as responsáveis pelo novo espaço que esse setor vem organizando na metrópole, além de determinar algumas das causas do abandono e da obsolescência de muitos dos edifícios verticais da área central de São Paulo – objeto de estudo aqui posto em foco.

Ao mesmo tempo, com a expansão do setor terciário, as cidades ganharam importância econômica, passando a competir internacionalmente, como centros de decisão, produção e consumo. Essa inserção internacional das cidades em uma rede de liderança e organização da produção e do consumo globais demanda uma enorme quantia de recursos para adequar suas infraestruturas econômicas. Surgem políticas de requalificação urbana, com o objetivo de criar estruturas espaciais que sirvam às novas demandas do setor terciário e de seus empregados. Incentivado muitas vezes por capitais internacionais, que enxergam nas áreas centrais possibilidades de capturar investimentos ocultos pelos processos de obsolescência, verifica-se um processo generalizado de remercantilização, para o consumo das elites, de áreas centrais antes inviáveis.

As políticas de requalificação urbana merecem nossa atenção por constituirem novas formas de desenvolvimento urbano. Tais políticas têm como objetivo principal reverter processos de esvaziamento e degradação, provendo a máxima utilização e potencialização de recursos ociosos. Algumas características as diferenciam de políticas urbanas anteriores, principalmente pela influência neoliberal nas estratégias de mobilização de recursos. O Estado surge como um facilitador de investimentos privados, desvendando novas frentes de expansão para o mercado imobiliário. Como visto, há uma remercantilização generalizada de antigas áreas de apoio à produção, como portos, estações ferroviárias, bairros industriais. Se, por um lado, o Estado legitima a concentração de investimentos em locais de interesse do capital internacional em nome do desenvolvimento econômico local, por outro, ele consolida uma construção ideológica que vincula a globalização da economia ao renascimento das principais metrópoles mundiais.

A literatura existente sobre o assunto, como vimos, é recente e pouco evidencia os paradoxos do processo. Teorias de sociologia urbana são necessárias para iluminar a complexidade do fenômeno e identificar alguns enfoques que explicam suas diferentes facetas.

Em primeiro lugar, a perspectiva neorricardiana, por meio da formulação de uma nova teoria das vantagens comparativas,[1] explica o papel das cidades como motores da economia nacional. Com o aumento da participação do setor terciário na economia, a produção desloca-se das fábricas para as cidades. São evidenciadas questões de economia urbana associadas ao funcionamento da cidade, destacando a sua importância, assim como sua vinculação ao desenvolvimento macroeconômico, e, com destaque, surge a agenda da produtividade urbana. O ideário neoliberal, tão amplamente difundido nos anos 1980 e 1990, está impregnado dessa racionalidade. Em cada renovação de empréstimos financeiros internacionais, as agências de cooperação definem uma série de condições vinculadas ao aumento da produtividade

---

[1] A teoria das vantagens comparativas – formulada por David Ricardo em *The Principles of Political Economy and Taxation* (1817) – explica os benefícios das transações comerciais em um mercado mundial integrado, destacando o papel do custo absoluto da produção de cada país.

urbana.² Uma de suas recomendações reside na regeneração das áreas centrais antigas e industriais. Sem dúvida, as políticas de requalificação urbana fazem parte da agenda urbana neoliberal e estão associadas à mobilização de recursos materiais subutilizados, para recuperar a imagem da cidade.

Em segundo lugar, merece destaque a perspectiva empirista, por evidenciar a vinculação entre revolução tecnológica e processos de estruturação urbana, destacando-se a flexibilização das tradicionais categorias locacionais e apontando para o surgimento de um processo de remercantilização das áreas centrais como estratégia de reapropriação dos setores tradicionais da cidade pelas elites. Tal perspectiva analisa, também, a dinâmica global do estágio de acumulação do capital, em que a revolução tecnológica dispersa internacionalmente as atividades, mas necessita concentrá-las em alguns pontos estratégicos do globo. As políticas de regeneração são entendidas como políticas de desenvolvimento urbano para transformar territórios com tradição histórica, adequando suas infraestruturas às novas necessidades do setor terciário avançado, permitindo que a elite da cidade informacional possa se apropriar das tradições locais, antes inviáveis para o seu consumo. Assim, constata-se que ambas as teorias evidenciam um processo de elitização do espaço urbano, associado aos processos de regeneração urbana.

Em terceiro lugar, destaca-se a visão pós-estruturalista dos teóricos da escola de Regulação. Com a formulação do conceito de pós-fordismo, associado a um novo modelo de desenvolvimento, esses estudiosos versam sobre as relações entre o regime de acumulação, as formas de organização do trabalho e as regras institucionais, destacando-se, aí, uma disseminação de formas de produção mais flexíveis, associadas à informatização, a formas de transporte de mercadorias mais eficientes e à terceirização de processos produtivos. Também evidenciam, como consequência desse processo, uma descentralização das atividades industriais em locais com custos menores – locacionais

---

2   Ver a dissertação de mestrado da autora – *Rethinking Urban Productivity* (Deveccni, 1994) – que apresenta uma discussão sobre o esgotamento do paradigma urbano ligado ao estágio de acumulação extensiva e faz análise prospectiva das possibilidades de formulação de políticas urbanas no contexto econômico, político e social no Brasil dos anos 1990.

ou de força de trabalho –, ao mesmo tempo que destacam a concentração espacial das atividades de comando nos centros das principais cidades. Tal visão torna claras as causas da obsolescência da cidade industrial, contextualizando as políticas de regeneração urbana.

Em quarto lugar, a perspectiva neomarxista evidencia os processos de segregação inerentes a essas políticas de requalificação urbana. A reincidente substituição da população moradora original em intervenções de renovação urbana é analisada, considerando o papel dos diferentes agentes. Também enfatiza o rol das áreas centrais como locais adequados de moradia para novos segmentos sociais: estudantes, *gays* e a chamada classe criativa.[3] Verifica-se, assim, uma ênfase na leitura sociológica, que associa as políticas apresentadas com processos de segregação social do espaço urbano.

E, por fim, é necessário destacar a racionalidade ambientalista, que exige uma reformulação das nossas cidades via compactação da mancha urbana. Tal perspectiva teórica enfatiza uma visão de sociedade pautada pela finitude dos recursos naturais.

Embora políticas urbanas desses tipos sejam muito incipientes na cidade de São Paulo, os formatos insinuados em novas operações urbanas parecem conter boa parte dos componentes das políticas de regeneração urbana. O novo papel do Estado como facilitador dos investimentos privados está presente no incentivo à formulação de parcerias público-privadas, evidenciadas pelo próprio formato das operações urbanas ou por editar concessões urbanísticas.

A facilitação da entrada de capitais financeiros internacionais na promoção do desenvolvimento urbano pode ser notada nas exigências do edital de concessão urbanística lançado na cidade, em 2010. Em todas as operações urbanas, a demanda por moradia em áreas privilegiadas da cidade aparece como constante mal equacionada. Aparece, como diretriz, a promoção de complexos mistos, agregando comércio, residências e serviços. Se a fórmula parece certa, suas consequências precisam ser analisadas, principalmente em uma cidade onde a segregação social é recorrente e está em curso um processo constante de desadensamento popula-

---

[3] Todos os ligados à arte e à cultura, como os artistas e os intelectuais em geral.

cional associado a uma crescente verticalização.

Como apontado ainda no capítulo inicial, a forma urbana vertical no município de São Paulo não está vinculada ao aumento de densidades demográficas. Distritos como Consolação, Itaim Bibi, Jardim Paulista, Moema e Pinheiros – que apresentam um predomínio de edificações verticais – exibem densidades demográficas inferiores a 150 habitantes por hectare, muito similares às dos distritos com menor concentração de área vertical construída – eis o segundo paradoxo.

Nos últimos vinte anos, o padrão da verticalização – com benfeitorias associadas a quadras, piscinas, *playgrounds* – faz com que cada apartamento tenha fração ideal de terreno superior aos 60 m² por unidade habitacional, criando um crescente processo de substituição de tipologias urbanas mais densas. Tal processo de desadensamento populacional faz com que distritos centrais, como o da República – com ocupação vertical antiga e com predomínio de edifícios comerciais –, seja o terceiro distrito mais denso, com 207 habitantes por hectare, e também os da Bela Vista e de Santa Cecília, deixando de lado aqueles com grande concentração de área construída vertical, como o do Itaim, dos Jardins e de Moema. Por outro lado, os distritos da Sé e da República, com as maiores densidades verticais construídas, apresentam, nas taxas de vacância de imóveis residenciais e comerciais, valores beirando os 20% – eis o terceiro paradoxo.

Esse claro processo de desadensamento populacional é pautado por uma construção ideológica que remonta ao início do século passado e que formula a ideia, corrente na sociedade, sobre os males desse processo. Tal ideologia é constantemente reeditada, via promulgação de uma série de diplomas legais que definem densidades ou coeficientes de aproveitamento máximos, tendo início em 1955 e perpassando incólume o percurso das mudanças na legislação urbanística no século XX. As consequências desse processo são as piores possíveis e manifestam-se pela perda constante de população em distritos onde é possível verificar os maiores índices de verticalização e onde há, concomitantemente, maior concentração de investimentos em infraestrutura.

Utiliza-se a ideia de uma cidade congestionada – apreendida diariamente pela sociedade – como instrumento para mascarar uma realidade paradoxal, realidade esta construída e disseminada por duas falsas ideias: a primeira consiste em vincular o congestionamento com a expansão vertical, o que cria uma resistência por parte das elites, tanto no processo de verticalização como em qualquer movimento de intensificação de uso do solo; a segunda (também associada à percepção diária de uma cidade congestionada), é a de que São Paulo apresenta densidades demográficas elevadas e insustentáveis, incentivando a dispersão da cidade.

Essas construções ideológicas funcionam como mais um instrumento de segregação social, impedindo uma compactação da cidade, possível só com a intensificação do uso do solo e com a mistura das classes sociais, sendo a verticalização uma forma adequada de compactá-la. É importante desmistificar essa questão, principalmente quando levamos em conta que, nos distritos centrais – que durante o dia sustentam densidades populacionais superiores a mil usuários por hectare – está concentrada parte importante das atividades e dos empregos da metrópole.

O aumento da densidade demográfica tem profundas implicações no que tange ao custo de urbanização e ao planejamento do espaço urbano. A definição de densidades demográficas mínimas por distrito pode constituir instrumento de incentivo à reutilização de setores da cidade onde abundam construções subutilizadas e obsoletas. Essa discussão, quando inserida no perímetro do município de São Paulo, ainda ganha proporções maiores, devido à escassez de terrenos aptos para novos desenvolvimentos habitacionais. Nesse sentido, nas áreas consolidadas, uma política centrada na variável adensamento demográfico pode definir uma diretriz clara, por estar pautada no reaproveitamento de edifícios existentes e na reconversão de edifícios obsoletos em edifícios residenciais.

O município de São Paulo apresenta em 2010 uma área formalmente urbanizada de aproximadamente 600 km^2, com área construída de 400 km^2. Os distritos Sé e República, aqui focados, são os que apresentam maior concentração em número de edifícios verticais por quilômetro quadrado, tendo, no município, a maior densidade vertical construída, mas, ao mesmo tempo, um número significativo de imóveis totalmente vazios. Segundo dados do IBGE (2000), há em ambos os distritos 13.641 unidades residências desocupadas. Helena Menna Barreto Silva, em pesquisa concluída em 2008 para o Lincoln Institute, aponta um universo de 68 edifícios verticais totalmente vazios, de um total de 158 com somente o andar térreo ocupado. Esses números também foram confirmados em dezembro de 2008, na pesquisa de campo realizada para elaboração desse estudo, que identificou um universo de 175 imóveis desocupados parcial ou totalmente, de um total de 354 imóveis pesquisados. Desses 354, 69 foram considerados totalmente desocupados, o que representa quase 20% do universo pesquisado. Aplicados esses índices de vacância para o resto dos 14 distritos com maior concentração de edifícios verticais na cidade, obtém-se uma grandeza equivalente ao tamanho do mercado de reforma e reconversão na cidade de São Paulo, em torno de 28 milhões de metros quadrados, área suficientemente significativa para formulação de uma política de reforma.

Como foi possível observar ao longo deste trabalho, a maioria dos edifícios dos distritos Sé e República não são residenciais. Predominam os usos comercial e hotel, sem garagens e com grande compartimentação dos andares, com áreas construídas inferiores a 3 mil m², cuja superfície de andar tipo é inferior a 200 m². Trata-se de um universo de edifícios construídos para o mercado de aluguel e que, em sua maioria, ainda permanecem nas mãos de um único dono, como propriedade indivisa. Há, também, uma significativa presença de edifícios com fundações rasas.

A maioria dos edifícios apresenta vãos inferiores a 4 m, estimulando a pouca concentração de cargas nos pilares. Neste estudo, por outro lado, constataram-se pés-direitos em torno de 2,7 m a 3,2 m. Além dessas duas variáveis, outro fator importante a observar é a configuração da planta em função de poços de iluminação e saguões. Tais características, associadas às significativas transformações na organização do espaço do setor terciário, definem esse conjunto de imóveis como produtos de difícil comercialização, constituindo um desafio inicial para a consolidação de uma política de reabilitação da área central.

A produção, até o ano de 1945, engloba aproximadamente 10% do total de área construída nos dois distritos estudados. Distribuídos em aproximadamente 424 edifícios, concentram superfície com 1.126.000 m². Embora essa área seja pouco significativa quando comparada àquela produzida anualmente nos últimos anos na cidade,[4] ela engloba, na história da arquitetura local, um elenco de edifícios muito representativos, que constituem recursos materiais importantes para reutilização, sendo, para isso, o uso residencial um dos mais adequados. Além disso, a provisão habitacional por meio de processos de conversão de uso de propriedades comerciais pode ser justificada por uma série de diretrizes de desenvolvimento urbano, pautadas, como já dito, na definição de uma política de compactação da cidade.

Em capítulo anterior, mostramos a existência, na área central de São Paulo, de edifícios com significativo potencial para reconversão habitacional. Analisando exclusivamente a variável de potencial construído, pode-se verificar que a maioria apresenta área construída superior a cinco vezes a área do terreno, transformando qualquer empreendimento de reforma ou reabilitação em um investimento muito produtivo, pois hoje a legislação vigente não permite exceder um coeficiente de aproveitamento superior a 4. Isso significa poder produzir habitação com frações ideais de terreno inferiores a 40 m² por unidade, possibilitando trabalhar com espaços valorizados. Outra vantagem da reforma é o tempo mais curto de obra, bem como seu processo de aprovação, que é mais simples se comparado ao processo de construção.

Nos últimos dez anos, vários edifícios na cidade de São Paulo, em sua maioria com financiamento do Poder Público, já foram convertidos para uso habitacional. De maneira geral, tais empreendimentos têm perpetuado formas de intervenção consagradas para construções novas, resultando em reformas caras, cujas soluções de compartimentação espacial comprometem a qualidade espacial do produto, além de prejudicar a integridade da obra arquitetônica original.

Possíveis respostas para isso residem no incipiente processo de produção, em que o objeto de intervenção é um

---

[4] Segundo dados da Embraesp, no período de outubro de 2006 a setembro de 2009, na cidade de São Paulo, foram produzidos cerca de 18 milhões de metros quadrados.

desconhecido. O principal empecilho é a falta de controle sobre as condições estruturais originais, resultando em um partido com instalações inadequadas, exigindo abertura de rasgos na laje para grandes extensões de tubulação.

De maneira geral, é possível afirmar que reabilitações e reconversões são sempre possíveis. Nos edifícios residenciais, predominam as subdivisões de apartamentos, havendo pequenas adaptações nos *layouts* dos projetos existentes. Já as reformas em edifícios comerciais e hoteleiros devem considerar um agrupamento de salas ou quartos, com demolição de paredes e construção de novos invólucros. O cerne da intervenção é criar novas prumadas de água e esgoto, com distribuição flexível para os diferentes apartamentos resultantes.

O princípio de distribuição por gravidade cria exigências espaciais, determinadas por declividades mínimas estabelecidas nos códigos de obras e normas técnicas. A simplificação desse sistema pode introduzir um novo padrão para os empreendimentos de reforma. Tubulações flexíveis, com diâmetros inferiores a 10 cm, pequenas bombas que permitam a diminuição de declividades e a introdução de liquidificadores e trituradores podem modificar os métodos de reforma.

No que concerne à tecnologia de reforma, verifica-se a grande falta local de experiência. O problema tem início na seleção e no reconhecimento dos imóveis – primeiro estágio na formulação de uma política. Apresentaram-se, aqui, alguns métodos de diagnóstico rápido, que sistematizam uma série de variáveis determinantes para o processo de reforma e que, além disso, podem ser processados em algumas horas, constituindo importantes instrumentos para a tomada de decisão no momento da seleção do edifício a ser reformado. Também, a partir da análise tipológica, é possível constatar que algumas edificações verticais são mais adequadas para a conversão habitacional. De maneira geral, os elementos determinantes para a escolha estão relacionados à estrutura, à sua capacidade de sobrecarga e à configuração de vãos e do pé-direito. Diante das possibilidades de intervenção, esses elementos, quando sistematizados e comparados, permitem decisões rápidas, como já mostrado.

Hoje se pode afirmar que reformar não é construir. A análise dos empreendimentos de reforma existentes na cidade mostra uma inadequação dos métodos de construção civil utilizados. Esse tipo de obra exige intervenções menos invasivas, com sobreposições e enxertos. Trata-se de criar ambientes residenciais, articulados com uma ampla gama de sistemas que perpassam a edificação, e é necessário que as unidades estejam aptas a conectar-se.

A divisão do empreendimento em duas esferas estratégicas de intervenção pode contribuir para sistematizar uma política de reforma. A primeira esfera está associada ao suporte. Assim, todas as edificações adequadas à reforma ou à reconversão podem ser entendidas como suportes de futuras unidades residenciais. Os serviços relativos a isso concentram-se na execução de demolições necessárias e desmontagem de todos os elementos desnecessários à nova obra, a ser executada pela ala tradicional da indústria da construção civil.

A segunda esfera de intervenção corresponde à instalação dos componentes de recheio. Tais sistemas têm como principal característica a simplificação das instalações hidráulicas, facilitando a distribuição flexível.

Compreender a edificação como dividida entre suporte e recheio pode definir um novo enfoque para as obras de reforma, respeitando as características construtivas da edificação e as diferentes necessidades e possibilidades dos moradores.

Além disso, essa subdivisão constitui um incentivo para a criação de um novo nicho industrial, devotado à criação *kits* e sistemas de recheio com as características apontadas, transformando a reforma em um processo de montagem.

Como vimos ao longo deste livro, o desenho de uma política habitacional pautada na reforma de edifícios obsoletos depende de alguns fatores. O primeiro fator reside na necessidade de compreender sistematicamente o estoque construído e de onde vem a necessidade de desvendar as regras básicas que nortearam a concepção de seu espaço, o que pode ser alcançado por meio da classificação tipológica e do zoneamento das plantas, permitindo aferir as principais características espaciais e estabelecer um método de desenho de suportes.

Foi visto que a maioria dos edifícios está assentada em lotes inferiores a 500 m², predominando aqueles com área construída até 3 mil m². Quando comparados aos empreendimentos do mercado imobiliário atual, são obras pequenas e, embora o universo de análise tenha uma aparência hermética, de difícil caracterização tipológica, a análise das plantas arquitetônicas aponta para a predominância quase exclusiva de duas tipologias: H e esquina.

A tipologia H, com 40% do total do universo analisado, apresenta projeção de aproximadamente 16 m de frente e 30 m de fundo. A planta do andar tipo está organizada em torno de um *hall* central, que concentra elevadores e escadas, dando acesso a dois blocos, um frontal e outro posterior, propiciando circulações enxutas com pouco consumo de área. Considerando a grade estrutural, ela é retangular do tipo 3,2 m × 3,8 m ou em módulos proporcionais, permitindo receber um amplo leque de atividades. O número máximo de unidades a ser viabilizada é função do número de ambientes por fachada. Esse tipo facilita a criação de *shafts* de instalações nas áreas de ventilação e iluminação e a criação de banheiros e cozinhas nas adjacências.

A tipologia esquina, com suas três derivações, é a segunda a apresentar maior incidência. Com quarenta expoentes em um total de 115 edifícios, essa tipologia é muito usada na cidade de São Paulo, tanto para o uso residencial quanto comercial. Na tipologia esquina total, as estruturas de circulação principal, com escadas e elevadores, estão situadas em *hall* localizado no eixo da esquina. A partir desse ponto, são organizados dois eixos perpendiculares de circulação horizontal, que permitem estruturar a planta em duas alas. Com fachadas que variam de 30 m a 50 m, a distribuição futura dos apartamentos é também função da capacidade de alocar ambientes na fachada.

Constatou-se, ainda, que compreender os denominados suportes pode simplificar os processos de projeto e intervenção, permitindo a criação de plantas e detalhes padronizados, associados a cada uma das tipologias dos edifícios. *Shafts* verticais, zonas molhadas, *shafts* horizontais, assim como configurações de unidades habitacionais, podem orientar a produção dos sistemas de recheio industrializado. Além disso, o método de zoneamento da planta, proposto por Habraken (1972), pode ser adequado para a leitura do suporte.

Verificou-se, além disso, que a formulação de uma política de reforma de edifícios altos constitui uma oportunidade única de reestruturação produtiva da indústria nacional da construção civil. Os métodos hoje vigentes mostram-se inadequados para tal finalidade, principalmente pelas características da obra de reforma.

No século XX, o enorme progresso nas indústrias naval, aeronáutica e automobilística resultou em materiais avançados e processos inovadores de fabricação, que poderiam ser transferidos para a indústria da construção civil. Um denominador comum dessas três indústrias é a dissociação do produto em duas esferas de produção: uma, relativa ao suporte; e a outra, ao recheio. Todas as três trabalham com processos de montagem, sobre um esqueleto inicial, de peças industrializadas. Se considerada a produção naval, pode verificar-se que as cabines são confeccionadas industrialmente, assim como banheiros e cozinhas, sendo introduzidas posteriormente, junto às conexões e aos acabamentos finais.

Uma grande quantidade de novas possibilidades para o futuro da habitação poderia ser introduzida a partir da formulação de uma política de reforma. Isso significaria a montagem de um novo nicho industrial de componentes de recheio e um estímulo para a coordenação modular e de conexões, sem esquecer a necessária melhoria dos produtos oferecidos. Além disso, seria necessário unir pequenas empresas – hoje responsáveis pela fabricação de produtos isolados –, pois, diante da impossibilidade de atender à nova demanda, estas teriam de buscar seus pares. Esse segmento industrial cuidaria da fabricação de sistemas de recheio, banheiros, cozinhas e seus sistemas de instalações, incentivando a pesquisa em produtos adequados à demanda.

A indústria da construção civil tradicional cuidaria do preparo do suporte para receber a segunda etapa da obra de reforma. Assim, seriam de sua responsabilidade todos os serviços referentes às demolições de paredes internas e retiradas de portas, janelas, encanamento, fiação – deixando a obra limpa para receber os montadores dos sistemas de recheio. Também haveria um incentivo para criar novas profissões dedicadas a montagens.

Um segundo fator determinante na formulação de uma política de reforma é relativo à capacidade da indústria local de produzir sistemas de recheio ou desconectáveis. O grande desafio, nesse caso, reside em produzir sistemas que simplifiquem e flexibilizem as entradas e saídas de água. Algumas tecnologias alternativas, como a difusão do uso de pisos elevados, além de tubulações com diâmetros menores associadas a dispositivos de trituração e pressão, podem ajudar na distribuição das tubulações, minimizando a necessidade de furos na estrutura existente. O uso de peças de catálogo para os itens dos componentes de recheio, especialmente os chamados desconectáveis, podem contribuir para a redução dos tempos de reforma e, consequentemente, seus custos. A viabilidade econômica dessa abordagem precisa ser calculada em relação ao número de unidades a serem produzidas, mas o desempenho das maiores empreiteiras brasileiras em obras de urbanização de favelas tem demonstrado a capacidade de inovação da engenharia nacional.

Por último, foi apresentado o terceiro fator determinante no desenho de uma política de reforma, que reside na definição dos produtos imobiliários a serem criados. Suas características programáticas e formas de comercialização são variáveis e exigem reflexão. Unidades habitacionais para jovens famílias ou para pessoas sozinhas ou idosas, com a produção de espaços flexíveis com pouca funcionalização, constituem certamente um segmento de mercado. Outra tendência verificada é a produção, num mesmo empreendimento, de unidades habitacionais com tamanhos diferentes. Sugeriram-se formas de comercialização combinando venda e aluguel – ou até as duas formas juntas, no que passou a ser denominado na Holanda de *buyrent* –, outra característica de habitações produzidas em áreas centrais via reconversão e reforma.

A ideia holandesa – dissociar a propriedade e a comercialização dos denominados suportes e recheios – pode propiciar novos formatos de políticas habitacionais, em que o Estado é dono dos denominados suportes e os moradores recebem financiamento para a compra dos componentes de recheio, necessários para a configuração da unidade habitacional, alugando o direito de uso do suporte. Findo o contrato de aluguel, o morador poderia retirar seu sistema de recheio e instalá-lo em outro suporte.

Embora processos de gentrificação não sejam ameaça no caso dos distritos Sé e República, resta desenhar um programa urbano que possa equacionar todas as variáveis presentes no problema de reocupação da área central e que considere as particularidades do estoque aí construído. Além disso, o incremento da produtividade urbana na cidade de São Paulo pode ser favorecido pela contenção da expansão urbana e pela gradual compactação da cidade, definindo uma densidade mínima que supere os 350 habitantes por hectare.

Por último, viu-se que a produção de imóveis residenciais a partir da reforma e reconversão de edifícios altos é uma atividade recente na cidade de São Paulo e no país. A experiência existente, promovida pelo Poder Público, concentra-se em produzir habitações de interesse social. A iniciativa privada tem resistido a esse tipo de empreendimento, principalmente por se tratar de um negócio cujo investimento inicial é feito em edificações obsoletas, com pouca liquidez e em um mercado ainda desconhecido.

A atividade, sem dúvida, necessita de organização. O desenho de uma política para compactar a cidade, definindo densidades demográficas mínimas por distrito, pode estimular a produção habitacional por meio de reforma ou reconversão. Tal processo poderia ser acompanhado de incentivos à produção de componentes industrializados, com fomento à pesquisa de sistemas de recheio. O desenvolvimento de um segmento industrial focado na produção de sistemas de recheio pode significar uma revolução na organização da construção civil, principalmente quando se pensa em organizar um mercado voltado exclusivamente para reforma, aproveitando um momento particular de reorganização produtiva industrial imposta pela agenda das mudanças climáticas.

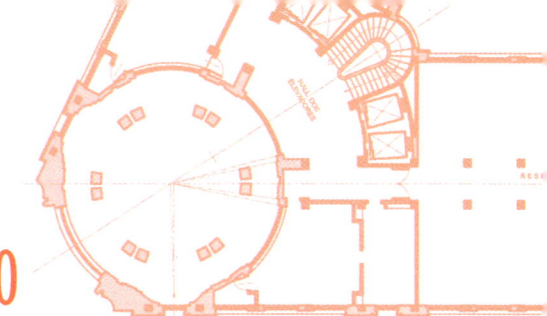

Apêndice A – Quadro de referência teórico

Teorias da sociologia urbana sobre a relação capital/ Estado e urbano.

	Perspectiva clássica Smith/ Ricardo/ Malthus/ Mill	Perspectiva evolucionista tecnológica/ funcionalista	Perspectiva estruturalista	Perspectiva marxista
1920	**1. Teoria clássica da localização:** reifica as relações socioeconômico-políticas, enfatizando o papel do consumidor em termos de demanda. Existem três princípios clássicos da localização urbana (Berry): a) local da matéria-prima; b) locais intermediários entre a matéria-prima e o mercado; c) locais de mercado. Principais questões: custos de transportes, salários e custos de produção	**Ecologia, geografia e economia urbanas.** Os grandes centros de cidade são a melhor incubadora para os setores emergentes da produção, encontrando as economias de aglomeração necessárias para as pressões da competitividade econômica. **1. Teoria da localização por competição em relação ao conceito de centralidade:** **a) Escola de Chigago:** R. Park, E. Burguess, R. Mackenzie. Modelo clássico da forma urbana: Zonas Concêntricas de Burguess. Conceito de centralidade e hieraquia de localizações.	Origens da teoria econômica do desenvolvimento: as crises econômicas da Europa e EUA, as duas grandes guerras, o surgimento da divisão internacional em três grandes blocos e as crises cíclicas de desemprego mostraram a necessidade de formulação de novas teorias para entender os problemas de desenvolvimento das nações emergentes do Terceiro Mundo. Problemática: causas da pobreza, crescimento econômico, estabilidade política para conter a expansão do comunismo.	Problemática: desenvolvimento capitalista é possível e necessário, para que se atinja com sucesso um estágio mais avançado de propriedade coletiva dos meios de produção. Divisão social do trabalho/ classes sociais/ acumulação × avanço tecnológico × capital monopolista. Lenin: capital monopolista e imperialismo reduzem as possibilidades de desenvolvimento capitalista nas colônias. Lenin foi a grande influência para a formulação do paradigma neomarxista de desenvolvimento.
1930	**2. Teoria de Cristaller:** enfatiza a maximização da eficiência e da eficácia na alocação de recursos a curto prazo (visão estática)/ ótimo espacial de escala de produção e aglomeração/ "rede de lugares centrais".			
1940	**3. Teoria do sistema de cidades de Losh:** analisa a competição entre localizações em função dos custos de transporte. Teoria do Equilíbrio.	Questões urbanas ecológicas: concentração, centralidade, descentralidade, circulação, hierarquia, segregação.		

(cont.)

	Perspectiva clássica Smith/ Ricardo/ Malthus/ Mill	Perspectiva evolucionista tecnológica/ funcionalista	Perspectiva estruturalista	Perspectiva marxista
1950	**4. Teoria da localização neor-ricardiana:** atribui ao próprio espaço o *status* de mercadoria produzida pelo capital. A teoria da renda da terra está subordinada aos custos da própria terra e às facilidades de transporte. A natureza do espaço urbano depende das contradições do processo de produção (Sraffa, 1960).	**b) Teoria do crescimento setorial de Hoyt:** os investimentos urbanos concentram-se nas áreas residenciais de alta renda. **c) Crítica à Escola de Chicago, Modelo de Zonas Concêntricas:** Hawley. Crítica ao conceito de centralidade por meio da importância das tecnologias de transporte e de comunicação. Determinismo tecnológico.	**1. Modelo Clark/ Rostow/ Vernon:** esse modelo afirma que cada setor da produção se desenvolve por meio de um ciclo de estágios invariáveis, que envolvem aspectos espaciais, econômicos e de desenvolvimento do sistema capitalista. Esse modelo faz da relação entre a organização da produção e a localização o pivô central de análise.	Formação econômica pré-capitalista (Marx). A única análise urbana marxista de que se dispunha até a década de 1970: a forma do espaço de assentamento deve estar ligada a seu modo de produção.
1960	**5. Teoria da localização intraurbana de Alonso:** análise bidimensional da distribuição espacial, considerando o custo dos transportes.			
1970	**Abordagem neorricardiana e teoria trabalhista da localização:** as relações socioespaciais são produzidas pelos determinantes de produção e suas necessidades específicas, no que se refere à relação entre capital e trabalho. A preocupação com a produção de bens e as relações entre capital e trabalho no local de trabalho explicam tudo o que ocorre no desenvolvimento urbano. **A. Scott (1980):** enfatiza a natureza contraditória do valor da terra urbana, onde existem investimentos de particulares e do Estado, simultaneamente, que conferem os atributos socialmente necessários para se ter um valor de uso; por outro lado produz localizações com valores de troca. Nessa esfera, o desenvolvimento urbano é entendido como um processo anárquico, conduzido pela relação dialética entre decisões individuais e a intervenção estatal.	**2. Teóricos do impacto da revolução tecnológica na organização do território capitalista:** a principal hipótese desses teóricos é que o contexto histórico de transformação do modo de produção capitalista, em que a revolução tecnológica desempenha um papel fundamental, caracteriza a emergência de um novo paradigma de desenvolvimento: o Modo de Desenvolvimento Informacional. **a) M. Castells,** no livro *The Informational City*, caracteriza esse novo modo de desenvolvimento como a principal geratriz para novas formas de organização do trabalho, novas relações macroeconômicas e uma nova luta de classes, calcada no surgimento de novos fragmentos na sociedade. Explica a lógica desses tipos de territórios urbanos, analisando alguns exemplos nos Estados Unidos.	Estruturalismo. Critica a visão historicista e humanista da Escola de Frankfurt (hegelianismo). Althusser entendia que toda formação social era uma estrutura de sistemas econômicos, políticos e ideológicos. **1. Teóricos da reprodução da força de trabalho e do Estado:** o debate sobre as condições gerais para a produção é fundamental para entender o papel do Estado na organização territorial. **a) Teoria do espaço de Castells:** o espaço é um produto material de uma dada formação social. Distingue dois elementos fundamentais da estrutura econômica: a produção e a força de trabalho. O urbano é definido como a unidade espacial de reprodução da força de trabalho, em que se desenvolvem os processos de consumo coletivo. Seu estudo não levou à definição de uma teoria do espaço urbano, mas a uma teoria sobre as relações entre o Estado e o espaço urbano.	Fenômenos de localização urbana. **1. Teóricos dos conflitos de classes:** o fator trabalho é o principal determinante das decisões capitalistas sobre localização. A forma urbana é explicada como produto da luta de classes. **a) D. Gordon (1977):** teoria do controle social e da forma urbana. Correlaciona os períodos de acumulação do capital com formas de organização urbana: capital comercial/ cidade mercantilista; capital industrial/ cidade industrial; e capital monopolista/ cidade corporativa. Essas mudanças são função da luta de classes e das formas de organização do trabalho.

(cont.)

… Apêndice A – Quadro de referência teórico

	Perspectiva clássica Smith/ Ricardo/ Malthus/ Mill	Perspectiva evolucionista tecnológica/ funcionalista	Perspectiva estruturalista	Perspectiva marxista
1980		3. **Teóricos da globalização territorial**: analisam a dinâmica global do estágio de acumulação do capital, em que a revolução tecnológica flexibilizou as categorias de uma teoria da localização, dispersando atividades internacionalmente, porém com a necessidade de concentração em alguns pontos estratégicos do globo. a) **S. Sanssen, "The Global City"**, pode ser considerada como um expoente com uma perspectiva mais empirista.	2. **Perspectiva da Produção do Espaço, de Lefebvre**: o espaço não pode ser reduzido a uma localização ou às relações sociais de posse de propriedade. Sendo ao mesmo tempo fator ou meio de produção, também se constitui em fator das forças produtivas da sociedade. Lefebvre introduz um novo conceito, o de consumo de espaço: se por um lado há uma área de impacto para o consumo coletivo, por outro existe também o espaço como objeto de consumo (turismo, lazer). O espaço urbano é entendido pela relação dialética entre valor de uso e valor de troca. Introduz o conceito de Estado como estrutura espacial. Também introduz o conceito do papel do mercado imobiliário no processo de acumulação do capital como "setor secundário" de investimento. É uma abordagem espacial da acumulação de capital, porém não aceita do ponto de vista marxista.	b) **Storper & Walker (1983)/ Massey (1984)**: teoria da localização segundo o trabalho e a forma urbana: fatores na oferta de mão de obra e no comportamento da demanda. Destacam as vantagens comparativas de cada lugar geográfico em função das condições gerais de produção, como também das condições existentes para a reprodução da força de trabalho. 2. **Teóricos da acumulação e circulação do capital**: os processos de desenvolvimento da cidade são a manifestação espacial do processo de acumulação. **D. Harvey (1973/1985)**: estuda o papel funcional da cidade no processo de acumulação capitalista como forma de consumo e como modo para sua própria reprodução. Identifica frações de capital com interesses diferenciados para a realização de mais-valia: renda, juros e lucro. Também considera a relação Estado/ capital na produção do espaço. Define três circuitos de acumulação de capital: circuito primário (processo produtivo/ lucro); circuito secundário (investimentos no ambiente construído); circuito terciário (investimentos em ciências e tecnologia). Teoria da desvalorização.

Fonte: quadro elaborado a partir de M. GOTTDIENER, *The Social Production of Urban Space* (Texas: University of Texas Press, 1985) e J. FRIEDMAN & W. ALONSO, *Regional Policy Readings in Theory and Applications* (Cambridge: MIT Press, 1975).

Apêndice B – Fichas dos edifícios inventariados

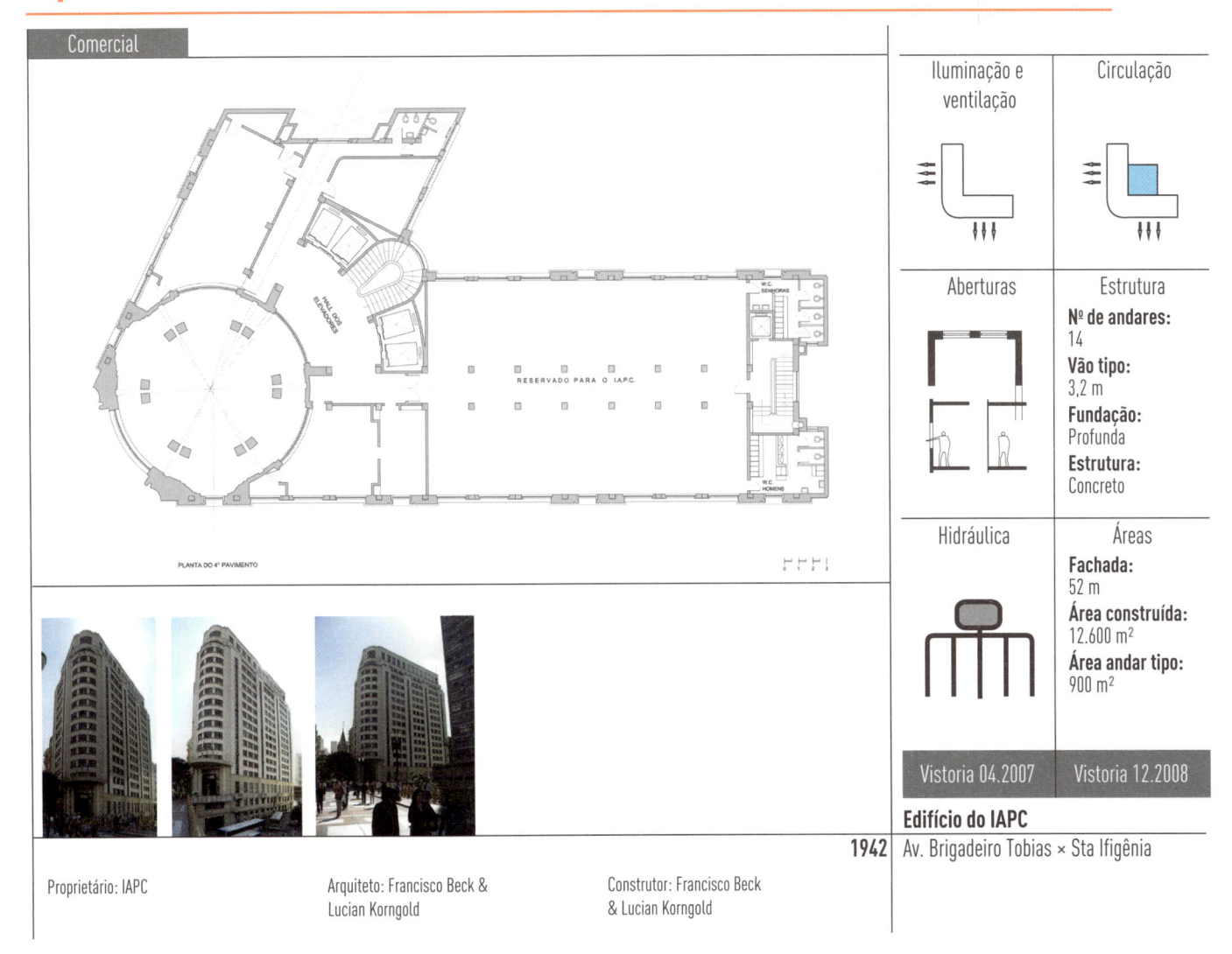

Comercial

PLANTA DO 4º PAVIMENTO

Iluminação e ventilação	Circulação

Aberturas	Estrutura
	Nº de andares: 14
	Vão tipo: 3,2 m
	Fundação: Profunda
	Estrutura: Concreto

Hidráulica	Áreas
	Fachada: 52 m
	Área construída: 12.600 m²
	Área andar tipo: 900 m²

Vistoria 04.2007 | Vistoria 12.2008

Edifício do IAPC
1942 — Av. Brigadeiro Tobias × Sta Ifigênia

Proprietário: IAPC
Arquiteto: Francisco Beck & Lucian Korngold
Construtor: Francisco Beck & Lucian Korngold

Residencial

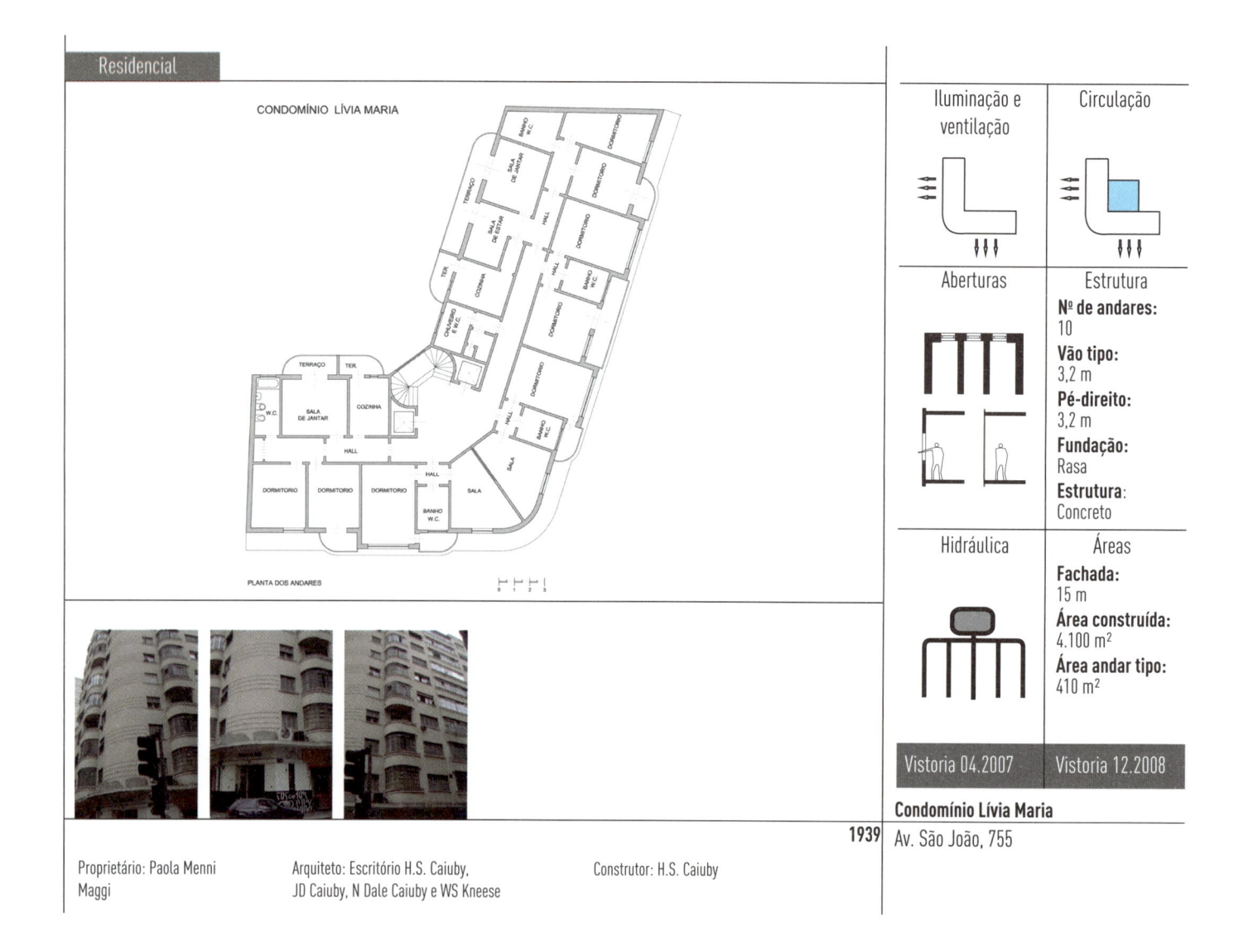

CONDOMÍNIO LÍVIA MARIA

PLANTA DOS ANDARES

Iluminação e ventilação	Circulação
Aberturas	**Estrutura**
	Nº de andares: 10
	Vão tipo: 3,2 m
	Pé-direito: 3,2 m
	Fundação: Rasa
	Estrutura: Concreto
Hidráulica	**Áreas**
	Fachada: 15 m
	Área construída: 4.100 m²
	Área andar tipo: 410 m²
Vistoria 04.2007	Vistoria 12.2008

Condomínio Lívia Maria
Av. São João, 755

1939

Proprietário: Paola Menni Maggi
Arquiteto: Escritório H.S. Caiuby, JD Caiuby, N Dale Caiuby e WS Kneese
Construtor: H.S. Caiuby

Apêndice B – Fichas dos edifícios inventariados

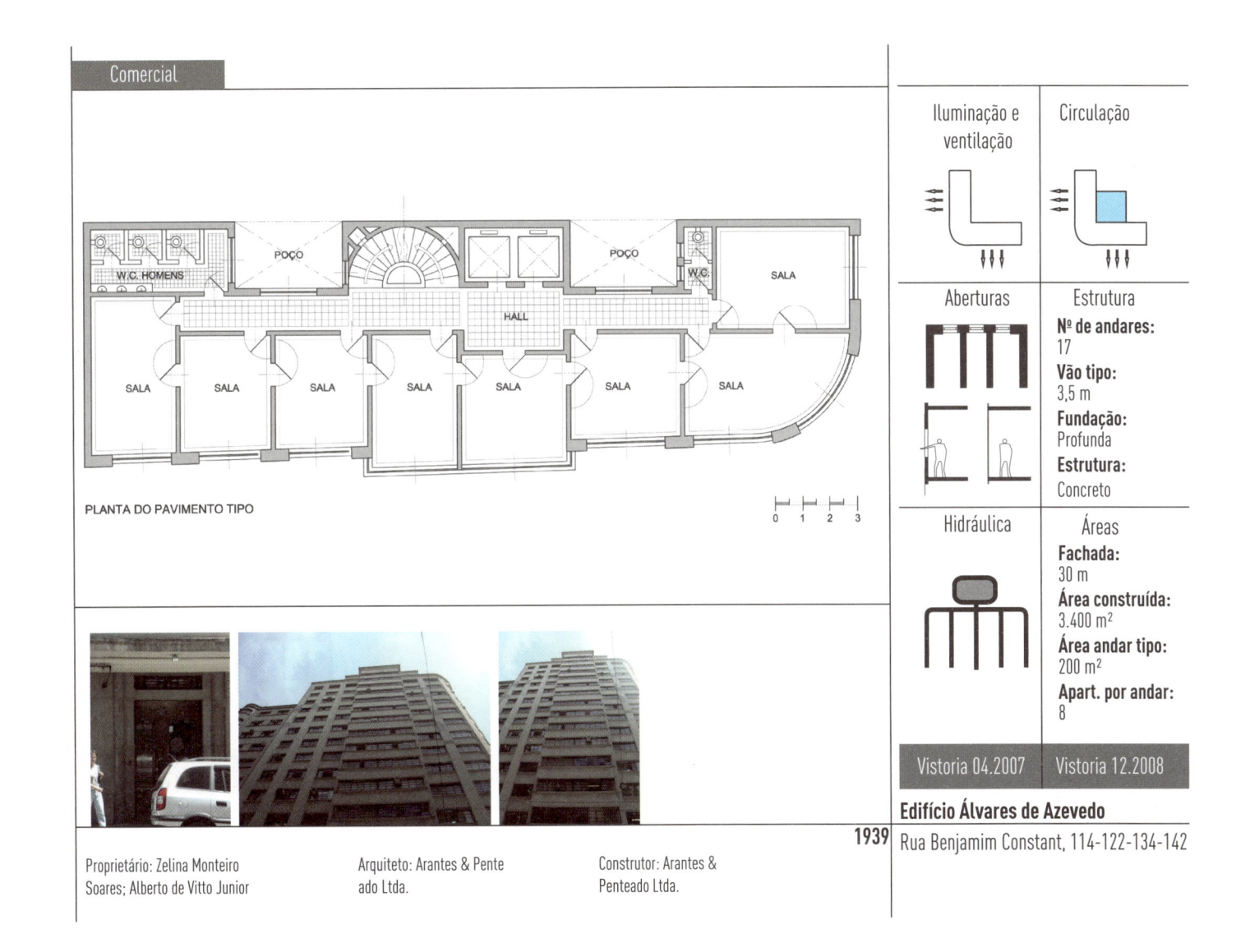

Comercial

PLANTA DO PAVIMENTO TIPO

Iluminação e ventilação	Circulação

Aberturas	Estrutura
	Nº de andares: 17
	Vão tipo: 3,5 m
	Fundação: Profunda
	Estrutura: Concreto

Hidráulica	Áreas
	Fachada: 30 m
	Área construída: 3.400 m²
	Área andar tipo: 200 m²
	Apart. por andar: 8

Vistoria 04.2007 | Vistoria 12.2008

Edifício Álvares de Azevedo
1939
Rua Benjamim Constant, 114-122-134-142

Proprietário: Zelina Monteiro Soares; Alberto de Vitto Junior

Arquiteto: Arantes & Penteado Ltda.

Construtor: Arantes & Penteado Ltda.

REFORMAR NÃO É CONSTRUIR

Residencial

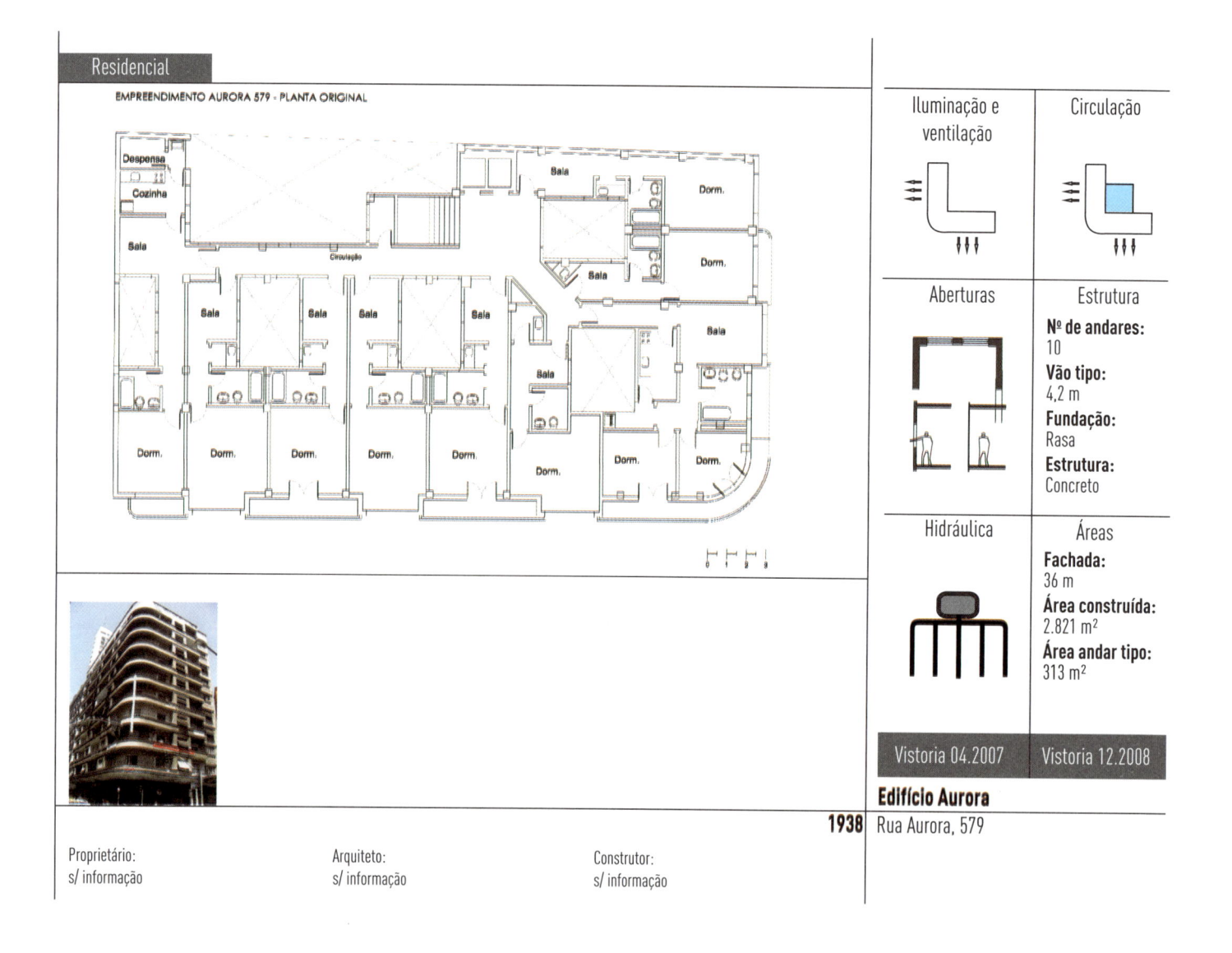

EMPREENDIMENTO AURORA 579 - PLANTA ORIGINAL

Iluminação e ventilação	Circulação

Aberturas	Estrutura
	Nº de andares: 10 **Vão tipo:** 4,2 m **Fundação:** Rasa **Estrutura:** Concreto

Hidráulica	Áreas
	Fachada: 36 m **Área construída:** 2.821 m² **Área andar tipo:** 313 m²

Vistoria 04.2007 | Vistoria 12.2008

Edifício Aurora
1938 Rua Aurora, 579

Proprietário:
s/ informação

Arquiteto:
s/ informação

Construtor:
s/ informação

Apêndice B – Fichas dos edifícios inventariados

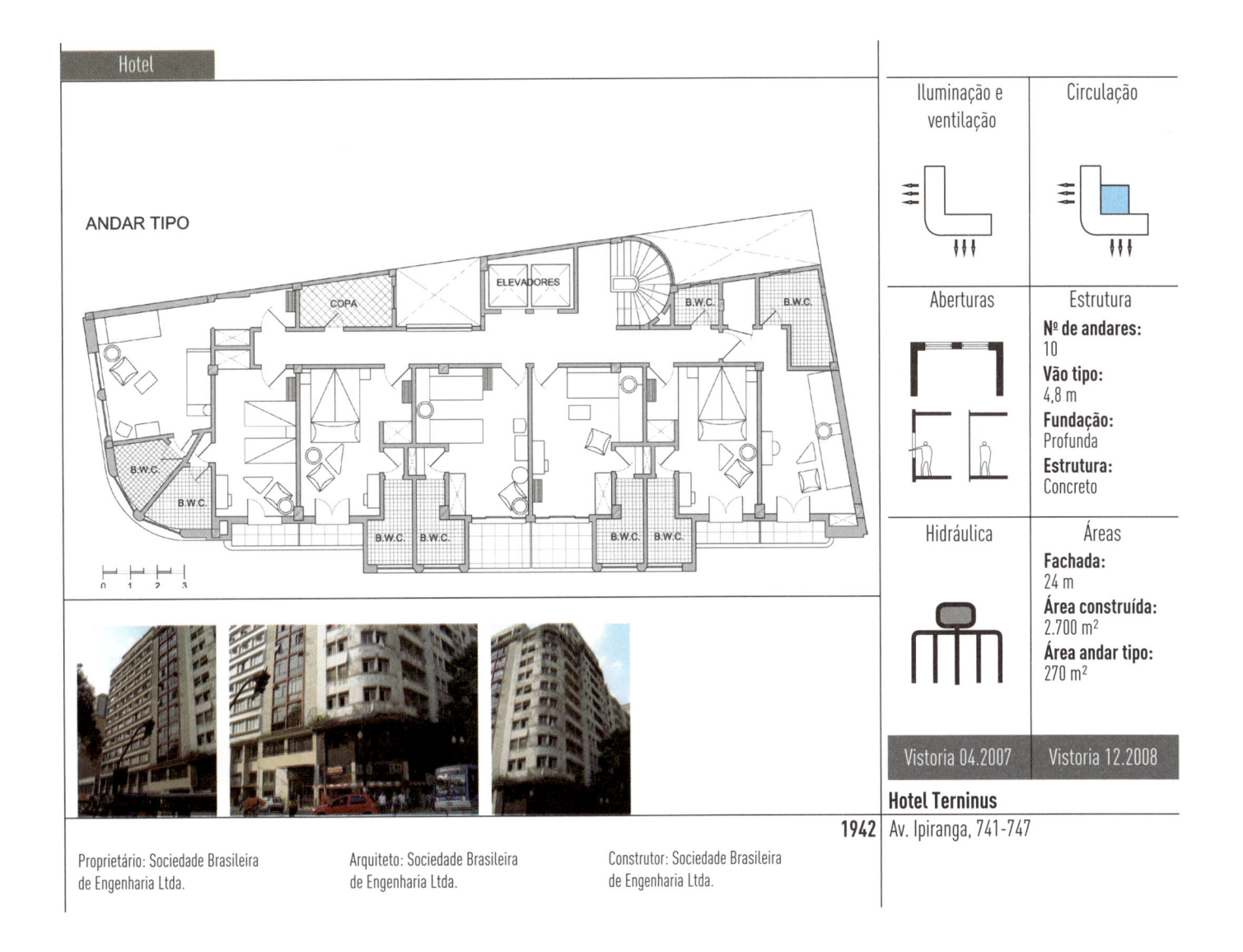

Hotel

ANDAR TIPO

Iluminação e ventilação

Circulação

Aberturas

Estrutura
Nº de andares: 10
Vão tipo: 4,8 m
Fundação: Profunda
Estrutura: Concreto

Hidráulica

Áreas
Fachada: 24 m
Área construída: 2.700 m²
Área andar tipo: 270 m²

Vistoria 04.2007 | Vistoria 12.2008

Hotel Terminus
1942 | Av. Ipiranga, 741-747

Proprietário: Sociedade Brasileira de Engenharia Ltda.

Arquiteto: Sociedade Brasileira de Engenharia Ltda.

Construtor: Sociedade Brasileira de Engenharia Ltda.

REFORMAR NÃO É CONSTRUIR

Comercial

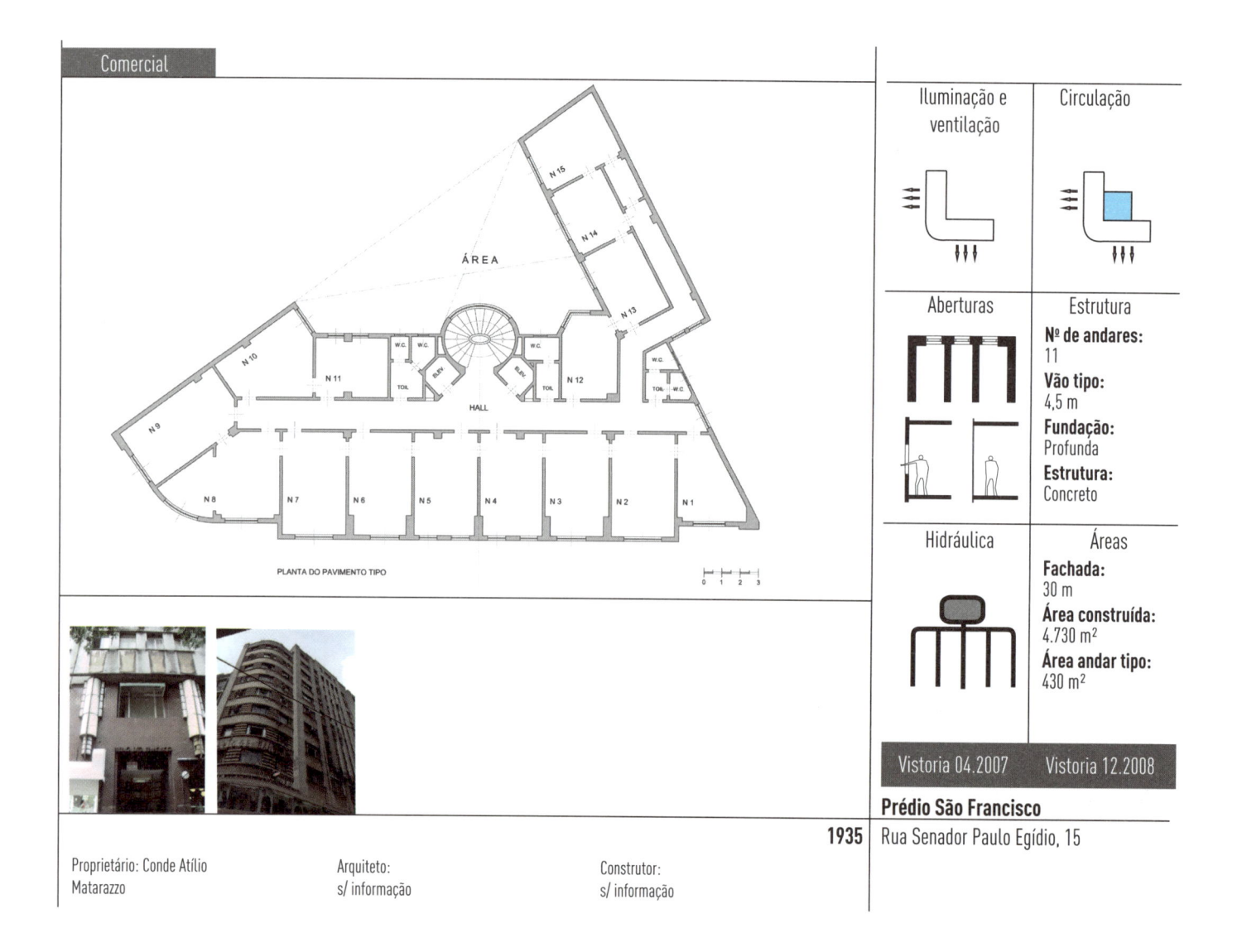

PLANTA DO PAVIMENTO TIPO

Iluminação e ventilação	Circulação

Aberturas	Estrutura
	Nº de andares: 11
	Vão tipo: 4,5 m
	Fundação: Profunda
	Estrutura: Concreto

Hidráulica	Áreas
	Fachada: 30 m
	Área construída: 4.730 m²
	Área andar tipo: 430 m²

Vistoria 04.2007   Vistoria 12.2008

Prédio São Francisco
1935 | Rua Senador Paulo Egídio, 15

Proprietário: Conde Atílio Matarazzo
Arquiteto: s/ informação
Construtor: s/ informação

Apêndice B – Fichas dos edifícios inventariados

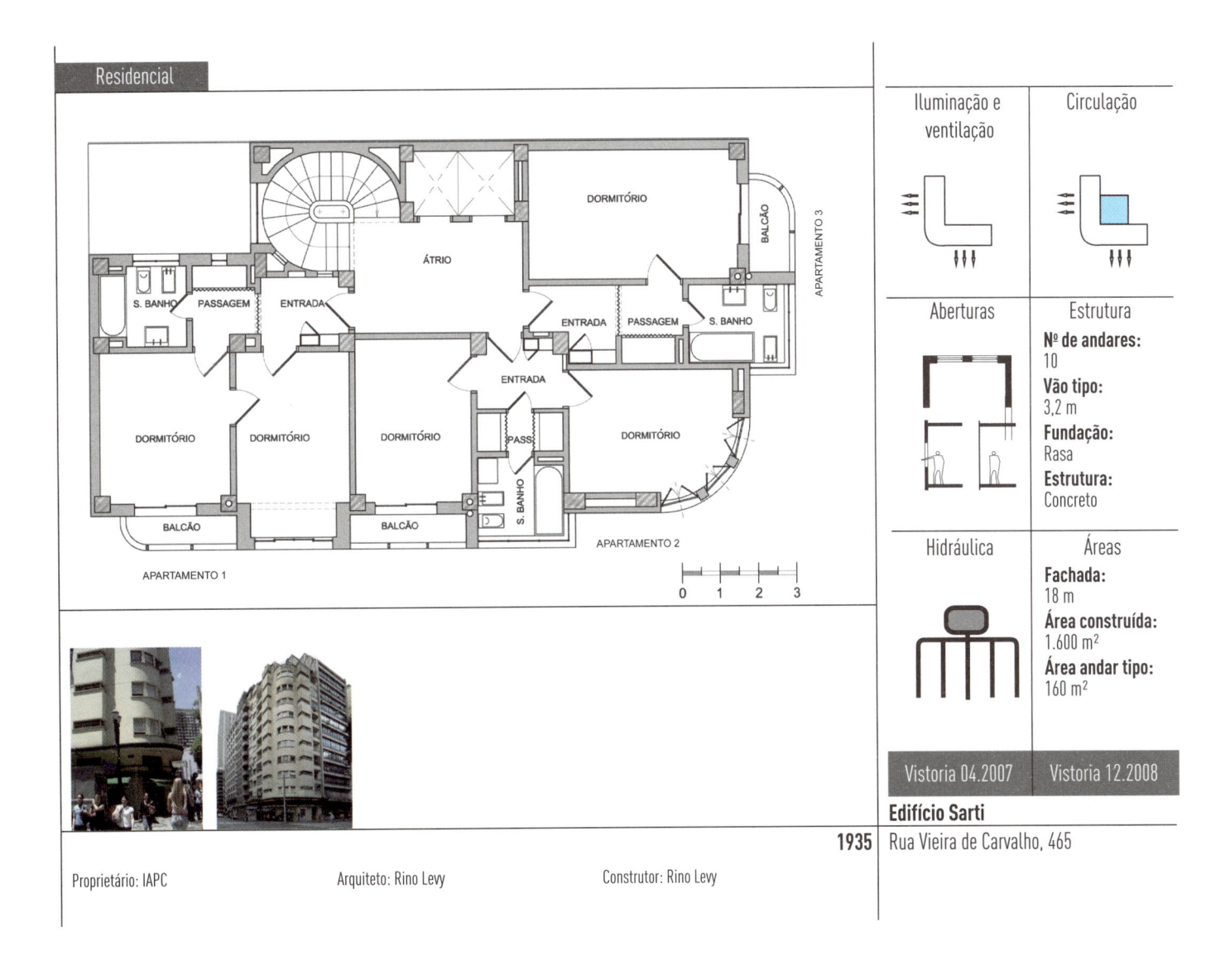

Residencial

APARTAMENTO 1 | APARTAMENTO 2 | APARTAMENTO 3

Iluminação e ventilação	Circulação

Aberturas	Estrutura
	Nº de andares: 10
	Vão tipo: 3,2 m
	Fundação: Rasa
	Estrutura: Concreto

Hidráulica	Áreas
	Fachada: 18 m
	Área construída: 1.600 m²
	Área andar tipo: 160 m²

Vistoria 04.2007 | Vistoria 12.2008

Edifício Sarti
1935 — Rua Vieira de Carvalho, 465

Proprietário: IAPC   Arquiteto: Rino Levy   Construtor: Rino Levy

295

REFORMAR NÃO É CONSTRUIR

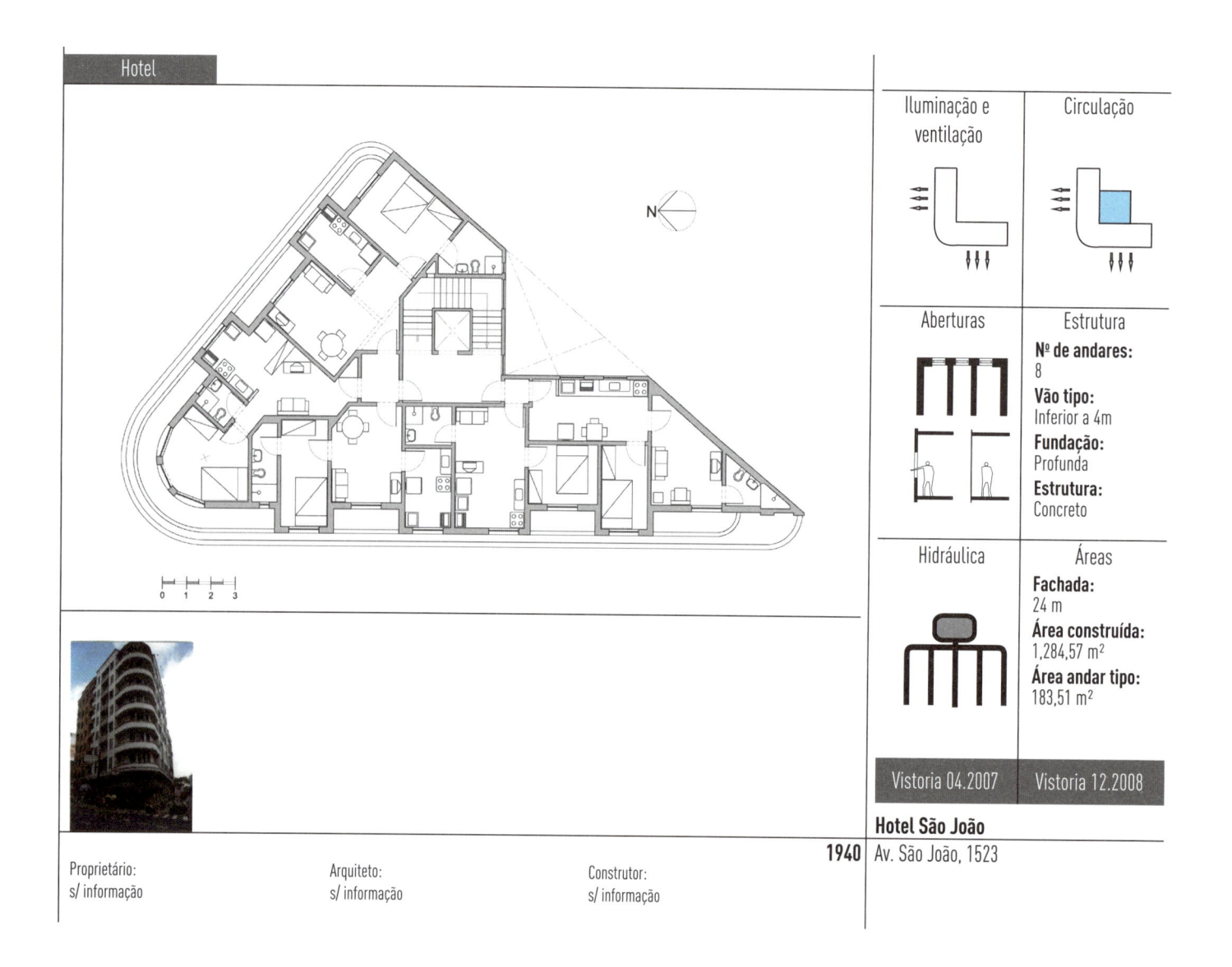

Hotel

Iluminação e ventilação	Circulação

Aberturas	Estrutura
	Nº de andares: 8
	Vão tipo: Inferior a 4m
	Fundação: Profunda
	Estrutura: Concreto

Hidráulica	Áreas
	Fachada: 24 m
	Área construída: 1.284,57 m²
	Área andar tipo: 183,51 m²

Vistoria 04.2007 | Vistoria 12.2008

Hotel São João
1940 | Av. São João, 1523

Proprietário: s/ informação

Arquiteto: s/ informação

Construtor: s/ informação

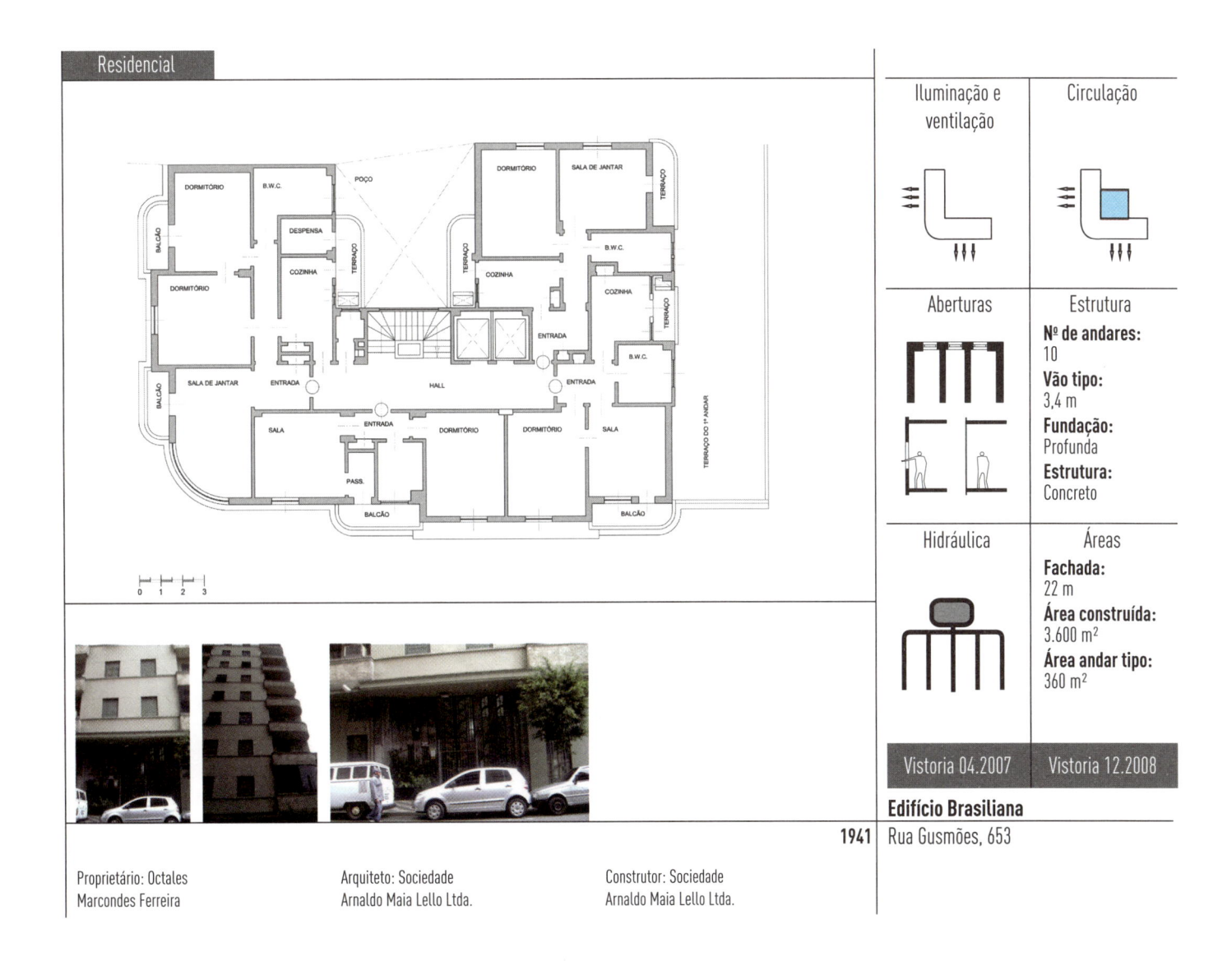

Residencial

Iluminação e ventilação

Circulação

Aberturas

Estrutura
Nº de andares: 10
Vão tipo: 3,4 m
Fundação: Profunda
Estrutura: Concreto

Hidráulica

Áreas
Fachada: 22 m
Área construída: 3.600 m²
Área andar tipo: 360 m²

Vistoria 04.2007 | Vistoria 12.2008

Edifício Brasiliana
1941 — Rua Gusmões, 653

Proprietário: Octales Marcondes Ferreira
Arquiteto: Sociedade Arnaldo Maia Lello Ltda.
Construtor: Sociedade Arnaldo Maia Lello Ltda.

REFORMAR NÃO É CONSTRUIR

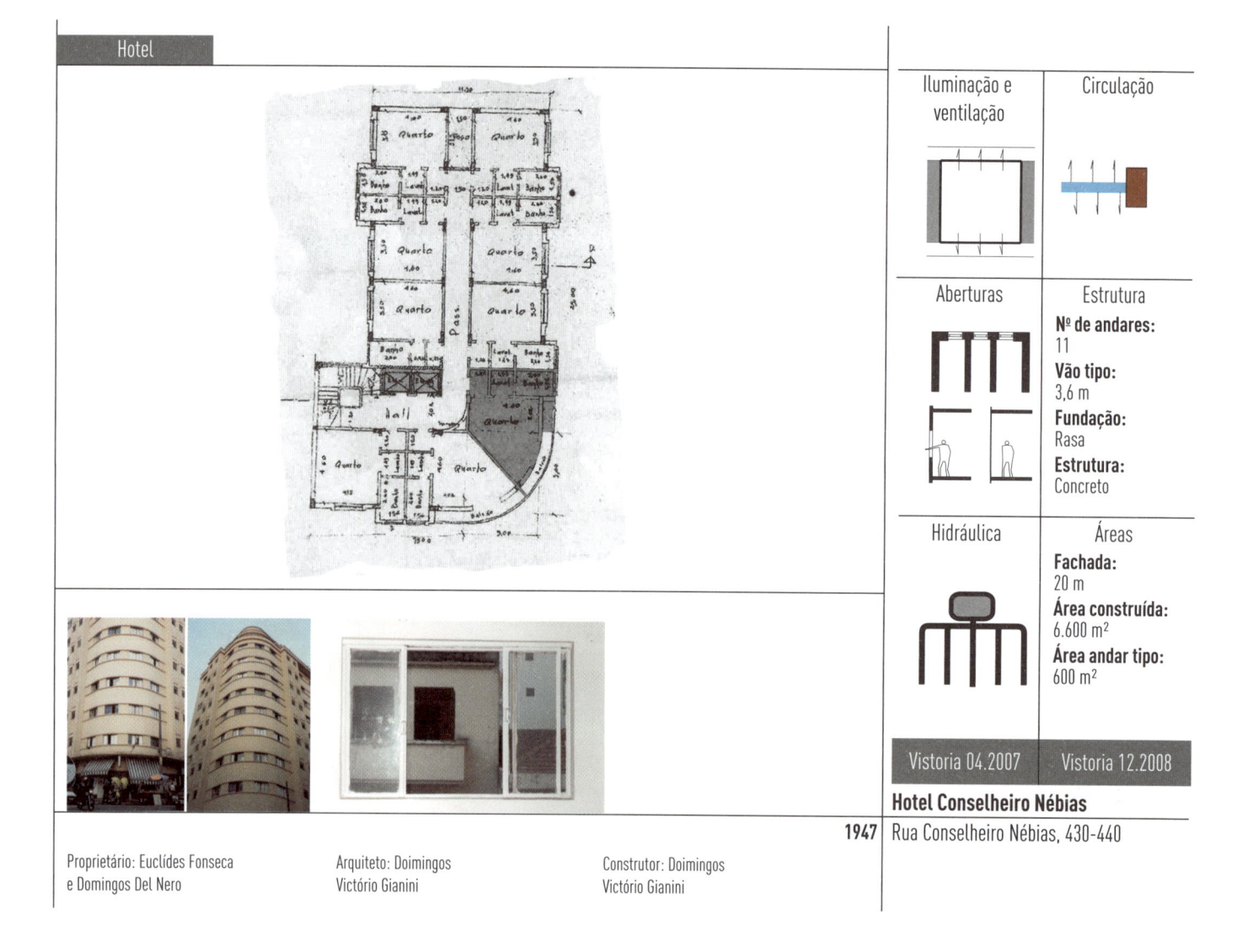

Hotel

Iluminação e ventilação	Circulação

Aberturas	Estrutura
	Nº de andares: 11
	Vão tipo: 3,6 m
	Fundação: Rasa
	Estrutura: Concreto

Hidráulica	Áreas
	Fachada: 20 m
	Área construída: 6.600 m²
	Área andar tipo: 600 m²

Vistoria 04.2007 — Vistoria 12.2008

Hotel Conselheiro Nébias
1947 | Rua Conselheiro Nébias, 430-440

Proprietário: Euclídes Fonseca e Domingos Del Nero

Arquiteto: Doimingos Victório Gianini

Construtor: Doimingos Victório Gianini

Apêndice B - Fichas dos edifícios inventariados

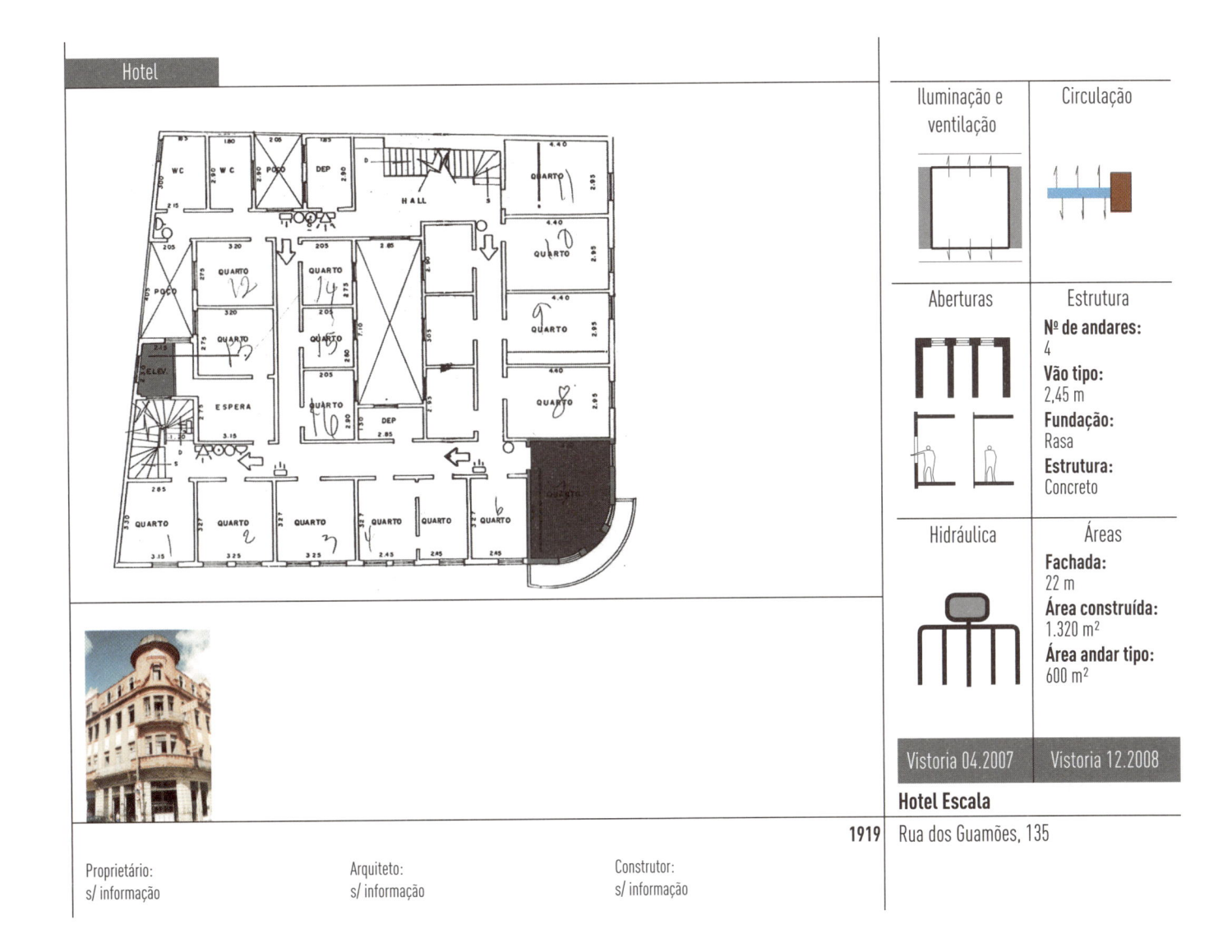

Hotel

Iluminação e ventilação	Circulação
Aberturas	Estrutura
	Nº de andares: 4
	Vão tipo: 2,45 m
	Fundação: Rasa
	Estrutura: Concreto
Hidráulica	Áreas
	Fachada: 22 m
	Área construída: 1.320 m²
	Área andar tipo: 600 m²
Vistoria 04.2007	Vistoria 12.2008

Hotel Escala
1919 | Rua dos Guamões, 135

Proprietário: s/ informação

Arquiteto: s/ informação

Construtor: s/ informação

REFORMAR NÃO É CONSTRUIR

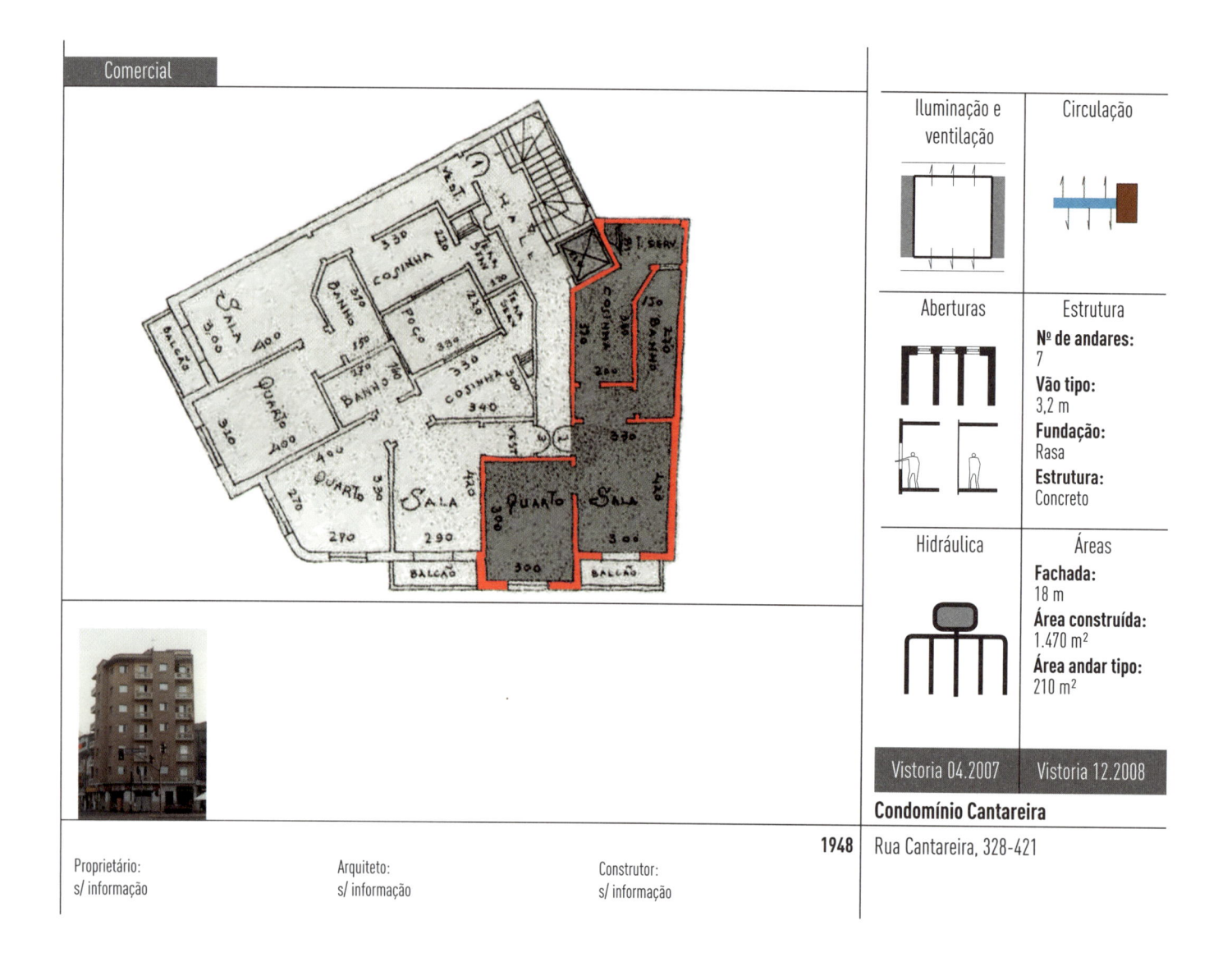

Comercial

| Iluminação e ventilação | Circulação |

| Aberturas | Estrutura |

Nº de andares:
7
Vão tipo:
3,2 m
Fundação:
Rasa
Estrutura:
Concreto

| Hidráulica | Áreas |

Fachada:
18 m
Área construída:
1.470 m²
Área andar tipo:
210 m²

Vistoria 04.2007 | Vistoria 12.2008

Condomínio Cantareira

1948 | Rua Cantareira, 328-421

Proprietário:
s/ informação

Arquiteto:
s/ informação

Construtor:
s/ informação

Apêndice B – Fichas dos edifícios inventariados

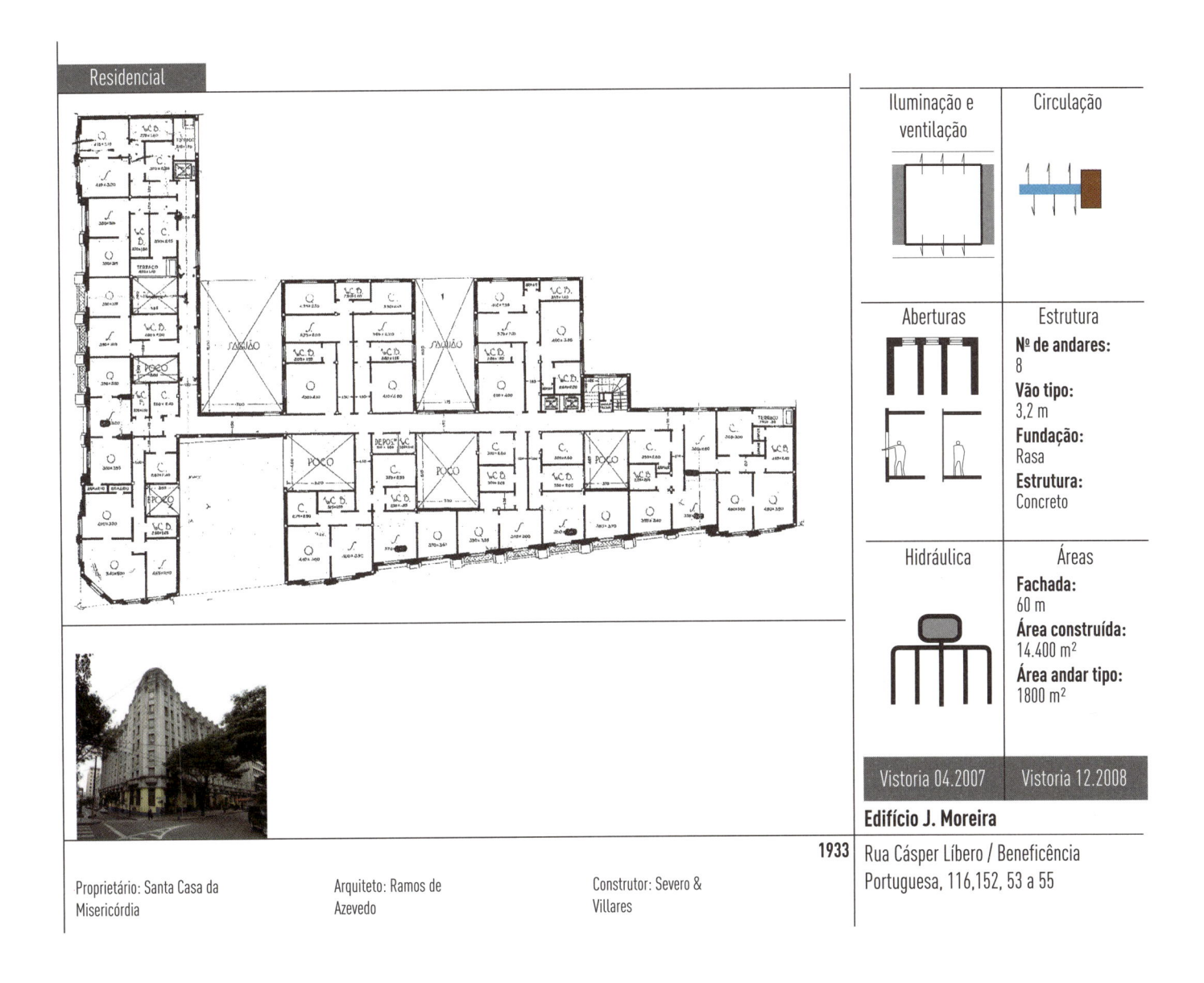

Residencial

Iluminação e ventilação

Circulação

Aberturas

Estrutura
Nº de andares: 8
Vão tipo: 3,2 m
Fundação: Rasa
Estrutura: Concreto

Hidráulica

Áreas
Fachada: 60 m
Área construída: 14.400 m²
Área andar tipo: 1800 m²

Vistoria 04.2007 | Vistoria 12.2008

Edifício J. Moreira

1933 | Rua Cásper Líbero / Beneficência Portuguesa, 116, 152, 53 a 55

Proprietário: Santa Casa da Misericórdia

Arquiteto: Ramos de Azevedo

Construtor: Severo & Villares

301

REFORMAR NÃO É CONSTRUIR

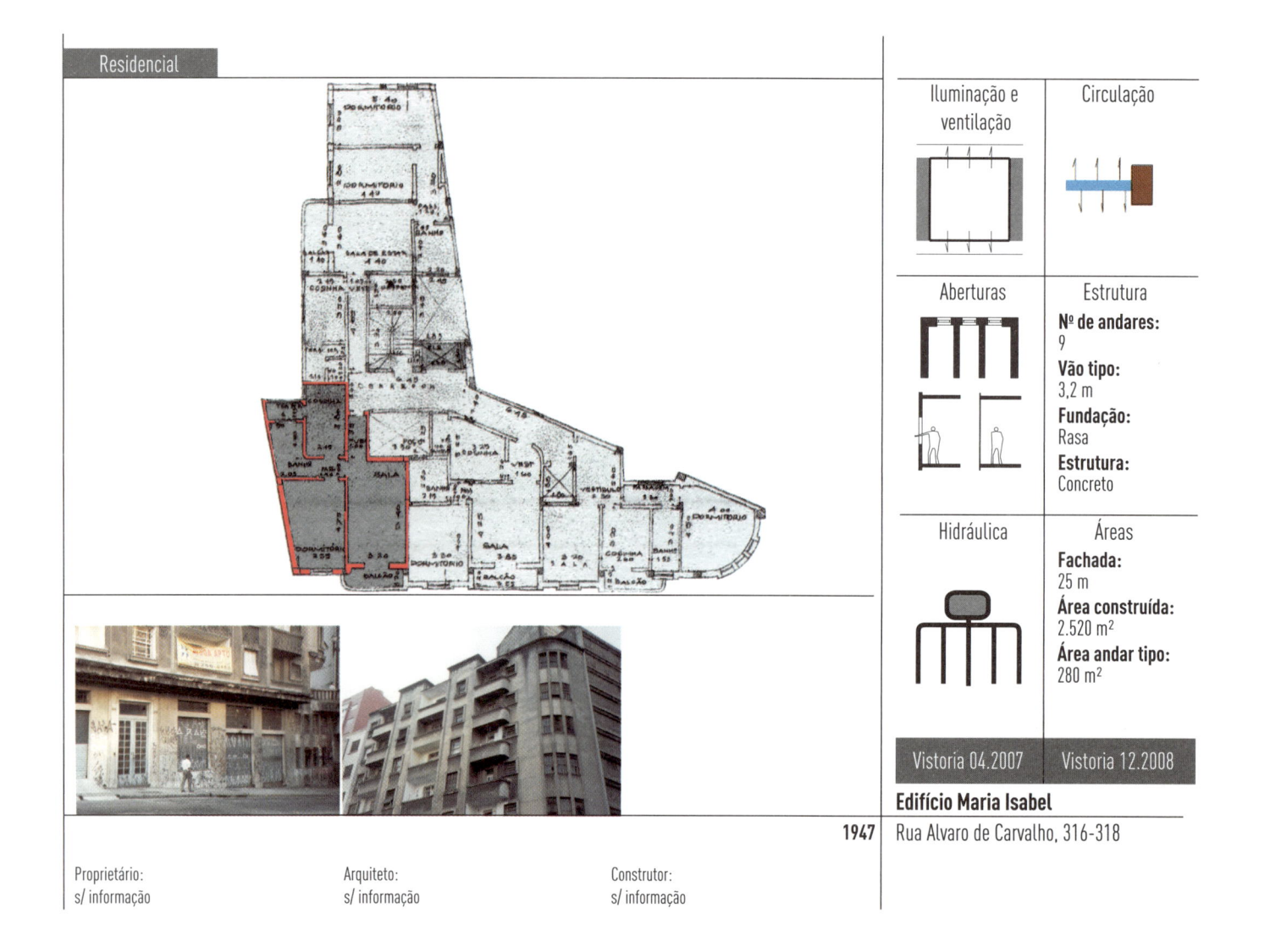

Residencial		
	Iluminação e ventilação	Circulação
	Aberturas	Estrutura
		Nº de andares: 9
		Vão tipo: 3,2 m
		Fundação: Rasa
		Estrutura: Concreto
	Hidráulica	Áreas
		Fachada: 25 m
		Área construída: 2.520 m²
		Área andar tipo: 280 m²
	Vistoria 04.2007	Vistoria 12.2008

Edifício Maria Isabel
1947 — Rua Alvaro de Carvalho, 316-318

Proprietário: s/ informação
Arquiteto: s/ informação
Construtor: s/ informação

Apêndice B – Fichas dos edifícios inventariados

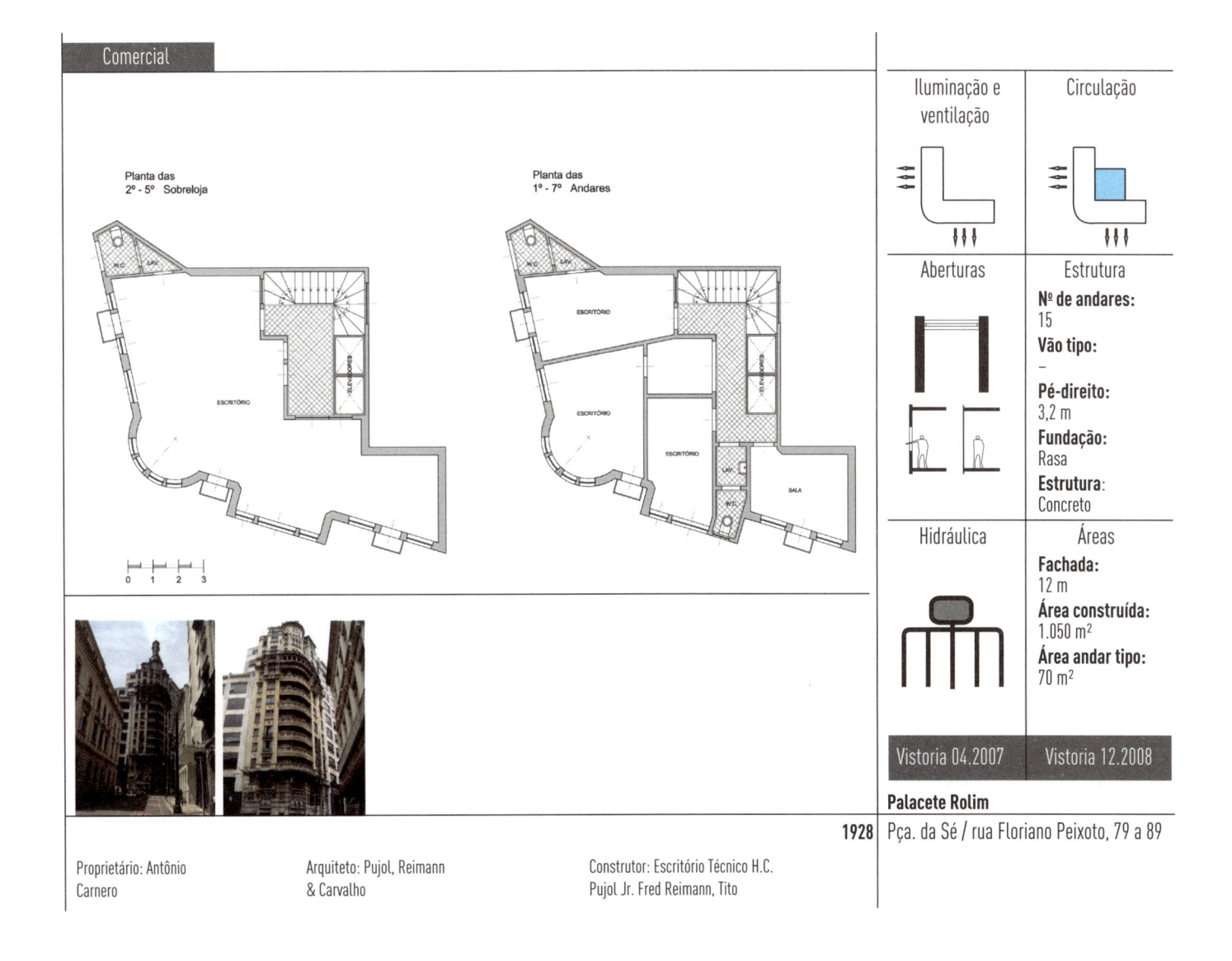

Comercial

Planta das 2º - 5º Sobreloja

Planta das 1º - 7º Andares

Iluminação e ventilação	Circulação
Aberturas	**Estrutura**
	Nº de andares: 15 **Vão tipo:** – **Pé-direito:** 3,2 m **Fundação:** Rasa **Estrutura:** Concreto
Hidráulica	**Áreas**
	Fachada: 12 m **Área construída:** 1.050 m² **Área andar tipo:** 70 m²
Vistoria 04.2007	Vistoria 12.2008

Palacete Rolim
1928 Pça. da Sé / rua Floriano Peixoto, 79 a 89

Proprietário: Antônio Carnero

Arquiteto: Pujol, Reimann & Carvalho

Construtor: Escritório Técnico H.C. Pujol Jr. Fred Reimann, Tito

REFORMAR NÃO É CONSTRUIR

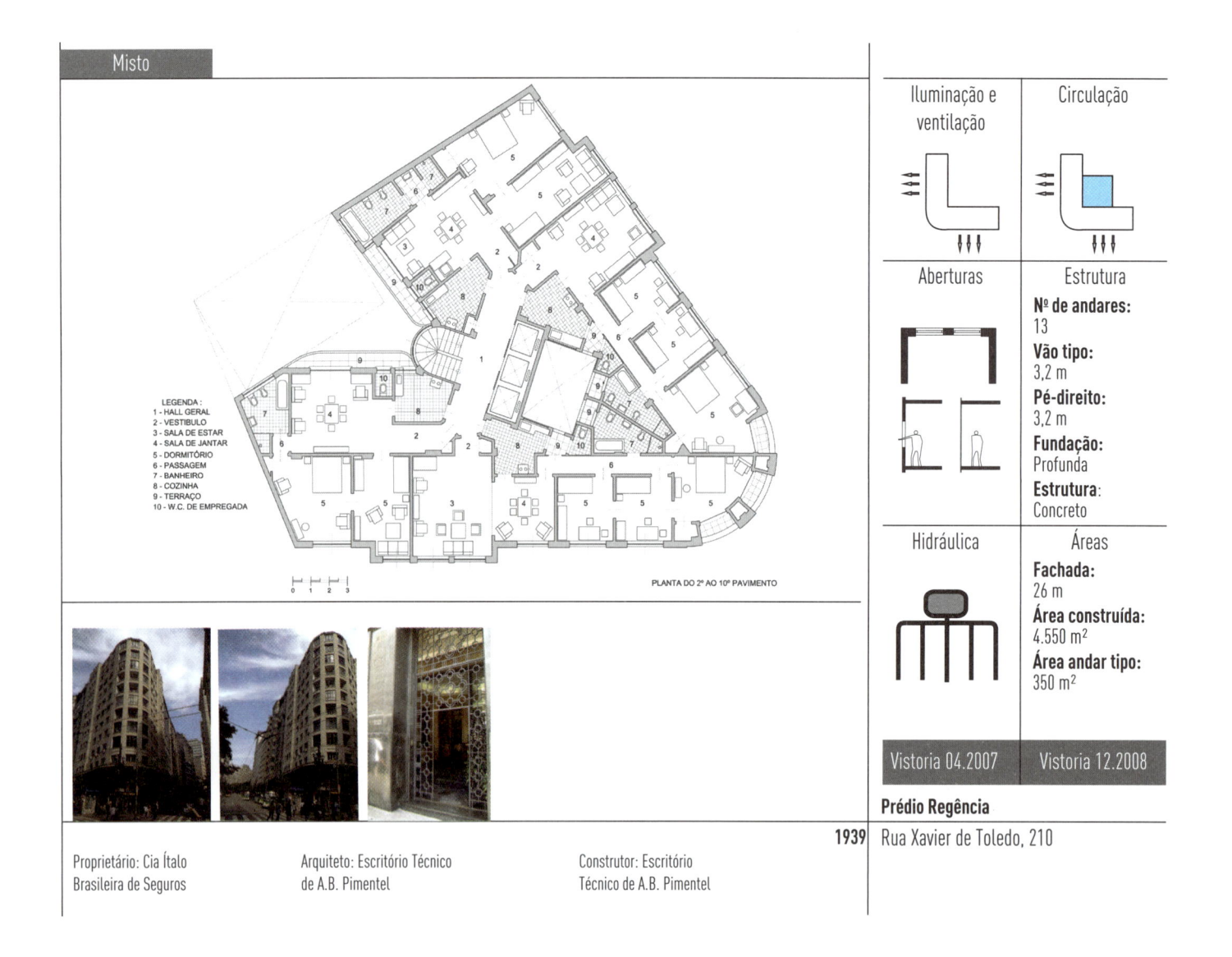

Misto

LEGENDA:
1 - HALL GERAL
2 - VESTÍBULO
3 - SALA DE ESTAR
4 - SALA DE JANTAR
5 - DORMITÓRIO
6 - PASSAGEM
7 - BANHEIRO
8 - COZINHA
9 - TERRAÇO
10 - W.C. DE EMPREGADA

PLANTA DO 2º AO 10º PAVIMENTO

Iluminação e ventilação	Circulação
Aberturas	**Estrutura**
	Nº de andares: 13
	Vão tipo: 3,2 m
	Pé-direito: 3,2 m
	Fundação: Profunda
	Estrutura: Concreto
Hidráulica	**Áreas**
	Fachada: 26 m
	Área construída: 4.550 m²
	Área andar tipo: 350 m²
Vistoria 04.2007	Vistoria 12.2008

Prédio Regência
1939 Rua Xavier de Toledo, 210

Proprietário: Cia Ítalo Brasileira de Seguros
Arquiteto: Escritório Técnico de A.B. Pimentel
Construtor: Escritório Técnico de A.B. Pimentel

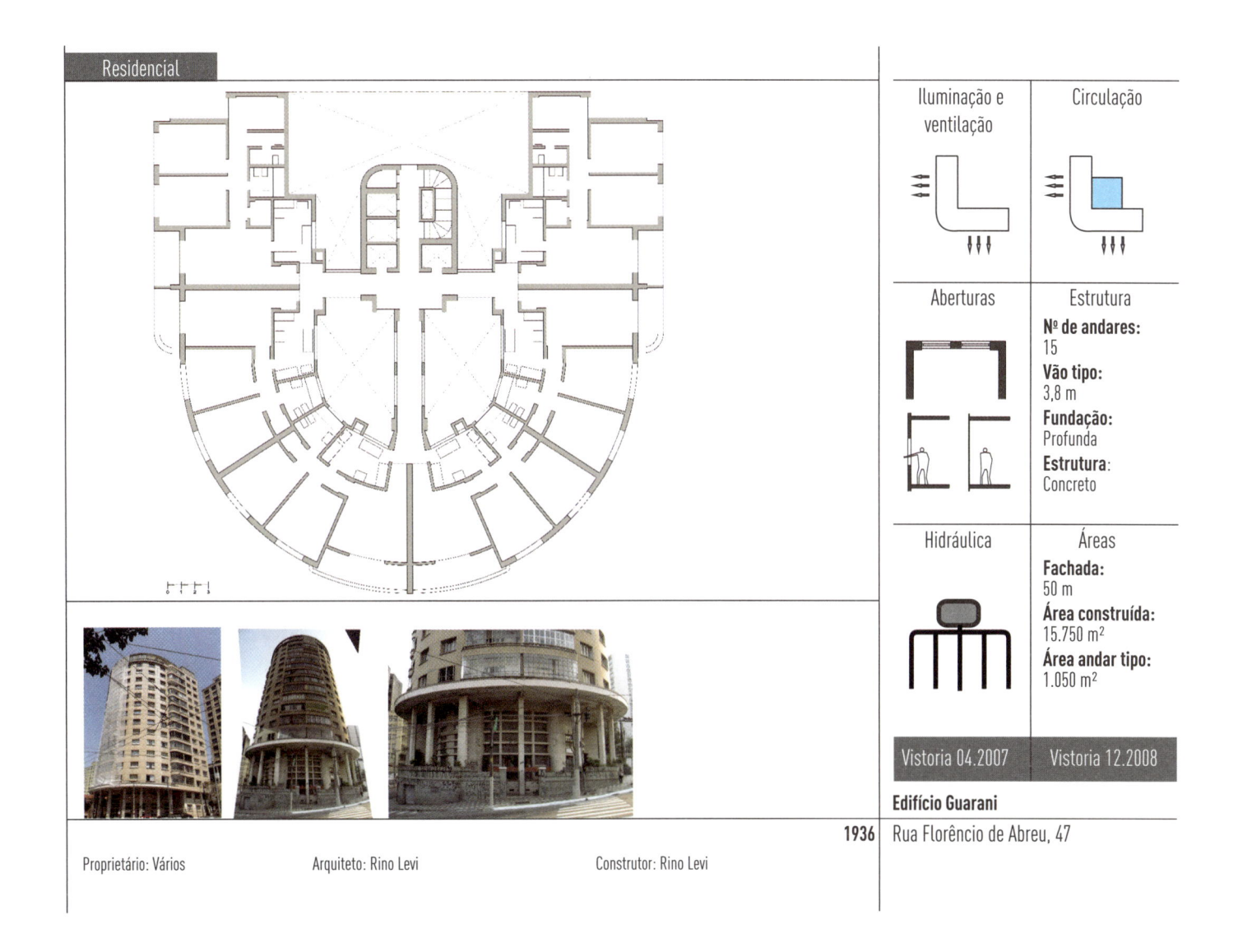

Residencial

Iluminação e ventilação	Circulação

Aberturas	Estrutura
	Nº de andares: 15
	Vão tipo: 3,8 m
	Fundação: Profunda
	Estrutura: Concreto

Hidráulica	Áreas
	Fachada: 50 m
	Área construída: 15.750 m²
	Área andar tipo: 1.050 m²

Vistoria 04.2007 — Vistoria 12.2008

Edifício Guarani
1936 — Rua Florêncio de Abreu, 47

Proprietário: Vários   Arquiteto: Rino Levi   Construtor: Rino Levi

REFORMAR NÃO É CONSTRUIR

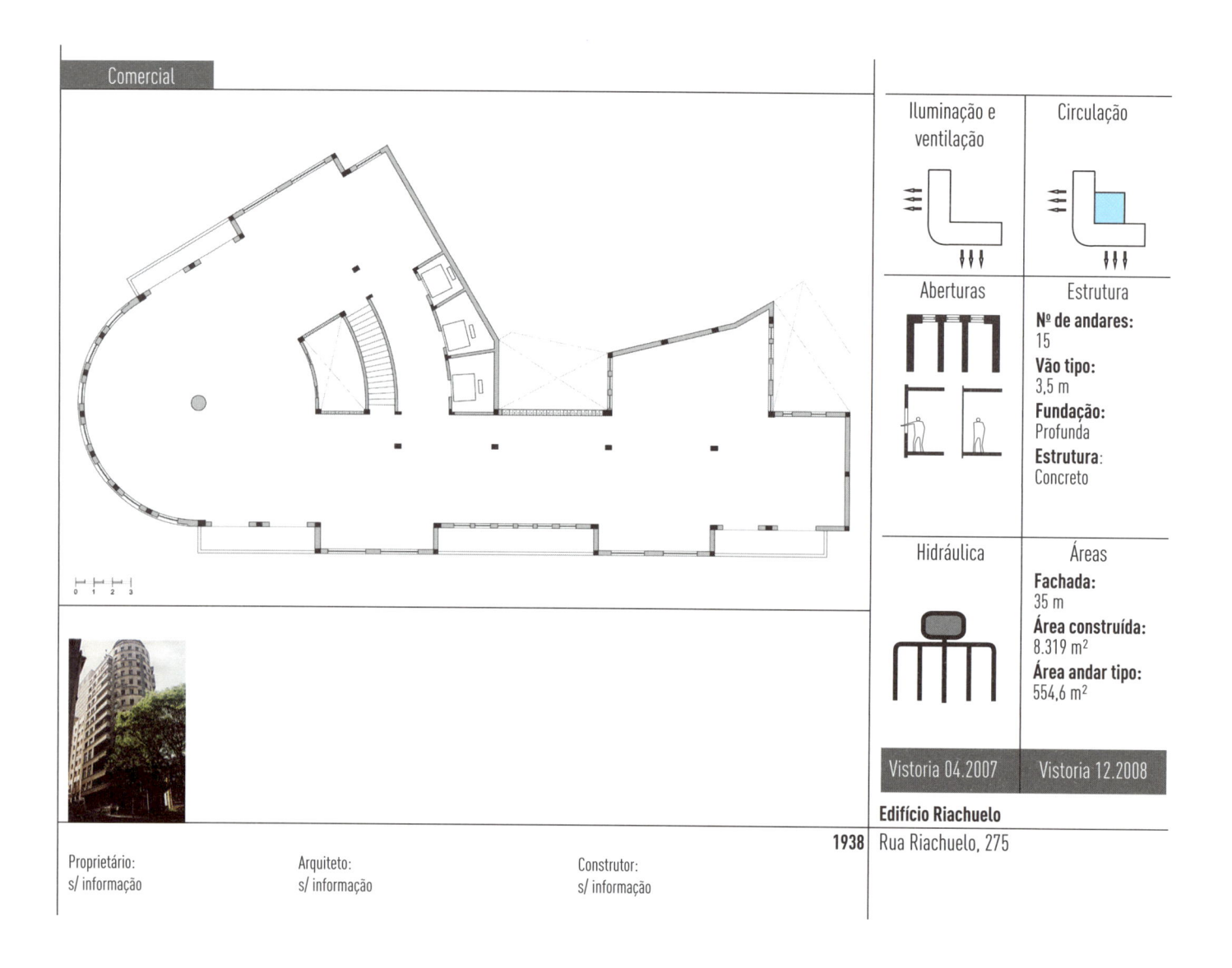

Comercial

	Iluminação e ventilação	Circulação
	Aberturas	Estrutura

Nº de andares: 15
Vão tipo: 3,5 m
Fundação: Profunda
Estrutura: Concreto

| Hidráulica | Áreas |

Fachada: 35 m
Área construída: 8.319 m²
Área andar tipo: 554,6 m²

Vistoria 04.2007 | Vistoria 12.2008

Edifício Riachuelo
1938 | Rua Riachuelo, 275

Proprietário:
s/ informação

Arquiteto:
s/ informação

Construtor:
s/ informação

Apêndice B – Fichas dos edifícios inventariados

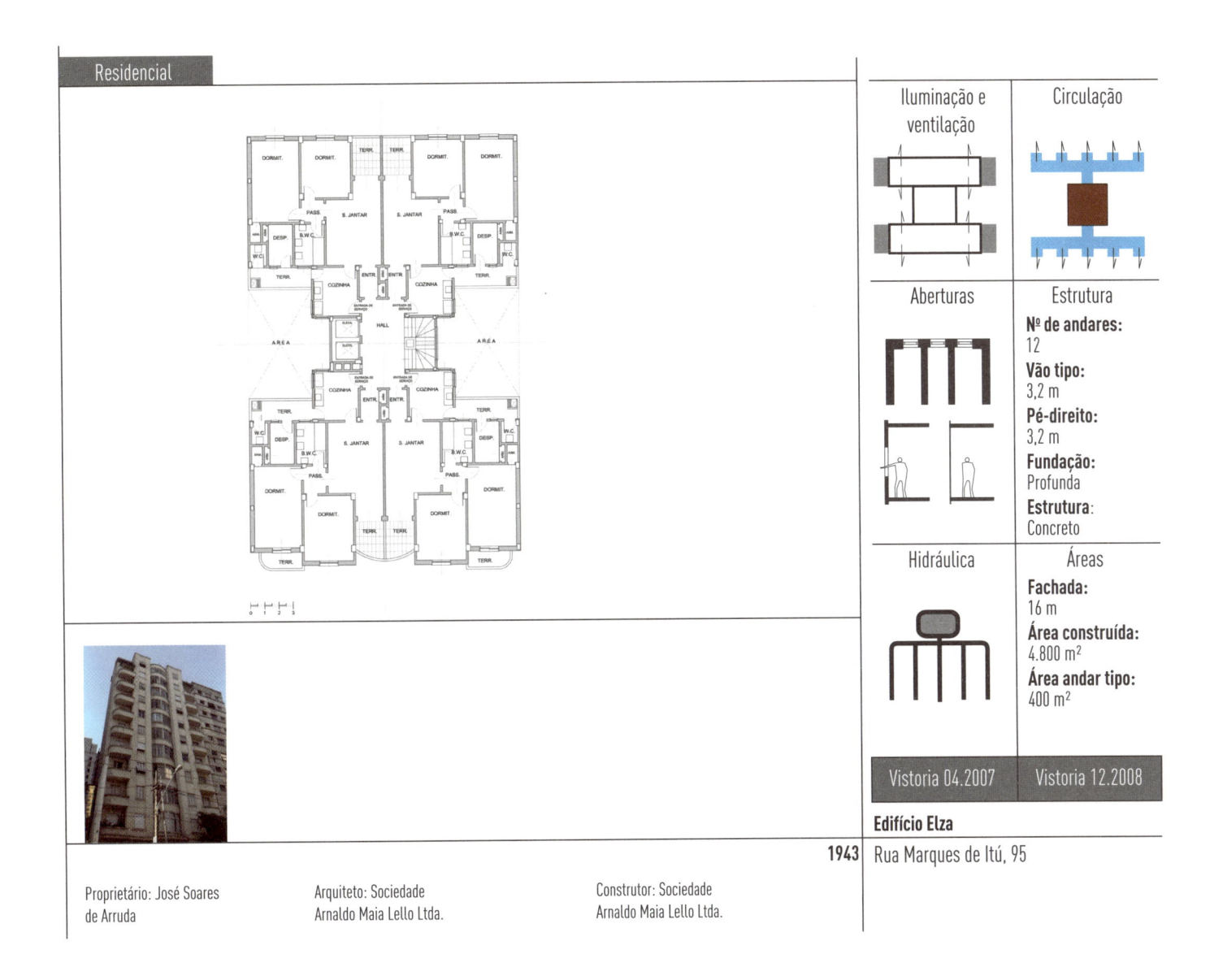

Residencial

| Iluminação e ventilação | Circulação |

| Aberturas | Estrutura |

Nº de andares: 12
Vão tipo: 3,2 m
Pé-direito: 3,2 m
Fundação: Profunda
Estrutura: Concreto

| Hidráulica | Áreas |

Fachada: 16 m
Área construída: 4.800 m²
Área andar tipo: 400 m²

Vistoria 04.2007 | Vistoria 12.2008

Edifício Elza
1943 | Rua Marques de Itú, 95

Proprietário: José Soares de Arruda

Arquiteto: Sociedade Arnaldo Maia Lello Ltda.

Construtor: Sociedade Arnaldo Maia Lello Ltda.

REFORMAR NÃO É CONSTRUIR

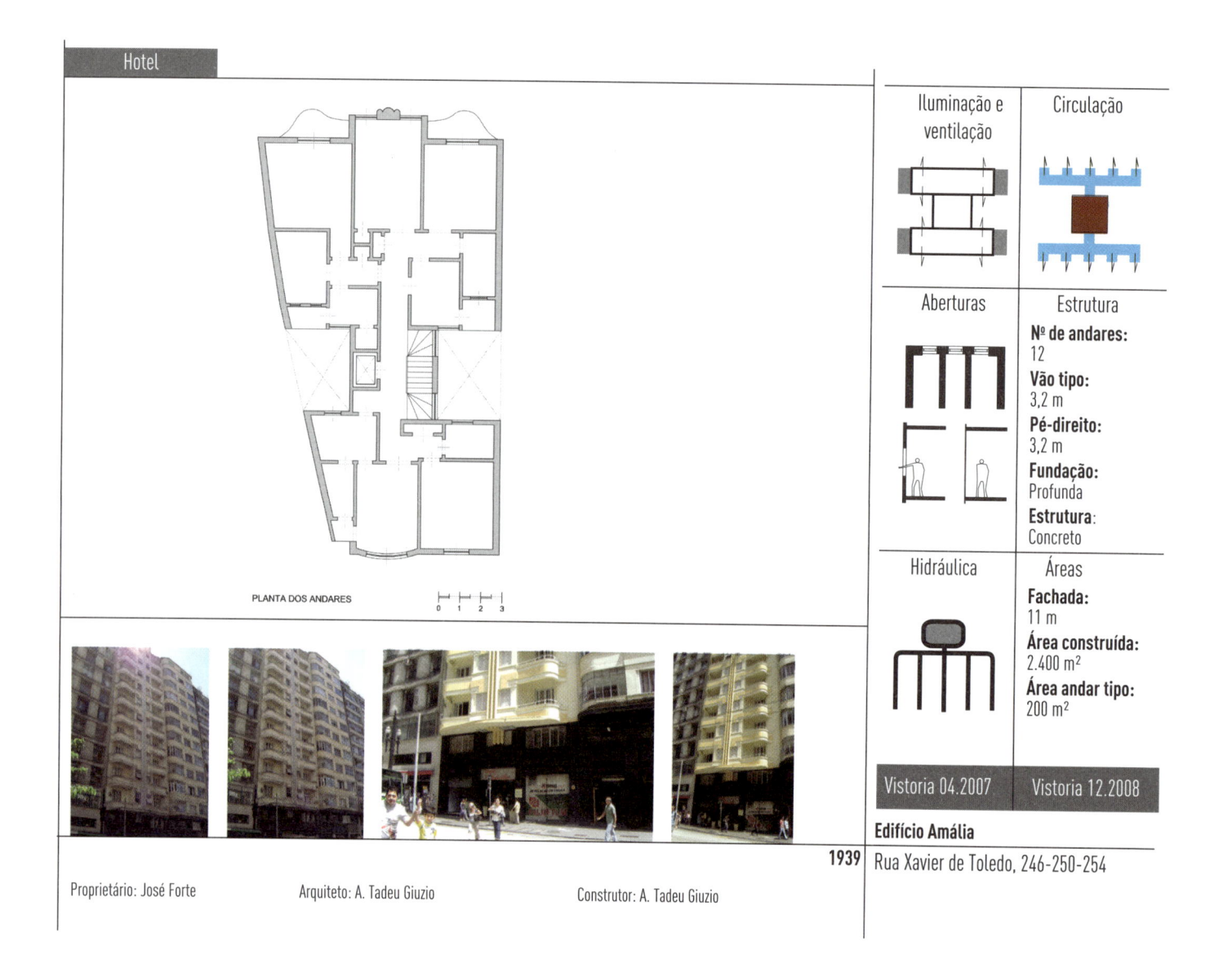

Hotel

PLANTA DOS ANDARES

Iluminação e ventilação	Circulação

Aberturas	Estrutura

Nº de andares: 12
Vão tipo: 3,2 m
Pé-direito: 3,2 m
Fundação: Profunda
Estrutura: Concreto

Hidráulica	Áreas

Fachada: 11 m
Área construída: 2.400 m²
Área andar tipo: 200 m²

Vistoria 04.2007   Vistoria 12.2008

Edifício Amália
1939 Rua Xavier de Toledo, 246-250-254

Proprietário: José Forte   Arquiteto: A. Tadeu Giuzio   Construtor: A. Tadeu Giuzio

Apêndice B – Fichas dos edifícios inventariados

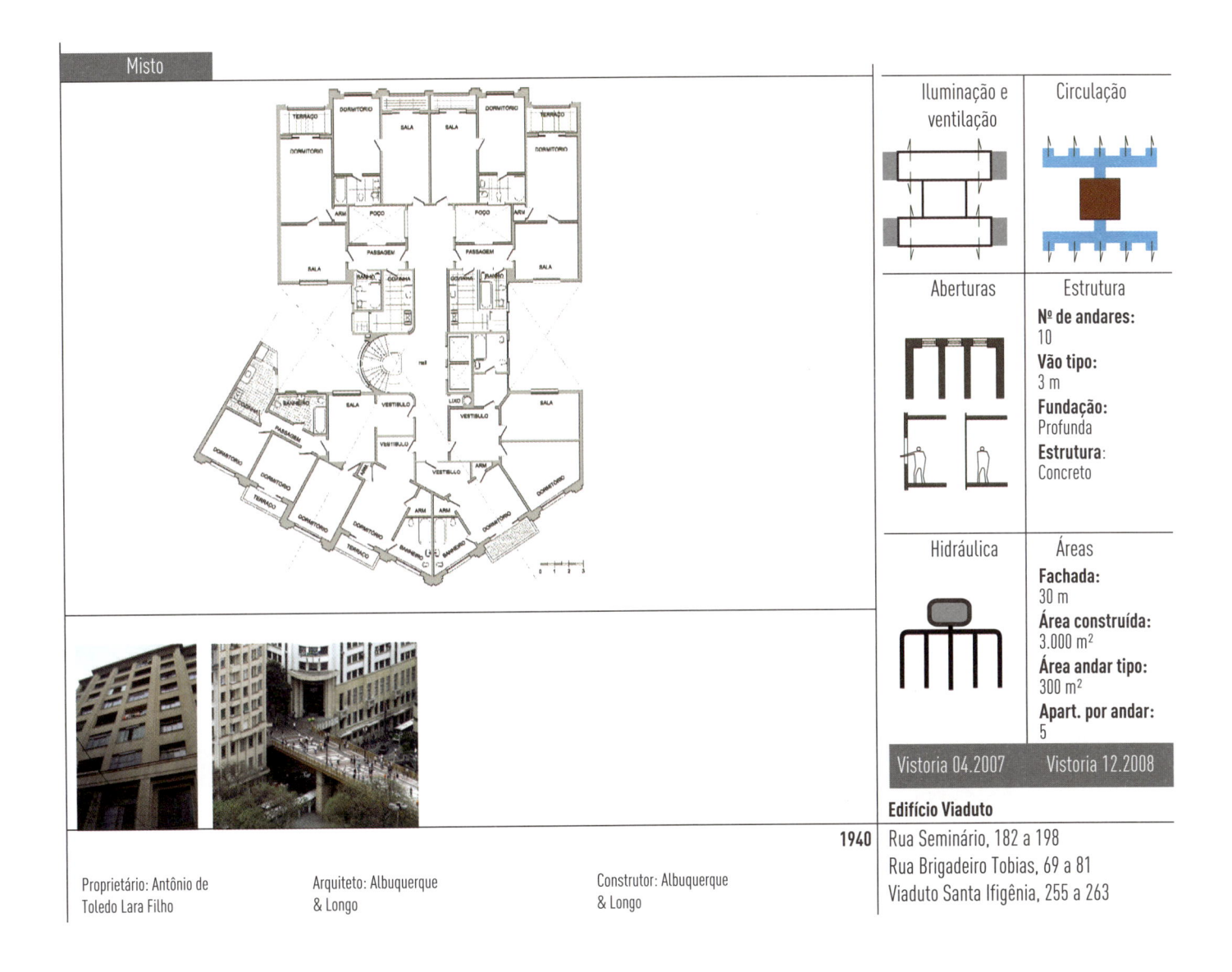

Misto

Iluminação e ventilação

Circulação

Aberturas

Estrutura

Nº de andares:
10
Vão tipo:
3 m
Fundação:
Profunda
Estrutura:
Concreto

Hidráulica

Áreas

Fachada:
30 m
Área construída:
3.000 m²
Área andar tipo:
300 m²
Apart. por andar:
5

Vistoria 04.2007 | Vistoria 12.2008

Edifício Viaduto

1940

Rua Seminário, 182 a 198
Rua Brigadeiro Tobias, 69 a 81
Viaduto Santa Ifigênia, 255 a 263

Proprietário: Antônio de Toledo Lara Filho

Arquiteto: Albuquerque & Longo

Construtor: Albuquerque & Longo

309

REFORMAR NÃO É CONSTRUIR

Comercial

PLANTA DO ANDAR TIPO

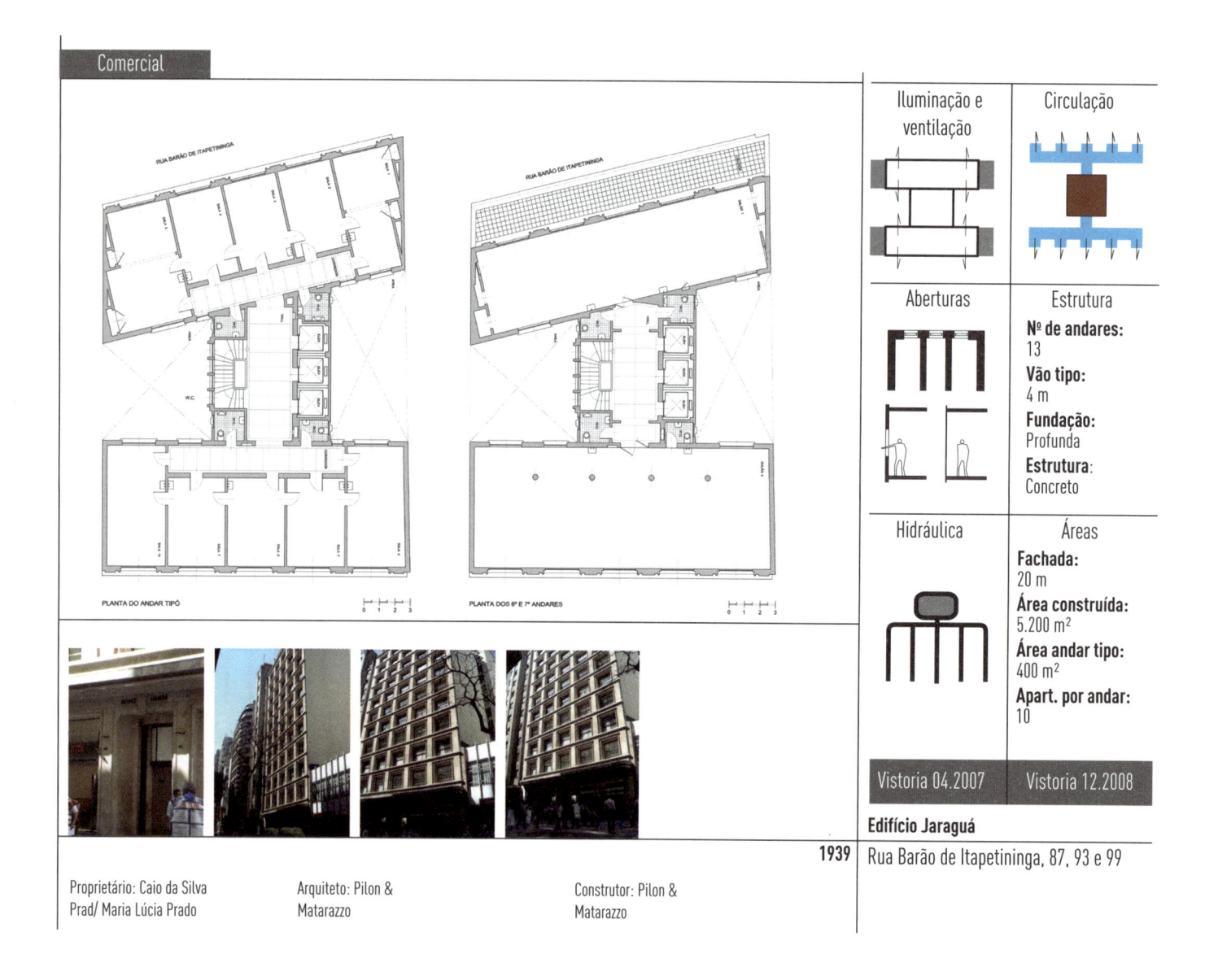

PLANTA DOS 6º E 7º ANDARES

Iluminação e ventilação	Circulação
Aberturas	**Estrutura**
	Nº de andares: 13
	Vão tipo: 4 m
	Fundação: Profunda
	Estrutura: Concreto
Hidráulica	Áreas
	Fachada: 20 m
	Área construída: 5.200 m²
	Área andar tipo: 400 m²
	Apart. por andar: 10
Vistoria 04.2007	Vistoria 12.2008

Edifício Jaraguá
1939 Rua Barão de Itapetininga, 87, 93 e 99

Proprietário: Caio da Silva Prad/ Maria Lúcia Prado

Arquiteto: Pilon & Matarazzo

Construtor: Pilon & Matarazzo

Apêndice B – Fichas dos edifícios inventariados

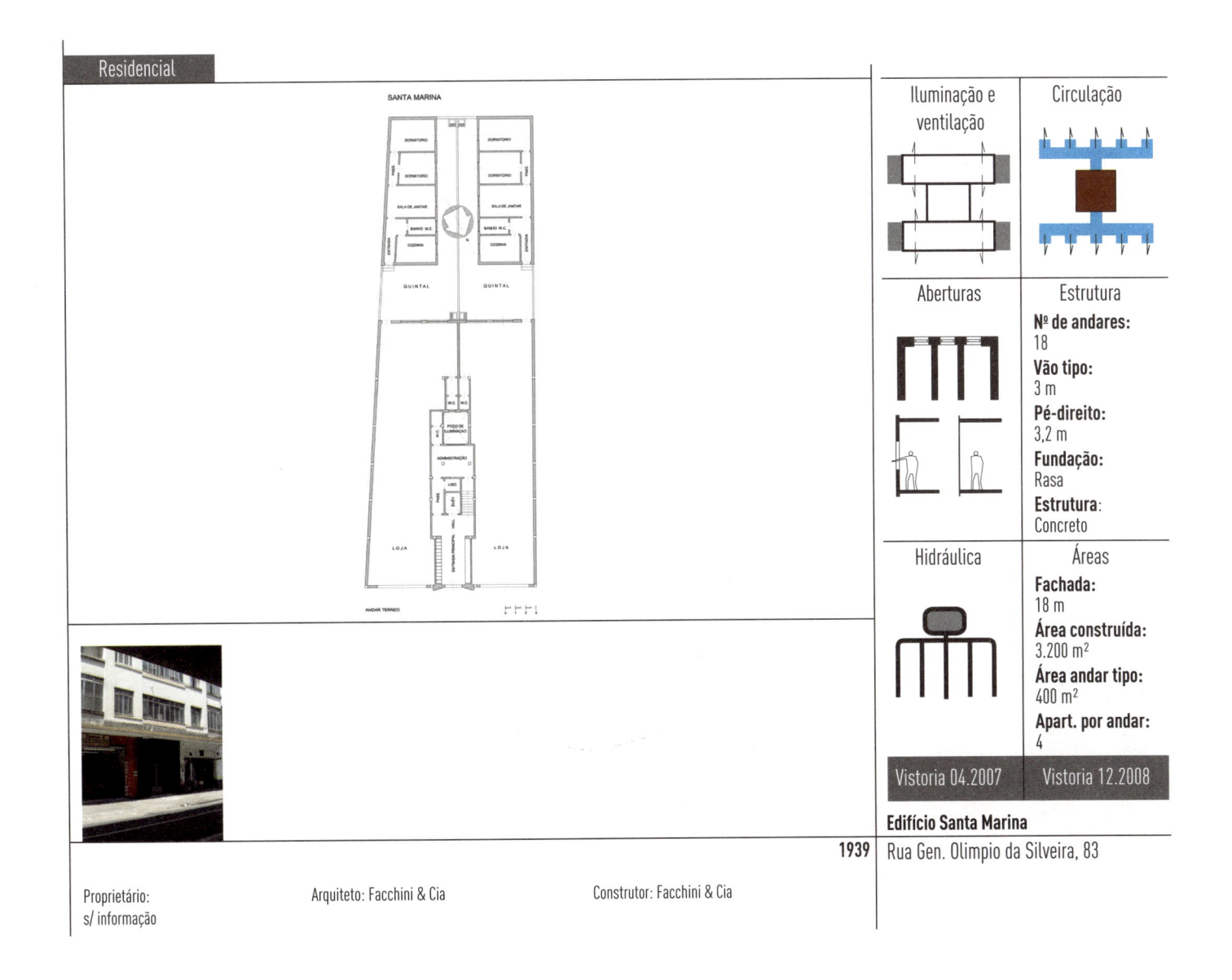

Residencial

Iluminação e ventilação	Circulação

Aberturas	Estrutura
	Nº de andares: 18
	Vão tipo: 3 m
	Pé-direito: 3,2 m
	Fundação: Rasa
	Estrutura: Concreto

Hidráulica	Áreas
	Fachada: 18 m
	Área construída: 3.200 m²
	Área andar tipo: 400 m²
	Apart. por andar: 4

Vistoria 04.2007 | Vistoria 12.2008

Edifício Santa Marina
1939 | Rua Gen. Olimpio da Silveira, 83

Proprietário: s/ informação

Arquiteto: Facchini & Cia

Construtor: Facchini & Cia

REFORMAR NÃO É CONSTRUIR

Residencial

PLANTA DO 8º AO 11º ANDAR

Proprietário: Gabriel Gonçalves e Cia.

Arquiteto: Monteiro & Heinsfurter Ltda.

Construtor: Monteiro & Heinsfurter Ltda.

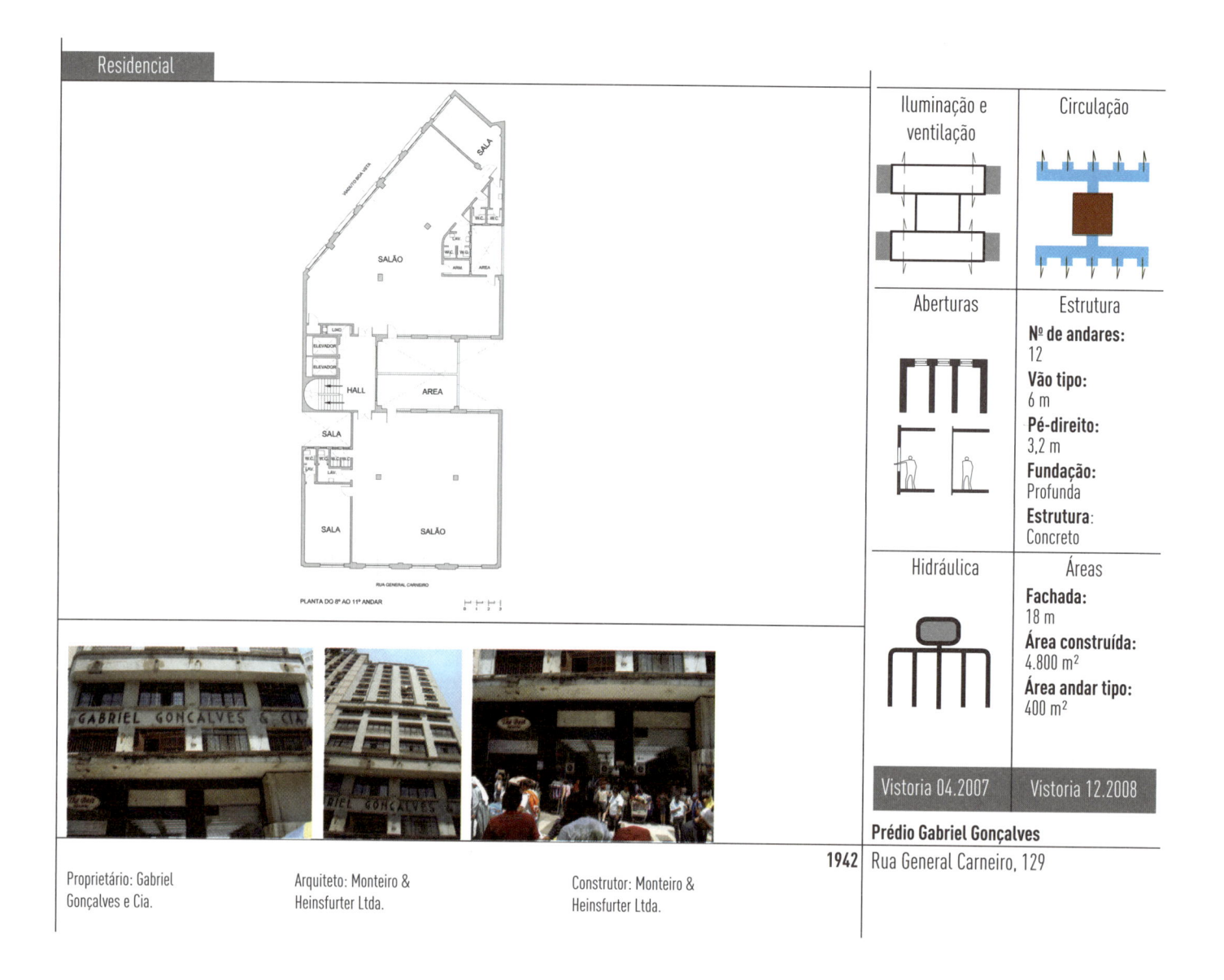

Iluminação e ventilação	Circulação
Aberturas	Estrutura

Nº de andares: 12
Vão tipo: 6 m
Pé-direito: 3,2 m
Fundação: Profunda
Estrutura: Concreto

Hidráulica	Áreas

Fachada: 18 m
Área construída: 4.800 m²
Área andar tipo: 400 m²

Vistoria 04.2007 — Vistoria 12.2008

Prédio Gabriel Gonçalves
1942 — Rua General Carneiro, 129

Apêndice B – Fichas dos edifícios inventariados

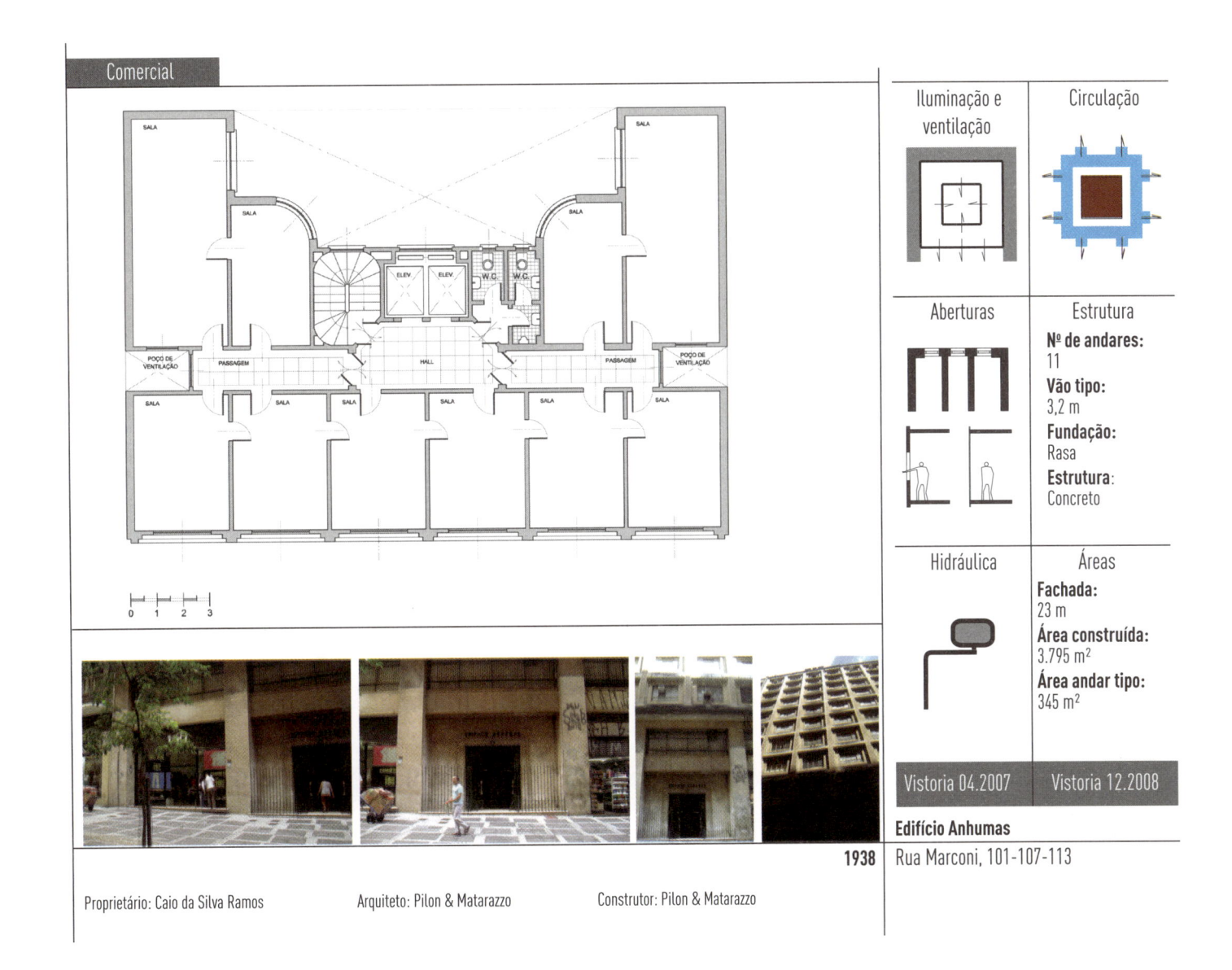

Comercial

Iluminação e ventilação	Circulação

Aberturas	Estrutura
	Nº de andares: 11
	Vão tipo: 3,2 m
	Fundação: Rasa
	Estrutura: Concreto

Hidráulica	Áreas
	Fachada: 23 m
	Área construída: 3.795 m²
	Área andar tipo: 345 m²

Vistoria 04.2007 | Vistoria 12.2008

Edifício Anhumas
1938 | Rua Marconi, 101-107-113

Proprietário: Caio da Silva Ramos   Arquiteto: Pilon & Matarazzo   Construtor: Pilon & Matarazzo

REFORMAR NÃO É CONSTRUIR

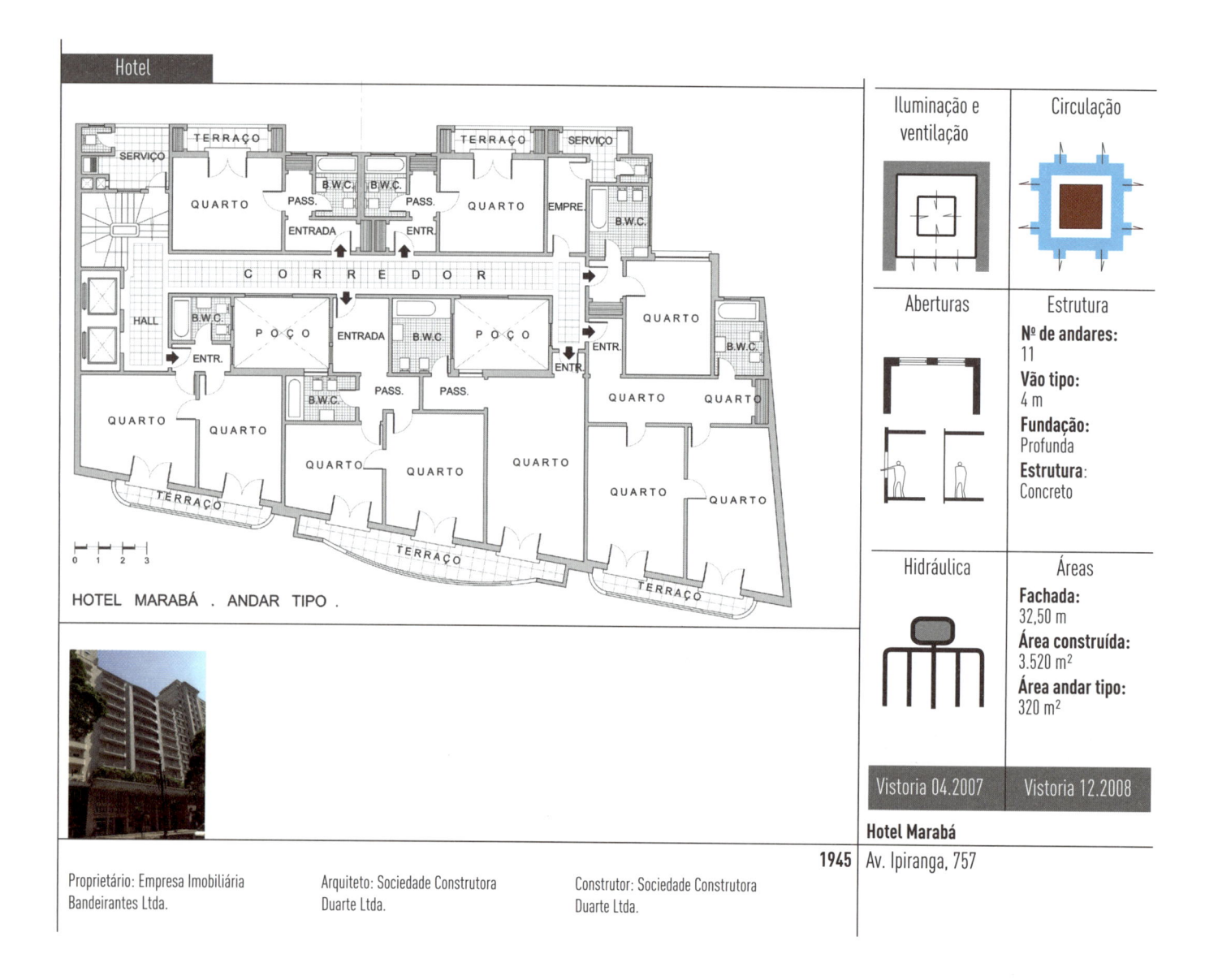

Hotel

HOTEL MARABÁ . ANDAR TIPO .

Iluminação e ventilação

Circulação

Aberturas

Estrutura
Nº de andares:
11
Vão tipo:
4 m
Fundação:
Profunda
Estrutura:
Concreto

Hidráulica

Áreas
Fachada:
32,50 m
Área construída:
3.520 m²
Área andar tipo:
320 m²

Vistoria 04.2007 | Vistoria 12.2008

Hotel Marabá
1945 | Av. Ipiranga, 757

Proprietário: Empresa Imobiliária Bandeirantes Ltda.

Arquiteto: Sociedade Construtora Duarte Ltda.

Construtor: Sociedade Construtora Duarte Ltda.

Apêndice B - Fichas dos edifícios inventariados

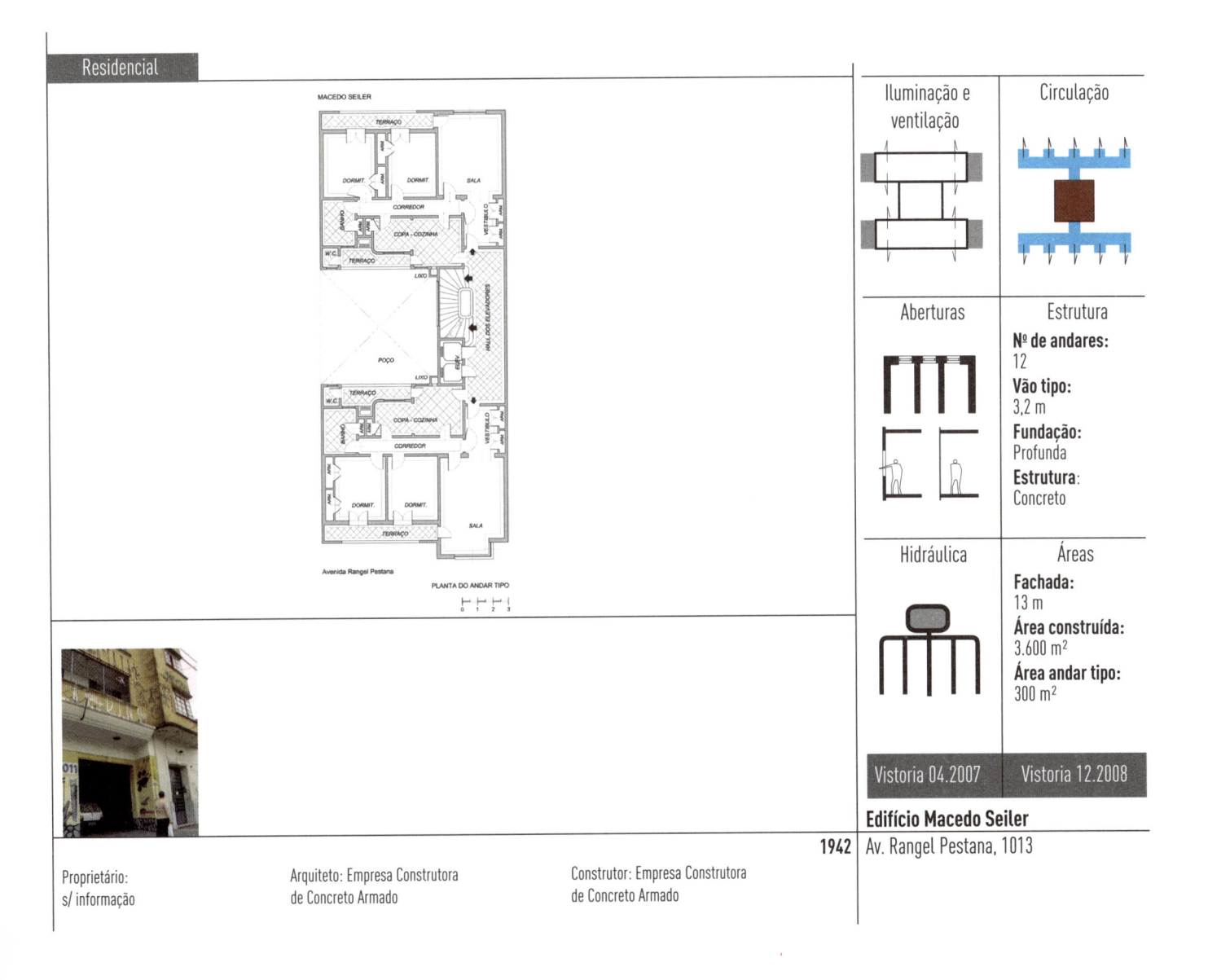

Residencial

MACEDO SEILER

PLANTA DO ANDAR TIPO
Avenida Rangel Pestana

Iluminação e ventilação	Circulação

Aberturas	Estrutura
	Nº de andares: 12
	Vão tipo: 3,2 m
	Fundação: Profunda
	Estrutura: Concreto

Hidráulica	Áreas
	Fachada: 13 m
	Área construída: 3.600 m²
	Área andar tipo: 300 m²

Vistoria 04.2007 | Vistoria 12.2008

Edifício Macedo Seiler
1942 | Av. Rangel Pestana, 1013

Proprietário: s/ informação

Arquiteto: Empresa Construtora de Concreto Armado

Construtor: Empresa Construtora de Concreto Armado

REFORMAR NÃO É CONSTRUIR

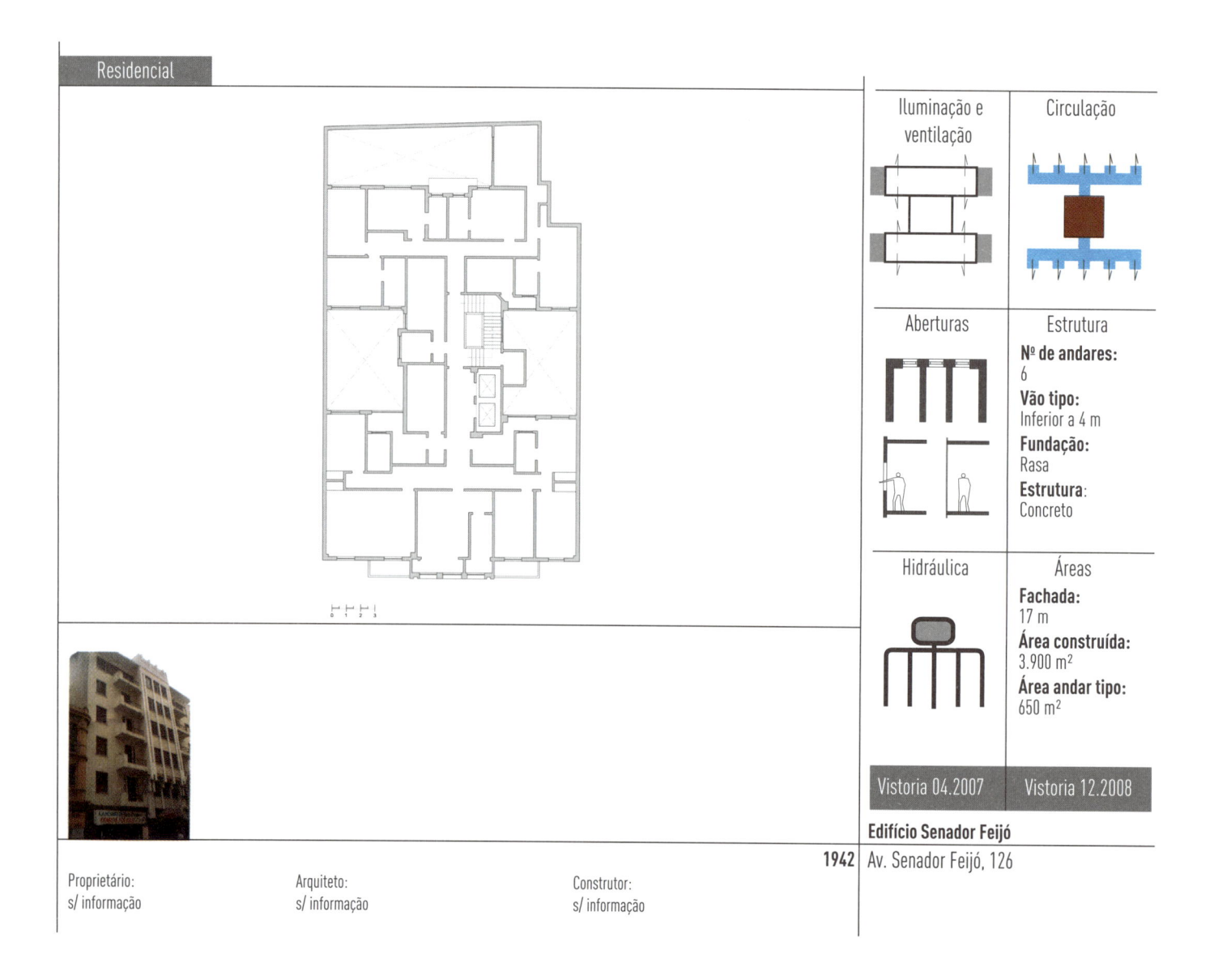

Residencial

Iluminação e ventilação

Circulação

Aberturas

Estrutura
Nº de andares:
6
Vão tipo:
Inferior a 4 m
Fundação:
Rasa
Estrutura:
Concreto

Hidráulica

Áreas
Fachada:
17 m
Área construída:
3.900 m²
Área andar tipo:
650 m²

Vistoria 04.2007 | Vistoria 12.2008

Edifício Senador Feijó
1942 | Av. Senador Feijó, 126

Proprietário:
s/ informação

Arquiteto:
s/ informação

Construtor:
s/ informação

Apêndice B – Fichas dos edifícios inventariados

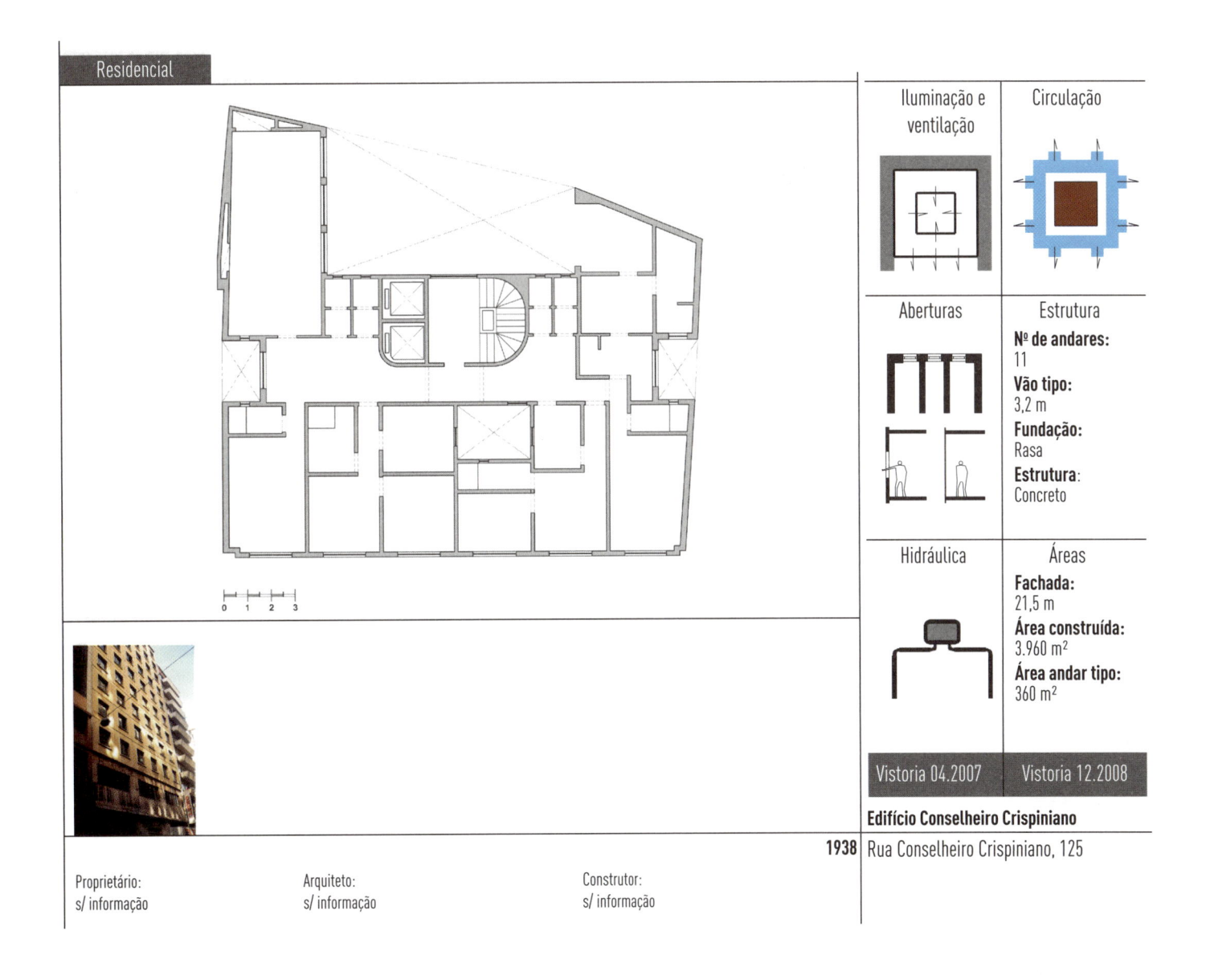

Residencial

Iluminação e ventilação

Circulação

Aberturas

Estrutura
Nº de andares: 11
Vão tipo: 3,2 m
Fundação: Rasa
Estrutura: Concreto

Hidráulica

Áreas
Fachada: 21,5 m
Área construída: 3.960 m²
Área andar tipo: 360 m²

Vistoria 04.2007 | Vistoria 12.2008

Edifício Conselheiro Crispiniano
1938 | Rua Conselheiro Crispiniano, 125

Proprietário: s/ informação
Arquiteto: s/ informação
Construtor: s/ informação

317

REFORMAR NÃO É CONSTRUIR

Residencial

Iluminação e ventilação	Circulação
Aberturas	Estrutura

Nº de andares: 8
Vão tipo: 3,2 m
Pé-direito: 3,2 m
Fundação: Rasa
Estrutura: Concreto

Hidráulica	Áreas

Fachada: 14,5 m
Área construída: 2.720 m²
Área andar tipo: 340 m²
Apart. por andar: 4

Vistoria 04.2007 | Vistoria 12.2008

Edifício Gonçalves Biar/Dom Segundo Rossa
1939 | Av. São João, 1430

Proprietário: s/ informação
Arquiteto: s/ informação
Construtor: s/ informação

Apêndice B – Fichas dos edifícios inventariados

Hotel

Iluminação e ventilação	Circulação

Aberturas	Estrutura
	Nº de andares: 18
	Vão tipo: 3,2 m
	Fundação: profunda
	Estrutura: Concreto

Hidráulica	Áreas
	Fachada: 18,50 m
	Área construída: 8.550 m²
	Área andar tipo: 475 m²

Vistoria 04.2007	Vistoria 12.2008

Hotel Cambridge
Av. Nove de Julho, 216

1946

Proprietário: Alexandre Issa Maluf   Arquiteto: Francisco Beck   Construtor: Francisco Beck

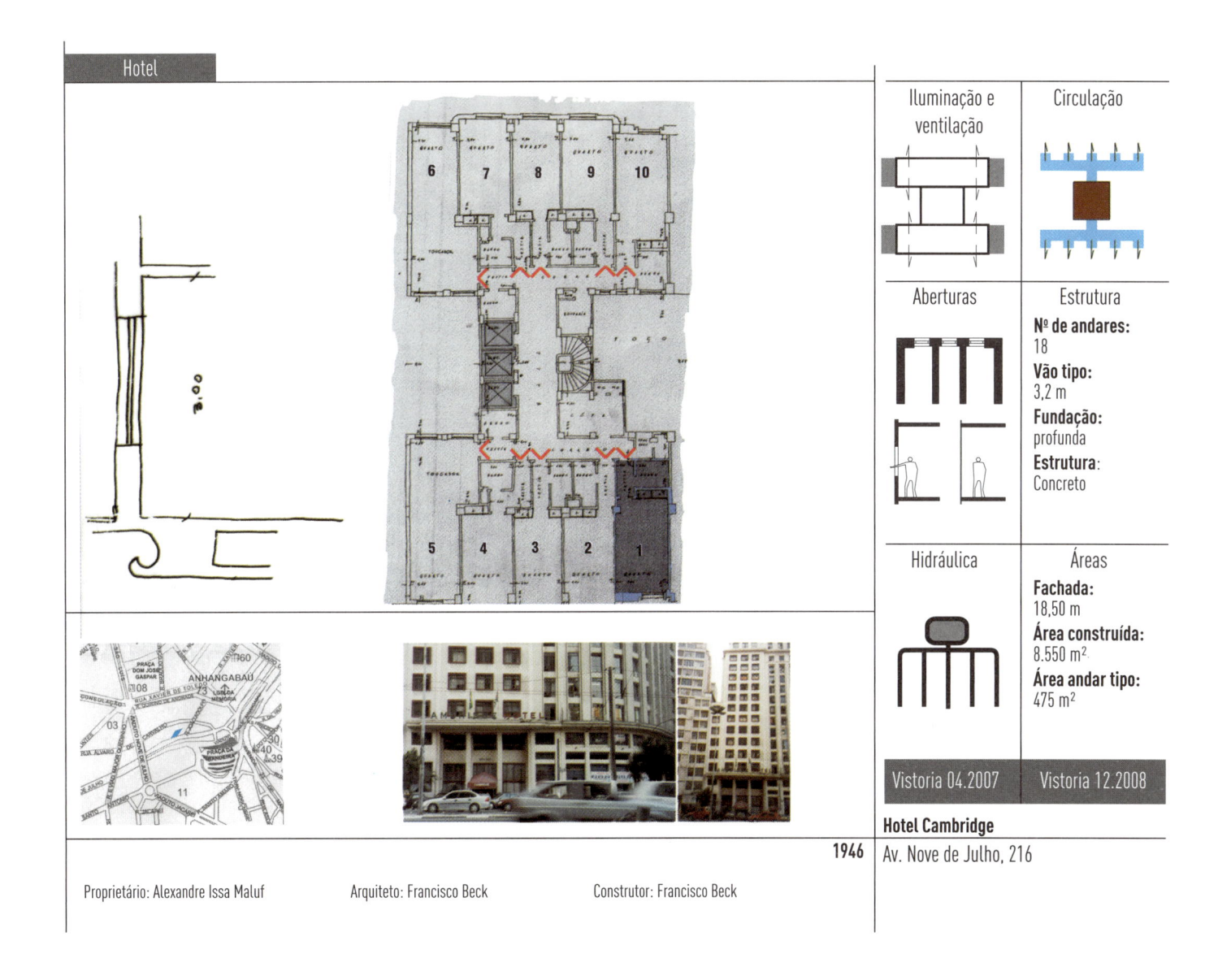

REFORMAR NÃO É CONSTRUIR

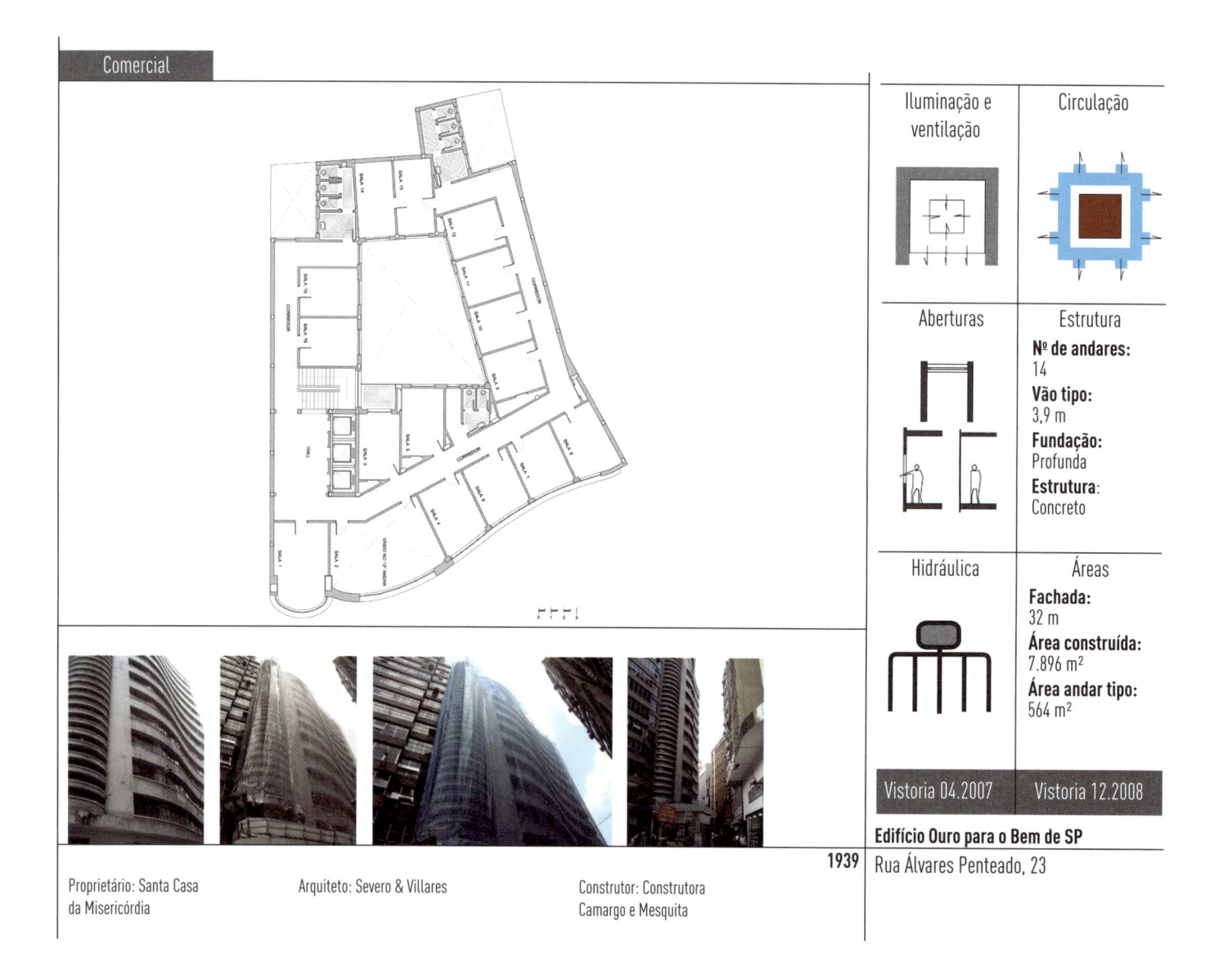

Comercial

Iluminação e ventilação	Circulação

Aberturas	Estrutura
	Nº de andares: 14
	Vão tipo: 3,9 m
	Fundação: Profunda
	Estrutura: Concreto

Hidráulica	Áreas
	Fachada: 32 m
	Área construída: 7.896 m²
	Área andar tipo: 564 m²

Vistoria 04.2007 | Vistoria 12.2008

Edifício Ouro para o Bem de SP
1939 Rua Álvares Penteado, 23

Proprietário: Santa Casa da Misericórdia
Arquiteto: Severo & Villares
Construtor: Construtora Camargo e Mesquita

Apêndice B – Fichas dos edifícios inventariados

Comercial

PLANTA DO 1º ANDAR (SALAS)
RUA QUINTINO BOCAYUVA

Proprietário: Armando Alvares Penteado   Arquiteto: Dácio A. de Moraes & Cia Ltda.   Construtor: Dácio A. de Moraes & Cia Ltda.

Iluminação e ventilação	Circulação

Aberturas	Estrutura
	Nº de andares: 8 **Vão tipo:** 3,2 m **Fundação:** Rasa **Estrutura:** Concreto

Hidráulica	Áreas
	Fachada: 43 m **Área construída:** 10.560 m² **Área andar tipo:** 1.320 m²

Vistoria 04.2007   Vistoria 12.2008

Palácio Arcadas

1929 | Rua Quintino Bocaiúva / Rua Bejamin Constant, 148, 182, 123 a 143

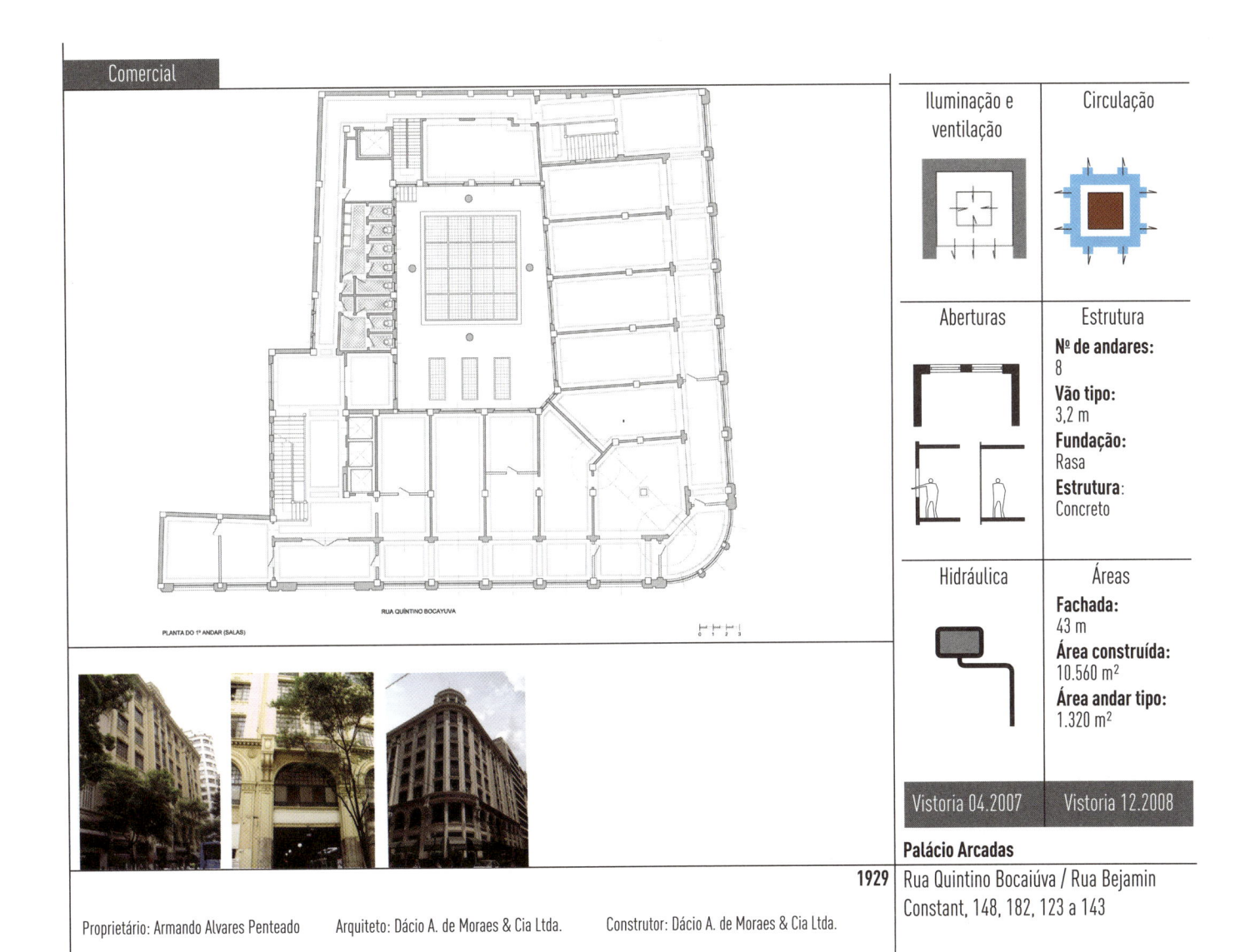

REFORMAR NÃO É CONSTRUIR

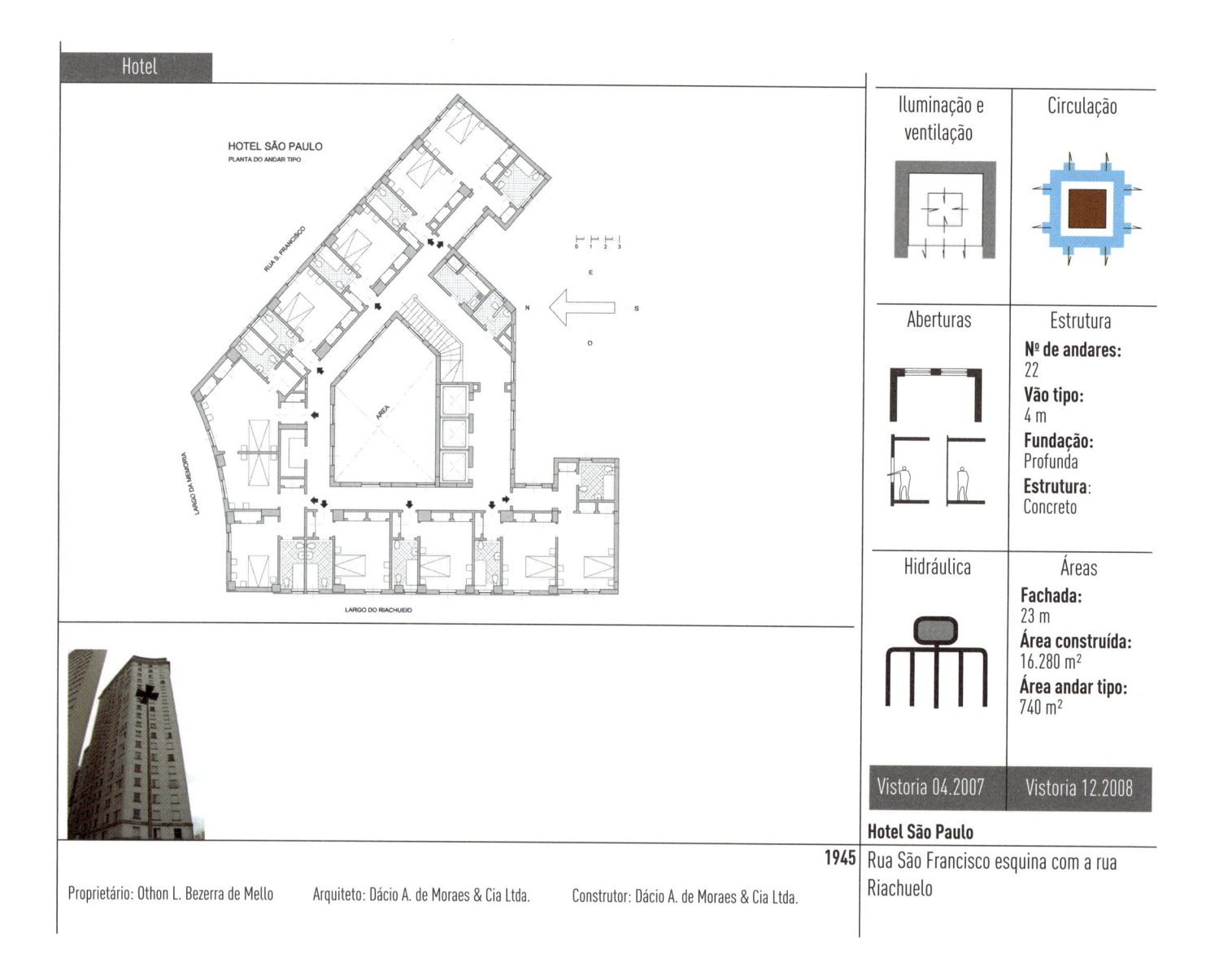

Hotel

HOTEL SÃO PAULO
PLANTA DO ANDAR TIPO

Iluminação e ventilação	Circulação

Aberturas	Estrutura
	Nº de andares: 22 **Vão tipo:** 4 m **Fundação:** Profunda **Estrutura:** Concreto

Hidráulica	Áreas
	Fachada: 23 m **Área construída:** 16.280 m² **Área andar tipo:** 740 m²

Vistoria 04.2007 Vistoria 12.2008

Hotel São Paulo

1945 — Rua São Francisco esquina com a rua Riachuelo

Proprietário: Othon L. Bezerra de Mello   Arquiteto: Dácio A. de Moraes & Cia Ltda.   Construtor: Dácio A. de Moraes & Cia Ltda.

Apêndice B – Fichas dos edifícios inventariados

Comercial

Iluminação e ventilação	Circulação

Aberturas	Estrutura
	Nº de andares: 15
	Vão tipo: 3,2 m
	Fundação: Rasa
	Estrutura: Concreto

Hidráulica	Áreas
	Fachada: 17 m
	Área construída: 9.150 m²
	Área andar tipo: 610 m²

Vistoria 04.2007 | Vistoria 12.2008

Edifício Sampaio Moreira

1924 Rua Líbero Badaró, 340, 346 a 350

Proprietário: José de Sampaio Moreira   Arquiteto: Samuel e Cristiano Stockler das Neves   Construtor: Samuel e Cristiano Stockler das Neves

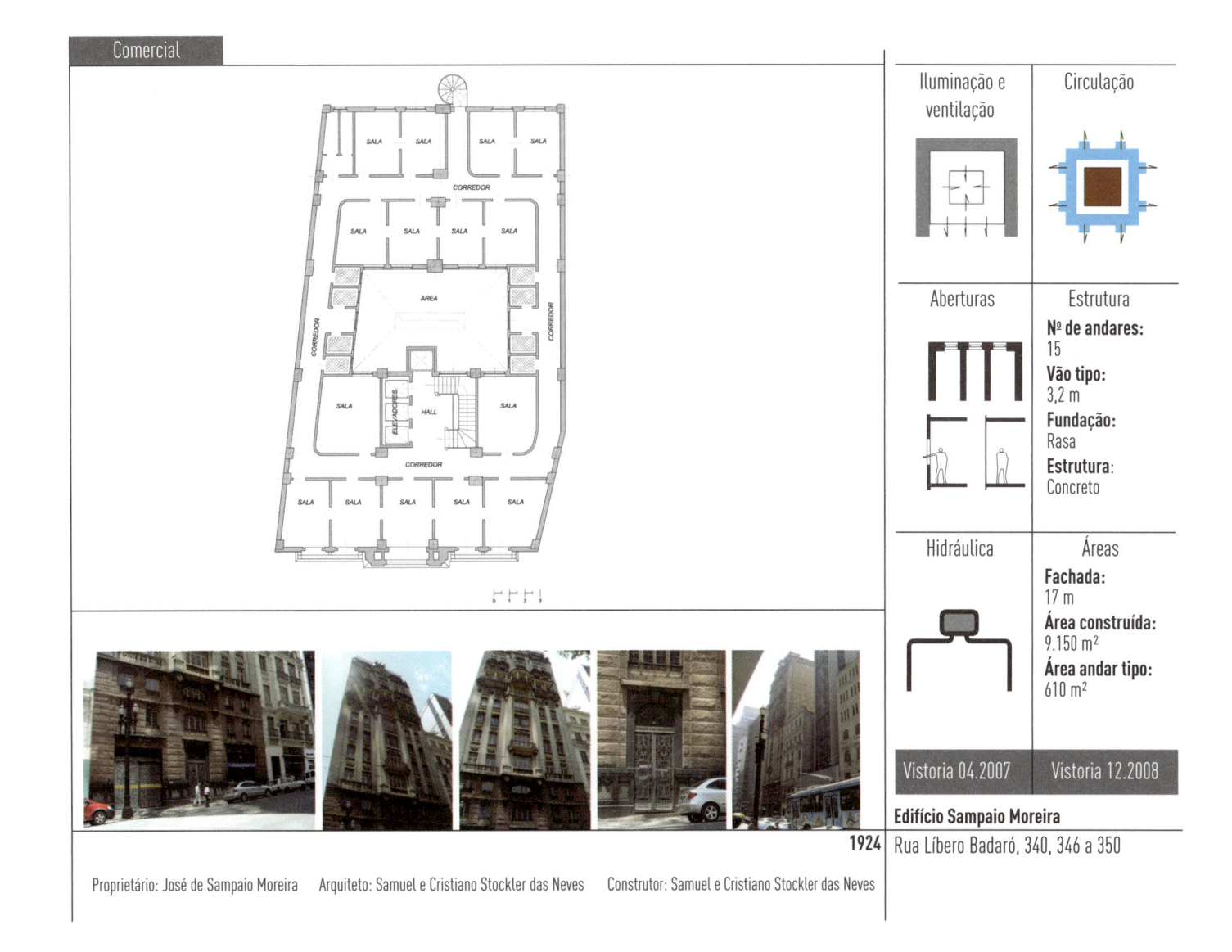

REFORMAR NÃO É CONSTRUIR

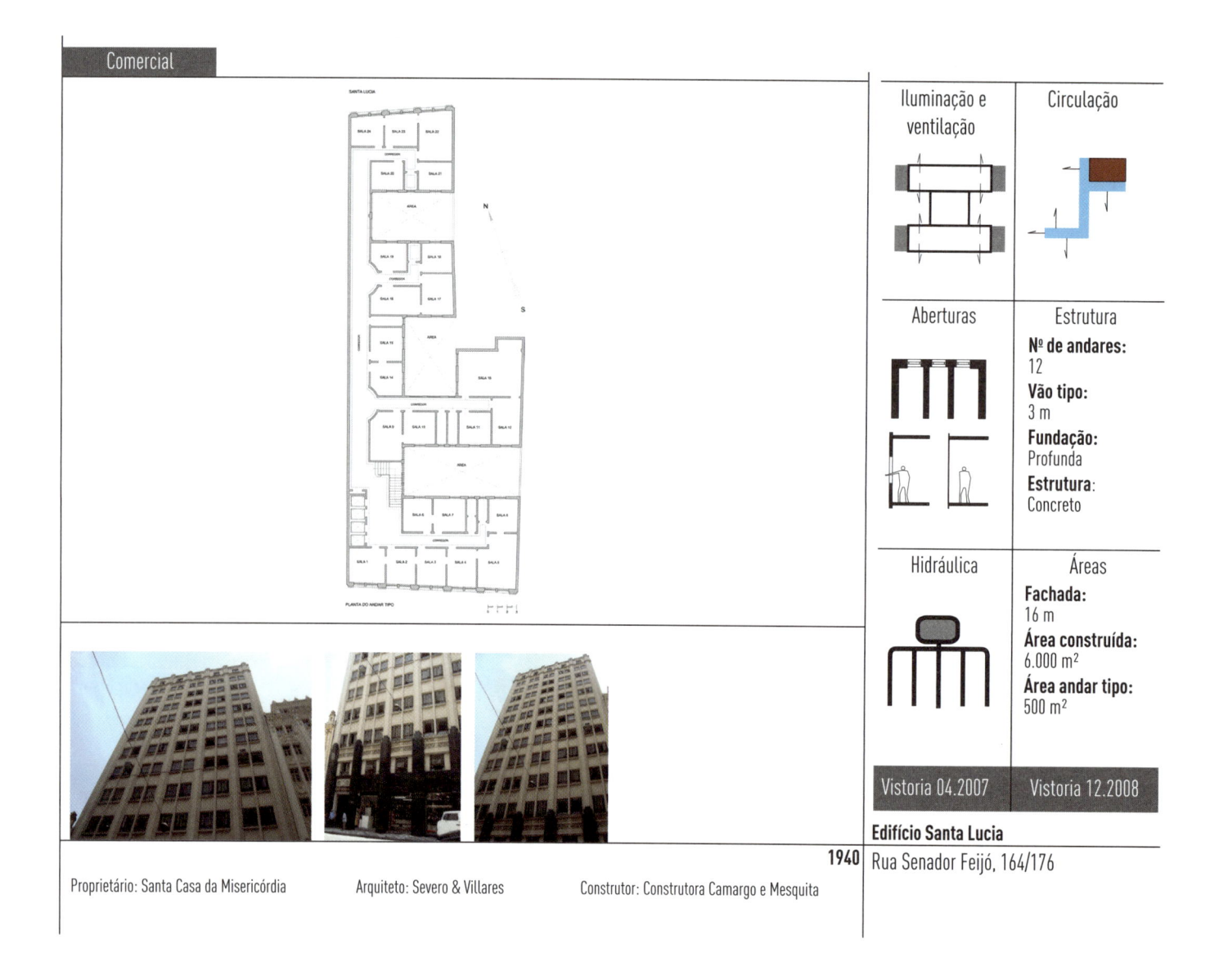

Comercial

PLANTA DO ANDAR TIPO

Iluminação e ventilação	Circulação

Aberturas	Estrutura
	Nº de andares: 12
	Vão tipo: 3 m
	Fundação: Profunda
	Estrutura: Concreto

Hidráulica	Áreas
	Fachada: 16 m
	Área construída: 6.000 m²
	Área andar tipo: 500 m²

Vistoria 04.2007 — Vistoria 12.2008

Edifício Santa Lucia
1940 Rua Senador Feijó, 164/176

Proprietário: Santa Casa da Misericórdia   Arquiteto: Severo & Villares   Construtor: Construtora Camargo e Mesquita

324

Apêndice B - Fichas dos edifícios inventariados

Comercial

PLANTA DO 2° E 3° ANDAR

Iluminação e ventilação	Circulação
Aberturas	Estrutura
	Nº de andares: 15
	Vão tipo: 3,5 m
	Fundação: Profunda
	Estrutura: Concreto
Hidráulica	Áreas
	Fachada: 36 m
	Área construída: 7.650 m²
	Área andar tipo: 510 m²

Vistoria 04.2007 — Vistoria 12.2008

IAPETC - Instituto de Aposentadoria e Pensões dos Empregados em Transportes e Cargas

1942 — Av. Nove de Julho, 570 / 584 e 594

Proprietário: ITAPEC   Arquiteto: Oliveira Lima & Cia Ltda.   Construtor: Jaime Fonseca Rodrigues

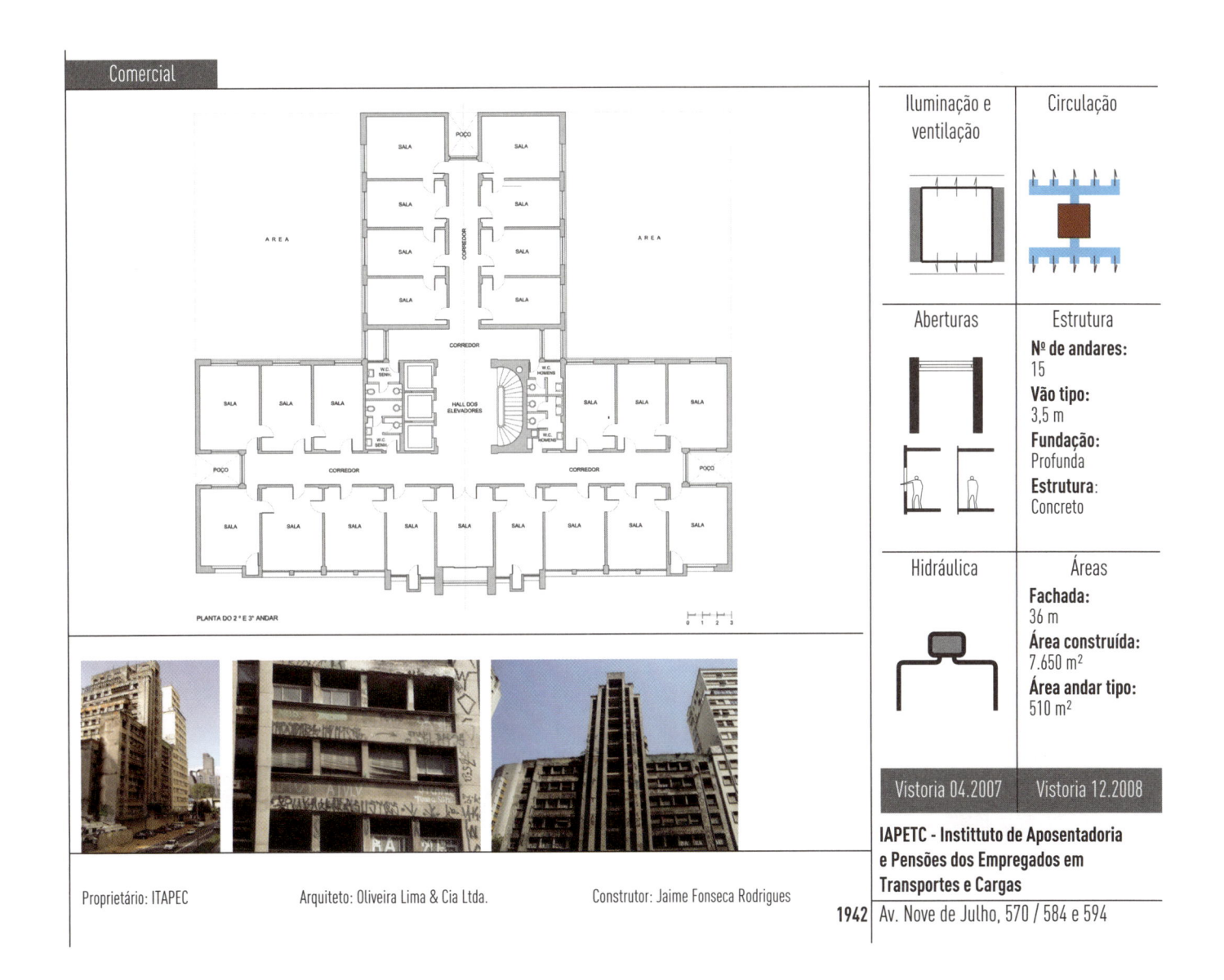

325

REFORMAR NÃO É CONSTRUIR

Comercial

PRÉDIO SALDANHA MARINHO

PLANTA DO ANDAR TIPO

Iluminação e ventilação	Circulação
Aberturas	**Estrutura** **Nº de andares:** 11 **Vão tipo:** - **Fundação:** Rasa **Estrutura:** Concreto
Hidráulica	**Áreas** **Fachada:** 25 m **Área construída:** 3.212 m² **Área andar tipo:** 292 m²
Vistoria 04.2007	Vistoria 12.2008

1929

Edifício Saldanha Marinho
Rua São Francisco Ouvidor, 39

Proprietário: Cia Paulista de Estradas de Ferro

Arquiteto: Dácio A. de Moraes - Sociedade Comercial e Construtora

Construtor: Elisário da Cunha Bahiana.

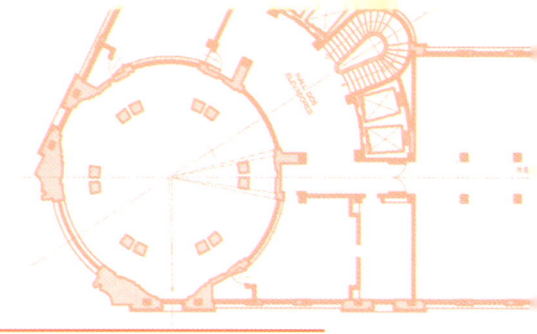

Bibliografia

ADLER, P. "La tecnologia apropriada". Em THIBERG, S. *La vivienda social en Suecia*. Montevideo: Redes, 1992.

ALLISON, J. "Students and the Urban Renaissance". Em *Town & Country Planning,* nº 74, Londres, 2005.

ANTIQUE, F. *Memória moderna: a trajetória do Edifício Esther*. Dissertação de mestrado. São Carlos: Curso de Arquitetura e Urbanismo da EESC-USP, 2000.

ARAÚJO, M. *et al.* "O Terciário Metropolitano". Em *São Paulo no limiar do século XXI*, 6 – Cenários da Urbanização Paulista, São Paulo, SEADE, 1992.

ARO, C. R. *A modernização tecnológica: seu patamar nas instalações prediais*. Dissertação de mestrado. São Paulo: POLI-USP, 2004.

AYRES NETTO, G. *Código de obras*. São Paulo: LEP, 1955.

BARRIENTOS, M. I. G. G. & QUALHARINI, E. L. "Intervenção e reabilitação nas edificações". Em *V Congresso de Engenharia Civil de Juiz de Fora*, 2002, Juiz de Fora, Mídia eletrônica, 2002.

_____. "Retrofit de construções: metodologia de avaliação ISBN 85-89478-084". Em *I Conferência Latino-Americana de Desenvolvimento Sustentável cla'04* e *X Encontro Nacional de Tecnologia do Ambiente Construído ENTAC04*, 2004, São Paulo, Anais e mídia eletrônica, 2004.

_____. "Retrofit de construções frente a ótica brasileira". Em *III ENCORE – Encontro sobre Conservação e Reabilitção de Edifícios*, 2003, Lisboa, Portugal, Anais, 2003.

BENJAMIN, S. "Urban Productivity from the Grass-Roots". Em *Third World Planning Review*, 15 (2), 1993.

BERRINI JÚNIOR, L. C. "Normas sobre densidade urbana, sua aplicação em São Paulo, e elaboração de planta da cidade, com curvas isodensas". Em *Revista Engenharia*, set. de 1955.

BLACK & DECKER. *The Complete Guide to Plumbing*. Minneapolis: Creative Publishing International, 2008.

BLUYSSEN, P. EPIQR: IEQ part of EPIQR. TNO report 98-BBI-R0844, Delft, 1998.

BONDUKI, N. *Origens da habitação social no Brasil: arquitetura, lei do inquilinato e difusão da casa própria*. São Paulo: Estação Liberdade, 1999.

BONFIM, V. *Os espaços edificados vazios na área central de São Paulo e a dinâmica urbana*. Dissertação de mestrado. São Paulo: POLI-USP, 2004.

BRANCO, I, H. D. C. *Arquitetura no centro da cidade*. Dissertação de mestrado. São Paulo: FAU-USP, 1988.

BRAZIL, A. *Álvaro Vital Brazil: 50 anos de arquitetura*. São Paulo: Nobel, 1986.

BREHENY, M. "Densities and Sustainable City: The UK Experience". Em ECHENIQUE M. & SAINT, A. *Cities for New Millenium*. Londres: Spon Press, 2001.

CAETANO, P. M. *Código Arthur Saboya à luz da técnica atual*. São Paulo, 2009.

CAMPOS, V. J. B. *O art decó na arquitetura paulistana: uma outra face do moderno*. Dissertação de mestrado. São Paulo: FAU-USP, 1996.

CASTELLS, M. "Cultural Identity, Sexual Liberation and Urban Structure: the Gay Community in San Francisco". Em M. Castells. *The City and the Grassroots: a Cross-Cultural Theory of Urban Social Movements*. Londres: Edward Arnold, 1983.

_____. *The Informational City: Information Technology, Economic Restructuring, and the Urban Regional Process*. Oxford: Blackwell, 1989.

COHAB. "Relatório de Gestão 2001-2004". São Paulo: PMSP, 2004.

COHEN, M. Macroeconomic Adjustment and the City. Em *Cities*, fev. de 1990.

_____. "Urban Policy and Economic Development: the Agenda". Em N. Harris. *Cities in the 90s: the Challenge for Developing Countries*. Londres: UCL, 1992.

DEÁK, C. "Uma interpretação histórica da teoria de renda". Em *Revista de Desenvolvimento Urbano e Regional*, 2(1), 1987; *Sinopses*, 18, 1992.

DEREK, A. *Vormgeven aan Flexibele Woonwensen*. Den Haag: Delwell, 1991.

DEVECCHI, A. M. *Indicadores arquitetônicos para a reabilitação de edifícios na área central*. São Paulo: Procentro, 2002.

_____. *Rethinking Urban Productivity*. Dissertação de mestrado. Londres: DPU – University College London, 1994.

EECHKOUT, M. *Concept House: Towards a Customized Industrial Concept House*. Delft: University of Delft, 2004.

ESTUDO EXPERIMENTAL DE UMA OBRA EM CONCRETO ARMADO. Em *Revista Politécnica*, São Paulo, nº 53, mar.-abr. de 1916.

FEARNLEY, R. "Regenerating the Inner City: Lessons from the UK City Challenge´s Experiences". Em *Social and Political Administration*, nº 34, Londres, 2000.
FICHER, S. *Os arquitetos da Poli*. São Paulo: EDUSP, 1999.
FLORIDA, R. *The Rise of the Creative Class: and How it's Transforming Work, Leisure, Community and Everyday Life*. Nova York: Perseus Book Group, 2002.
FREIRE, V. S. "Um capítulo de urbanismo e economia nacional". Em *Boletim do Instituto de Engenharia*, fev. de 1918.
FRIEDMAN, J. & ALONSO, W. *Regional Policy Readings in Theory and Applications*. Cambridge: MIT Press, 1975
GHIRARDINI, M. C. "Problemas de arquitetura urbana". Em *Revista Habitat*, junho de 1956.
GITAHY, M. L. C. & PEREIRA, P. C. X. (org.). *O complexo industrial da construção e a habitação econômica moderna, 1930-1964*. São Paulo: RiMa, 2002.
GOTTDIENER, M. *The Social Production of Urban Space*. Texas: University of Texas Press, 1985.
GRAVINA, P. "O concreto armado e os seus novos rumos". Em *Revista Engenharia*, nº 12, ago. de 1943.
HABRAKEN, N. J. *Supports: an Alternative to Mass Housing*. Londres: The Architectural Press, 1972.
_____ et al. *El diseño de soportes*. Barcelona: GG, 1979.
_____. *The Structure of the Ordinary: Form and Control in the Built Environment*. Cambridge: MIT Press, 1998.
HARRIS, N. *The End of the Third World: Newly Industrializing Countries and the Decline of an Ideology*. Londres: Penguin Books, 1986.
_____. "Third Worldism". Em HARRIS, N. *The End of the Third World*. Londres: Penguin Books, 1990.
HARVEY, D. "Do gerenciamento ao empresariamento urbano: a transformação da administração urbana no capitalismo tardio". Em *Revista Espaço & Debates*, São Paulo, vol. 16, nº 39, 1996.
HAUGHTON, G. & HUNTER, C. *Sustainable Cities*. Londres: Jessica Kingsley Publishers, 1994.
HIGHFIELD, D. *Refurbishment and Upgrading of Buildings*. Londres: E&FNSpon, 2000.
IBGE. Censo Demográfico do Brasil 2000. Rio de Janeiro: IBGE, 1991-2000.
JENKS, M.; BURTON, E. & WILLIAMS G. *The Compact City: a Sustainable Urban Form?* Londres: Spon, 1996.
JONES, P. & EVANS, J. *Urban Regeneration in UK*. Londres: Sage, 2008.
KAPP, S & OLIVEIRA, N. M. A. "Produção seriada e individualização na arquitetura de moradias". Em *Cadernos de Arquitetura e Urbanismo*, 13 (14), Belo Horizonte, PUC-MG, 2006.

KENDALL, S. "Open Building for Housing". Em *Progressive Architecture*, nov. de 1993.

_____. "An Open Building Strategy for Converting Obsolete Office Buildings to Residential Uses". Em *Proceedings of the 11th Annual Conference on Lean Construction*. Blacksburg, 2003.

_____. "An Open Building Strategy for Converting Obsolete Office Buildings to Residential Uses". RA, CIB1, 2006.

_____ & TEICHER J. *Residential Open Building*. Londres: Spon, 2000.

KON, A. *A produção terciária: o caso paulista*. São Paulo: Nobel, 1985.

LEMOS, C. A. C. "Edifícios residenciais em São Paulo: da sobriedade à personalização". Em Revista *Projeto*, nº 133.

LEY, L. "Gentrification and the politics of the new middle class". Em *Environment and Planning D: Society and Space*, vol. 12, Vancouver, 1994.

LIPIETZ, A. & LEBORGNE, D. "O pós-fordismo e seu espaço". Em *Espaço & Debates*, nº 25, São Paulo, 1988.

LOJKINE, J. *El marxismo, el estado y la cuestión urbana*. Cidade do México: Siglo Veintiuno Editores, 1979.

MACHADO, L. G. *Rino Levi e a renovação da arquitetura brasileira*. Tese de doutorado. São Paulo: FAU-USP, 1992.

MAIA, F. P. *Os melhoramentos de São Paulo*. São Paulo: Imprensa Oficial do Estado de São Paulo, 2010.

MARCO, D. *et al.* "Mer habitat: méthode de diagnostic des dégradations, des désordres et des manques et d'évaluation des coûts de remise en état des bâtiments d'habitation". Em *Bulletin du logement*, vol. 64. Granges: Office fédéral du logement, 1996.

MASCARÓ, J. *Desenho urbano e custos de urbanização*. Porto Alegre: D. C Luzza, 1989.

_____. *Infra-estrutura e densificação*. Porto Alegre: PROPAR – UFRGS PMPA, 1996.

MELLO, L. A. "A economia da terra urbana". Em *Revista Politécnica*, jun. de 1932.

_____. "Urbanismo: regulamentação e expropriação". Em *Revista Politécnica*, fev. de 1929.

MELLO, V. F. B. *Fundações e elementos estruturais enterrados: anotações e apoio às aulas 1974*. São Paulo: EPUSP, 1975.

NAGAMI, M. "Ciência e tecnologia nos processos de urbanização e industrialização". Em VARGAS, M. *História da técnica e da tecnologia no Brasil*. São Paulo: Unesp, 1999.

NEDER, F. *Fuller Houses: R. Buckminster Fuller's Dimaxion Dwellings and other Domestic Adventures*. Berna: Lars Muller Publishers, 2008.

NHBC FOUNDATION. *A Guide to Modern Methods of Construction*. Londres, 2006.

NIENTIED, P. "Urban Productivity and Urban Management". Em *Third World Planning Rewiew*, 15 (2), 1993.

PAWLEY, M. *Buckminster Fuller*. Nova York: Taplinger Publishing Co., 1990.

_____. *Future Systems: the Story of Tomorrow*. Londres: Phaidon, 1993.

PMSP/COHAB. *Relatório de gestão 2001/2004*. São Paulo: 2004.
PMSP/SEHAB. *Documentos técnicos do GTAI*. São Paulo: 2001.
PMSP. *Mapa digital da cidade*. São Paulo, 2004.
PUJOL, Jr. & BARBOSA, O. "Estudo experimental de uma obra em concreto armado". Em *Revista Politécnica*, nº 53, São Paulo, 1916.
RIOS, L. & SILVA, F. P. "Fundações no Centro de São Paulo". Em *Revista Politécnica*, São Paulo, nº 156, fev. de 1950.
ROBERTS, P. & SYKES, H. *Urban Regeneration: a Handbook*. Londres: Sage Publications, 2000.
RODERS, A. P. *Re-architecture: Lifespam Rehabilitation of Built Heritage*. Eidhoven: Technische Univesiteit Eidhoven, 2006.
ROGERS, R. *Cities for a Small Planet*. Londres: Icons Editions, 1997.
SAMPAIO, M. R. A. *O papel da iniciativa privada na formação da periferia paulistana*. Em *Espaço & Debates*, nº 45, São Paulo, 1994.
SASSEN, S. *The Global City: New York, London, Tokyo*. Princeton: Princeton University Press, 1988.
SARA BRASIL. *Mappa Tophographico do Município de São Paulo. Parte principal da Cidade*. São Paulo: PMSP, 1930. Escala 1:2000.
SEPE, P. M. & GOMES. S. *Indicadores ambientais e gestão urbana: desafios para a construção da sustentabilidade na cidade de São Paulo*. São Paulo: SVMA e CEM, 2008.
SILVA, H. M. B. et al. *Tributos imobiliários e imóveis vazios no centro de São Paulo*. Relatório da pesquisa Property Tax Regime and Vacant Properties in Downtown SaoPaulo, Brazil. Lincoln Institute, 2008.
SMITH, N. "Gentrification and the Rent-gap". Em *Annals of the Association of American Geographers*, Washington, 77 (3),1987.
_____. "Gentrification Generalized: from Local Anomaly to Urban Regeneration as Global Urban Strategy". Em FISHER, M. & G. DOWNEY(eds). *Frontiers of Capital: Etnographic Reflection on the New Economy*. Durham: Duke University Press, 2006.
SOMEKH, N. *A cidade vertical e o urbanismo modernizador, 1920-1939*. São Paulo, Edusp, FAPESP: Studio Nobel, 1997.
SOUSA, M. A. A. *A identidade da metrópole: a verticalização em São Paulo*. São Paulo: Hucitec/Edusp, 1994.
SRAFFA, P. *Production of Commodities by Means of Commodities: Prelude to a Critique of Economic Theory*. Mumbai: Vora & CO. Publishers PVT. LTD, 1960.
STIRLING,J. *Off-site construction: an introduction*. Londres: BRE, 2003.
STORPER (eds.). *Production, Work and Territory*. Boston: Allen & Unwin, 1983.
TALLON, A. *Urban Regeneration in UK*. Londres: Routledge, 2010.

TOLEDO, B. L. T. *Prestes Maia: as origens do urbanismo moderno em São Paulo*. São Paulo: Empresa das Artes, 1996.
TORRES, A. *Dosagem dos concretos*. São Paulo: Escola Politécnica, 1927.
U.S. DEPARTMENT OF HOUSING AND URBAN DEVELOPMENT – PATH. "Concept Home Principles: Organized and Accessible Systems", Research Summary, 2005.
URBAN TASK FORCE. *Towards an Urban Renaissance*. Londres: Spon, 1999.
URRY, J. "Some Social and Spatial Aspects of Services". Em *Environment and Planning: Society and Space*, nº 5, Nova York, 1987.
VARGAS, M. *História da técnica e da tecnologia no Brasil*. São Paulo: Unesp, 1994.
_____. "História da engenharia de fundações no Brasil". Em HACHICHI, W. *et al.* (orgs.). *Fundações: teoria e prática*. 2ª ed. São Paulo: Pini, 1998.
_____. *História da técnica e da tecnologia no Brasil*. São Paulo: Unesp, 1999.
VARGAS, M. P. "Observações de recalques de edifícios em São Paulo". Em *Revista Politécnica*, São Paulo, nº 156, Fev. 1950.
VASCONCELLOS, A. *O concreto no Brasil*. São Paulo: JAG, 1985.
WORLD BANK. "Urban Policy and Economic Development: an Agenda for the 1990s." Em N. HARRIS. *Cities in the 90´s: the Challenge for Developing Countries*. Londres: UCL Press, 1992.
WRIGHT, F. L. *The Disappearing City*. Nova York: W. F. Payson, 1932.
ZACHARIASEN. *De volta à cidade: dos processos de gentrificação aos processos de revitalização dos centros urbanos*. São Paulo: Annablume, 2006.
ZMITROWICZ, W. & BONFIM V. *Manual de reabilitação de áreas centrais: São Paulo, Salvador e Rio de Janeiro*. Projeto Reabilita desenvolvido pelo Departamento de Engenharia de Construção Civil da Escolas Politécnica da USP, Universidade Católica de Salvador e Universidade Federal de Rio Janeiro. FINEP/Fundo Verde e Amarelo – HABITARE MCT-CAIXA, 2006.

Sites consultados

ANAH – Agence National de l'Habitat. Disponível em http://www.anah.fr. Acesso: ago. de 2007.
ANGENENT. Disponível em http://www.angenent.biz. Acesso: ago. de 2009.
ANIL – Agence Nationale pour l'Information sur le Logement. Disponível em http://www.anil.org. Acesso: ago. de 2007.
CIDB – Centre d'Information et de Documentation sur le Bruit. Disponível em http://www.infobruit.org. Acesso: ago. de 2007.
CMESASYS. Disponível em http://www.cmesansys.com. Acesso: dez. de 2008.

Conversão Hotel Atlantic-Huis – Roterdá. Disponível em http://www.atlantic-huis.nl. Acesso: out. de 2009.
CSTB – Centre Scientifique et Technique du Bâtiment. Disponível em http://www.cstb.fr. Acesso: ago. de 2007.
GASOKA. Disponível em http://www.gasosaka.co.jp. Acesso: ago. de 2009.
GEREBIT. Disponível em http://www.gerebit.com.fr. Acesso: jan. de 2009.
HABRAKEN. Disponível em http://www.habraken.com. Acesso: ago. de 2009.
HLM – Union Sociale pour l'Habitat. Disponível em http://www.union-habitat.org. Acesso: ago. de 2007.
KINSPAN. Disponível em http://www.kingspan.com. Acesso: ago. de 2008.
OPEN BUILDING. Disponível em http://www.www.openbuilding.com. Acesso: jun. de 2009.
PEX. Disponível em http://www.pexbrasil.com.br. Acesso: dez. de 2008.
PLUMBING SUPPLY. Disponível em http://www.plumbingsupply.com. Acesso: ago. de 2009.
Reabilitação Empreendimento Samambaia. Disponível em http://www.ingai.com.br. Acesso: nov. de 2009.
Reabilitação Hotel Britania. Disponível em http://ddata.over-blog.com/xxxyyy/2/18/75/54/FOLHA2.pdf. Acesso: nov. de 2009.
Reconversões na cidade de Londres. Disponível em http://www.manhattanloft.co.uk. Acesso: out. de 2009.
Reconversões na cidade de Londres. Disponível em http://www.urbansplash.co.uk. Acesso: out. de 2009.
Reconversões na cidade de Tokyo. Disponível em http://www. panekyo.org.jp. Acesso: out. de 2009.
SANIPACK. Disponível em http://www.sanipack.com.fr. Acesso: ago. de 2009.
SFA. Disponível em http://www.sfa.es. Acesso: ago. de 2009.
SISTEMAS INFILL Disponível em http://www.deconstruction.org. Acesso: nov. de 2009.
SLIMBOUWEN. Disponível em http://www.slimbouwen.com. Acesso: ago. de 2009.
VANGUARD PIPE. Disponível em http://www.vanguardpipe.com. Acesso: ago. de 2009.

Bibliografia de apoio

ABALOS, I. & HERREROS, J. *Tower and Office: from Modernist Theory to Contemporary Practice.* Massachusetts: MIT, 2003.
ABOTT, T. "Use it or Lose it (Reuse of Buildings in Historic Towns). Em *Planning Week*, 4 (40), 3-10-1996.
ALEX, W. "História do arranha-céu. Em *Habitat*, nº 37, dez. de 1956.

AMERICANO, J. *São Paulo naquele tempo: 1895 a 1915*. São Paulo: Saraiva, 1957.
AUSTIN, R. L. et al. *Adaptive Reuse*. Nova York: Chapman & Hall/Van Nostrand Reinhold, 1998.
BAGLIONE, A. & GUARNERIO, G. *La rehabilitación de edifícios urbanos. Tecnologia para la recuperación*. Barcelona: Gustavo Gilli, 1988.
BARLOW, J. & GANN, D. "Flexibility in Building Use: the Technical Feasibility of Converting Redundant Offices into Flats". Em *Construction Management and Economics*, nº 14, 1996.
_____. "Flexible Planning and Flexible Buildings: Reusing Redundant Office Space. Em *Journal of Urban Affairs*, nº 17, 1995.
_____. *Offices into Flats*. Nova York: Joseph Rowntree Federation, York, 1993.
BAUER, W. *A industrialização e o desenvolvimento econômico no Brasil*. São Paulo: Fundação Getúlio Vargas, 1998.
BORÓN, A. *Estado, capitalismo e democracia na América Latina*. São Paulo: Paz e Terra, 1994.
_____. "A sociedade civil depois do dilúvio universal". Em SADER, E. & GENTILI, P. (orgs.). *Pós-neoliberalismo: as políticas sociais e o Estado democrático*. São Paulo: Paz e Terra, 1995.
BOYLE, D. "A Creaking Conception of Cities (Making Cities Denser rather than Greener)". Em *Town and County Planning*, 71 (12), dez. de 2000.
BRAND, S. *How Buildings Learn: what Happens after They're Built*. Nova York: Viking, 1994.
BREHENY, M. *Sustainable Development and Urban Form*. Londres: Pion, 1992.
_____. "The Compact City: an Introduction". Em *Built Environment*, 18 (4), 1992.
_____. "Urban Densities and Sustainable Development". *IBG Conference*, University of Newcastle-upon-Tyne, 1995.
_____. "Urban Compaction: Feasible and Acceptable?". Em *Cities*, 14 (4), 1997.
_____. "Densities and Sustainable Cities: the UK Experience". Em ECHENIQUE, M. & SAINT, E. (orgs.). *Cities for the New Millennium*. Londres: Spon, 2001.
BRUAND, Y. *Arquitetura contemporânea no Brasil*. São Paulo: Perspectiva, 1991.
BRUNI, E. S. *História e tradições da cidade de São Paulo*. São Paulo: Hucitec, 1984.
CAMPOS, V. J. B. *O art decó na arquitetura paulistana: uma outra face do moderno*. Dissertação de mestrado. São Paulo: FAU/USP, 1996.
CANTACUZINO, S. *Re/Architecture: Old Buildings/New Uses*. Londres: Thames & Hudson, 1989.
CARPINTÉRO, M. *A construção de um sonho. Os engenheiros-arquitetos e a formulação da política habitacional no Brasil*. Unicamp: Campinas, 1997.
CASTELLS, M. *La cuestión urbana*. Madri: Siglo XXI, 1969.
CHAUÍ, M. *O que é ideologia*. São Paulo: Brasiliense, 1986.
COHEN, M. "Macroeconomic Adjustment and the City". Em *Cities*, feb. de 1990.
CONDURU, R. L. T. *Álvaro Vital Brazil: rigor e urbanidade*. São Paulo: Cosac&Naify, 1995 .

COUCH, C. *Urban Renewal: Theory and Practice*. Londres: Macmillan Education Limited, 1990.
CUPERUS, Y. & KAPTEIJNS, J. "Open Building Strategies in Post War Housing Estates." Delft: OBOM, 1992.
DANANTZIG, G. & SAATY, T. *Compact City*. São Francisco: W. H. Freeman, 1973.
DÉAK, C. "Acumulação entravada no Brasil". Em *Espaço & Debates*, nº 32, São Paulo, Neru, 1991.
_____. "A cidade: do burgo à metrópole". Em *Espaço & Debates*, nº 34, São Paulo, Neru, 1988.
_____. "A crise dos anos 80". Em *Espaço & Debates*, nº 32. São Paulo: Neru, 1991.
_____. "O mercado e o Estado na organização da produção capitalista". Em *Espaço & Debates*, nº 28, São Paulo, Neru, 1986.
_____. "Preliminares para uma política urbana". Em *Espaço & Debates*, nº 24, São Paulo, Neru, 1988.
ECHENIQUE, M. & SAINT, E. (orgs.). *Cities for the New Millennium*. Londres: Spon, 2001.
ELDONK, J. & FASSBINGER, H. *Flexible Fixations: the Paradox of Duth Housing Architecture*. Eindhoven: Eindhoven University of Technology, 1990.
FLOURENTZOU, F.; GENRE J. L. & FAIST A. "MEDIC: Prediction Method of Probable Deterioration Scenarios and Refurbishment Investment Budgets". EPIC conference, Lyon, 1998.
FLOURENTZOU, F. *et al. Epiqr-Tobus: a New Generation Of Refurbishment Decision Aid*. Lausanne: Federal Institute of Technology – Lausanne (EPFL), 1999.
FOLIM, M. "The Production of the General Conditions of Social Production and the Role of the State". Em HARLOE, M. & LEBAS E. (orgs.). *City, Class and Capital*. Londres: Edward Arnold, 1982.
FRIEDEN, J. *Debt, Development & Democracy: Modern Economy and Latin America 1965-1985*. Princenton: Princenton University Press, 1991.
FRIEDMAN, A. *The Adaptable House: Designing Homes for Change*. Nova York: MacGraw-Hill, 2002.
FRIENDS OF THE EARTH. *Tomorrow: a Peaceful Path to Urban Reform*. Londres: FOE, 1998.
GENRE, J. L.; FLOURENTZOU, F. & A. FAIST. "EPIQR a New Refurbishment Concept." Em *Second European Conference: Energy Performance and Indoor Climate in Buildings (EPIC)*, Lyon, 19-21 de novembro, 1998.
GONÇALVEZ, M. F. *O novo Brasil urbano: impasses/ dilemas/ persepctivas*. Porto Alegre: Mercado Aberto, 1995.
GOTTDIENER, M. *The Social Production of Urban Space*. Texas: University of Texas Press, 1985.
_____ & J. FEAGIN. "Uma mudança de paradigma na sociologia urbana". Em *Espaço e Debates*, nº 28, São Paulo, Neru, 1988.

GUNN, P. "The Spatial Constraints on Development". Em *Third World Planning Review*, vol. 14, nº 4, 1992.

_____. "Urbanização do Sudeste: dominação das metrópoles?". 1993. in 1985, M.F.

HALL, P. "El impacto de nuevas tecnologias sobre los cambios urbanos y regionales". Em J. ECHENAGUSIA (org.). *Metrópolis território y crisis*. Madri: Arautlea de Madrid, Revista Alfoz, 1985.

HALL, Sir P. "Sustainable Cities or Town Cramming?". Em *Town and Country Planning Association Future for Sustainable Development Series*, TCPA, Londres, jun. de 1999.

HARLOE, M. & LEBAS E. (eds.). *City, Class and Capital*. Londres: Edward Arnold, 1981.

HARVEY, D. *A condição pós-moderna*. Sao Paulo: Loyola, 1992.

_____. *Social Justice and the City*. Londres: The Johns Hopkins University Press, 1973.

HEATH, T. "Achieving Sustainable Urban Form through the Adaptive Re-use of Buildings for Residential Use. Em WILLAIMS, K.; BURTON, E. & JENKS, M. (orgs.). *Achieving Sustainable Urban Form*. Londres/Nova York: E & FN Spon, 2000.

_____. "Adaptive Re-use of Offices for Residential Use – The Experiences of London and Toronto". Em *Cities*, jun. de 2001.

HUNT, D. *Economic Theories of Development*. Londres: Harvester Wheatsheaf, 1989.

JACOBS, J. *The Economy of the Cities*. Londres: Penguin Books, 1972.

JENKS, M. "The Acceptability of Urban Intensification". Em WILLIAMS, K.; BURTON, E. & JENKS, M. (orgs.). *Achieving Sustainable Urban Form*. Londres/Nova York: E & FN Spon, 2000.

JENKS, M. & BURGESS, R. (orgs.). *Compact Cities: Sustainable Urban Forms for Developing Countries*. Londres: Spon Press, 2000.

KOHN CORDEIRO, H. "A cidade mundial de São Paulo". Em SANTOS, M. *et al.* (orgs.). *Fim de século e globalização*. São Paulo: Hucitec-Anpur, 1993.

LEFÈVRE, José Eduardo de Assis. *Entre o discurso e a realidade: a quem interessa o centro de São Paulo? A rua São Luís e a sua evolução*. Tese de doutorado. São Paulo: FAU/USP, 1999.

LEMOS, C. A. C. *Alvenaria burguesa*. São Paulo: Nobel, 1985.

_____. *Cozinhas, etc*. São Paulo, FAU/USP, 1972.

LIPIETZ, A. "New Tendencies in the International Division of Labour: Regimes of Accumulation and Modes of Regulation". Em SCOTT, A. & STORPER, M. (orgs.). *Production, Work and Territory*. Boston: Allen & Unwin, 1988.

LOJKINE, J. *O estado capitalista e a questão urbana*. São Paulo: Martins Fontes, 1981.

MANTEGA, G. *A economia política brasileira*. São Paulo: Vozes, 1984.

MARICATO, E. "O urbanismo na periferia do capitalismo: desenvolvimento da desigualdade e contravenção sistemática". Em GONÇALVEZ, M. F. (org.). *O novo Brasil urbano: impasses/ dilemas/ persepctivas*. Porto Alegre: Mercado Aberto, 1995.

MATSUMURA, S. & SATO, K. A. "Feasibility Study on Conversion of Vacant Offices into Flats in Tokyo". Em XXXI IAHS World Congress on Housing, Montreal, 23-27 de jun. de 2003.

MELLO, M. A. B. C. "Entre Estado e mercado: mudanças estruturais na esfera pública e a questão urbana". Em *Espaço e Debates*, nº 32. São Paulo, Neru, 1990.

MINISTÉRE DE L´EQUIPEMENT, DIRECTION DE LA CONSTRUCTION. *Rehabilitación de la vivienda. Guia práctica*. Barcelona: Gustavo Gilli, 1980.

MORSE, R. *De comunidade a metrópole – biografia de São Paulo*. São Paulo: Comissão do IV Centenário, 1954.

_____. *Formação histórica de São Paulo*. São Paulo: Difel, 1970.

NEWMAN, P. "The Compact City: an Australian Perspective". Em *Built Environment*, 18 (4), 1992.

_____ & KENWORTHY, J. R. *Cities and Automobile Dependence: a Sourcebook*. Vermont: Gower, Aldershot and Brookfield, 1989.

O'CONNOR, J. *The Fiscal Crisis of the State*. Nova York: St. Martin's Press, 1973.

PEREIRA, P. C. X. *Espaço, técnica e construção*. São Paulo: Nobel, 1988.

PITT, J. "Conversions could provide the answer (houses into flats)". Em *Planning*, 16-7-1999.

PRETECEILLE. "Collective Consumption, the State and the Crisis of Capitalist Society". Em *City, Class and Capital*. Londres: Edward Arnold, 1982.

RAMIREZ, R. "Urbanization, Housing and the (Withdrawing) State: The Production-Reproduction Nexus". Em *DPU Working Paper*, Londres, DPU-UCL, 1990.

REIS FILHO, N. G. *Quadro da arquitetura no Brasil*. São Paulo: Perspectiva, 1978.

ROAF, S.; CRICHTON, D. & NICOL, F. "Adapting Buildings and Cities for Climate Change: a 21st century survival Guide". Em *Architectural Press*, Kidlington, Oxfordshire, 2004.

ROGERS, R. & BURDETT, R. "Let's cram more into the city". Em ECHENIQUE, M. & SAINT, A. *Cities for the New Millennium*. Abingdon: Routledge, 2001.

ROLNIK, R.; KOWARICK, L. & SOMEKH, N. *São Paulo: crise e mudança*. São Paulo: Brasiliense, 1990.

SAINT, E. (org.). *Cities for the New Millennium*. Londres: Spon, 2001.

SAMPAIO, M. R. A.(org.). *A habitação e cidade*. São Paulo: Fapesp, 1998.

SANTOS, M. et al. (orgs.). *Fim de século e globalização*. Sao Paulo: Hucitec-Anpur, 1993.

_____ et al. (orgs.). *Território, globalização e fragmentação*. São Paulo: Hucitec-Anpur, 1993.

SANTOS, M. *Metrópole corporativa fragmentada: o caso de São Paulo*. Sao Paulo: Nobel, 1990.

_____. *Por uma economia política da cidade*. São Paulo: Hucitec, 1994.

_____. *Técnica, espaço e tempo: globalização e meio técnico informacional*. Sao Paulo: Hucitec, 1994.

_____. *A urbanização brasileira*. São Paulo: Hucitec, 1993.

SCOTT, A. J. *From the Division of Labor to Urban Form*. Berkeley: University of California Press, 1988.

_____. *New Industrial Spaces*. Londres: Pion Limited, 1988.

_____ & STORPER, M. (orgs.). *Production, Work and Territory. The Geographical Anatomy of the Industrial Capitalism*. Massachusets: Allen and Unwin, 1986.

SIMÕES Jr., G. G. "Revitalização de centros urbanos". Em *Revista Pólis*, nº 19, 1994.

SOJA, E. *Geografias pós-modernas: a reafirmação do espaço na teoria social crítica*. Rio de Janeiro: Jorge Zahar, 1993.

SOLA, L. "Estado, transformação econômica e democratização no Brasil". Em SOLA, L. (org.). *Estado, mercado e democracia*. São Paulo: Paz e Terra, 1993.

TOYE, J. *Dilemmas of Development*. Oxford: Blackwell,1993.

UNDP. *Human Development Report*. Londres: Oxford University Press, 1990.

VILARIÑO, M. C. *Habitação verticalizada dos anos 30 aos anos 80*. Dissertação de Mestrado. FAU/USP, 2000.

XAVIER, A. *et al. Arquitetura moderna paulistana*. São Paulo: PINI, 1993.

Este livro foi composto com as
fontes Adobe Garamond Pro e Bodega Sans Oldstyle
em papel offset 90g/m² no miolo, nas oficinas da
Intergraf Indústria Gráfica Eireli.
Impresso em março de 2014.